三都水族自治县成立60周年 系列丛书

散文卷

金城出版社
GOLD WALL PRESS

图书在版编目(CIP)数据

三都水族自治县成立60周年系列丛书·散文卷/潘鹤主编.—北京：金城出版社，2017.8

ISBN 978-7-5155-1533-5

Ⅰ.①三… Ⅱ.①潘… Ⅲ.①三都水族自治县–地方史②散文集–中国–当代 Ⅳ.①K297.34②I267

中国版本图书馆CIP数据核字(2017)第206493号

散文卷

主　　编	潘　鹤
责任编辑	柯　湘　彭洪清
书名题字	梁嘉庚
开　　本	710毫米×1000毫米　1/16
印　　张	26.5
字　　数	370千字
版　　次	2017年11月第1版　2017年11月第1次印刷
印　　刷	三河市腾飞印务有限公司
书　　号	ISBN 978-7-5155-1533-5
定　　价	89.00元

出版发行	**金城出版社** 北京市朝阳区利泽东二路3号
	邮政编码　100102
发 行 部	(010)84254364
编 辑 部	(010)84161225
总 编 室	(010)64228516
网　　址	http://www.jccb.com.cn
电子邮箱	jinchengchuban@163.com
法律顾问	陈鹰律师事务所　(010)64970501

《三都水族自治县成立60周年系列丛书》编委会

顾　问：梁嘉庚　潘仕进　韦其贤　陈木林

主　任：谭诗进

副主任：谢义鹏　包晓闽

编　委（按姓氏笔画为序）：

韦祝平　韦毓祥　杨昌盛　龚正栋

蒙永诚　蒙锡彭　潘　鹤　潘天罡

《散文卷》编委会

主　编：潘　鹤

副主编：潘天罡

编　委（按姓氏笔画为序）：

马迎春　韦志汉　任占萍　杨承广

潘　鹤　潘文佳　潘天罡　潘国会

总序

2017年,三都水族自治县迎来了她六十年华诞。

三都,是一片正在开发的热土,长期以来这里一直以风景秀丽、历史悠久、民风淳朴、百姓热情享誉于世。岁月长河的涛声奔腾不息,时代发展的号角响彻云霄。中国传统文化认为上善若水,因水善于帮助万物而不与万物相争,使其最接近于道。一个以"水"为自己族称的民族,最富传奇。

三都水族自治县,不光是中国的唯一,也是世界的唯一,这使得著名作家梁衡初遇三都时,曾无限感慨斯地,其云:"四分地球三分水,天上人间唯一族。"

三都,地处中国贵州南部是全国唯一的一个水族自治县,在自己繁衍生息的地方,水族人一直以"慢"来诠释自己"上善若水,故几于道"的生命观念和哲学思想。

时光流逝,当年的孔夫子曾在川上曰:"逝者如斯夫!不舍昼夜。"自然之水总能孕育出文化之水,文明也基于此而生生不息。全国百分之六十以上的水族人口居住在三都这片神奇的土地上,他们和其他兄弟民族一道共同开拓和铸就了三都水乡这骨子里散发出的那种雄浑气势。我把这气势归结为独一无二的大美,因为这里的人民能让生态之水和文化之水演绎出更为深厚的历史空间和更加宽阔的生命维度。

开放包容敢争先,诚信务实追一流。

海纳百川，有容乃大。豁达大度、胸怀宽阔自古以来就是水族留给世人的一个显著特征。从水族开放精神和包容情怀中提炼出来的新时期三都精神值得我们发扬光大。

不以事艰而不为，不以任重而畏缩。

立足水族文化的唯一性、独特性和世界性，依托水族特色和民族风情优势，三都将以"百里水寨"为线，以"千神部落"为体，着力打造水族慢城、西部赛城和民族红城；我们以水为魂，做足水文章。按照"南翼"旅游经济区和"都柳江国家公园"发展布局，着力把三都建成贵州南部旅游窗口，推动其成为世界级水族文化旅游名片。

曹子桓在中国第一部文论著作《典论论文》中，这样说："盖文章，经国之大业，不朽之盛事。年寿有时而尽，荣乐止乎其身，二者必至之常期，未若文章之无穷。是以古之作者，寄身于翰墨，见意于篇籍，不假良史之辞，不托飞驰之势，而声名自传于后。"真是说得恰到好处。

文运与国运相牵，文脉同国脉相连。文化自信是一个民族能够长远发展的根基和底气。为此，在水族自治县华诞到来之际，我们组织编写了《三都水族自治县成立60周年系列丛书》，在"努力构筑中国梦·大力抒发三都情"中，我们以这套丛书为媒介，将三都民族文化，传向四面八方。

六十一甲子，从此再出发。我们将新三都定位为水都、酒都、商都，再融入慢城、赛城、红城的发展方略，在秉承传统中，融入时代；在厚重文化中，注入新内容。脱贫攻坚战的道路上，我们以造福水乡为宗旨，将不畏艰难地奋力前行，为建设"百姓富、家乡美"的目标而竭力工作。

是为序。

梁嘉庚

2017年5月11日

序 / i

阿　慧 - 一路水声 / 001

陈薇薇 - 一茶一禅一人生 / 005

邓成彬 - 我和三都有个约会 / 007

段　扬 - 水族之乡的金色木楼 / 011

黄豆米 - 当艺术与一个民族生存繁衍相关的时候 / 015

黄亚洲 - 写意卯节 / 022

黄云中 - 故乡的酸汤 / 026

李果河 - 家乡的白鸟 / 030

　　　 - 难忘贝加尔 / 035

柳　萌 - 黔南水族风情散记 / 042

罗春寒 - 一位恩师与我的大学之路 / 047

　　　 - 永恒的回忆 / 051

罗菲菲 - 巴茅祭祖 / 054

　　　 - 等待春暖花开 / 056

　　　 - 墓志 1942 / 059

骆　一 - 十月的故乡 / 062

蒙　古 - 干河游记 / 064

潘朝霖 - 仙人桥下雪花飞 / 065

潘光逢 - 故乡的牛坡 / 067

潘光玖 - 小桥情缘 / 070

　　　 - 樟江春波 / 074

潘广林 - 开鱼 / 083

— 老屋月光 / 085

潘国会 - 父亲的汗衫 / 089

— 千年祖迹 / 091

潘　鹤 - 上善若水 / 098

— 从 2009 到 2013，关于亲情的念想 / 101

— 达善风物 / 126

— 父亲的记忆，我的河流 / 137

— 祭母文 / 152

— 我的三个母亲 / 156

— 我的三位老师 / 164

— 遥想明月 / 174

— 走不出的江南 / 181

潘洪巨 - 在太白的光阴里逆流而上 / 205

潘茂金 - 青山遮不住 / 216

潘天罡 - 别了，西南大学 / 220

— 怀念我的祖母 / 223

— 我的英语老师幸敬女士 / 227

— 我们是怎样失去自信的 / 230

— 闲谈学问和修养 / 233

潘文佳 - 白先勇的灵渠情结 / 237

— 大山做证 / 239

— 旧金山的水族人 / 241

— 绣字鞋垫 / 243

— 意外的礼物 / 245

任占萍 - 向着诗和远方 / 248

三月楚歌－我的田撂荒了 ／ 252

沈　彬－那条游到端节的鱼 ／ 261

石国义－柳江桥头咏叹 ／ 264

石尚彬－书的回忆 ／ 268

石尚竹－阿姐啊阿姐 ／ 272
　　　－端节美酒 ／ 280

舒　乙－三都闲笔 ／ 285

孙重贵－三都跳舞草与香港爱情故事 ／ 291

王巨才－在水一方 ／ 295

王泽芝－父爱深深 ／ 299

韦丽娟－姑婆的梦 ／ 302

韦仕敏－纪念我的伯祖父 ／ 306

韦廷懂－伟大的母亲 ／ 309

韦章炳－神奇的水族民间工艺 ／ 312

韦志汉－冬夜短章 ／ 316
　　　－黑夜中拾起寂寞的短章 ／ 318
　　　－回眸，云淡风轻…… ／ 319
　　　－今生，待你如兰 ／ 321
　　　－今夜，明月倾城 ／ 322
　　　－四月，花开如你…… ／ 324
　　　－想你，就这样想你…… ／ 326
　　　－因为爱你，所以珍惜 ／ 329
　　　－致母亲 ／ 331

韦　忠－有幸曾做斗篷山下人 ／ 333

吴功登－祭父文 ／ 337

吴　梨－怀念我的祖母 ／ 339

吴支煦 － 祝中国抗战胜利文 / 342

谢义鹏 － 爱一个民族，从一座书屋开始 / 344

－ 七月，仰望、膜拜及其他 / 348

徐柏林 － 三都行 / 351

杨承广 － 老家院子里的那棵梨树 / 354

－ 三洞印象 / 358

杨启刚 － 抵达都柳江畔的灵魂 / 363

杨胜超 － 独具远古风情的苗寨 / 368

杨先艾 － 温故 / 370

杨秀韵 － 爱到深处似粽子 / 372

－ 端午情 / 375

－ 妈妈的手不怕烫 / 377

孟学祥 － 卯坡铜鼓恋歌 / 379

张华北 － 卯坡听歌 / 383

张　劲 － 适彼乐土，在水一方 / 387

张毅恒 － 山勤，瑰丽的河谷风光 / 396

张稚丹 － 水绿三都 / 398

郑能新 － 凤凰的歌吟 / 402

周　明 － 凤凰羽毛一样美丽的地方 / 406

跋 / 411

序

三都水族自治县建县 60 周年之际，我们应邀负责编辑《三都水族自治县成立 60 周年系列丛书》中的散文卷，虽然组稿时间紧促、精力有限，但三都毕竟是哺育过我们的故土，基于此，我们依然高兴地接受了这个任务。

按丛书编委会要求，本书所收录的散文必须是三都籍人士所创，至于县外人士的散文作品必须具有三都或水族元素才能收录，条件限制导致稿源不足，我们没有足够的稿件来挑选。

通过约稿的方式，我们所收录到的文章，既有功底深厚、力透纸背的经典之作，也有表达心境、抒发情绪的稚嫩之品，宽容性的收录，表达的不是随意编排入书，而是客观地呈现出三都地区目前的散文创作状态。

该书作者有国内著名作家，有在文坛崭露头角的文学新秀；有工作和生活在三都的作家、作者，也有在外地打工却心系三都的游子……

无论创作者是谁，只要是以民族地区为描绘对象的文学作品，我们认为都应深入民族文化的内部，只有这样做才能创作出深邃的文学作品来。如果说作家的创作冲动是一棵即将破土而出的幼苗，那么这棵幼苗就必须根植于作家所熟悉的地方，唯有这样，其根才能深入沃土，其幼苗才能茁壮地成长。立足民族，描绘出民族内在独具特色的文学作品，无疑是时代和社会对作家的基本要求。但作家如果仅仅局限于上述民族特色，或者说仅仅满足于在民族特色内部打转，这样的文学作品，无论是深度，还是广度，都会存在着明显的不足、表现出诸多的局限。

　　文化是一个民族的灵魂，没有文化的民族，往往是一个缺乏信仰的民族。作为文化最为重要的表现形式的文学，要使其具有丰富的生活内涵、多层的精神界面，在实际创作过程中就必须立足于本土特色，方能使其独具一格，成为与众不同的文学文本，在此基础之上，还要融入中国元素、注入人类的普世价值。只有这样，我们创造出来的文学作品才能在深入挖掘社会生活中，闪现出生而为人的艺术魅力，激发出应有的精神高度。

编者
2017 年 5 月 12 日

阿 慧

一路水声

那时我还没有听到水声,心魂却被车窗外的大山牵扯。汽车就像一部游动的高级摄像机,一会儿将山体放大,狮虎般雄踞在我的面前,一会儿又把大山推远,缩成绿丘秀在我的视野里。这样我就有机会看到山上翠绿的树和竹,或翠绿的远山。我的欢喜翠绿了我的酷夏。

一篇"中国最浪漫最感人的爱情"征文获奖,使长期生活在北方豫东平原的我,第一次来到了贵州三都,踏上这片神奇的热土。夕阳已红红地悬在山间小木楼的翘檐上,有炊烟谜一般绕在我们的车前。奇特穿着的水族妇女,挑一对竹筐剪影般从窗前晃过,有黄狗在路边扭过细长的脖颈,看驶来汽车的眼光陌生而惊恐。光洁的山路上,三头精壮的水牛,用一条绳索连着,齐头并进走向村落,脚步沉重而匆忙。前方有温暖的牛棚在等着它们,棚里会有一抱青草半槽清水。彩霞涂抹了水牛们油亮的脊背,牛尾扫净一山的热闹。这时我听见了水声。

初听时,水流的声音像是稻田里的蛙鸣,"咯哇、咯哇、哗啦……",仿佛就响在车轮底下,我打开车窗探出脑袋去寻找,看见暮色里一条小溪在疾跑,它带着山的力量、草的颜色、村庄的味道,逃过卵石的层层阻挡,一路欢叫着追赶我们的车轮,像一群热情的山里孩子。我用兴奋的眼睛去关爱活泼的小溪,直望得眼珠木木的痛。有一阵儿我找不见它了,心像装在黢黑的坛子里,车灯下它又突然跳出来鸣叫,"咯哇、咯哇、哗啦……",水流的声音一直把我送到三都城里。

都柳江宾馆坐落在江边的一处坡地上，放下行李跑出去看，门前宽阔的都柳江水在路灯下奔腾，黄的灯光像碎了一江的金子，我趴在江边听了一会儿水声，努力辨析刚才引我进城的那条小溪。突然身后有人唤我的名字，爽朗的声音如流动的江水，原来是电话里多次交往的活动的组织者，他的亲切水一样包围了我们。

第二天，全国的获奖作家陆续来三都报到。我等不及他们，独自背上小包，乘车沿都柳江向山里进发。水域比来时的小溪宽了很多，水流宏大而浑厚，"哗啦啦、哗啦啦……"，仿佛昨天的少年一夜间长成为一个壮实的男子。有捕鱼的男子在江上撒网，网撒下去了，才见那汉子像一条黑鱼赤条条一丝不挂，一时担心另一个捕鱼人，会把他当黑鱼网了去。下车后我走在山间的路上。河流的两岸，一座座小木楼像落在绿林里的凤凰鸟，木质的原色在太阳下闪亮，灰色的小瓦片层层叠叠酷似凤凰的羽毛，难怪人们把这里看成是"像凤凰羽毛一样美丽的地方"。最美的还数水族的姑娘，两个盛装的女孩从小桥走来，粉红、淡绿的太阳伞，开在各自的头顶，一身无领黑色大衫在风中飘曳，袖口、肩部、裤边镶有刺绣花边，包头巾上也绣有色彩缤纷的图案，银项圈在前胸叮当作响，银手镯在腕上轻柔滑动。桥上是风情的美女，水中是流动的倩影，秀水将水族姑娘的美丽和娇艳流送到遥远的山外。

姑娘从我的身旁轻轻走过，风摘下她们山花般的清香。我沿着姑娘来时的方向前行，相信不远处的山里必有人家。山路似一条绸带缠在大山的腰间，不断有柔长的芳草伸长手臂扯住我的衣裙，凤尾竹细碎的秀叶扫过我的头顶。空气的清爽，让我直想装一袋回家，同我的姐妹一起分享。

山路很静，只听得我一个人的脚步，还有远处小鸟的娇啼。没有我要找的人家，我倚着一棵马尾松喘息，这时我听到了一阵水声。水声好像响在脚下，轻轻的，像是年轻的母亲低吟一首催眠曲。顺着水声朝下看，深深的山涧里，一架木廊桥连接两岸，桥下的水汩汩地流。

沿着石阶一层层下到涧底，桥的那头是一条伸向山腹的土路。土路窄窄的、浅浅的，好像踩过的人不多，裸露的铁红色泥土，让我知道自己正踩在大山真正的肌肤上，心里有说不出的兴奋和紧张。

　　沿着山路走了个"之"字，苍翠的树丛中突露小木楼的檐角，我高兴地捋一把路边的凤尾蕨，像羊一样塞满嘴巴。我站在一座小木楼的背后，芭蕉树的叶子高过木楼的屋顶，主人生活的气息从紧闭的侧门飘出，微风把对联的一角读得脆响。很想亲近长在大山里的这个神秘的民族，我冲着木楼激动地喊了几声，没想到爽朗的回应却响在身后。一家四口，从山里劳作回来，父亲四十开外，很精壮的模样，扛一棵新砍的杉树，汗水浸透了衣裤。母亲微胖，面目和善，提一篮山菜，有竹笋、山韭菜，还有几朵蘑菇。儿子大学生模样，文雅而秀气，小女儿刚换牙的年龄，活泼又可爱。我涨红了脸说明来意，等待他们干脆的拒绝，没想到他们说："进家啊！"他们的宽厚和不戒备还是超出了我的想象，我的心开始泛起温暖的旋涡。

　　这是一座水族人常住的小木楼，水语叫"干栏"，就地取材，全用木头建成，整栋房子不用一颗铁钉，但又十分坚固，体现了水族人非凡的建筑才能。木楼梯在我的脚下吱吱咯咯。二楼堂屋的空间不大，放置着冰柜、彩电、收录机，还有一台落地电风扇。主人把风扇打开朝向我，一路的燥热立刻降下了。我在门旁松软的沙发上落座，呼吸着木楼独有的树木的幽香，感受三都山民安逸的日子，为他们甜美而心安。最醒目的是满墙的"三好学生"奖状，女主人边倒水给我，边讲儿子从小到大的努力："他是去年考上大学的。"说着带我看外墙上张贴的喜报。这是我见过的最大的喜报，贴半边南墙，彩塑印刷，虽经风刮雨淋，然字字清晰。上写"喜报：热烈祝贺×××同学被西安科技大学录取……"。每个字都溢着喜悦，透着温馨，镌刻着政府的关爱，蕴蓄着水族人的希冀。正看着，大学生从溪边回来，满头的汗水，满脸的笑容，他把一瓢水端到我面前，憨憨地说："给，尝尝我们这儿的山泉水。"我一口气喝下，大山的质朴和清灵，已融进我的血液。

　　男主人知道了我是个穆斯林，他站在楼下犯了一会儿难，还是顶着日头出去了。回来后，手里托一块水豆腐，背篓里几条欢蹦的鱼，大的筷子长，小的指头大。女主人细心地把锅碗换成新的，把饭桌摆起来。水族人家的餐桌很低，两个半圆的桌面拼成一体，中间掏一个圆洞，很像北方的火锅。果然午餐是火锅，沸腾半锅清泉水，白的水豆腐、绿的山韭菜、黄的南瓜花、玉的鲜竹笋、银的柳江鱼。清香的饭、清鲜的汤，伴着清亮的心、清美的情意。

席间得知女主人是当地苗族，男主人是水族，我是回族。一个木桌旁，围坐三个民族，在贵州三都的小木楼里，亲如一家。

站在二楼的木栏前，溪水的声响牵动着我的脚步，听说我要去水边，小女孩拉着我飞跑下楼，身后跟几个邻家小孩。盛夏午后的阳光很辣，皮肤被灼得生疼。流动的溪水裹带风的清凉，掀动我的喜悦。我脱下鞋子一步步蹚进溪水，脚下感受石子的光滑和水的凉爽。不远处，一群孩子脱得精光，翻起满溪的水花，似一群放生的白鱼。小女孩看我傻愣，竟从浅水里裸身站起，径直地走向我，挂着纯真的微笑，龆牙处闪着无邪。湿漉漉地拉上我走下深水，阳光映得女孩洁净。山民们仍在岸边忙活，山娃们仍做快活的小鱼，大山张着圣洁的眼睛，用生命的绿色纯美它的子孙们。

乘车返县城，水族家人送行的身影越来越远。车门关上时，小女孩的眼睛里闪过一丝惊慌和留恋，她好像此时才感到我与她的分别，刚才我和她在水中的记忆仍旧泛着晶亮的波纹。我用心对女孩说，我还会找到你们家的，按大山的指向，随一路水声。

陈薇薇

一茶一禅一人生

如果，我没有来到这里，是不会知道，在这炎热如火的盛夏，竟然还会有这清凉如水的静地。不是那漫山的绿树古林，也不是路旁，那一朵朵盛开的木槿。是高寨的百里茶廊，引领着我们，走出那浮华的人世，走近这岁月静好的山里。眼前，这一湖碧波粼粼的高寨水库，在群山之中，舒展着她的纯净……

一树树的茶，悠然地生长在海拔千米的高山之上，远离浮尘，云蒸雾绕，静静地汲取天地间的精气，在云起云灭间，忘了时光的荏苒。湖畔的花谢了又开，高寨的茶山，绿了又绿，云雾继续缭绕在山间，细雨依旧浸润着茶园，这欣然生长的茶，在最纯净的世外，栉风沐雨，将山水的精魂灵意，曲卷在茶芽之中，静待一壶微沸的新水，将它慢慢泡开，舒展着岁月的菩提……

茶，在饮者的手中，在众生的心里，有着万千的滋味。百种人品百种茶，只在一盏茶的时间里，人生便如乱云飞渡，从容走过。

高寨的毛尖茶，直立在杯水中，那茸茸的新绿，将天地间的精华，尽数释放在金黄色的茶汤里。日子如莲，茶水洗心，即使经历过纷繁复杂的人生，静下心来，品一壶茶，依旧可看庭前花落花开。

繁华也好、苦难也罢，心里的包袱再重，眼中的泪水再多，一盏茶的时光，便可承载那许多惊心动魄，在蒸腾的茶雾里，波澜不惊，娓娓道尽……如果我们，能将这浑浊纷纭的世象，喝到纯净清明；能将那暗流汹涌的岁月，喝到静水无波；能将这一生的高低起伏，喝到缘起缘灭，能将华夏五千年的悠远，喝到水穷之处，云淡风轻。也许，我们就能参悟一切的万象，其实就简单得似一壶茶，只用岁月的水，就能慢慢泡开……

人生，没有什么过不去。岁月仿佛花开，有灿烂、有凋谢，明天依然会如约而至，秋月春风，循环不已。

日子，就浸在茶里，有清甜，有苦涩，有更多的，是在万水千山走遍后，那无穷的回味，把变幻不尽的人生，修成禅，饮成茶。

清淡的水，泡出浅浅的茶意，煮出苦苦的茶汁，一点一点，最终喝到无味，便如人生，经历了物转星移，终究是烟消云散，归入无尘。

窗外依旧是云卷云舒，不过是清风拂过了书页，不过是菩提散落了人间。飞鸟掠过天空，还是没有留下痕迹，清歌已经唱尽，余音仍旧绕梁不止。高寨山上的毛尖，已经把大自然最深的禅悟，送进了饮者的心里。

千江奔腾的流水，高山环绕的清泉，泡一种茶，悟一种禅，度一种人生。

邓成彬

我和三都有个约会

2010年，中国散文学会、三都县委县政府、影响力人物杂志社联合主办的"中国作家看三都大型笔会暨中国最浪漫感人的爱情故事征文颁奖盛典"在贵州省三都水族自治县举行。我的散文《爱，凋谢在往事里》获奖，应邀前往，得以和三都零距离接触，撩开这个全国唯一的水族自治县神秘的面纱，一睹被誉为"像凤凰羽毛一样美丽的地方"迷人的芳容。

没去三都之前，我不知道三都何以取名为"三都"？因为笔者所在的山城重庆，由于是古代巴国之都、明代明玉珍起义所建夏朝国都，以及曾经做过中华民国的战时陪都，常常被称作"三都之地"的。尽管这纯属巧合，但当初我决定参加征文活动时，仍觉得颇为有趣，冥冥之中，自己和"三都"似乎有种隐秘的联系，有着一种特殊的缘分。

我在重庆上火车，天亮到达黔南布依族苗族自治州州府所在地都匀市，没有驻足停留，马上转乘大巴，继续一路往南，驱车八十多公里，深入苗岭山脉月亮山和雷公山腹地。一路尽是盘山公路，蜿蜒曲折，仿若蛇行，部分路段破损失修，汽车颠簸得十分厉害。但窗外连绵的群山、苍茫的林海，与蓝天相拥，环抱着一块块平整的坝子河谷……南高原绝美的自然风光，让人兴奋不已，浑然忘却了行车的颠簸和疲惫。

临近中午，公路旁的吊脚木楼渐次多了起来，两边山坡上出现了大片大片的葡萄园，就进入三都地界了。三都县城不大，坐落在山间一处盆地上，楼房也不高，多是四五层的建筑，街道显得干净清爽。藏之深山，没有大家闺秀的气派，自有一种小家碧玉的风韵。特别是穿城而过的都柳江，澄碧的江水，静静地流淌着，仿佛一匹绿色的丝绸，在正午的阳光下闪着炫目的光亮。

下午报到，休息，独自上街走走，发现不少建筑物的标志和招牌上，有一种从未见过的古怪文字，问旁人，说是"水书"，世界象形文字的活化石，至今仍为水族同胞所使用。还有马尾绣、端节，都是国家首批非物质文化遗产。晚饭后，主人安排去县人民大会堂观看大型原生态水族歌舞史诗画卷——《远古走来的贵族》。水族，仅有四十余万人口，其中一半多居住在三都县。去年，为庆祝新中国六十华诞，三都倾力打造了自己的这张文化名片，包括"远古追忆""多彩凤之羽""凤舞水乡"三个部分。整台演出，将水族歌舞、水族文字、祭祖仪式、传统节日等水族元素完整搬上舞台，一一呈现在观众们面前。看完演出，我们进一步了解了远在西南大山里的这支神秘部族，她的迁徙历程，她的民族风情，她的灿烂文化。

活动的重头戏在第二天。早晨，我们前往九阡镇水各村的"中国水族卯文化风情园"。像其他少数民族一样，水族拥有很多自己的节日，其中最重要的就是端节和卯节了。端节，是水族的大年节，也是世界上最长的节日，听说要过七七四十九天之久。卯节，是水族青年男女自由恋爱的一个节日。水族同胞认为水历十月（农历六月）是绿色生命最旺盛的季节，卯日是最吉利的日子，因此把每年水历十月的卯日定为卯节，是日，成千上万的水族青年齐聚水各村的卯坡，以歌传情，以歌示爱，通过对歌，寻找自己的意中人。"不会唱歌别上卯坡，不会凫水别下河"，卯坡，便誉为"爱情第一坡"；卯节，被称为"古老的东方情人节"；水各村，也就成了"中华水族爱情文化第一村"。今年卯节是 7 月 16 日，颁奖盛典选择这样的时间、这样的地点来举办，真是恰到好处，具有特殊的意蕴和含义。

进村还有一番隆重的仪式，水族男女老少，一律穿着黑衣黑裤，齐聚寨门口，显得异常神秘异常庄重。先是一排男子齐放火铳，响声震天，接着，两边的老人敲响了铜鼓，吹响了长号。年轻的水族姑娘一字排开在入口处，端着盛满米酒的酒杯，唱起水歌，迎接远道而来的朋友——水家最尊贵的客人。颁奖在水族博物馆举行，中国作协副主席叶辛，原中国作协副主席黄亚洲，著名作家张胜友、舒乙、周明，黔南州、三都县的领导和获奖作者参加了颁奖盛典。颁奖前，举行了简短的水族风情表演，水族长老为各位来宾祈福。午餐在水族人家里，大家坐在矮矮的木凳上，围着酸汤汤锅，不但吃到了地地道道的水族饭菜，而且喝到了本地特产九阡酒。九阡酒是水族妇女用优质糯米，按照民间传统药方，加上一百多种中草药酿造出来的。当年水族代表进京敬献给毛泽东主席时，主席品尝后，伸出大拇指，连声称赞："好香！好甜！好酒！"九阡酒从此美名远扬。水族同胞热情好客，纷纷前来邀酒，大家手捧酒杯，站起来，围成一圈，"哟""哟""哟"（水语"好"的意思），三声欢呼，一齐干杯。

下午两时，卯坡上下已是人山人海，虽然烈日炎炎、酷暑难当，但大家热情丝毫不减，反而更加高涨。远远望去，伞花朵朵，五颜六色，连成一片，好似一片花海，更像一座花山。名气在外的卯坡，其实是一座不算高也不算大的小山丘，坡上没有任何高大的树木，多是矮小的茅草和一些灌木。兀立于田野之间，叫绿油油的秧田包围着，还有一条清粼粼的小河缠绕，不远处就是水家的村寨，视野非常开阔。这对于栽秧上坎进入农闲的水乡青年来说，果真是一处谈情说爱的好去处、一方爱情的圣地，跟城市里的公园差不多。

水潭里，赤膊的男子开始争抢鸭子，妇女们手持青草，围着坡下的秧田，唱起歌，祭秧田，祈盼风调雨顺五谷丰登。卯坡上的男女青年，则三三两两聚在一起，坐在草坡上，撑着花伞，开始对歌。虽然被伞遮住了，看不清他们的面孔，也听不懂他们的唱词，但我感受到了那美好动人的气氛。我相信，那掩藏在花伞之下的一定是一张张年轻美丽的脸，歌声传递的一定是他们对生活的热爱和对爱情的渴望。

好一个水族之都、生态之都、爱情之都！三都，尽管目前地处边远，交通也不太方便，但横穿境内正在修建的"厦蓉高速公路"和"贵广快速铁路"，将给三都带来崭新的发展机遇。我相信，明天两翼齐飞的三都，必将越来越好，吸引来自五洲四海的朋友；三都，这只大山里的金凤凰，也一定会展翅翱翔、越飞越高的。

　　由于时间关系，还有许多地方我们没有去，还有不少三都的精彩我们没有领略到。莽莽苍苍的尧人山，百里画廊的都柳江，天地奇观的产蛋崖，闻歌起舞的风流草，神秘莫测的冷热洞，测地通天的晴雨石，黑夜发光的月亮树，以及原始古朴的姑鲁寨、怎雷水族文化村、巴茅水族旅游村，剽悍狂放的赛马会与西部民族斗牛职业联赛……三都，就像一位初次相识的姑娘、仪态万方风情万种的美女，保留着诸多叫人猜不透也窥不破的秘密。也许，这就是水族的神秘三都的魅力所在吧。

　　我和三都有个约会。一次爱情之约，一次美丽之旅。那山，那水，那村寨，那节日，还有那些能歌善舞欢乐的人，从此留下许多美好的回忆。

　　我和三都有个约会。三都，我们下次再相见。

段 扬

水族之乡的金色木楼

老子曰:"上善若水。"既然华夏民族的伟大先哲都把水看成是世界上最完美的事物,那么,一个以"水"来命名的民族,岂能和美丽无缘呢?未到水族之乡时,我就曾经猜想过,那里一定是一个美不胜收的地方。及至来到全国最大的水族之乡——贵州高原东南部的三都水族自治县采风,水族之乡原生态的风光风情之美,还是大大超乎我的想象。

一进入水族之乡,便恍若来到了人间仙境。举目四望,层峦叠翠,森林密布,处处流淌着清澈见底的潺潺流水,满山盛开着芬芳四溢的无名野花。云烟缭绕的两峰之间,悬一练湍急直下飞珠溅玉的小瀑布。青葱碧绿的山间坝子当中,飞一行宛若银色音符般的白鹭。水族村落,依山傍水而建。大大小小的村落前,铺展开稻浪翻腾的层层梯田,村落后,摇曳着浓阴蔽日的参天古树。头戴竹笠身披蓑衣的农夫,劳作在百鸟的啼鸣声里。手执马鞭赶着马匹的路人,缓行于通幽的曲折小径。此情此景,令我久居喧嚣闹市的烦闷,劳碌于水泥森林的焦灼,全都随着淙淙山泉倏然而逝,心灵像雨后的晴空一般纤尘不染。

仙境般的水族之乡,给我留下最深印象的,是水族人家居住的金色木楼。通过一番远观近赏又步入金色木楼中造访主人之后,对金色木楼有了几分了解。

水族人家的金色木楼,属于古代百越人的"干栏"式建筑,是我国南方古代建筑遗产的重要组成部分。这种建筑的主要特点，是在木柱底架上搭建高出地面的房屋。水族聚居区地处亚热带，多雨潮湿，森林茂密，常有豺狼虎豹、野猪和毒蛇等猛兽毒虫出没。居住在"干栏"式的木楼里，便可以避免地面的潮湿和猛兽的侵害。

金色木楼，多用本地出产的松木和杉木圆木搭建骨架，重檐歇山式的屋顶，斗拱飞檐，覆以青瓦。墙壁和楼板，则用松木板抑或杉木板依次镶接而成，内外都不上漆，或只上点清漆，保留着木材的原色。新建成的木楼，从里到外都金光灿烂，耀人眼目。

典型的金色木楼通常有三层。底层悬空接地，用于饲养家畜家禽，存放农具、柴草，安置石磨、石碓等生活用具和牛车、马车等交通工具。

中层住人。一架厚实稳重的木梯，从底层通往这一层。一上楼梯，便是一间拥有三个空间的宽敞厅堂。右侧的空间是灶房，砌有能坐两口大铁锅的土灶，摆放着碗柜、水缸和甑子、蒸笼等炊具。左侧的空间是纺织间，安放着古老的织布机和竹纺车。最大的空间，则是位于厅堂正中央的堂屋，摆放着朴拙的桌椅板凳，供有神龛和牛头骨等图腾，是全家人拜神、祭祖、进餐、聚会和待客的处所。厅堂两头，有数间房门开向厅堂的偏厦，这便是主人的卧室和储藏室了。男人的卧室里，床铺旁边或反扣一尊铜鼓，或悬挂一支猎枪、一把芦笙、一架牛角琴、一柄长管唢呐。女人的卧室堪称绣房，摆满了水族人独创的马尾绣绣品，有的已经绣完，有的还是半成品。讲究的人家，还在这一层建一圈半圈的木回廊，作为眺望风景和乘凉之用。

金色木楼的顶层，是贮存粮食的粮仓。这一层向阳的一面，搭有一个阳台式的大晒台，铺上晒席便可晒粮食。晒台角落，摆满了圆鼓鼓的大南瓜。晒台外的横梁抑或竹竿上，悬挂着一串串金黄色的玉米棒子，一绺绺火焰般的干辣椒，一束束尚未脱粒的芝麻秆，如同给金色木楼戴上了一圈圈洋溢着丰收喜庆气氛的彩色项链。

金色木楼的门楣上，或贴有红底黑字的纸对联，或嵌有阴刻填墨的木对联，不过不是汉字对联，而是水书对联。水书，是水族独有的古老象形文字，被誉为"远古文字之奇珍，民族文化之瑰宝"，虽然只有四百多个单字，多用于占卜和祭祀活动，但它对水族来说，已经意义非凡了。要知道，在我国的56个民族里，有自己语言又有自己文字的民族，只有17个。古老而神秘的水书，使水族有资格跻身于华夏有文字的民族之林。在外族人看来天书一般的水书对联，为金色木楼烙上了水族的印记，使它像汉族的民居那样有了文化底蕴。

水族人家建造金色木楼，是要看风水的，木楼必须建造在"龙脉"之上。先辈建造的木楼，晚辈们通常是终生守望，不到房朽屋塌，轻易不会舍弃。因此，在水族村落中，百年老屋比比皆是。这些老屋在漫长的岁月里经受了炎炎烈日的炙烤，风霜雨雪的侵蚀，黄金般的光彩日渐暗淡，板壁上起了灰色皱纹和老年斑。水家先辈们艰苦创业的故事，就隐藏在这些皱纹和老年斑里，成为晚辈们茶余饭后津津乐道的谈资。

近年来，水族之乡已实现了村村通电，那些经济条件较好的水族人家，便在金色木楼里配备了彩电、冰箱、电脑等家用电器，像城里人那样享用起了现代文明。但他们用竹筒做水管，从半山腰上引进木楼中的甘泉水，却是城里人无缘享用的奢侈饮品。

水族之乡的金色木楼，每一栋都以青山当背景，绿水做衬托，房前屋后，翠竹环绕，果树掩映，四时花果飘香，成天鸟儿啼鸣，成为人与自然和谐相处的典范之作。水族人家年龄稍长的妇女，坐在古老的织布机前抛着梭子，织着水族图案的细花布，小姑娘、小媳妇们倚在木楼梯上，一针一线地绣着已被列为国家非物质文化遗产的马尾绣，看见客人登门，便起身相迎，莞尔一笑，露出两排珍珠般整齐雪白的牙齿，勾勒出一幅世外桃源的美丽清新画图。

一栋栋金色木楼，仿佛是一艘艘金色航船，航行在绿树的海洋里，起伏在群山的波涛中，穿过幽深的时光隧道，漂过悠长的岁月河流，风和日丽也向前行驶，风狂雨骤也向前行驶，时而迎来朝阳，时而送走星月，运载着水乡人的金色梦想，运载着水乡人的不懈追求，运载过水乡人的吉祥喜庆，运载过水乡人的烦恼忧愁，运载过水乡人如诗如画的夜晚，运载过水乡人挥汗如雨的白昼，运载了水乡人冰雪覆盖的严冬，运载了水乡人硕果累累的金秋，无论是欢欢乐乐甘甘甜甜，无论是酸酸涩涩苦苦辣辣，总是和水乡人一同拥有，总是和水乡人一起承受。

由十数栋抑或数十栋金色木楼汇聚而成的水乡村落，宛若一支支金色的远洋船队，载着水族这个古老的民族从远古驶来，又驾风驱浪、穿破云雾，驶向充满希望的未来。

黄豆米

当艺术与一个民族生存繁衍相关的时候

于一两件小事上偶然认识一个民族，不仅美妙，有时甚至比有意从大处去了解，还到位。我认识水族，是从一位身背小孩的水族老妇身上，具体说是从背孩子的绣花背被上开始，我在这件生活日用品上瞥见了这个民族如何使自身艺术千百年传承不息的某种奥妙。

七月中旬，中国散文学会和贵州省三都水族自治县等单位共同主办的"中国最浪漫感人的爱情故事"征文颁奖会在三都举行，我没去过那个地方，只能按照主办方发给的电子信函上所提示的路线，在距三都县城只有几小时路程的地方下火车，改乘中巴车直奔目的地。车窗外的公路两边，只见一派生机盎然的绿色，有小树林、草坡如茵的座座小山之间，或是茁壮的绿油油的稻田，或是结玉米的郁郁葱葱的玉米林，幢幢瓦顶木楼的农舍坐落在小山怀抱之中，显出满足而宁静的氛围。闷热的天空下，只见一群群水牛在山坡上吃草，或在山脚下的水塘里洗澡，却不见放牛人，田地里也没有人劳动的身影，但让路人明显感到，把农田弄得井然有序的人们，此际已经闲下来，正心满意足于庄稼可喜的长势，并充分享受这段等待结果的闲暇时光。我从车窗往村庄的木楼眺望，想知道人们是不是在楼上的走廊里纳凉守望。车路颠簸，距离又远，什么都观察不到，于是又想："农闲下来的人们一定不会空过这个时间，会不会都去过当地一个名叫'卯节'的节日？"我揣着的电子信函打印件上写着，颁奖典礼就在这个水族青年男女唱歌谈恋爱的节日"卯节"里举行。这样一想，也就见出了过节的迹象：田地里虽然没有人，公路上却有人，车窗外不时地出现朝前走的三五成群的男男女女，女子们个个穿一身绣花的蓝布衣裤，戴布包头又打伞，而男子们很少穿民族服装。

前方有打伞人招手，我们中巴车的司机把车停下后，上来一位背婴儿、戴黑布包头、穿蓝布衣襟的老年妇女，她见车内坐满了，就转身面向车门，一屁股坐在门口的地上，于是，绣满花的背被和深陷在背被里熟睡的婴儿，与我近在咫尺。这使我眼前一亮，整个人立刻从挥汗如雨、昏昏欲睡之中清醒过来。我见过很多的少数民族绣花，无论颜色图案都有一股夸张随意的野味，而眼前这绣花——老妇衣襟边上的和背被上的——却很雅致古典，不像来自民间的手艺。背被崭新，不打一个皱褶，非常挺，上面的绣花仿佛还绷在绷子上一样，每条绣花都是凸的，图案对称复杂端庄，很难一眼辨出是什么内容，色彩浑厚，不像其他少数民族常用的大花大绿，我不禁在心里惊叹：这里的民间日用品，竟然拥有如此典雅的艺术！在我眼里，把这样的艺术品随便用于日常，近乎生活奢侈品了。

我正目不转睛于绣花时，背被移开了，见老妇侧转身来，把手心里捏着一元钱的那只手，高举到收车钱人面前，嚷嚷着讨价还价，对方坚持车钱要两元，老妇只给一元，结果，这位仅坐了几分钟的老妇，只得捏着一元钱下车，撑伞走路。我伸长脖子往车窗下追慕艺术品看时，一把大黑伞已经把什么都遮住了，只有伞在往前移动，我默默道：不肯按车费标准付钱的老妇，你可知道，你希望出的那点车钱，还不够卖你背被上的几针绣花！如果我开车经过和你穿同样绣花衣的人们身边，一定请大家上车，让我尽兴欣赏你们穿在身上的艺术，因为买门票进博物馆看到的同样内容，乏味极了，再美的绣花，一旦脱离你们的生活，已没了生命气息。

我到达目的地，从介绍水族的旅游手册里得知，老妇背被上的绣花叫马尾绣，因为绣线当中的主要线是马尾毛，所以称马尾绣，已被列为中国非物质遗产文化。

按常识推断就知道，用天然的马尾毛刺绣，是非常原始的绣花，最迟也属于农业文明的早期艺术，我在想，为什么后来的丝线棉线都没能把马尾线全部取而代之？我从水族习俗上探究，找到这样一条理由：水族姑娘出嫁生第一个孩子，娘家必定赠送一条马尾绣的背被，认为用它背孩子，孩子才健康、长命。谁不怕自己的孩子夭折？既然老辈人都传授经验说，本民族世世代代的人都是用马尾绣背被给背大的，做父母的都给自己婚嫁生育的儿女送条背被，如此一来，马尾绣就不是可有可无的艺术品，是与家族传代、种族延续一体了。由此见到艺术要具有悠久的生命力，应该在哪里扎根。

用以问事的水文字，活到最后。方块汉字从象形文、甲骨文、金铭文发展演变至今，已是简体汉字，它是我们每天都离不开的文字，可是我们这些使用它的普通人，就像不识自己五代以前的祖宗们一样，不要说不识早期汉字的甲骨文，连半个世纪前普遍使用的繁体汉字，都快成眼中的古董。大名鼎鼎的郭沫若破译了出土的甲骨文以后，远古祖宗们使用的汉字就在专家学者们那里开口讲话了，通过他们翻译，一般人才知道老祖宗们刻写在骨头上的内容，是问事占卜的卜辞。

我长年写作堆码汉字"砖"，如果不是因为别的事跑到水族自治县的三都，偶然与水族文字邂逅，我这一辈子都不会去关心与实用无关的远古文字，所以我到三都，大吃一惊：这里的水族人使用的文字——水书，竟然与甲骨文十分相似，我把它比喻为甲骨文的同辈亲戚。甲骨文随殷商王朝逝去被埋入地下几千年而后出土，而甲骨文的这位亲戚，竟然几千年地活着，虽然说它与正宗正室的华夏文字——甲骨文相比，望尘莫及，可却在边远的黔南生存下来，活在水族人用纸墨誊写抄录传承下来的水书典籍里，活在当今水族人问凶吉的用语中，这位亲戚如此长寿，本身就是奇迹。那天我们来到开颁奖会的九阡镇时，见水族村寨的寨门上、夹道的彩旗上、稻田边插着的彩色纸伞盖上，甚至在水家人木楼下立着待用的墓碑上，都书写着与甲骨文一个模样的水书文字，又见水族老人、妇女和小女孩都身穿马尾绣的靛青色民族服装，更有那水家人干栏式瓦顶木楼的居所，四周不是绿油油的稻田，就是风拂荷香的藕塘，楼上走廊里，还有不少人闲坐着，朝下打量外来者，同时也守望自家可爱的农田水塘，他们的神情和村寨的世外景象，怎不令人时空倒错，仿佛置身于几千年前商代城邑的郊外一般。

我对这些稻田边的农家木楼怀有敬意，因为通晓水书文字、集水族文化为一身的"水书先生"们，就是这些普通人家的一位父亲、祖父或者是曾祖，他们农忙时下地干活，空闲时或学习或传授水书典籍，或为人占卜解惑，或祭祀，是位"先生"，他们自如运用的水书文字，外面的人们要像考古甲骨文一样来研究，才能懂得；他们当中掌握了水书秘籍、具有法力的高人，令外面的世界不可思议。我简单读过三都旅游书里写着的"水书先生"传说，信步走到水家木楼侧面的牲畜厩门前之际，不禁想起一位名叫公笑的老人，这位老人利用人们观日照计时的习惯，把水书秘籍的法力，露了一手，故事这样讲：邻人们来帮他家除牲畜厩里的粪，挑到他家的田里肥田，粪肥太多，大家挑到太阳西下都挑不完，为了在一天里干完活，老人用水书秘籍施法术，让太阳等人们把肥挑完再落山，太阳照办了，等人们把厩肥全部挑完，各自回家吃晚饭时，太阳才落山，可是这时，雄鸡已经按时喔喔打鸣报晓，邻人们知道了，是老人施了法，让大家辛苦一天一夜还以为只干了一个白天。这个于轻松谈笑间显示水书秘籍威力的故事，让我联想到殷墟出土的甲骨文被大堆大堆地埋在坑里，仿佛当时的人怕甲骨文的魔力，把它深埋掉一样。肯定是一个致命的原因使甲骨文遭厄运被就地掩埋，水书这位亲戚逃走了，在遥远的云贵高原的黔南山区存活下来。有民族学专家认为，水族是从殷商迁徙而来的，他们离开时带走了文字，我从感性上认同这一观点，因为我在九阡水族村寨一见到还被日常使用的水书这种文字，内心产生了一种在方块字母语上得到回归的强烈感受，是那样亲切无比。

几年前，水书文字被列为国家非物质文化遗产。这意味着它如今也面临即将自然消亡的命运。反观它的兴衰，看到它枯荣的轨迹：历史上，用它记录的水书典籍这一水族巫文化，曾经是水族人生存发展所依赖的文明，这一古老文明经过外来文化一次比一次空前的冲击，现在几乎全部退出水族人的日常生活，用以书写这一文化的水书文字，走到很少被人使用的末路，这个现状非常清楚地呈现在2007年出版的三都县水族研究所编纂的《水书常用字典》里："目前研究发现并能识读的单字有500多个（不含异体字），录选了468个常用文字编写字典。"那么这468个水书字，是什么原因让现在村寨的"水书先生"和研究人员们能够识读？读完这本字典，发现有近一半的字有"逢此日、此时、此方，宜做什么，忌什么"的注释，这些注释读得我心里暖暖的，我从中看到的是一种对本民族最细心的呵护，就像经验丰富的老者怕晚辈在长成的路上磕着碰着栽跟斗而叨叨不休一般。历经水族人千百年使用的水书文字，淘汰到如今，最后剩下这400多个文字还活着，靠的是什么呢？是它本身所承载的内容，那是现在仍然保持原始自然崇拜的水族人对婚丧嫁娶等人生大事，对各种生活细节小事，还需要趋利避害，问凶吉的事儿。

祭稻田对歌求偶的卯节在一年当中大地生长最旺盛的季节里，有那么几天，有那么一片相宜的山野供情窦初开和正待婚配的少男少女们聚会，他（她）在那里唱着古老的调子，即兴对歌，用歌声寻求意中人，纯洁如春季求偶的鸟儿们在林中鸣唱，这样与大自然生长季节共舞的浪漫爱情节日，过去百年间曾经是很多少数民族的一个传统节日，如今消亡得所剩无几，水族的卯节是幸存者之一。

一年一度的卯节是水族人的爱情节日，但是也只有九阡镇的水家人在过，过节时，不只有未婚青年，是村寨男女老少一起过，要过四天，卯日前一天的寅日，杀猪宰鱼祭祀吃宴席，卯日这天，年轻男女才上卯坡对歌择侣，并持续几天。我们农历六月卯日正午来到卯坡，下午离开，只上卯坡看了看水家姑娘小伙们对歌，既没赶上头天的祭祀和宴席，也没能看持续几日、昼夜不停对歌的酣畅，不过，身临其境几小时，已让我触到了一点卯节的神性。卯坡所在的那座小山，与九阡其他的山没有两样，山都不大不小，坡缓顶平，长着绿茵茵的小树、灌木和草地，是散落于稻田和苞谷地当中的小山包。卯坡这座小山的不同之处是，山脚溪流潺潺，水边有长得出奇的岩石，一口巨大的龙凤井终年涌泉，泽被四周农田，还有一个被当地人代代传唱的龙女与人间水族小伙相爱殉情的故事，所以卯坡这小山没有长得特别出众之处，没有什么风景，长得普通朴素，但是它就因为有了那个被当地人喜爱的故事，应了古人说的，山不在高，有仙则灵。它毕竟不是深山幽谷里不食人间烟火的仙山，是农田里的一个小山，它灵，仅仅有爱是不够的，我注意到书上介绍卯节头天的祭祀内容，是祈祷人丁兴旺，那么卯节内容就不单纯是谈情说爱的事了。

先来看此刻的卯坡，人山人海，从各个方向穿过稻田通向卯坡脚的小道上，人群摩肩接踵，十分拥挤，如果想远眺卯坡全貌，只有岔进路边的田坎。立足田坎，面向卯坡，可以看见卯坡附近的所有小山包上都没有一个人影，只有青青一色，唯独卯坡，由山脚到山顶布满了以穿蓝色衣服为主调的人群和一把把遮阳的花伞，简直是让观众一目了然的天然舞台，可惜上面的人们大多蹲坐着，又打着花伞，宛如地上长出一丛丛蘑菇，你就算走到山跟前，也听不到上面的一点歌声，要听对歌，要看眉目传情，一定要到卯坡上去，蹲到"蘑菇"丛中，贴花伞听歌，伞里的对歌声，腔调细，声音小，像讲悄悄话。

卯坡小山上的人群分布，自然形成两类：山腰到山顶几乎是蹲坐伞下对歌找情人的少男少女，他们忘情地唱着，听着，是正在采花的蜂；另一类人在山脚，他们要么是已经不用对歌的过来人，要么是正在成长为蜂的人。山脚的人们，有私语中的双双情侣，有游走中的一群群中学生模样的男生和女生，有玩游戏的孩子，有坐在树下和廊亭里乘凉的孕妇和老人们，此类人虽然自己不唱，也听不到坡上的歌，但一定要来卯坡，这很重要：因为孩童和学生们是未来上坡对歌求偶的见习者，经过一年一度来此熏陶，到时才上得了坡，唱得了歌，找得上意中人，就像当地俗话说的"不会唱歌，别上卯坡"；形影相依的情侣，有的也许是对歌对上后刚离开歌场的；孕妇是离开歌场后没几年的人，现在，腹中的胎儿已经开始"听"卯坡对歌了；老人们上坡对歌的年华一去不返，但卯节的序幕是由他们亲手拉开的，在卯日之前的寅日，他们举行仪式祭祀稻田，助庄稼生长，他们办丰盛的宴席，打开窖酒，为卯日上卯坡的孩子们鼓劲，催促孩子们上卯坡，早日成婚，为家族添丁加口。我内心这样感受着坡脚人群时，见山边的稻田也像过卯节似的：秧苗绿得把周围的空中都染绿了，我还没见过庄稼有如此强烈的绿意，每一株秧苗长得那样肥硕繁茂，散发着年轻人一样的青春激情，每一片叶子都在熠熠闪亮，上面反射太阳光，背面反射水光，风一吹来，咿咿作响，仿佛应合山坡上的对歌声，我感觉，稻田把坡上的情歌听进去了，它能感应人的需要。

我不禁想到这里的青年男女对歌求偶，不是跑到人迹稀少的美丽山谷，而是在稻田间的卯坡，在老少皆可看可玩、非常公开的卯坡这样的地方，这种选择，意义很深。再琢磨龙女与那位水族小伙的爱情故事，发现故事里容易被忽略的部分，即两人因爱情被龙王阻挠而殉情后，化作"石头神"，九阡从此风调雨顺、五谷丰登，这一内容明显表达出男女相爱与农田之间的紧密关系，意味着爱情对家庭宗族应尽的义务，把故事读到这里，我已经嗅到卯坡爱情中，有一种浓厚的稻花香味。

黄亚洲

写意卯节

一、寨门洞开

十六把长号以四十五度角向天空举起来了，大地向天空吐露出一种浑厚的声音，云移，鸟飞，花动，这时候寨门洞开。寨门洞开，在长号、铜鼓、木鼓和爆竹声里洞开。水族姑娘们捧出的上百个斟满米酒的小碗，是不是环绕寨门的花环？

寨门洞开，一个古老的民族在里面举着花束和欢迎的旗帜，旗帜上那些笔画灵动的象形文字，就来自神秘的"水书"。

应该尊重和善待神秘。在眼下这个什么都可以"搜索"的时代里，神秘显出了厚道，也显出了魅力。

所以，寨门洞开，姑娘们的酒窝里米酒飘香。所以，我们要进去。

二、祭祀的纯净

铜鼓猛敲九下，祭祀拉开帷幕。

黑头帕黑长袍的老者手举一大捧竹枝，开始诵读祝祷之词。浑厚而苍然的嗓音像落花一样，不停地洒落到大家肩上。

木桌上呈现的是猪头、米酒和金灿灿的饭粒，还有三炷清香，至于小碗里的米粒，则由祭司用指头撮起，向四方播撒，让天感知，让地感知，让祖先感知，让他们在粮食的清香中凝视我们，凝视这片连绵不绝的青翠的山脉，让他们给年轻的后代和外民族的客人以温润的庇佑。

我们是这么强大而又这么脆弱，我们真的需要古老的智慧，我们需要援助，让奇特的文字不要消亡，让灵异的通道不要阻塞，让世世代代口耳相传的歌声能够在今天的大地上持续地响起，犹如花间的这些蝴蝶，依然轻盈而美丽。

现在，唱歌的就是这些身穿黑裙颈挂银饰的水族姑娘，她们唱着千百年来未经污染的旋律，让我们这些从一氧化碳二氧化硫三聚氰胺中穿过的人，听得热泪盈眶。

祖先啊，请把你们的智慧多给我们一点，不仅仅是在卯节，不仅仅是在三炷清香点燃的此刻。

三、婚礼舞动

没想到这是一场真实的婚礼。我跳舞，拉着新郎的手，新郎拉着新娘的手。许许多多的手在有节奏地上下摆动。

一大圈男男女女在跳舞，我以为这是一对快乐的假夫妻，因为新郎是这么英俊，新娘是这么妩媚，我以为他们经常会有比翼齐飞的表演。

我在祖国南北许多村村寨寨里，都感受过这种被营造的快乐。

谁知新郎凑着耳朵告诉我，他是今天的真正的新郎，他二十二岁，名叫吴彬，他的新娘，名叫吴真燕，我说你的妻子好漂亮啊，新郎笑成了花，他说我就是把新婚的日子定在了今天。

今天好啊，那么多海内外嘉宾，蜜蜂一样从四面八方飞来，叮上了这一场公开的水族婚礼，这一场饱满的婚礼会酿出许多蜂蜜啊!

认真做好你们的"夫妻对拜"吧，你们这对吴姓的夫妻，你们这是在认真播撒一个古老民族的芬芳，你们的真实、自然和生气勃勃，是全人类幸福的一个逼真的注解，哪怕这个注解只出现在中国黔南山区，一个叫作"水各"的村庄深处。

四、卯坡伞花

我知道卯坡在等着我。我知道，三都水族卯节的这个弥漫着草香的中心舞台，在等着我。

我必须去观察漫山遍野的红红绿绿的花伞，那些伞的下面，如今飘出的歌声已经不多了，而那些富于挑逗和极其真诚的歌声，曾经猛烈地席卷过卯坡，在历朝历代成全了多少好事!

有趣的是，在卯坡上自由开花的爱情，双方父母均不得提出反对。就这样，歌曲打败了礼教。在严肃的中国历史上曾产生过这种直通人性的温情脉脉的铁规，听来叫人怦然心动。

我必须去观察不会唱歌的年轻一代。我看见，在那样的小伙子和姑娘的瞳仁里，仍然有歌曲在燃烧。

他们从四邻八乡赶到这里，举着花伞，盼顾四望。我看见三个面红耳赤的姑娘正被七八个小伙子东南西北地围堵，小伙子们只用他们门板似的胸膛和灵活的步伐，决不动手，不拉不扯，这就显出了文明，这是一首无声的歌。这首歌的韵脚是真实的脚步。

三个姑娘最后还是在山坡的顶端突出了重围，我不知她们的下一个围困地，会发生在山腰抑或是山脚，我只希望，每一个小伙子的手最终都能拥有姑娘的细腰，每一个姑娘的头最终都能拥有小伙子的宽肩，因为这是在卯坡，卯坡是一座庇护爱情和自由的大伞。

每年的水族卯节都是用"水历"推算出来的，当代的爱情必须有古老历法的支撑，这真是一件叫人浮想联翩的事情。

我必须坐在卯坡的顶端，坐在青草的香气的中央，甜蜜地思索这一切，思索爱情的古老和新鲜，思索整个儿一座大山怎么就会被阳伞遮严，在炎热的夏季，足足发酵三天。

黄云中

故乡的酸汤

> 故乡的酸汤历史悠久,源远流长,承载着华夏民族舌尖上的远古乡愁。
>
> ——题记

在祖国贵州省南部的青山绿水之间,有一个凤凰羽毛一样美丽的地方,那里夏无酷暑,冬无严寒,四季常青,鸟语花香——

那是我的故乡,三都——全国唯一的水族自治县。

故乡的水族,是一个古老、神秘的民族。据史家考证,他们原是殷商王室后裔的一支,三千年前在战乱中从中原腹地迁徙而来,带来了殷商先民巧夺天工的酿酸技艺。直到如今,故乡的水族同胞仍然保留着家家自酿酸汤、四季食用酸汤的古老习俗。

故乡的酸汤,有两层含义:一层含义是指水族同胞用辣椒、番茄自酿的一种半流质酸味调料;另一层含义是指用这种调料做出来的酸爽可口的菜汤或肉汤。到过故乡的朋友,都在水族同胞家里吃过酸汤;吃过酸汤的朋友,都对酸汤赞不绝口、念念不忘!

很早以前,故乡的酸汤是用梅子酿制的。那时候,故乡的山坡上长着很多野梅树,每年四、五月间梅子成熟时,水族先民们便采来梅子酿制梅酸,一年四季都可以用来烹制各种菜汤或肉汤。后来辣椒、番茄传入中国,心灵手巧的水族阿妈用来酿制酸汤，味道更为鲜美，梅酸乃被辣椒、番茄酸所取代，梅树也从故乡的山坡上慢慢消失。唯有离故乡不远的另一个水族聚居地，临县荔波一个叫洞塘的地方，还残留着一片面积达两万余亩的野生梅树，每到寒冬腊月梅花开放之时，疏影横斜，暗香浮动，引来游人无数。只是梅子不再用来做梅酸，而是做成梅干、果脯卖给游人。我买来尝过，味道很好，但想起逝去的梅酸，心中仍不免惆怅。

故乡的酸汤食材非常广泛，猪、牛、羊、鸡、鸭、鱼肉和寻常蔬菜均无不可。以肉类为主要食材的酸汤也叫油酸汤，或根据食材的不同而称为酸汤猪蹄、酸汤排骨、酸汤肥牛、酸汤肥羊、酸汤海鲜等，闻名遐迩的贵州酸汤鱼就是其代表。

以蔬菜为主要食材的酸汤则不分食材品种都叫素酸汤。可以作为素酸汤食材的蔬菜更加广泛，白菜、青菜、萝卜、豆芽、笋子、蕨菜等，几乎所有能上餐桌的蔬菜，都可以任意搭配成为素酸汤的食材。

但是，真正地道的故乡素酸汤，无论蔬菜食材如何搭配，有一种蔬菜则必不可少，少了它，酸汤就像丢了魂，没了神韵、没了味道。

因此，故乡水族同胞家家户户的菜园里，都种有这种蔬菜——葵菜，就是汉乐府《长歌行》"青青园中葵"里的葵菜，流传千古的警世名言"少壮不努力，老大徒伤悲"就出自这首诗的最后两句（见百度百科·葵菜）。

葵菜是我国非常古老的重要蔬菜,最早见于《诗经·豳风》"六月食郁及薁,七月烹葵及菽";《黄帝内经·灵枢·五味篇》将其列为古人食用的五菜之首;另一首乐府诗《十五从军征》"舂谷持作饭,采葵持作羹"说明汉代人也用葵菜做汤,至于他们是否加了盐梅做成酸汤,我们不得而知;元代王祯的《农书》"葵为百菜之主,备四时之馔"说明元代葵菜的地位之高,且和我的故乡一样可以四季采摘食用;到了明代,李时珍的《本草纲目》说:"葵菜,古人种为常食,今人不复食之,亦无种者。"并把它列入草部,不再当做蔬菜对待。至此,葵菜走下了数千年百菜之主的神坛,退出人们的餐桌,中原地区再也难觅葵菜芳踪。然而在我的故乡,几乎家家户户水族乡亲的菜园里,都还种着葵菜,而且一年四季保留着从远古走来时那"青青园中葵"的迷人风采。只是不知从何时起,葵菜却改了名字——自童年记事时起,我就听大人们把葵菜叫做齐(qi)菜,问其原因,他们也说不清楚。

故乡酸汤的历史,比葵菜还要久远,可以追溯到三千多年前的殷商时期。据《尚书·商书·说命下》"若作和羹,尔惟盐梅"的记载,中国最古老的羹汤"和羹"就是酸汤,用盐和梅酸调制。古时候的和羹,食材主要是各种肉类,包括各种禽、兽、鱼肉和山珍海味。史载商朝贤相伊尹,曾向商汤王进献鹄鸟之羹(天鹅羹),以讲述调和五味与治国安邦的道理。但这种以肉类为主要食材的和羹,当时只有皇帝和达官贵人才吃得上,一般百姓平常只能吃各种菜羹,能有盐和梅酸调味就很不错了。

史载孔夫子曾困于陈、蔡之地,断粮七天,只能吃野灰菜做的藜羹,但依然与弟子们弦歌不绝。想必是孔夫子细心的弟子们,在出发前的行囊中,早已为"食不厌精,脍不厌细"的老师带上了旅途必备的盐和梅酸,使困厄中的师生得以喝上酸爽可口的野菜汤,他们才这样气定神闲。

如今,古圣先贤们已携着那治国安邦的五味和羹和让人气定神闲的野菜酸汤离我们远去。他们可能不会想到——

三千年后的今天,十三亿华夏子孙的日常生活已不乏鸡鸭鱼肉,当年避之唯恐不及的野菜汤，已成为人们孜孜以求的时尚。

先贤们也不会想到——

带领十三亿华夏子孙走上民族复兴之路的习近平主席，会以一个泱泱大国元首的身份，在联合国总部"共商共筑人类命运共同体"的高级别会议上，引用"和羹之美，在于合异"的典故，呼吁国际社会坚持对话、共建共享、合作共赢，以建设一个持久和平、共同繁荣、清洁美丽的世界。

先贤们更不会想到——

现今生活在贵州省南部青山绿水之间的神秘水族，乃是当年殷商王室的后裔，三千年前从中原腹地迁徙而来，不仅带来了自己优美深邃的语言、文字和歌谣，还带来了殷商先民巧夺天工的酿酸技艺。正是他们，把远古先民为调制和羹、菜羹而酿制的酸汤遍传黔地，才有了流传至今"三天不吃酸，走路打捞蹿（趔趄）"的贵州谚语，才有了那脍炙人口风靡大江南北的贵州酸汤鱼，才使得千千万万的华夏子孙，能够在舌尖上找到那穿越千年的远古乡愁！

李果河

家乡的白鸟

我的家乡掩隐在密密匝匝、莽莽榛榛的群山之中。那山怕有一万座、十万座,故号称"九万大山""十万大山"。山和山挤得像一层层排得密密的窝窝头;从远处看去,又像暴风雨来临时海面上汹涌翻卷的巨浪;如果从高空鸟瞰,则像沸腾的油锅上的气泡,一个个紧密相挨,难分彼此。一句话,这里的山,多、密、挤。

我们山里人看山都是仰视的。于是就感觉这些山都高耸得可怕,感觉那山高得直刺青云,看着让人心寒。那山,一座一座,奇形怪状。有像"猴子捧仙桃"的,也有像"鱼跃龙门"的。它们如虎踞,如牛卧,如狼跃……每一座山都向你展示它多彩迷人的仙态神姿。山谷里最让人神往的是喧阗作响的瀑布。瀑布是由山崖上直奔下来的,像一条条白色的绸带,在山谷间嗡嗡如雷。瀑布之下是一条条弯弯曲曲的小溪,咕咕咚咚地欢唱着,流淌着。

这就是我的家乡。

在那些大山的山林、瀑布之间,在群山之巅,不时还有三五只缓缓而飞的白鸟。那鸟的羽毛雪白,白得很纯,很洁。我们山里人就叫它"白鸟"。它是鹤鹉的一种,个子比白鹤小,但是飞得比白鹤还高,高到它能飞越最高的山峰的峰巅,一直飞入云霄,让你的目光追寻不到。这鸟当地人把它们看做吉祥的神鸟。因为人们只看见它们在天上飞,在山顶上盘旋,很少看见它们停泊在树上或农舍的屋檐。人们很少能认识它们的真实面目，也很少能听到它们的歌唱。于是人们就说，它们是天上王母娘娘的信使。还说人活在世上要是能积功积德，死后也可以变成这圣洁的白鸟，成为王母娘娘传递信息的天使。

今天，一条像灰色飘带般的高速公路，就蜿蜒地平铺在我家乡的群山之间，缓缓地向南伸展过去，伸展过去……一直伸展到国境线，伸展到人们神往的地方。

白鸟三五成群地飞着，公路像绸布一样延伸着……

我是为寻找我大妹的葬身之地而回到故乡来的。大妹是我唯一的亲人。我们兄妹俩在十多岁时就死了父母，两人相濡以沫，互相拉扯长大。我读书到了山外，到了最繁华的大城市，大妹却留在山里，留在这莽莽榛榛的群山之中。大妹长得五大三粗，一副山里人朴实、泼辣、刚毅的性格。我曾把她带出山外，带到繁华的都市，并打算在城里帮她找份适合的工作，安一个家，过上城里人的现代生活。可是才过两个月，她便死活要回山里去。

我问大妹："你不喜欢大城市？"

她闪着一双比黑葡萄还大的眼睛，抿着两片厚实、可爱的嘴唇，微笑道："城市有什么好？不就是一排排高大、拥挤的楼房？可呼吸的是充满油味的空气，呛死人；喝的是和马尿一样味道的自来水；见的都是袒胸露脐的女人；红色的灯，绿色的酒，满身是铜臭的商贩子……"

"你……你怎么这样看待现代城市？"大妹的话把我气急了，"你还舍不得你的那些……""我喜欢像山一样踏实地道的山里人，他们像山间溪流一样的清纯净洁；我喜欢山里没有污染的空气；我更喜欢我的山寨梯田、竹篱茅舍和猪鸡牛羊。城市生活，还是让别的人去过吧！"

大妹的个性像山一样执拗，我拗不过她。

大妹又回到了大山的怀抱里。不久，就参加了修筑这条通往国界的高速公路。

早几年，为了采访，我回到了家乡。当然见到了我的大妹。

大妹和一帮民工，还有工程技术人员驻扎在一座高山的山坳上。那坳上有一块平地，他们搭了寮棚。

大妹神采奕奕，精神抖擞。身材似乎比以前更结实，体魄更健壮。见了我笑得很迷人："哥，你还不是回到山里来了？"

看她那模样，又自豪又自信。

"哥，我已经……"

"已经什么？是不是有了男朋友了？"

"暂时不告诉你……等到有一天，请你回来当舅爷！"大妹说着扭脸跑开了。

其实，我早知道了。前夜，我就窃听到大妹和一位青年人在山坳上的那株大树下的窃窃私语……

"小郝哥，你真的爱上了我们这里的莽莽群山？"

小郝是参加修筑这条高速公路的工程技术人员。

"是的。我虽然出生在上海，可我并不喜欢大城市。我总觉得城市里有一种无法抗拒的污浊。我喜欢大山，喜欢森林，喜欢溪流，喜欢大自然里的虫鱼鸟兽，喜欢那些在高山尖顶上飞翔的白鸟。其实，我更喜欢你像大山一样的性格、大山一样的胸怀，我……喜欢你！看着你，看着这莽莽的群山，我总想舒展歌喉，放声歌唱，大声喊叫……"

大妹纵情地大笑："你，像个伟大的诗人！你莫骗我，说不定有一天，把大山看够了，把我看腻了，你就不喜欢大山，也不喜欢我了！"

小郝急促的声音："不会，绝对不会，我将永远……我对天发誓，对山发誓……"

"别别别。"大妹阻止了小郝，"我们山里人信神，更信山神。认为凡是对山的赌咒都是灵验的。我……相信你！"

"相信就好，我会实践我的誓言的！"

树下的两个人紧紧地相偎在一起，我似乎听见两颗心以同一个节拍跳动着。

我轻轻转过身，移步离开那株大树。

不幸的是，在筑路施工过程中，一次意外的山体滑坡，把我大妹、小郝连同几个民工都埋在了深深的石砾之下……

那时，我正随团在国外采访。这噩耗让我悲恸欲绝。对着异国的天空，我大声哭叫："大妹，大妹，我唯一的亲人啊！"

眼泪从我的面颊上流淌下来……

今天，我是为寻找我大妹的葬身之地而回到这群山之中的。

不见我大妹，我泪眼蒙眬。只见几只白鸟在群山上空飞翔。"那是我大妹！"

我立即朝白鸟大声呼喊："大妹，大妹……"

大妹似乎正笑盈盈地向我飞奔过来，多么的机灵，多么的新鲜，多么的活泼。

那长长的大辫子，飞扬着异彩，那黑葡萄似的双眼，宽厚的嘴唇，还有那总是迷人的……

"哥哥,哥哥……"她清脆的嗓音在群山中间萦回飞荡。那嗓音多么亲切,多么甜美。

我伸开双臂,移步上前,用力一搂,想把大妹搂进怀里……

我什么也没有搂着,却扑在一座泥石堆上。大妹在我怀里已融化成一座坟墓,一座新土覆盖的坟墓。它的旁边是小郝,还有另外几名民工的新坟。泪水在我的眼眶里流转,我轻轻地啜泣着。

我在大妹、小郝和几个民工的坟上都插上了一束束山间洁白的"清明花",以表示我的思念、我的敬意、我的哀痛。那花是那么的洁白,白得十分耀眼。忽然一阵狂风吹来,几瓣花片便随风旋转飞舞,飞向群山,飞向天空,变成了几只白鸟……

啊,家乡的白鸟,我的大妹。

"大妹,大妹……"我对着白鸟大声呼叫。

白鸟飞过群山,飞上晴空,飞向南方。在它们的羽翼下是一条宽阔的灰色的高速公路……

李果河

难忘贝加尔

展开俄罗斯地图，贝加尔湖像一块蓝色的宝石，镶嵌在西伯利亚的大屏幕上。晃眼一看，她却又像一位沉睡的俄罗斯美人，静卧在一块柔软如被的土地上。她的头，顶着湛蓝的北冰洋，而下身的裙裾则似乎飘忽到神秘的蒙古大沙漠……

这姑娘太美了。

如今，在我们的眼前，这位可爱的、生长在贝加尔湖畔的导游小姐玛丽亚·杜布罗夫斯卡亚，她那深蓝色的衣袍，她那美妙无比的身姿，她那疲倦了的、似睡非睡的神情，又多像那美丽迷人的贝加尔湖！

一辆红色的豪华大客车，载着一批中国少数民族作家在莽莽榛榛、密密丛丛的西伯利亚大森林中穿行。一排排的白桦树恍然而过。白桦树中夹杂着稀散的针叶红松。白桦树树身洁白，枝上的叶已经全部落光了，细枝上还挂着雪花。那是昨夜留下来的雪。看上去那些树就像一排排娉婷婀娜的姑娘。今天，却放晴了，清晨的太阳正娇娇地照着，雪地上映着红光，甚是好看。最可爱的是那些针叶红松，那枝叶苍翠欲滴，树干笔直、粗大、高耸、雄伟，像俄罗斯英武的男子。那些白桦树与红松枝枝相牵，颇似一对对一双双钟情热恋的情侣。谁说西伯利亚荒凉？这一对对情侣在金色的阳光下，在微风中，不正在咿呀歌唱、翩翩起舞了吗？

我们一行，正穿行在西伯利亚大丛林之中，路旁的树木像夹道欢迎的人群，欢迎中国客人的来！

"前面不远就到贝加尔湖了……"

玛丽亚小姐声音清脆、甜润，像珠玑碎玉落在盘上的声音。她语言流畅，音调动人，挺像一支优美的乐曲。

"贝加尔湖……是世界上最深的淡水湖，面积居世界淡水湖的第二位。这是我们俄罗斯的一块神秘宝地，她那神秘的面纱至今尚未揭开……如今，湖中还生活着来历不明的海豹。这海豹本来是生活在咸水的海洋之中，何以到这淡水的贝加尔湖来安栖？它们是自生自长的，还是由北冰洋穿过地下水道来的？至今科学家尚未解开这个谜……沿岸森林中，还生活着野牛、黄羊……黄羊的角就十分宝贵，一克拉可以价值一两黄金……"

"哗啦——"车上一片笑声，也一片惊讶。

"还有巴巴里亚鱼……"

游客的喧哗声刚过，玛丽亚清脆甜润的声音又紧凑地弥漫开来："这种鱼，十分珍贵，可以生吃，味道鲜美极了，而且营养价值非常高，谁吃了这种鱼，可以增进健康，延年益寿……"

人们不由得又一次惊呼起来。

"今天我们能吃到这种鱼吗？"有人大声问玛丽亚。

"能！"玛丽亚尚未回应，随车的警察阿依托夫抢在她的前头。

这位俄方派出的警察身高一百九十厘米左右，身躯粗壮，面色红润，威武灼人。高鼻子、蓝眼睛、长方脸，说话声音混浊、浑厚，有一种雄性的气魄。

"中午到贝加尔湖饭店，每一位同志都要吃，不准不吃，而且要吃个够。吃这种鱼，开始的时候是需要勇气的，习惯了就好了！"

"哈拉索（好）！"大家用俄语呼叫起来。

"贝加尔湖……"玛丽亚小姐继续说，"除了以上的珍稀动物，还有银狐、羚羊……银狐大家见过吗？它的皮毛十分昂贵，一件好的银狐大衣，价值二十来万卢布呢！"

车上的中国人惊讶得呼叫起来。

"许多许多年以前，"玛丽亚继续说，"这贝加尔湖还是一块小池塘，后来地面陷下去了，周围的山也变小了，退缩了，雪，融化了，这湖，才慢慢地变大了，变深了。最深处有两千五百多米呢！全世界的湖就数她最深。湖里，有很多的五花石，五颜六色，十分美观，据说是上帝炼造的。"玛丽亚拿出一块绒布，那块蓝色的绒布上嵌满了一排排小石子，那些小石子的确很美妙，人们争相观看。她继续解说："每当寒潮来临时，这湖面就发出一阵阵怪声，或低沉，或悲唳。初听这种声音，你会以为是一位妇女在悲歌呢！……还有，那湖水，清澈见底，科学家认为，这水是超纯度的水，世界上最清洁、最明净的水。这水，非常甘甜，谁喝了贝加尔湖的水，力量就会越来越大，而且，还可以长生不老！"

"神话，这真是神话的世界啊！"人们称赞道。

上午十时半，太阳在天空明晃晃地照着，群山反射着它的金光，我们一行来到了贝加尔湖畔。那心情，就像要投入情人怀抱的热恋者。

蓝天拥着红日，白雪映着蓝天。几片白云在蓝天上遨游，只有湖水渺渺，湖面晃动着一片片太阳的金光，我们分明是来到了一个神奇的世界。回眸低视，眼底是一平如镜的湖水。那水，蓝极了，绿极了，也美极了。微波粼粼，分明是一块镶嵌在大地上的明镜。湖水清澈剔透，凉风习习地吹来，湖面便噼噼剥剥地泛起一片片白色的浪花，这湖面就又像一块蓝底白花的天幕。阳光下，这天幕的中心处，有时由蓝色变成橙红，橙红色的光圈一道一道，映到游人的脸上。

"这湖太美了！"游人发出这样的感慨。

湖的左右两侧，群山环立，山上林木如被，一排排，一丛丛，密密匝匝，冰雪覆盖，在阳光之下，其沉静中露出几分妖冶柔媚，而妖冶中又显出沉静和温顺。在我们的眼前,感觉这湖就像一位熟睡的姑娘。而我像一位多情的男子,悄然地得到这个远方情人的钟爱和慰藉。

湖面虽然缥缈宽阔,空灵悠远,但又并非一望无际。你看,对岸邈远之处,那不是一排排雪白雪白的山峰吗?山上白雪皑皑。那雪峰高耸入云,像要飞离眼前这个世界!它的最高处是胡尔哈喀峰,海拔二千零四十九米,雄伟壮观。它是西伯利亚最高峰。

此时此地,我将置身于一个什么样的世界呢?

蓝天,白云,红日,一平如镜的湖面;空阔、苍茫邈远的宇宙……啊,我正置身于美丽绝伦的大自然的怀抱之中!不,我正置身于人间的蓬莱岛上。

我心旷神怡,思绪飞扬。我从祖国远来,难免有异乡游子的陌生、孤寂、落寞的感觉。然而,置身于这美神般的贝加尔湖畔,那种孤寂的心情已悄然隐去,代之而起的是一种神迷的欢愉,是一种流连而忘返的激越……

我凭栏远眺,思绪翻飞。玛丽亚小姐朝我走来,手中似乎握着什么东西,像是神秘的宝物,笑盈盈的。她的笑具有一种难言的、迷人的魅力。

不知什么原因,一见到玛丽亚,我就把她幻化成那睡美人般的贝加尔湖。有时,我又总把这睡美人般的贝加尔湖幻化成眼前这位美丽的玛丽亚小姐。因为她们两者总似乎具有很多相同的属性。

她身材苗条。苗条得就像地图上的贝加尔湖。一套浅蓝色的衣袍,就像贝加尔湖的水。那披肩的金黄色的短发,多像贝加尔湖畔冬天的森林。还有她那红扑扑的脸蛋,犹如照耀在这蓝色湖上的朝阳。更有那半睐半露的眼神和似睡非睡的神态,又多么类似这温柔沉睡的贝加尔湖啊!显然,我的这种人和物之间的互相幻化是有依据的。

玛丽亚作为俄方的派出人员,陪伴我们已经有六七天了。她和我们,除了普通感情之外,似乎还产生了一种特殊的感情。我最喜欢她半闭着眼睛时的那种沉静、朴实的笑，还有深藏在那双蔚蓝色的眼睛里的真挚。这位俄罗斯标准美人的感情十分丰富，她似乎把她的丰富的爱奉送给每一个中国人。那夜，在私人的宴会上，醉眼蒙眬的玛丽亚小姐用流畅的英语真挚地对我说："我爱你们，我喜欢每一个中国人。"我也用同样的话回答她。于是她兴奋得毫无拘束地跟我们每一个在场的人拥抱，然后照相留念。至今，我把她的每个风姿都存留在叫人难忘的画面上。

玛丽亚来到我的近旁，张开手，原来是几粒在贝加尔湖畔采到的五色彩石。

我的同伴们纷纷聚拢来，从玛丽亚手中接过那些滋润的小石子。

"哟，这石子太漂亮了！"我们交口称赞。

这石子的底色，有红色的，有黄色的，还有白色的、蓝色的、紫色的、褐色的，晶莹透亮。除了底色，美丽石子上都散布了各种颜色的斑点。这些斑点有的很大，有的却极细小，五颜六色，十分可爱。叫人想起我国南京的雨花石。不同的是它比雨花石细小，雨花石多呈扁圆形，它却是什么形状都有，每粒都各显个性。

十来颗五色石一下子被抢光。

玛丽亚笑着说："湖边多得很呢，到湖边去吧！"

我们几乎是呼啸着奔向湖边。

湖水碧蓝，翻卷着雪白的浪，轮流着扑向岸边，发出唰唰的声音。

湖边，沙滩上，尽是这种晶莹透亮的五色石，为捡拾这些五色石，二十多个人一字儿排开在沙滩上，这又是一幅动人的风景画。

大家在采撷五色石，带回中国去，带回家乡去，做个永久的纪念。也许多少年以后，看见这五色石，看见这美丽多彩的石头，你会怀念起俄罗斯人民的友情，还会勾起青春般的梦幻。

费了九牛二虎之力，付出了一身汗水的代价，我们二十多人，连同玛丽亚和警察阿依托夫，终于爬上了贝加尔湖西岸的贝加尔湖峰。这座山峰正与胡尔哈喀山峰遥遥相对,隔岸骈立。

上到峰顶,举目四望,天空一片茫茫,四周群山都已退缩到我们的脚下,并且变得渺小,变得遥远了。贝加尔湖山峰耸入云霄,我们如驾青云,此时不由得想起唐人的两句诗:"不敢高声语,恐惊天上人。"如果天上真的有人,此时他们还会来迎接我们吧?如果低头下望,那莽莽榛榛的西伯利亚大森林,似乎隐藏到一片云雾之中,斑斑驳驳,好像变成了一块块硕大的绒被。再看脚下的贝加尔湖,湖水茫茫,看不见她的涟漪,这湖,变得像一块雪亮的明镜,横铺在天幕之下。

啊,多美的自然风光!

山顶上白雪皑皑,有些同志用白雪擦脸,以驱散满身的热气,于是感到十分的惬意。山峰上,几株红松,枝叶葱绿,挺拔秀气,树枝上挂满了五颜六色的彩布,初看时以为是西方圣诞节结扎成的圣诞树,其实是各种布条、手绢和彩纸。不久,玛丽亚小姐取出一块小手绢,把它绑缚在树枝上。原来,俄罗斯人有一种习惯,登上一座高峰,就把一根布条扎在附近的树枝上,一来做个纪念,二来装点山上的风景。

玛丽亚还说:"如果是新婚夫妇,还得为这株树献上一束鲜花呢!"细想,这确实是一种文明之举,于是不少人也把手绢扎到那株树枝上。

不久,一批俄国的青年学生也到山上来游玩。他们有男有女,一个个美丽、英俊,而且活泼开朗。山上立刻热闹起来。他们说他们很喜欢中国人。尽管我们之间言语不同、肤色各异,但各自脸上的笑意,却是沟通感情的桥梁。他们的欢声笑语、友好姿态,说明了俄国人民对中国人民怀有极深厚的感情。岂能让这种感情、这种友情轻易地消逝?岂能让这美好的时光随便漂流?"照个相,留作永久的纪念吧!"有人提议。

于是中国人、俄国人,不分彼此地半拥抱着,在这高耸的贝加尔山峰上,咔嚓咔嚓地留下了永久的友谊。

玛丽亚小姐紧挨着我,伸出一双胳膊,钩住我的手臂,还未照相之前,用英语俏皮地对我说："我爱中国人，我爱你！"

她虽然是细声细语，但十分明晰，十分亲切，十分迷人。她传给我一股温馨，一股力量。我感到她那双柔软而温暖的手臂，像一根坚韧的友谊的绳索，将我和她，不，应该是将中国人民和俄罗斯人民紧紧地捆连在一起。我意识到，是她，传递给我，传递给每一个中国人一股新生的俄罗斯人民友谊的热潮，于是我全身的热血便立即沸腾起来。

我们依依不舍地惜别贝加尔湖，依依不舍地惜别味道奇美的巴巴里亚鱼和那美丽的湖光山色，还有那白雪皑皑的贝加尔雪峰。当然更依依不舍地惜别玛丽亚小姐和每一个友善的俄罗斯人民。

我们带回了贝加尔湖畔的五色石，中俄人民的友谊定会像这五色石一样，色彩缤纷，千年不变！

难忘俄罗斯人民的友情，难忘玛丽亚，难忘你：贝加尔！

柳　萌

黔南水族风情散记

在很短的时间内，接连两次到贵州，在我也算难得的机缘。头一次去的是黔北，第二次去的是黔南，山水相近，风情各异，给予我的是无穷乐趣。特别是最近一次的黔南行，由于对水族情况完全陌生，出于好奇和求知心理，探访中就有种新鲜感。

一

水族自治县县城三都镇，坐落在贵州省东南部。

青翠的山峦环绕四周，如同一个舒适的摇篮，静谧而安稳；蓝天白云游荡在山间，如同一张轻柔的帏幔，飘忽而朦胧。三都，这个美丽婴儿，就安睡在这里。听着悠扬芦笙，闻着九阡酒香，进入现代生活美梦。唯有那习俗和穿戴，还保留着往日的古朴，仿佛告诉来客，跨越时空的水家人，永远不会丢弃祖先的遗存。

走在县城的大街上，偶尔抬头望望，山是绿的，天是蓝的，连行人的微笑，都是那么纯净。尽管新起的高楼，偶尔会遮住视野，投射下来的阳光，依然让人感到很温馨。久居大都市的客人，出于好奇做个深呼吸，五脏六腑顿觉清爽，不禁感叹这山这天，竟然是这般美好。这是老天的赐予，更是水家的珍爱。不然，哪里会有如此净土，延续千年而不衰？感恩天地的水家儿女，即使享受现代生活方式，祭坛上仍旧供奉天神地母，因为他们深深懂得，没有纯洁的生存环境，就不会有40多万水家人的故乡。

这个以水族人为主体的地方，说起水族的古老文字和马尾绣，每个人都带着骄傲的口吻，就如同展示自家的传家珍宝。在三都县的博物馆里，有张水书和甲骨文对照表，象形的字体，苍劲的笔力，如同两个面貌相似的弟兄，让我联想起多民族的中国，真的像歌曲中经常唱的那样，水乳交融实在难解难分。在三都县有着十多个民族，相处在这片秀美的土地上，共同过着和睦幸福的生活，为更加美好的明天奋斗着。

三都，人称凤凰美丽的羽毛，它是如此的绚丽多姿，看一眼都会令人陶醉永远。通往外界的铁路和高速公路，正在日夜兼程地加紧修建，到了明年，这片神秘古老的土地，就会跟更多现代城市相连。这铁路和公路，如同羽毛长翎，为水家人的生活增添更绚丽的色彩。

二

作为中华民族大家庭中的一员，水族有人口42万，其中的一半在三都县这块土地上。因此，水族的历史、文化和社会生活，在这里都得到集中展现，可以说是水族活的博物馆。水族有许多独到的工艺制作，其中的马尾绣堪称"活化石",智慧勤劳的水族妇女,人人都是马尾绣编织能手。马尾绣是水族妇女一生的劳作,从古绣至今,从小绣到老,绣出一个个贤惠的媳妇,绣出一个个和美的家庭,更绣出一个充满活力的民族。马尾绣是水族人的骄傲,马尾绣是大地上的奇葩。

用两三根马尾扯上丝线,穿在银针上绣呀绣呀,一块布上就有了青山绿水云霞日月,以及水族妇女美丽的梦。当然,更有着她们对真挚爱情的渴望,因为按照水族人的习俗,不会马尾绣或者绣得不好,这样的女人即使再漂亮,都很难找到如意的郎君。所以女孩子稍稍懂事,就开始做马尾绣的营生,等到爱情哪天来临时,赠送给心上人这方马尾绣,谁能说不是一颗纯真的心呢?

如今的马尾绣,已成了工艺品,从家庭走向市场。作为一个行业,拥有自己的品牌,拥有自己的能手,还走出了黔南大山。我们逛三都县城时,走进一家马尾绣专卖店,店内悬挂的马尾绣服装、饰物,立刻吸引住我的眼睛,每一件都很精致古朴,本想选购一件衣服,可惜型号尺码不理想,只好怏怏地离开。后来一位作家去采访,知道这家店店主名叫韦桃花,她绣的马尾绣远近闻名。2008年第11届奥运会举办期间,中国奥组委邀请她到北京参展,有的外宾以为是机器生产的,想买又觉得不值那么多钱,她告诉他们是纯手工制作的,并且当场给他们做马尾绣表演,外宾马上又说价钱便宜,她的10件马尾绣工艺品,当场全部被外宾买走。

马尾绣就是这般神奇。它记载着水族的久远历史,它展示着水族人的聪明智慧。绣吧,绣吧,贤惠的水族妇女,把你们对于未来的憧憬,用灵巧的双手绣进去。

三

我国是从农耕时代走过来的,自给自足的生活传统,即使是在充满现代气息的现在,在水族农村家庭依然保持着。自己织染土布酿造黄酒,在水族人家非常普遍。反正山上有的是药材，就采撷来染布和酿酒，用药材染成的土布，既无污染又可防虫除菌，穿在身上更是舒适防病。至于当地人爱饮的酒，当属一种名为九阡的酒，据说是用100多种药材，掺入上好糯米中酿制而成。这种酒度数比较低，而且有保健美容作用，治疗某些疾病也有疗效。1957年五一国际劳动节，女县长蒙世花应邀观礼，特意带九阡酒敬献毛泽东，毛泽东喝过连声说"好酒，好酒"，在当地传为佳话。现在为推销这种九阡酒，又加上"好香，好甜"四个字，"好香，好甜，好酒"赫然写在酒瓶上，就成了这种酒的广告用语。

说到水族的九阡酒，就不能不说饮酒礼。我在内蒙古工作十八年，知道蒙古族敬酒要唱饮酒歌，双手托着银碗端在客人面前，唱着祝福客人吉祥如意的歌，那歌声非常深情优美动听，见到主人如此盛情好客，连不会饮酒的人都不好拒绝，只好饮下这银碗中的美酒。在云南我接受过傣族姑娘的敬酒，在甘肃我领略过裕固人的酒风，好像都跟蒙古族人敬酒相差无几，盛情大都表现在唱啊劝啊，总之非得让你饮下这杯酒不可。而水族人的敬酒礼则完全不同，既不像汉族人饮酒那么吵闹，又不似蒙古族傣族人那样歌唱，而是共同举杯连呼三声"哟"。"哟"是水族语"喝酒"的意思。我们在水族自治县的三天，每顿饭之前当地朋友都提议，大家共同"哟"一杯九阡酒，于是宴会中"哟——哟——哟"，就会回荡在水族高脚寨楼上。即便你不会饮酒也无妨，只要举杯跟着喊"哟"即可，所以让我这不善酒者，反而在"哟"酒中感觉快乐。

水族人如此好客，九阡酒如此醇美，主人哪能让我们空手而归？临别赠送每人两瓶九阡酒，回来让家人品尝这好酒，想着那几天"哟"酒的欢乐情景，我的思绪仿佛又飞回到黔南山水间。

四

水族的情人节也蛮有特色。

每当情人节将要来临时，北京街头的大小花店，都会打出红玫瑰上市的广告，店内店外显眼的地方，更是摆放着丛丛红玫瑰，如同一簇簇通红的火焰，在少男少女们心中点燃。街头巷尾还有走动的卖花人，出售的也是单一品种的红玫瑰。酒吧和饮食店在这一天，同样以红蜡烛和玫瑰图案蛋糕，装点着自己的店铺和商品，这红色和红玫瑰就成了爱情的标志。想想的确蛮浪漫的。

这次到了三都县，了解了水族习俗，知道水族有许多节日，都是依水历推算而来的，没有一个固定的具体日子。被水族人称为情人节的卯节，同样是按照水历而确定的，这一天前后四五天的时间，都算是水族"最顺利的日子"。同样是男女传递爱情的节日，水族少男少女们相会的卯节，远比汉族七夕节和西方情人节，在内容上更丰富，在形式上更浪漫，充分展示出水族人的纯真天性。

卯节的前几天就开始热闹了，打扫庭院，宰杀肥猪，打捞鲜鱼，打豆腐，开酒窖，家家都是忙忙碌碌准备过节。当然，在卯节最高兴的莫过于年轻人，在正式过卯节的这一天里，未婚的男男女女身穿盛装，一群群聚会在卯坡上，女孩子把身躯遮藏在花伞中，男孩子紧紧围着花伞中的女孩子，你唱一句我唱一句，用歌声问答表达爱慕之情。唱醉了山山水水，唱笑了花花草草，唱开了紧闭的心扉，唱欢了情感波澜。青年男女的爱情，就在这浪漫歌声中，播撒种子长出嫩芽，最后结成甜蜜果实。多么圣洁的卯节啊，多么浪漫的爱情。

青年男女本来就彼此了解，而且是在卯节定情结合，这样的爱情基础就比较牢固。有位水族朋友告诉我，水族夫妻很少离婚，可见卯节带给情人们的，不仅仅是欢乐和美好，更有着千年不变的忠贞。难怪水族人说起卯节来都那么津津有味儿。

罗春寒

一位恩师与我的大学之路

说实在的，作为一个拉揽林场的普通职工子弟，能够有今天的一切，做到厦门大学的博士后，我已十分知足。因为在十几亿人的中国，各方面不如我的人还有很多很多，当然比我好的人也有很多很多。

回顾自己前半生走过的路，有几次重大的转折十分关键。其中最重要的一次当数1985年考上大学了。

平心而论，在读书方面我有些天赋。记得小学五年（当时没有六年级），语文、算术几乎是满分，年年是"三好学生"，各种奖状贴满了家里客厅的墙壁。但好景不长，1973年上初中后成绩一落千丈，当时三都民族中学初中有四个班，不分重点，每个班有四十几个同学，我记得三年初中，考试成绩最好的一次是在本班排名第26名，在全级百名左右，其他时候的考试成绩只能用惨不忍睹来形容。因为太顽皮，被列为学校"八大金刚"之一，老师惩罚、学校批评，开家长会被数落是家常便饭。初中三年学习为什么一下变得很差，现在分析起来，主要有几方面。

一是小学升初中，教学内容和方式发生重大改变，自己没有适应过来。

二是自己的眼睛有问题，小学时家里几乎是煤油灯照明，什么时候把眼睛搞坏不知道，上初中后因为个子高，被排在最后一排座位，加上教室面积大，所以上课根本看不到黑板上的字。而且最可笑的是自己根本不知道这是近视眼。到初中三年级实在不行，父亲带我到贵阳配了副眼镜，但自己平常不好意思戴，因为80年代初的三都，在县城几乎看不到戴眼镜的人，一戴眼镜就会被同学讥笑为"四眼狗"。看不到黑板，还学什么？

三是上初中后学风有问题，一帮同学以不上学为荣，互相影响，最后什么都学不到。

四是没有循循善诱的好老师辅导也是一个重要原因。为什么这样说？因为后来我遇到一位老师，在他的鼓励下，我的学习情况有了根本的改变。

这位老师叫叶成诚，贵阳人，60年代初贵州大学英语系学生，跟原来经贸部副部长龙永图是师兄弟。老师大学毕业后不久就赶上"文化大革命"，被下放贵州三都县，直到1985年才回贵阳，在三都差不多二十年，把自己的青春和热血献给了水乡这片土地。老师先后执教于三都九阡中学、大河中学、丰乐中学和县城师范、民中等学校。

1982年我考上高中，高中的英语课就是由叶老师上的。不同的命运把我们联系在一起。回想起来，这辈子就是因为遇到这么一位好老师才彻底改变我的命运。

记得高中前两年，自己只对文科感兴趣，成绩在班上仍是二十多名以后，在那个精英教学的时代，这种成绩绝不可能考上大学。这一点我也心知肚明。高二时，社会上开始流行弹吉他，我太喜欢吉他悠扬的琴声，也爱上了弹吉他，而且进步神速，自弹自唱在学校小有名气。想不到叶老师对吉他很感兴趣。一天课间休息，他主动对我说，让我下课到他家弹吉他给他听。初生牛犊不怕虎，下课后径直去了老师家。听罢，老师说：他在上大学时是吉他迷，因为班上印尼归侨学生有吉他，本省学生根本买不起，也无处可买。有空就到印尼同学那里听他们弹吉他，虽然没有吉他，他还向他们借来教材，并抄写了满满一本笔记。经常对照笔记模仿指法学习，权当画饼充饥。这些笔记一直很好地保存下来。最后老师说：我们来一个合作，你教我弹吉他，我教你学英语。如何？我笑着回答，教你弹吉他可以，但英语我学不会，因为我连二十六个字母大小写都搞不清楚。老师听后说，不可能。他说，吉他这么难你都能学会，学英语比学吉他简单多了，我就不相信你学不会英语。

不信试一下。这样我们合作开始了。

我记得正式学习英语是1984年暑假，距离高考整整一年时间。老师让我整个暑假每天都到他家，面授一小时，然后布置作业回来做，第二天去听课时再交上。第一篇作业就是写一百遍二十六个字母大小写。一个假期，竟把初中六本教材学会，新学年伊始，我的英语从原来每次考试都是乱蒙十来分的成绩，一下子变成在班上数一数二，让所有同学感到无比的诧异。从此，我对高考充满信心。除数学外，文科所有科目都很好。1985年春节后，高考冲刺开始，我制订了详细的学习计划，除数学彻底放弃外，主攻另外语文、地理、政治、英语、历史五科。除周六晚上外，每天晚上都要复习到一点甚至两点才休息。那时年轻精力旺盛，每天这样学习竟不知疲倦。

当时同学只知我的学习成绩突然提高，但并不知我背后付出的艰辛和汗水。一分汗水一分成绩，这是永远的真理。我后来能考上大学，绝不是什么天才，只是比别的人多付出罢了。记得1985年5月10日预考，我的英语考了65分，全县第一名（全县只有我一人及格）。平时班上英语最好的一位女同学只考50多分。接下来再接再厉，7月7日我的英语考了86分，全县第一，也创下三都县恢复高考以来的最高分，当时除语文、数学外，其他科都是百分制。这个成绩在同学外语普遍十来分的时代，确实是鹤立鸡群，颇值骄傲。历史科的成绩更突出，因为这是我最喜欢的专业，考了96分，据说当时在贵州省也是前十名。这样，1985年我以全县文科总分第二名的优异成绩，顺利考上中央民族学院。后来考上硕士研究生、博士研究生，2005年到厦门大学做博士后，这一切都是以考上大学这一个人生的转折点为起点的。

在精英教学的时代，考上大学就意味着自己成为可以一辈子吃皇粮的国家干部，命运从此发生改变。我能够有今天称得上较优越的生活，叶老师对我的教诲之恩当永远无法忘记。以前说过，现在同为老师的我，有这样的老师做榜样,我当然也在力争成为一位像叶老师一样的老师。

  2006年初夏,我邀请年逾古稀的老师及师母到厦门玩了近一个月,图报师恩也。

罗春寒

永恒的回忆
——我与张嘉森先生二三事

今年春节回老家，一次偶然的机会听州台办主任说张嘉森去年去世了。听到这个消息，我真不敢相信这是真的。当天回到家中，我随即找出张先生寄给我的四本《老残回忆录》认真翻阅一遍，也算是对先生的一种缅怀吧！

因为工作的关系，我从三都统战部朋友那里很早就听说过"张嘉森"这个名字了。1998年我在水龙乡工作的时候，无意中从一位张姓同事那里得知先生曾编写了一部《张氏族谱》。可惜没有机会亲眼目睹。2000年因为要做水族地区土司制度研究的课题，想起了张先生的这本书，经多方打听终于弄到先生在台湾的地址，我抱着试试看的心理冒昧给先生去了一封信。一个多月过去，先生果真把两本重新复印装订好的族谱寄到手中，真是喜出望外。在附言中他说，族谱写成之后，除寄送大陆亲朋好友外，美国、台湾有关大学图书馆都赠送，现手中只有一本。为不让我失望，特地重新复印两本过来，一本给我，一本请转给潘朝霖老师。从此，我与先生有了通信往来。后来，他又陆续把他点校的《平南传》及撰写的四卷本《老残回忆录》寄来给我。

2002年7月，张先生携台湾夫人张春一同回贵州老家探亲，并在省武警招待所宴请在筑的同学亲朋，我和潘朝霖老师应邀参加，这是我第一次见到先生。实际上，自从我们通信往来之后，每逢节假日，先生就常给我打电话，关心晚辈之情溢于言表。初次见面，先生给人的印象是性格开朗，很善言谈。吃饭时，他没有喝酒。他解释说，年轻时他的酒量惊人，只是几年前病了之后再不敢喝酒了。原来，从1999年起，因为肾功能衰竭，他一直靠血液透析维持生命，此次大陆之行，也是每隔一两天要到贵州省人民医院做透析。听完他的解释以后，我已完全明白，这次大陆之行，很可能是先生的最后一次。因为当时他毕竟已是74岁高龄且重病在身的老人了。

老先生是独山县本寨乡人，生于1982年。在都匀上初三时，因为"黔南事变"而辍学，1945年2月到烂土粮食仓库做保管员之类的工作，后来参加国民党游击队与共产党军队打仗，被打败后经云南逃到越南，在越南富国岛待了一年多时间，后去了台湾。到台湾后，曾在军队中担任政治教官多年，50年代后期曾驻防金门一年多时间。后来以中校军衔退伍转业到高雄新闻部门工作。在担任军队政治教官时，因工作努力，常受表彰。《老残回忆录》中有一张蒋介石视察军营时，站在一旁观看他给学员上课的照片，更是让他终生难忘。1988年台湾当局开放大陆探亲政策之后，他常常回大陆探亲，并结交不少朋友。先生记忆力惊人，且勤于笔耕，四卷本百万字的《老残回忆录》，实际上是他把自己一生经历各种事情的日记加以整理编写而成的。书中几十年间各种大大小小的事情都记得清清楚楚，由此可以看出，不管是在什么时候，他都有写日记的习惯。退休之后，除写《老残回忆录》外，还点校三十多万字的《平南传》以及重新编写七十多万字的《张氏族谱》。这种精神和毅力，对一个不会使用电脑、年逾古稀的病中老人来说，实在是可嘉至极！2005年我因写博士论文收集资料，又向先生求教。不久他通过原来的老部下，现在台湾"中央研究院"做财务工作的朋友给我弄到了几本有关台湾平埔族研究的论文集。这对我论文的顺利完成大有帮助。

2005年5月我有机会去台湾。到台北后，我给先生打了个电话，他听说我来之后，非常高兴，并立即邀请我到他家做客，我说因为是集体活动，只能等到十几天后到高雄时再联系。结果在台湾考察的那些日子里，我每到一个地方，先生总是打电话到住处询问情况。13日我们一行从日月潭驱车到高雄，在路上，先生再一次来电话，问我们什么时候到高雄，并表示要做东请我们吃饭。因为早有朋友安排，我谢绝了他的好意。但我表示一定亲自到家里拜访。刚住下来，一位出租车司机就来到我的房间，并告知是先生让他专程来接我的，这让我十分感动又感到意外。车子停下来的时候，我老远看见先生早已站在家门口等我了。这是我与先生的第二次见面。几年不见，先生又苍老许多，但精神状态仍然很好。寒暄之后，他说当天正好不用透析，所以有空陪我走走，我们在他家附近的凤山镇转了一圈，然后又回到家中谈了一个多小时。先生说，要不是因为我太忙，否则他会邀请在台湾的贵州黔南老乡与我见个面的。下午四点我离开了先生的家，行前与先生合了影。没想到这次是我们最后一次的见面。

回到大陆后，因为博士论文答辩等诸事缠身，一直没有跟先生联系。8月到了厦门大学后，我才给先生写了一封信，并把我们在台湾他家中的合影寄给了他。很快他又回信给我，并鼓励我想办法在外工作，他认为有些地方地理、人文环境太差，容易埋没人才，要想有好的发展还是出来好，并说到厦门大学是研究台湾历史文化的好地方，应当想办法留在厦门。后来因为种种原因不能留在厦门，想来有点遗憾，也辜负先生的期望。不过，我觉得最对不起先生的事还是我的博士论文不知什么原因，福建人民出版社至今还没有出版，使先生永远没有机会看到我的论文。这篇论文也有先生为我查找资料的一份功劳，我怎能忘记他的这一份情呢？我想，以后书出来后，我还是要寄一本到台湾给张春老太，以表我的感恩之情。

屈指算了一下，先生去世时应当是七十八岁高龄，作为一个一生经历各种是是非非、坎坎坷坷的老人来说，也算是善终了吧！

罗菲菲

巴茅祭祖
——流淌的水寨民风

铜鼓、锣、芦笙、大歌、小歌、银饰撞击声，伴着长衫青裤斗角舞者的脚步，在巴茅古寨宽寂的广场响起。于是，巴茅，这座青山绿水间的水族古寨，踏着三百年历史的光阴，在岁末祭祖的这一刻鲜活起来。

巴茅，坐落于贵州省三都水族自治县境内，距县城7公里，是一座始建于清朝的水族自然村寨。至今寨中依然保持着写水书、说水语、着水衣的古朴民风，是水族文化的一个重要缩影。

巴茅古寨依山而建，木楼鳞次栉比，一气连横。寨前阡陌纵横，十里稻香，碧水河滩水牛嬉戏骏马悠闲。寨中古墓林立，碑刻屋梁随处可见的精雕花纹与象形水书一起，承载了水族悠久的文化历史。而水族独特的祭祖仪式，也为巴茅古寨三百余年的历史增添了一抹神秘。

被誉为"不可知的天书"——水书，记载了这么一个传说。

水族远祖的四个儿子分别居于四个地区。在四兄弟齐聚一堂向远祖敬献丰收果实时，远祖却不幸得了急病，临终之际，他命四子捉来一尾大草鱼，砍成四段用韭菜包好煮熟，分给四子。因感慨一家人迁居至此，还没有自己的节日，便以安葬那天为节。以四子所得鱼的顺序过节。于是四子以安葬日亥日为节，按鱼的顺序，分别纪念远祖。此后水族从每年农历八月中旬起，每隔12天的一个亥日，就有一个地区过节。这就是端节。而祭祖仪式作为祭祀先人的缅怀便成为端节最重要的一项活动。

祭祖仪式分别在除夕夜和大年清晨进行，忌荤食素，唯独鱼不在禁用之列。巴茅祭祖仪式最为完整地保留了水族传统习俗。

　　巴茅的祭祖祠堂位于寨中一座建于清道光年间的木楼二层。木墙因为年代久远而有些斑驳，一缕一缕的阳光则从屋顶有些渗透的瓦砾间射进，给烛火萦绕的暗淡祠堂添上肃穆而神秘的光晕。古老的祭祀活动便在身着传统蓝染长袍的老祭祀主持下开始了。参与祭祀的人必须在净身净手之后方可进入祠堂，而祠堂门口则由寨中最年轻力壮的两名男子手持长杆茅苇守护。整个过程肃穆而庄严，水族人在向祖先供奉上丰收的瓜果时，也一并祈求着来年的佐佑。鱼则成为供奉物品中的重要一员，祭祖的鱼叫"鱼包韭菜"，是将韭菜、栗仁等塞满鱼腹后，炖煮或清蒸而成。祭祖的过程由铜鼓声界定，祭祀先将一杯水酒洒于地上，以祛除晦气。而后用水语颂念祭祀词。此后，族中长者一齐向供奉祖先的神龛上香，这时铜鼓击响，其余族人一起上香。并与参与祭祀的游人一起分享供奉的鱼与瓜果。

　　此外，祭祖仪式前的水寨水歌迎宾、铜鼓斗角舞，祭祖仪式后的赛马道赛马大会都成为巴茅古寨端节必备的传统节日项目。

　　而巴茅三百余年的历史，寨中保存至今的水族古墓，上百年历史的水族木楼，水族独特的文字，传自清朝精工细作的马尾绣工艺及水族服饰，依山傍水的桃源风光也是吸引世界各地旅游者到来的另一原因。

　　民族的，也是世界的。

　　巴茅祭祖，流淌的是生生不息的水寨民风。

罗菲菲

等待春暖花开

大风吹，风过柳江水，忽然之间，所有的记忆都已苏醒，所有的花蕾都已吐发。我的心是那柳江水，在春之前夜，春思长长，长过古榕藤藤，长过柳江汤汤，溯回游之。溯回《诗经》，溯回《乐府》，溯回南北朝，溯回清末民初的西南边陲小镇，溯回曾经的祖祖辈辈，溯回那一江春思长长，杨柳依依。

20世纪30年代的黔南小城，一个名为都江府的小镇。碧玉的都柳江蜿蜒而过，满江的木材便顺了江，从各条支流汇聚到古州码头，再在船工们的吆喝声里卸下。杨家祖上，便是靠木材生意起家，成为镇里最大一户人家后，杨家从都江府深山中采来长条整齐的青石，砌成了镇中最大的街道。到了若思这一辈，家境已然败落。兵荒马乱的年代，黔南小城偏安一隅偶尔的平静，韶华当时的若思，临窗绣花，惹得撑船而过的小伙们，遥遥唱起山歌。只是，乱世中的女子，怎生得平安？

也就在一个夜里，火把摇曳在漆黑的山路上，一小队人马悄悄穿过都江府险峻的群山，跑到了古州码头抢走了若思。这是朋友外祖母真实的故事。于是我从县志里读来的历史，得以代入一个名叫若思的女子身上。若思应该是长得很美的，以至当时的土匪头子吴大胡子看上她，来回走了一天，将她抢回山上。这样的婚姻无关爱情，只有旧时女子的坚韧，所幸吴大胡子不是大奸大恶之徒，甚至有段被逼上梁山的心酸过往。若思生了一子一女，原以为生活就此平淡而过。彼时，解放军进驻碧城，吴大胡子无法洗白的身份让他诈死逃亡。顺着都柳江而下，至广西境内，干起了船工的老本行。适逢解放军渡江解放广西，找到吴大胡子及当地的百姓划船送军渡江。命运好似魔法师，它把人颠来覆去地戏弄，总会在不经意间让人迎来春暖花开。总之，渡江过程中，吴大胡子立了大功，解放广西后，被安排在当地工作。他想念家乡的妻儿，然而曾经的过往让他不敢回乡。

若思又回到了都江府，古州码头渐渐荒废，解放军来了，修了马路，去碧城再不用乘船，赶着马车就去了。若思问路过古州码头的船工，是否见过这么一个满脸胡子的人。有的说吴大胡子死了，有的说吴大胡子在广西安了家。若思一直静静地等待着，在窗边绣花，纳鞋垫，一直过了很多年，战争终于再没有了，她赶了几天的路，拿着村里开的证明，到广西带回了吴大胡子。再之后十几年，吴大胡子也不在了，若思仍然长长久久地活着。活到新的时代，成为镇里最年长的人，后来的学者考据都柳江的历史、考据古州码头的历史都跑去问她。

若思的眼睛早看不清楚绣花架子，满头梨花白发，时常坐在古州码头，悠然话当时。说起都江府的变迁，她依稀又看到了那一天，正是春至，都柳江两岸开满漫山遍野的花，吴大胡子将她扛在肩上，她昏昏沉沉间，恍然似听到菜籽花绽放的声音，睁开眼，接天连地的灿烂青黄，汹涌怒绽。

过往如斑斓的电影碎片，素衣妆楼，春来观水，看尽窗外接天连地无穷的油菜花，看过春来冬去，看过白鹤自天际一排排地飞过……春夜里的柳江水，月正好，韶华恰时……她看着过往，看向她满心惶然的未来。后来年纪大了，她想着自己这一生，起起伏伏，如同都柳江的兴盛衰落。老人说，春至这一天，才是一年真正的开始，春来了，人心里有了生机，才有活着的勇气。若思觉得，这是宇宙的恩宠，从来不该辜负。

我在这样一个静默的春之前夜，写着若思的故事，好似茉莉花片氤氲的瞬间，穿越了一段碧城的前世今生。微寒的空气，呼出口的白气，年近了，春近了，不管我们活着，是她比烟花寂寞，还是苍茫之后，何处归途，抑或是灯前小草写桃符，都已然成为过去，挥别终将消逝的过往，奔向春暖花开的未来。今夜，大风吹过，乍暖还寒的春之前夜，柳江的鱼儿已然惊醒，烟霾荡尽，惊澜凭浪！

罗菲菲

墓志 1942

月正好，韶华恰时。风从四方的天井穿进，掀起帘幕，如怒飞的蝶。庭中玉兰，在月色下娴静亭立，氤氲幽香，如梦如幻。她从梦中惊醒，一时间似又感觉不到自身的存在，那种与身体失去联系的失重感让她怔怔间以为回到了最初醒来的时刻。良久，麻木的半身迟到的痛感延至脑中，她恍然长舒了一口气。

云水寨石家的少奶奶蒙柳，出嫁途中遇剪径，身中数刀，血浸透青蓝喜服流了一地，大家都以为活不了了。岩生却一边请了药师救治，一边抱着新娘子的银头冠行了喜礼。这事轰动了五村八寨。大家纷纷感慨岩生这娃情深义重，又都道蒙柳到底是个福薄的。然而故事之所以成为故事，必是一波三折的。不过半年，蒙柳奇迹般地苏醒了，又过了大半年竟能下地了，可毕竟惊吓过度，人也没了以往的聪慧，整日里木木呆呆，连走路也竟似不会，一日里总要跌无数个跟头。药师说，大难不死，犹若再世。

然，那于蒙柳而言，不过是如水划过的平常日子。她与岩生本是青梅竹马，那时岩生念城区男小，她念城区女小。课题互问，自谦相勉。蒙柳尤擅手工歌舞，为同龄中佼佼者，再稍大些，岩生父母便备了六牲之礼为儿子求娶了蒙柳。这期间，是岩生往省城求学相离的数年。五村八寨流传着他们的故事，言道岩生必是爱惨了蒙柳，才执意在那样的境况下迎娶蒙柳，甚至一向重视子嗣的阿爸阿妈也没反对。岩生待她极好，温文，体贴，总说是他让她遭了难。蒙柳伤好后，随岩生去了三脚屯，岩生在县学新开的育英小学执教，她则在家操持家务。岁月静好，恍若一切如初。然而离家时阿爸阿妈隐忍而欲言又止的目光总让她忍不住惴惴，她无数次在夜半惊醒，总疑身是客。

或许是曾经伤重，蒙柳一直没有子嗣。民国二十五年秋至，三脚屯气氛有些异常，家家闭户，仆人出外买菜回来私下谈论着省城里又杀人了，大刀下去一片头颅骨碌碌滚了一地。有次被岩生听到，很是训斥了一番。于是家中依旧如往常一般平静。只是夜半醒来，枕边空冷。蒙柳熬了一夜，做了鱼包韭菜，这是水族端节才会做的菜，然而非节非礼，这道菜端上桌时，岩生有些吃惊，那蒸了一晚的鱼，连鱼骨都酥了，韭菜甘甜略辛的味渗入鱼肉，和着花椒青椒，依稀有种熟悉的感觉。蒙柳细心地给他剔了鱼刺，盛了鱼汤，只盈盈笑看着他。不过数日，蒙柳就病了，初时不住呓语，后来竟浑浑噩噩人事不知。岩生连夜回寨里请了药师，药师只看了一眼，摇摇头走了。夜半时分，蒙柳醒了，看到床边守着的岩生，眼睛出奇的明亮，她握着岩生的手，君不外出，以余在也，余愿早死以别君。

岩生忍不住失声痛哭。民国二十五年，"七七"事起，家国忽变，在省城求学数年，岩生早是不折不扣家国在心的新式青年，看到昔日同窗为民族命运抛弃大好头颅，他内心激荡，不能自已。却因对蒙柳心怀愧疚，不得不困居小城。却想不到，蒙柳为让他再无顾忌，竟……

蒙柳头七未过，岩生便离了家，他投考军校，毕业后一路北上，抗日救国。民国三十一年九月，他接到家中从兄发来书信，要他为蒙柳立碑写墓志。他在月下铺开纸，笔浸满墨，犹若当初那件浸满蒙柳鲜血的嫁衣，忽觉沉重无法下笔。战争艰难如斯，中国军队以数倍兵力歼倭奴，也许有生之年，再无法回到故里。也许，能如昔日书中读来陆翁月夜抚孤坟十年话苍凉也是一种幸福，而他有生之年，大概只能在枪林弹雨偶一的间隙，偶尔回想一下记忆中那张早记不清长相的脸庞。

我不知道岩生最后是否回到了故里，甚或连岩生这个名字也是杜撰的，我在板央寨读到他写给妻子的墓志，于是在老人们口耳相传的旧事里翻阅着这段记忆。与此同时，我得知了另一段故事，故事中，蒙柳出嫁途中身中数刀，有一刀极重，砍在脸上，毁了容。她伤好后不再写字，其实只是因为害怕那熟悉的字体为他所知，她不是蒙柳，是云娥，岩生在省城相恋的同学。她跟在花轿之后想去问岩生一个答案，可是山匪出现，蒙柳死了，阴差阳错，她一觉醒来，成了蒙柳。

至于岩生，我想他是知道的。我像一名历史学家，试图在我的文本里拼凑出历史的瞬间，历史湮灭了细节，然而那些曾经存在的人和事，在这里，以另一种形式，存在。

骆 一

十月的故乡

十月的一个黄昏，夕阳照到了半山腰，我和朋友爬上凤凰山，那时我刚从香格里拉回到故乡。相比香格里拉的寒冷，三都却要温暖得多了，爬上凤凰山的路，虽然没有214国道线上格桑花的冷艳，却也看到许多银杏树，黄灿灿的，一地的秋色让人心暖。

我初中在乡镇读，高中在都匀念，高中毕业，索性又离开贵州上大学。所以，三都县城作为我故乡的城，来过的次数却是个位数就能计算，我也从不知道有座凤凰山。对于三都的印象只停留在匆匆而过的那一个擦肩；也只停留在父亲1994年那次赛马运动会上留下失色的照片。2003年离开塘州中学，2010年离开中南民大。在吴江生活了一年多，在芜湖度过两年，越走越远。每次的停留都行色匆匆，故乡变成了他乡，也慢慢地变成了心上的一个符号，那是童年的光影，是对朋友的怀念。

登上黄鹤楼却不见古意，游同里古镇却找不到江南。内心嘈杂，害怕孤独却又喜欢独处，总是憧憬远方又怀念过去，怕只怕时光走得太快，漫不经心就过了好多年，怀念会让时间慢一些。而十月，有幸在三都过上几天，能让我再一次认识那些家乡的朋友。

黄昏，我们登上那辆破旧的面的，沿着都柳江畔驰骋南下，歌声在两岸峡谷中回荡；黄昏，我们围坐一堂，大碗喝着苗家葡萄酒，嗅着九阡佳酿，挥霍着肆无忌惮的欢乐；黄昏，我们登上凤凰山，山下都柳江在歌唱，河流缓缓，在清澈中泛着夕阳的光，远处山色如黛，近处华灯初上。

温馨的快乐，远离了喧嚣，不在乎成败，不在乎忧愁，是我在他乡所不能感受到的。

活了快三十岁，总感觉活着就是要离开，离开故乡，离开小学的好朋友，离开初中的好兄弟，又离开高中好同学，再离开大学好伙伴；好像一次次的离开不是为了重逢，更像是一场焰火，轰烈燃烧，美丽绽放，却也要熄灭；又像是踏上了一列永远不回头的车，所有的祝福都不能阻挡着有人下车，最后只剩一人独行。

而这些离别中，唯一没有离开的那个地方叫做起点，那个起点叫做故乡。

十月里的故乡，华灯初上，都柳江边的璀璨，站在凤凰山，清幽的夜色流泻着七彩的霓裳；星空下的尧人山，铜鼓声中的马蹄，醉了的水族姑娘，醉在九阡酒的香色里，醉在水族男人的情话中。

而这九曲的都柳江，是十里水画廊，蒹葭苍苍，白露为霜，美丽的故乡，三都，是一首值得用一生好好去唱的歌，毋求更多。

如果可以，我们一起回三都，不要那些所谓的理想，不要那些所谓的奋斗，就一起留在我们熟悉的故乡。

蒙 古

干河游记

壬辰深春，与友人相携徒步者密干河，叹其晶洁与奇绝遂作文以记之。干河之谓，村野相与闻者夥也，初臆斯河水枯石裸，沙砾积垢，淤泥龟裂，两岸枯槁。风起则尘扬沙飞，败絮升腾；雨至则水浊石癣，衰草浮塞。迨亲临目睹，惊此一河，冰清玉洁，天下不可多得也。

干河去县城二十公里，处僻静荒郊，呈峡谷状。谷底有暗河，独绝于世也矣！

峡谷悠长河广数里，两山相逼岸袤十寻。然其壁立千仞，河床万状，奇观罗列，美不胜收。雨水春而臼林立，如缸如瓮如瓶；巨浪磨而卵遍布，或拳或蛋或茧。春涨璇渊碧浪，蟾蜍鼓舌，群鱼畅游；秋藏暗流婉转，地表浅唱，归雁绝飞。春夏惊涛翻滚，秋冬流水匿迹；蜿蜒处黄沙囤积，直流时石头突出。余深羡其盈虚有度，屈伸自如矣！干河之水源出砂岩，清澈可鉴，洗礼乳白之沙石，晶洁瑰丽，晃若冰川。两岸莽蓁，飞沙过滤，丛林苍翠，尘埃不惊。余复慕其无秽物之污染矣！致余得石椅而赖坐，恋玉石之温润；寄冰丛而忘返，求冰心之圣洁。噫唏，仰卧如鳞之洁石，世事沉浮蓝天下；回眸如漠之干河，足印深浅黄沙中。

若乃繁星竞秀，崇岫挂灯；素月高悬，浚壑如昼。或石柱为烛面水声读；或石礅为案捉管挥毫，或石臼为爵鸣琴荐酒；或石丸为珠捻须诵佛，或邀猿请鹤清谈老庄，永夜弗知疲倦也！

置身此河，催人洗心，是余对其垂青有加也！

潘朝霖

仙人桥下雪花飞

人们常说，水族那凤凰羽毛般美丽的山乡有个销魂的去处，那就是雪花河上的仙人桥与雪花洞。

雪花河，属龙江上游。发源于三都县塘州乡龙角塘和比寨涌泉的两条溪流，在雄寨村汇合之后从仙人桥下穿过，然后注入五十多米落差的岩溶洞中，伏流七十来米后，从东南侧绝壁断崖的横裂缝中喷出。飞泻的河水，沿着近二十米高的陡峭岩面淌到乱石嶙峋的谷底。腾激的浪花水珠，宛若晶莹洁白的雪花飞舞。这便是有名的雪花瀑布。每当暮春盛夏，这里的景观更为迷人：奔腾的河水冲击着怪石，溅飞的浪花升腾三四米高，飞越八九米远，雾珠水汽弥漫山谷的上空。只要太阳从云层里探出头来，那灿烂的弯云彩虹准会悬空而挂。人们把这个喷泻浪花的水洞称为雪花洞，瀑布称为雪花瀑布，连修筑的电站也冠以雪花的美名。

仙人桥在雪花洞的西北上方，直线相距不过百余米。它处于连山坡的胸部位置，呈南北走向，顺着山势形成南高北低，状若大象垂鼻。桥长二十来米，宽六米左右，高约十米。桥面尖形怪石林立，拱下吊满奇形石乳，桥脚是深潭。从桥南端到溶洞口的三十余米间，是一堵直立山顶的绝壁。这一带都是石灰岩，地形变化显著，河溪跌落多处，是发育成熟的喀斯特地貌。由于流水的冲击和石灰岩中碳酸钙被雨水侵蚀溶解，形成了仙人桥一带绚丽多姿的河山。河岸石壁被穿空成大大小小、深浅不一的石洞。

洞中景致奇特，有的像依山建筑的亭台楼阁，有的像列满罗汉、高烧神烛的佛殿，有的又像缩小了千万倍的园林。在这里，状若悬冰、吊蛇、海马、羊角的石乳，形如网衣、鱼鳞、帘幕的石幔，举目可见。还有绝巘中长着奇形小树，四周是丰茂的草坡，构成一幅水绿、山青、草茂、洞奇、桥美、雪飞的壮丽画卷。那叮咚的流水在洞中产生的共鸣声和从绝壁上反射的回声，交织成一曲永恒动听的乐章。曾有人为这景色瑰丽而地处僻壤的仙人桥叹息：若能学得移山法，迁到漓江伴象山。

一个奇特的自然景观，总伴生一个美丽奇特的传说故事。仙人桥和雪花洞也是这样。传说仙女阿蜜为争婚姻自主被贬下凡。她见到水族地区受旱的田土多，立志为人们筑坝拦水灌田。谁知大功快告成时，受到蛟龙和冰雹精的破坏。冰雹精把坝底炸穿个洞，原来被镇压的蛟龙趁机从石山钻出向东逃命，奔腾的河水尾随其后从崖洞迸出。从此之后，人们再也见不到心地善良的阿蜜身影。有人说，她还是在坝脚的深潭里，每当夜深人静时，常常听到她抱恨哀泣。开春撒秧之后，阿蜜想到农田缺水灌溉，哭得更厉害，河水往往为之上涨。人们还说，浪花那么晶莹，是因为掺和了阿蜜的泪水；那五彩的长虹是阿蜜俏丽的身姿和纯美的心灵。

故事难免是虚构的，但阿蜜筑坝拦水灌田不能说不是人们的愿望。水族人民在漫长的农耕历程中，有不少向大自然斗争而以失败告终的悲剧，不正是通过《阿蜜治水》反映出来了吗？直到1954年，冲天的连珠石炮声震撼了仙人桥、雪花洞这一带山谷，人们在绝壁上开沟，又安装了一米直径二百余米长的倒洪管道，清冽的河水顺着三十来里的水渠淌进了泛绿的田畴，流进了水族人民的心间。随后，在这河段上修建了四个小水电站，机器的轰鸣声正取代沙哑古老的石碓声，电灯、电视也装入了寻常百姓家。或许是阿蜜有知，洒下激动热泪的缘故，作为她献身之地的仙人桥才显得雄壮、动人，而仙人桥下那雪花瀑布的浪花也显得更晶莹、更可爱了。

潘光逢

故乡的牛坡

牛坡一词，不但对于城市的孩子来说是陌生的，而且对于现在的农村的孩子来说或许同样是陌生的。尽管我的童年很多时间是在牛坡上度过的，是个典型的放牛娃，可是我和我的儿时同伴们从来不去关心它叫什么，只知道那是放牛的地方。

多少年过去了，我对故乡的牛坡既熟悉又陌生。前些时间回家，听村里的老人说以前的牛坡已被划作林区，不能在那里放牛了。这不禁勾起我对儿时的回忆。无论怎样，我的童年毕竟是在那里度过的，那里的山山水水都曾留下过我幼小的足迹。

小时候，家里的事情很多，哥哥姐姐们都干活去了，我只能算半个劳力，弟弟们又还小，因此，放牛的任务自然就落在我的头上了。

每天早上起来后，都要生火烧水煮猪食，等到离早读只有几分钟了，才背起书包屁颠屁颠地朝学校跑去。中午放学回家，吃完饭后赶牛上山，然后跑回家继续上学，下午放学把书包一扔拿起一把柴刀就上山找牛去了。这就是我儿时的生活规律。

从家到牛坡大约需要40分钟的时间，上山后的第一件事就是判断牛的走向，山上的路很多，如果判断失误，就会事倍功半。运气好的话会从他人口中得知牛的大致位置，就会很快找到牛。但这种机会毕竟很少，绝大多数时候都要靠原始的方式去寻找。比如，去辨别牛的脚印和粪便，以及路上的水沟是否被牛踩浑等情况来判断牛的走向。我想我的这些经历对我以后迷上谍战片还是有很大关系的。

那时没听说过有追踪仪或是卫星定位系统什么的，否则，我也不用那么费力了。不过就算那时有，我也没有钱去买啊。当时最大的梦想就是有一天能够像家里墙壁上贴的画里的九大元帅（没有林彪）那样，穿起马靴、跨上马匹、别着手枪、带上望远镜。这样就能够如旋风般踏遍牛坡的山山水水，并且明察秋毫，找几头牛还不是如探取囊中之物一样简单？

梦想终归是梦想，我只能翻越一座又一座山地去寻找我的目标，山路旁的荆棘和野草在我身上划下了道道口子，我顾不上去研究鲁班是怎样根据它们的什么原理来发明锯子的，一心只想快点找到牛。天暗下来了，四周的野虫发出嘈杂的叫声，好像是催人回家，又像是电视剧里紧张的配乐，似乎要发生点什么事。而我只听到自己的心跳，我知道邻村每天都有人在山中打猎，谁知道他们在没打到猎物的情况下会不会把牛当做他们的猎物啊。

很多时候，在历尽千辛万苦、筋疲力尽后，以为不能找到的时候，总会在不经意的一瞥中看到牛懒洋洋地卧在草地上或是不经意间捕捉到牛的反刍声，这一发现很是让人欣喜。若干年后，当我读到"山重水复疑无路，柳暗花明又一村""众里寻他千百度，蓦然回首，那人却在灯火阑珊处"等诗词的句子时，不禁哑然失笑。

也有些时候，天黑了仍找不到牛，我只有用柴刀砍下一根小树枝做拐杖，然后深一步浅一步地下山，一旦有什么风吹草动，我都会紧紧地握住柴刀，随时准备出击。当我踏着夜色回到家，免不了会遭到家长的责备，然后第二天要到学校去请假，去山上把牛找回来。有一次，我实在不想面对家长们的责备，便睡在山上，半夜里似乎听到一声牛叫，开始还以为是我肚子饿了发出的声音，仔细一听，确实是牛的叫声。我便朝着声音的方向摸索着走去，果然是我家的牛，当我把牛赶到家，家里的人在焦急地等着，我把情况跟他们说了，他们很是惊奇，跟我说那个地方死过人，以后找不到牛也不要在山上睡。听得我毛骨悚然，才感到有些后怕。

周末似乎还有些美好的回忆。因为不用上课，我们便整天都待在山上。春夏两季，我们在玩腻了游戏之后会去摘野菜、采野果、掏鸟窝……冬天来时，我们会先烧起一堆篝火，再砍些树枝做成椅子围着坐，烤着各自从家里带来的糍粑。有时也会去钻山洞，那里面可比外面暖和得多，运气好的时候还会抓到几只硕鼠，我们便把它们开膛破肚，清洗干净后架在火上烤着吃……

这样的生活在我小学毕业后便结束了，我考上了县里的中学，从此告别了放牛娃的生涯。再以后就到更远的地方求学、工作，很少回家，自然也没再去过牛坡。

多少年过去了，我以为我跟故乡的牛坡没什么关系了。其实，我一直没离开过，大地就是我的牛坡，我一直在这上面寻找和放牧我的牛。

潘光玖

小桥情缘

我的出生地"板南"是个典型的水族村落。据考证，宋雍熙年间（984—987年），先祖为逃难，携妻儿溯红水河而上，几经迁徙跋涉，最后在这里定居。寨子背后，樟江上游一条小溪蜿蜒而过。溪两岸田畴开阔，土质肥沃，村寨星罗，居住着远房族下人和另一支系潘姓人。人们世代同耕一坝田，共烧一山柴，和乐相处，相互扶持，彼此情谊深厚。然而，坝子中间那条溪流，每年春夏，一遇大雨就暴涨，洪水横溢，奔腾咆哮，小溪变成大河，过往行人望而却步。交通因之受阻，农耕停滞。面对鸿沟阻隔，人们世代长叹，无可奈何。

后来有个士绅出资白银千余两，雇石匠开山凿石加工，费时一年，于溪上行架起一座石桥，名曰"积善桥"。桥头还竖有一石碑以志。至此，溪流阻隔终于获解。桥上方有一泓开阔的水潭，下坝是一块倾斜的大石板。雨水丰沛时，水流冲击石板，形成一个壮观的瀑布，一里以外可以听到瀑布的轰鸣声。我童年时候，正逢乱世，再则家贫，常辍学流浪。因此，常流连桥边。洗澡、戽鱼，捉黄鳝，打竹笋……一年到头，大部分时间与桥相依相伴。记得有一年，桥那边传来我大姐病重的消息，我随父亲过桥前去探望。吃过晚饭，天黑了下来。姐夫拳拳挽留，央我们住下。可父亲执拗不从。当我们走出寨子时，一弯新月已挂上了西面的天空，人影在朦胧的月色中晃动。不远处，悱恻缠绵的山歌余音隐隐飘来，附近村落，灯火闪亮。父亲走在前，姐夫背着我随后。月色在水家人世代耕耘生息的田野上铺上银光，少长俩边聊边走，我在姐夫背上问这问那。不知不觉，就到溪边，又上了桥。桥下流水锵然有声，像向夜行的路人问候请安，又像向天边的新月泣诉人间不尽的哀怨。一弯淡淡的新月倒映在静静的水潭中，若隐若现的星星在水中的倒影清晰可见。两岸边的水竹在微风中沙沙作响，像一群婀娜多姿的少女在月下载歌载舞，倾诉深情。水乡春夜的月多迷人啊！听桥下潺潺的水声和四处的蛙声，我天真地问姐夫："穿过桥洞去的水会不会回来呢？"姐夫是个书生，他信口回答说："等你长大后就知道了。"过了桥，父亲频频回首，指着小桥不远处的坡脚下一片松树林说："过去那里是一片大竹林，下坎那块地是晚清一个秀才的世居宅兼私塾馆旧址。当时私塾很有名气，远近学子多会于此师从。学子多时达数十人。"当时的学馆书房临竹。入夜，桐油灯下，聆听先生讲学。窗外萧萧竹，室内讲经声。如此夜以继日，学子多学有所成。秀才以后，其公子继之时，我父亲也曾过桥去接受过教育。父亲还说道，每年春夏，书房背后竹笋蓬茸，学子月余不用买菜。腻味了，才到寨子上去买一些小菜来调味。夏天，下夜课后，学子常秉着用破干竹做的燃亮的火把，到馆前田坝和小桥两岸去捉黄鳝、泥鳅、七星鱼等。每次总是满载而归，兴致来时还连夜打牙祭。秀才创馆，两代讲学，传播文化，栽桃培李，惠泽小桥两岸，功不可没。往来的学子说:"积善桥对我们来说应叫'积智桥'。"这一改真是别具一番意蕴。

几十年过去,弹指一挥间。姐夫当年的答话,言犹在耳,至今方知其真谛。而小桥,小桥边的春山如笑、夏景欲滴、秋水明镜、冬雪如睡的景象一幕幕还恍如昨日,记忆犹新。

春时花开,燕子飞,秧鸡叫,野草青,溪水渐渐上涨,岸边竹笋应运而生,一拨山娃个个背上用土布缝制的口袋,从桥上翩跹而过,在水碾边打打笑笑。而后,有的钻进岸边竹林里去打笋,有的下沟捉螃蟹,有的到水碾旁看水车飞转,直到寨上晚烟袅袅升起,才陆续踏上回家的路。

夏日蝉鸣,骄阳似火,十里长溪两岸芳草萋萋,一群活泼顽皮的男童常赤裸裸地在桥上嬉戏。热得难当了,便一个个争先恐后地跑到桥头,用力将双脚一蹬,一声声"扑通""扑通"鱼贯似的纵身飞跃到水潭里,随后一个个伸展右手掌拍打水面,彼此搏水相击,伴着阵阵"呼哟、呼哟"的打闹声,整个水潭顿时浪花飞溅,雾气腾空,日光下映出一道道五光十色的彩虹,欢快极了。兴尽,上岸,又一个个跃到未插上秧的水田里学着"马打滚",浑身裹上一层厚厚的泥浆,回过头,又跳进水潭去,打迷子洗身,水潭中清亮的水面出现一个个巨型的泥花朵,向下游飘去散去。一天如此,不知这样来回多少次。记得一次上岸后,我未穿上衣服,就径直跑到田边掏出一捧黄泥巴,揉成一团,然后到桥石碑前用力向碑面的大字狠狠一甩,取下来,黄泥面上顿即彰显出"积善桥"三个苍劲工整的楷书阳字来。

转眼间,田野上一片金黄,遍地像铺上了一层金。天气也渐渐凉起来了。这时候,我常踏着田间小径上的玉露过桥往那边寨子去,看望大姐和姐夫。过桥时,水潭洁净得像一面镜子,晨光洒在水面上,像镀上一层金。成群鱼虾在水中自由追逐。水底现出一片蓝天,蓝天上飘着几朵淡淡的白云,水边的竹子在微风中轻轻摇曳,刺梨挂果累累,路边的野菊花含苞待放。好一派金秋送爽的迷人景色。

到了冬天，小桥边也别具特色。北风呼啸，近山青松挺拔竞秀，一群群白鹤在田野上盘旋低飞，水潭上结着一层薄薄的冰，岸边水竹翠绿依然。有时冬季洁白大雪如云的景致，与昔日私塾馆的风雅底气交相辉映，给人一种高风亮节的感慨。

一座普通的小桥，给我的童年留下了一串串珍珠般的回想，至今也难以详尽诠释其中的奥妙。桥那边的亲人和讲桥那边故事的父亲，都已作古。私塾馆也只留下个旧址。小桥依旧，我独自悄然。马致远的《秋思》，不禁勾起我的几分苍凉的心绪。

奔流不息的溪水，是养育一方水家人的母亲乳汁，小桥是一方水家人耕耘、交流的金纽带。小桥流水，孕育着一方水家人的文化底蕴，人文积淀，并使之在历史长河的磨合中不断升华。

当年一个踌躇满志的水族青年学者，为了追求真理，正是走过这座桥，浪迹天涯，上下求索，最终跨到了新的时代，铸就了生命的辉煌。

多少热血青年，正是过了这座桥，奔赴前线，保家卫国，建功立业。小桥在积累着英雄。

多少莘莘学子，正是跨过这座桥，走出大山，成就学业，服务社会，报效祖国。小桥在积累功绩。

半个世纪过去了。去年春上我重上小桥。桥下流水依然汩汩东逝，而小桥却变了旧貌。桥面用水泥向两边拓宽，与一条简易公路相连接，不时有农用车、拖拉机驶过。桥上往来的人更多了。望着一辆从桥上驶过的汽车，我心中顿时萌发了一个强烈的祈愿。我祈愿山常青、水常绿，小桥不断积累日子，积累财富，让水家人的明天更加美好。

潘光玖

樟江春波

高小毕业后，我们一群农家子弟，由民小第三任校长潘云程率领，清晨由恒丰出发，奔向荔波应升学考试。徒步经打抗、塘党、尧棒，在三所坟稍憩午餐，然后下抵水利，绕过花钵，到达登高坡。这时，在四面崇山环抱、绿水环绕的开阔田畴上，一座青砖瓦房，鳞次栉比，宛若金盆明珠般的城镇跃入眼帘，带队的校长忙向我们遥指着："荔波城到了。"我们顿即忘却了疲劳，快步向目的地赶去，切盼快点第一次领略到久仰中的荔波县城风光。当晚在去二小受到玉克钧校长的热情接待，并在该校用餐。玉克钧已在此前调离民小，到城关二小任校长了。第二天早上集中到荔波中学应考。考试科目为语文、算术、常识三科。考题并不玄。据说，民小考生录取率名列全县前茅。不久，就接到了录取通知书并打听到，几乎所有应考的同乡同学和外乡同学都被录取了，落榜的只有两个。当时到县城读书，首先犯愁的是家里尚未具备给我单独制作一套盖垫齐全的床铺的条件，其次才是学费。因为那时学费并不多，每学期才交四元六角。为解决睡铺难的问题，我母亲商本寨同赴荔中就读的同学家，我拿铺垫他拿被盖，二人合伙成一铺。之后，母亲特地将她平时用蓝靛精染好的一段土青布拿到三洞街上为我缝制一套新中山服，以带到学校换洗。临行前一天晚上，她将衣服整整齐齐地折叠起来，装进包袱里，同垫棉一起捆好。第二天拂晓，她把蒸好的糯饭盛进大碗里，然后在饭里放上半碗和着辣面的酸菜，用新白帕包裹着，再用麻线束紧，备作半路食用。天亮了，我带的垫棉与同寨同学行李捆成一小挑，先由一人抬，半路再替换。步出村口不远，母亲从后面边喊边跑来，说我忘了带洗脸帕。我把帕子从她手上接过来，又忙着往前开步。迷茫晨雾中，路上晶莹的露珠，背负着慈母的叮咛，心中悱恻缠绵。要翻碰口了，我回头看去，母亲还伫立在寨口那株柏树下，凝望着远去的儿子的背影，像是还有很多话要说似的。叮咛复叮咛，意恐迟迟归。我心中又一阵酸楚。这刹那，我仿佛看见了人世间独异与一切爱的一种伟大的爱在熠熠生辉，在闪烁着永不熄灭的火光。

　　上中学后的吃饭问题，第一学期的解决办法，是每个月由我哥从三洞老家挑着米走一百里的崎岖山路到学校悉数交付。第二学期，才由当地乡政府出具证明，办转户口粮食关系，以资解决。这期间，正值粮食统购销售雷厉风行地实施，全国一盘棋，吃粮定量，购粮凭证，农村吃粮步步趋紧，我们这批从乡下来的学生，随着年龄的增长，食量一天天增大，到初二下学期时，简直是杯水车薪了。这样，每次哥哥挑米到学校交付后，我都趁他留下尾数上客栈煮晚饭吃的机会，饭后跑到客栈去饱吃一顿。有一次去时，正碰上一甑子热气腾腾的大米饭待端下来，垂涎欲滴，高兴得哼起小调来。用餐时，大碗大碗地添着饭，一切羞涩都顾不上了，哥哥似乎也看透了我的心事，每次都超量将米下锅，以候弟弟充饥，读到初二时，星期天早上，常与几个同学一起，乘着樟江东门渡口的摆渡船，到覃小国（国靖小名）家去，帮挖红苕，就便餐，午后，挑红苕到家，小国家灶边那又宽又深的蒸笼里满满的蒸熟红苕。直到太阳偏西，夕阳满红，我们才悠然地上渡船归来。

我们班，从初一到初三，班主任一直没有变更，他是荔波民族小学第一任校长，贵大出身，50年代荔波县模范教师玉成瑞老师。玉老师，高大的个子，体格健壮，一双炯炯有神的眼睛，容不得学生半点虚诈和拖拉；作风精灵，细腻，治学严谨；想在他面前应付差事，敷衍了事，是办不到的。有两件事，回想起来，还如昨日，记忆犹新。一次，他出差去都匀，我托他买一副三角板和一把圆规，交给他现金五元五角。回来后，他将两种文具悉数地交送我，并在第二天课间操集中时，从荷包里掏出一张纸单来，将所有学生托他买的东西密密麻麻地写在上面，逐人逐项地当众公布，当场退补清楚，不留尾巴。轮到我托买事项时，他念："三角板一套，付二元四角八分；圆规一把，付二元九角一分，共计五元三角九分。收五元五角，余一角一分。"念罢，当场将一角一分钱交到我手上。其他同学应补他几角几分，亦当场伸手索补。这事，当时在一部分同学中曾引起微词，说玉老师小气、吝啬。走出学校后，我参加了金融工作，在长年累月与钱打交道中，我就是由于受到这位老师认真理财办事的影响，坚持做到公私分明，一丝不苟，才不致出大的差错，才能在错综复杂的社会经济交往中站稳脚跟，立于不败之地。第二件事，当时荔波县城，只有一台柴油发电机供全城发电照明，电灯似有若无。学校晚上用的电灯，经常中途突然停明，整个学校乃至荔波全城常常顷刻一片漆黑。一天晚上，上自习时，同学们正聚精会神地看书、做作业，忽然"哟"的一声，电停了，教室伸手不见五指。我和韦元鲁同学在火柴亮光下找到平时预备的一盏油灯，拿在手上，径直地去找玉老师问索煤油，语气有些急躁地说："老师，老师，电灯熄了，明天要考试呀！"一拨同学也跟着在后面急促地喊。他显得有几分不耐烦了："同学们，不要急，克拉玛依油田正在开发！"我当即有些诧异，心想："小小一盏油灯，怎么会牵扯到一个大油田去呢？未必小题大做，太挖苦人了。"可是一进他房间里去才明白：玉老师在电一停时，就立即去准备煤油。在我们问索煤油时，他正在找提子、漏子，就要把油桶提到教室来分发给同学们了。真是"莫道君行早，更有早行人"。他比我们还要着急呢。为了我们的学习，他用心何等良苦，考虑得何等周到，准备得何等充分啊！玉成瑞老师受到我们大多数同学的高度赞赏，一致认定为恩师是恰如其分的。到初二下学期，语文教师更换，接替的是湖南师范大学出身、曾当过报社记者的王敏华老师。王老师四十开外，个子略矮，一双犀利的眼睛炯炯有神，不停地转动，言语不多，给人以敬而远之的印象。在公共场合，从不像某些人那样积极主动地去靠拢领导搭话讨好，而往往是独处一隅，沉思着，或眺望远方，一副严肃的表情。有时校长需要商量事情挪步走近他时，见他莞尔一笑，寥寥数语就了结了。他这特立的态度，同学们打心眼里佩服。崇尚这位老师"独立寒秋"的风姿和不屑巴结权势的气骨。王老师文化功底厚，治学谨严，能诗能词，写一手娴熟的艺术字，为人诚实。对事一丝不苟，对学业孜孜以求之，经常赞赏毛泽东在致徐特立六十大寿贺信中赞颂徐老的那种学习精神："你是懂得很多而时刻以为不足。"鄙弃信中批评一些人一知半解、自以为是的轻慢作风："而在有些人他们本来只有半桶水却偏要晃得很。"他具有学而不厌、诲人不倦的风范。最使人难忘的是，初三下学期，为了让同学们做好语文课的全面复习，掌握到更多的基础知识，使其在升学考试中得心应手，取得较好成绩，王老师呕心沥血，系统地编写了一套初中语文复习提纲，精心辅导学生课内、课外复习。深更半夜，他房间里经常闪亮着灯光。这灯光，是一位人民教师的赤胆忠心在燃烧，是照映别人冲破蒙昧、走向知识和智慧的绿洲。初三下学期的一天早上，王老师讲授鲁迅名篇《为了忘却的纪念》，印象尤为深刻。他慷慨陈词，讲得有声有色，整个教室寂然无声。讲课桌好像成了声讨反动黑暗势力的讲台，当他讲到鲁迅得知柔石在龙华被反动派杀害，只选了一幅柯勒惠支夫人的木刻，名曰"牺牲"，是一个母亲悲哀地献出他的儿子，算是只有我一个人心里知道的柔石纪念，特别是当他吟诵鲁迅"惯于长夜过春时"的著名诗句时，禁不住在讲台上唏嘘泪下，表现了极度的悲愤和难以抑制的沉痛心情。我顿即感到，站在讲台的，不仅仅是一位富有正义感的教师，同时更是一位疾恶如仇、崇尚民主、进步的革命者，是李公朴、闻一多式的教育界不可多得的仁人志士。1956年秋季，他和玉成端老师双双被全校师生推选为荔波县优秀教师，受到党和人民政府的表彰是名副其实众望所归的。

此外，教生物课的黄品三老师，其品其学亦值得一书。黄老师贵大出身，独山人，个子偏矮略胖，圆脸，面色红润，透着慈祥可亲的表情。他学业专注、公道、敢讲真话。那时生物课，讲的主要是苏联米丘林、李森科生物体与生活条件相统一的理论。为了让学生掌握到实际知识，上课时黄老师经常引我们到办公室后面的实验地里做苞谷异花授粉等实验，教会同科植物嫁接方法。他手把手地教我和石国义同学将一棵桃树砍掉，用以做砧木，将中间花开，接着砍来一根李子树枝，用刀精削两边成扁薄状后插在砧木隙空间，注意内皮相黏合，最后用麻索系紧，敷上一层湿泥巴，用烂布包裹起来并捆上。这以后每隔两天或三天观察一次，浇喷一次清水。我俩按照黄老师教的方法去做，果然，开春时，这接枝便绽出点点可爱的嫩芽，不久又满枝绿叶，还挂着几朵待放的花苞。实验终于成功了。我俩感到无比欣慰，到初三下学期，临近毕业考试，复习很紧张，我们班上同学节假日都顾不得上街，都忙抱着书本到学校木栅栏边的小树荫下专心致志地复习功课。可学校当局却每星期六下午或星期天早上安排我们做义务劳动，到撤掉了的西门城墙脚下抬小石子、泥土铺垫学校大门外通往城里的路面，并几乎是一以贯之。同学们实在不堪重负，颇有微词，然无可奈何。于是，就在同黄老师其他一些场合的接触中，你一言我一语地吐露真言。他思忖片刻后说："我也有同感。"脸上露出苦涩的表情。不知是这位老师的坦言还是学校领导开恩，不久学生这种过重的课外劳动负担就停止了。

此外，教数学的邓大松老师，教初一语文科的金勃炎老师，教物理、化学的李文桓主任，都同样是学有所长、业有所精的人民教师。可以毫不夸张地说，当时荔波中学这批教师人品、学问完全可以与现在一些大学的教授、副教授相媲美。

少小离家，越整亭坡，到五十里以外的恒丰，进民族小学，见四合院校舍，接触一个个陌生的面孔，享受人助金，穿上学校给的新衣，盖上学校发的新被，感觉到是新的一重天地。上百里以外的荔波中学，走整天荒凉的山间小路，涉水过河，穿水错茅草坪，经水浦、水爬小桥流水人家，小憩尧排垭口，过林草莽莽二十里风洞，抵石灰坳，饥饿疲惫中，一湾碧绿的江水豁然出现在视线里，感慨万千，县城西门外一片开阔的草坪上，静静躺着几栋黄褐色的平底砖瓦房，中间几排稀疏常绿树，西面一口荒水塘，塘边一棵苍劲的古樟树，树下一口吊井，啊！荔波中学。我向往的美丽绿洲。山外青山楼外楼，又是一重新天地了。在荔波中学，我除与一起从民小毕业出来的同学继续保持要好外，又与不少新认识的同学逐步融洽，友情日益加深，有的后来成为挚友。如荔波城里的朱瑶、何荫龙、查开科、刘顺贤、饶修凤、杨立明等，时来的覃国靖、永康的蒙忠福、蒙映禹等，方村的胡嵘权、杨慈声、杨庆禄、莫玉刚等，洞塘的全修凤等，独山的朱贤麟、帅永珊、殷运奎、胡选忠、艾锡年等。时荔波中学遵循"学校为工农开门"的办学方向，继续设人民助学金，补助和鼓励家庭经济窘困、表现好的工农子弟、少数民族子弟读书，完成学业。人助金分甲、乙、丙三等。甲等七元五角，乙等五元，丙等四元。

我享受甲等补助。每月菜金费为六元。月底伙食结余，还到管伙食老师那里领结余钱，买些日用品。这样一直到初中毕业。

升学考试前夕，我头天晚上搁在课桌里的一本复习提纲，第二天早上突然不见了，我感到十分蹊跷，便郑重地向校长、教导主任、班主任申述，请求查处肇事人，退还我复习提纲。来自民小的几位老同学也纷纷发表声援意见。我接着向学校提供线索，疑是平时对学校在人助金评定发放上向少数民族贫困学生倾斜耿耿于怀，对我学习上拔尖的嫉妒风生，曾辱骂青年团员为"团鱼"，污辱水族学生为"水鸟"，比我们班低一届的学生某某、某某某所为。经学校追查，果然不错，结果我的复习提纲失而复得。学校给予两人以应得的批评教育，插曲告终。从那时至今几十年间，我再也没有与当时肇事的两位同学面晤了，这也算是我们之间相好一场以后的分道扬镳吧。

不久，举行毕业考试。各科考题并不僻，我因而取得了较好成绩。毕业关顺利通过。十八九岁年华，头上顶个初中毕业的光环，我心中感觉很荣耀。毕业后，我全身心地投入到比升学考试更紧张的复习准备中。晚上，经常在微弱的灯光下攻读苦练，实在支撑不下了，才悄悄回到寝室休息。天一亮，又照例钻到栅栏边下小树丛中温习课本，把一些重要章节背熟，有时候默写下来，因吃不饱饭，热量供应不足，身体一天天消瘦下去。同寨同学潘光迁一次关切地提醒我："见你面颊颧骨凸显出来了，要注意身体呀。"每当我做深呼吸时，都感觉到胸部一阵隐痛。然而由于条件有限，顾不上这些，更无法去医检，还是权且应付下去。

七月的荔波，方圆不到十里的盆地上，骄阳似火，热浪滚滚，酷暑难耐。放假了，空旷的校园里，不时隐隐约约传来阵阵毕业歌声令人悱恻迷茫。

七月的薰风，吹送着花香，祖国的大地，闪耀着阳光。迈开大路，走向生活，条条道路为我们开放。再见了，敬爱的母校，再见了，敬爱的老师。再见再见吧，我就要走向祖国最需要的地方去，让青春放射光芒……

升学考试终于到来了。我按照班主任的吩咐，做了赴考前的各种充分准备：一是如厕方便，二是注足墨水，三是调整心态，放松，再放松。时间到了，考生依照着考官的指引，井然地进入考场，对号入座。一切就绪后，由考官当场打开密封着的一口硬纸箱，从中取出考卷核对，然后将考卷逐一分发到考生座位上，并交代有关注意事项，讲考场纪律，最后宣布考试开始。考官全是县委、县政府官员，考场气氛森然。学校从校长到教师，一个不挨边。这是我平生第一次遇到的考试场面。考场如战场的滋味，也算是第一次亲自体会到。考场进入高度紧张状态，除做答卷发出阵阵"突突突"急促的钢笔书写的声音外，整个考场上鸦雀无声。每个考生都掂到了这六十分钟时间的分量，在相当大的程度上，这是自己一生的命运在岔路口上的叫板。莫泊桑说过："生活中即使是一件极小的事也往往可以在一瞬间成全一个人，也容易使一个人败坏下去。"何况解放后50年代时期，一个县的中等升学考试为什么众多世人所瞩目，对某个社会群体人升迁具有举足轻重的分量呢！

升学考试结束，我们一群相处多年，在艰苦条件下守三年寒窗，在连床寝室中窃窃私语，在围地而席的餐食上，再携手樟江畅游击水中结下深厚情谊的同学，又是合影，又是题字，问君何日喜重逢，心中有说不出的惆怅。大家在难舍难分中分手，各自回了家，等待着入围分晓的消息。一千多个日日夜夜，熟识了的同窗。尊敬的师长，可爱的母校，一桩桩，一件件，哪一个不使人眷恋垂念啊，清晨，在金灿灿的朝曦中我抬着一小挑行李，走到石灰坳，回头一看，道了一声"别了"，依恋樟江也断肠，我强忍着挪动沉重的脚步，向三洞走去。我深深地感受到同学少年友情的质朴纯真，那种食同席、寝同床生活的天真烂漫的可贵。它有如一棵植根于沃土的常绿树，四季常青，浓荫蔽日，撑着蓝天、白云，在风雨中挺拔竞秀。回到家，照例和寨上年纪不相上下的后生上山砍柴，下沟岸水而渔，很少外出走亲串戚。大概是一个月过去了，还接不到来自学校的消息，我着急了，家人也为我担心。一个赶场天，我抱着试试看的心理，上乡政府打电话问。第一次电话打去文教科，是一个女的接电话，她接电话首先问我的姓名，我如实向她讲。接着她以一种何须多问的口吻说："哎呀，不必问了嘛！"话刚落音，就把话筒搁下了。我茫然不解，心里很不踏实。无奈地走出乡政府，到场坝去，找同乡同学聊聊消遣，但仍心事重重。于是回家前便第二次到乡政府再打电话。只不过这次电话不打去文教科了，而是直接打去学校。话筒里听到了玉成瑞老师熟悉而亲切的声音："你已经被中央民族学院录取了！"接着说，"过两天，你到学校来，办理有关手续，抓紧时间到民院报道。"我一边认真听恩师讲的话，一边心里七上八下地跳动着，激动极了。之后大步流星地踏上回家的路，急于将喜讯告诉父母。听到消息，母亲把我搂到怀里，流露出对一个即将万里迢迢离去的儿子的万般牵挂。当晚，家里杀了一只鸡为我践行，祈祷平安。这是1957年8月18日的事。

潘广林

开鱼

"你不忙，我不忙，八月间大家黄"。

进入八月，气候渐渐凉了下来，稻穗在秋风的吹拂下，先青黄，而后金黄。山里的秋天，平静而悠远，轻轻的河风从田坝上吹过，空气里氤氲着浓浓的稻穗馨香，从田间阡陌走过，可以听到肥大的鲤鱼发出啪啪的水响。父亲常念："谷子熟登了，过几天就可以开鱼了。"我们盼望着，期待着，晚上总做着捉鱼的梦。某个饭桌上，父亲终于说："明天你们割草快些，早饭后我们去开鱼。"晚上我们激动得睡不着，月亮从西边的窗口照到床了，还咯咯地翻床。第二天当然是起不来的，但想到早饭后就去开鱼，还是撑着惺忪睡眼，早早地起。

早饭后，湛蓝的天空上飘着几朵白云，黛青色的群山静静卧在白云下，山路上的蚂蚁忙碌地搬食。父亲挑一对木水桶，大哥扛锄头，手里拎着个大的竹篓，我提个烧水壶，两个弟弟光着脚丫，屁颠屁颠地跟在身后，一家人打着队伍向自家责任田出发。

父亲先将水源头堵截，然后一丘田接一丘田揭口，两锄头下去，溢得满满的田水如脱缰的野马，奔涌而出，梯田上瞬间挂出几十道瀑布，惊慌失措的鱼在浑水里飞蹿，撞着稻秆哗啦啦地响。

田水一层一层降下去，鱼背露出来了，它们不再焦躁，静静地躺在浅水里。我迫不及待地钻进田里，想把那条红鲤鱼捉起来，放在早就盛好清水的木桶里！总招到父亲的训斥。说是，水还没全放干，惊动了，鱼会走散，躲进脚印留下的水凼里，不易找着。父亲说得的确不错，每年割谷子时，总是在人的脚印处发现鱼的残骸。捉来的鱼，放在一个父亲临时砌造的小池里，大的小的，挨挨挤挤，迸溅的水花三尺来高。这时候，我们已满脸泥浆，满弟干脆将全身打湿的衣裤全脱了下来，小鸡鸡都沾满了泥土。

向晚，所有的鱼都捉回来了，父亲磕磕烟斗，蹬在池边，对鱼进行分类。

三指以上的放在一个木桶里，挑回家，剖开鱼肚，内杂拿来打"牙祭"，鱼肉配好香料放进坛子里腌着，等过节日，或家里来了客人取来下酒；不足三指的，得放回酿冬的水田里，等明年做"老口鱼"。

父亲的田都是腰带田，最大的鱼也不过一斤半左右，爷爷的田是坝子田，爷爷又勤于看田水，鱼可有三五斤的，我曾经在爷爷田里被一条五斤多的鲤鱼弄翻，至今还心有余悸。

坝子田的谷子总比腰带田迟熟几天，父亲开鱼不久就轮到爷爷开鱼了，这是一年之中最值得期待的季节。爷爷的鱼多而大，爷爷吃鱼也比父亲慷慨。每年爷爷总选最大的一条鱼来煮粥，小一些的用炭火烤黄，拌以韭菜、亮广菜、毛毛菜、大蒜米、花椒粉，鱼杂用来炕酸，吃得一家人满嘴油腻，便便满腹。

天不假年，2007年夏天，爷爷在一个稻谷成熟之前的季节走了。爷爷落下田里劳动后，爷爷那份田大哥还一直耕种，但为了减少薅秧的麻烦，田里撒了灭草剂，每年秋季还是开田放水，但看不到鱼的踪影。而父亲那份腰带田却一直荒着，野草蓬松一片。

每年天高云淡金风送爽的季节，我总想起故乡开田捉鱼的种种往事，然而，那些往事比遥远的故乡似乎还要遥远。

潘广林

老屋月光

时间滑轮已滑过凌晨两点,我依然坐在老屋前的石凳上,一轮下弦月挂到头顶,丝丝缕缕,光洁清朗。我想,这时候,这轮月亮应该属于我一个人。

为了看月亮,我早就坐在老屋前的石凳上。为什么选择今晚看月,我不知道,也不想去弄清楚,默默地,就这样坐着。

母亲在屋里问我:"还没回屋?"我说:"还没。"之后,母亲忙着琐碎的家务,刷碗筷,喂狗食,砍猪菜,削桐油籽……我们隔着一面墙,但都不再搭话,我不知道再同母亲说点什么。

小狗冲着我叫,样子有点凶。我毕竟好久没回来了,狗不认识我。不仅是狗,村里的很多孩子也不认识我,我也不知道他们谁是谁的孩子。

静谧的时空,浮起很多记忆的碎片。记得二十多年前,老屋前是一块空地,正前方有株橙子树,左侧有棵李子树,橙子和李子之间是一株枇杷,树下堆着一些废弃的木桩,夏天,晚饭过后一家人都坐到木桩上乘凉。那时,爷爷大概是父亲现在的这个岁数吧,身体结实硬朗,他一条腿搭在另一条腿上,我们几兄弟一个接着一个坐上"骑马",直到月亮从山头落下去才回屋睡觉。

有时,姑姑们在屋前绣花、纺织、捶布,我坐在那棵老掉了的李子树下看月亮。我指着天上的月亮问:"姑姑,月亮为什么总爱跑进云层里?"

姑姑拍着我的手指，说："不要指着月亮，晚上它下来割耳朵的。"怕得我蒙着耳朵钻进姑姑的怀里，怯怯地望着月亮。

再大一些后，趁着亮堂堂的月光，到寨上听人唱歌。那溶溶月光下，我学会很多歌曲，准备等长大后找个好老婆回家。后来，当民办老师的四姑爹带我去上学，那些歌曲不曾发挥作用就被"日、月、水、火"这些文字湮没。

如今，那轮月亮还在，爷爷走了，姑姑们依着各自的命运走向各自的归宿。现在的孩子们都上了学校，然后逃学，再然后，到沿海城市打工去了，我童年的那种生活，大概没人记得了吧？

夜，有些冷清。对面吊脚楼上，有灯光溢出，凭我想象，窗子里应该有个妙龄少女在绣花，或者在读书，却不便去证实。

坐在石凳上，抬头四望，一片苍茫。晚风拂过，带来几缕蛙声。

父亲走过来，在我身旁坐下。父亲老了，黑的脸上镶嵌着深浅不一的皱纹，眼睛深陷，头发花白，五十多岁的人活成八十来岁模样。

父亲说："晚了，还没睡？"

"要看月亮。"

"月亮有什么好看的……"

他掐手指计算着。过一会儿说："还有月亮，可能迟一点。"

我们侃着今年的天气，说着今年的秧田。父亲说："今年干旱啊，田都荒了！"

家里有几亩田，四弟出去打工后，父亲种一部分，另一部分送给村里的一个远房亲戚耕植，刚种一年，那亲戚却死了，那田荒着。父亲觉得可惜，又去拓荒。

一支烟后，父亲走了，我还坐着。

凌晨过后，月亮出来了，如一面明镜，出现在山上的云端。

月亮逐渐明朗起来，有风吹过，摆弄着树影。山谷间笼着雾气，碧天上带过几缕云迹。月光，掺和山间绿色，以及空气中的氧气，一丝一丝地在空中飘浮。故乡月夜，荒诞而含蓄。

有月，有山，有树，有木楼，这是自由的所在。我继续点燃纸烟。

气温渐渐凉了下来，我分明感觉到有雾水落到我的脸上。山脚下是一条河，距离太远，听不到水在流动，但在故乡的夜里，我听到一种声音比流水更潺潺。深夜的雾卧在山谷下，从水边绵到山腰。

十来年前，我和父亲山脚下割草，夜里父亲带我到河里泡网。父亲在缓水湾里撒网，我拿着火把站在岸边。一网撒下去，我看见月光下，翻出闪闪鱼鳞，我高兴，父亲也高兴。那时候，河里鱼很多，不用半个晚上，一篾篓的鱼就沉甸甸地晃在屁股上。第二天早晨，我去收网，父亲割草，到阳光从云霞中露出来，父亲将露水莹莹的嫩草扔进牛圈，然后父子俩一前一后回家。

我曾问过村里的人，现在河里还有没有鱼，人们都说，比以前少多了。

除了这轮月亮，故乡一切都在变化着，水田干涸了，老屋更老了，父亲的渔网搁浅了。很多熟悉的场景变得陌生，很多细节无法缝合。

曾祖父于一场火灾后，来到这个远离村子的山坡上，到父亲出生时，曾祖父已成老人。祖辈，如黎明的星星，一颗接着一颗隐去；晚辈，如傍晚的星星，一颗接着一颗闪出。许多年前，我回村里，死的人是祖辈，生下的是子辈。许多年后，我回村子，死去的是伯辈，生下的是孙辈。但月亮，似乎不爱理会这生生死死，依然慢吞吞地从后山的山垭上升起来，明朗如故，皎洁如故。这变与不变的道理，古人都说过，我大可不必再去伤怀。其实，月亮也在变，只是周期短的圆缺，我们习以为常，周期长的变化，我们又没有年岁去等待罢了。

我想，按照出现与消逝的过程，用不了多久就轮到父亲了，也用不了多久就轮到我。我不愿意父亲将要离去，那样的话，这个村子我熟悉的人就不多了。

　　打有记忆开始，家族里，先是大爷爷走，然后是爷爷，再后是满爷爷，到大伯，到二伯……

　　还是不去这样推算好，等女儿长大一些，我还是带女儿回来，让她知道这里曾经活着哪些名字，让她在童年里留下一些关于故乡的记忆，让她陪着爷爷奶奶过一段难忘的时光。

　　我并没有感到生命危机，也不怕死，生命本是来和去的过程，如故乡这轮月亮，从下弦到满弦，从满弦到下弦，周而复始。但我害怕记忆在传承中断节。好在女儿乖巧懂事，刚满三个月，我和妻带她回老家，在老家她谁都不要，就要爷爷和奶奶，毕竟血在流淌中是一脉相承的啊。

　　想着，想着，手机屏幕上的时间已跳出凌晨两点，月光斜照过来，落在屋檐下。闭上眼，我仿佛看见很多很多年以后的某个夜晚，门前这畦地上坐着一个老妇人，默默地，像现在的我一样，守着那些落在这屋檐下的月光。

潘国会

父亲的汗衫

记得那天很热,屋外烈日如火,父亲穿着一件白得耀眼的汗衫,臂膀露在外面,双手抱着我,顺着家门前的小路走到百米外的一块巨石边。那巨石从地下生出,单独蹲在那小山脚下,远远看去像只愁眉不展的大黑猫,周边围着竹林和稀稀拉拉的李子树枇杷树等。父亲把我放下,叫我坐着不要动,便朝大石头顶端爬去,一边一手手地向上攀越,一边脸从腋下看来监视我这个不听话的儿子,不时地发出吆喝声。

那年我4岁,父亲的那件汗衫是公家发给的,穿在他身上显得特别合适而体面,全家人都为当村干部的父亲穿了洋衫而骄傲,我幼小的记忆里锁定了这个意念。

巨石上满是藤蔓和荆棘,父亲在那里面坐了一会儿,像是在打什么主意。不多久,他向更悬的那边移动,慢慢地爬到那棵高大的枇杷树上,渐渐地就不见他人影了。他在枝叶间透出零碎的斑驳影子,像几只白鸽在演绎着午后的一种温纯。枇杷树结了很多果子,眼下已经开始成熟,果子麦黄麦黄的,如波珠,又如鸡卵,缀满树上,父亲的手不断地从枝叶里伸出来,一串串地掐后收了进去,整个树冠摇晃得欢而勤。父亲可能担心我看不到他而感到害怕,就不时地从树里喊我的名字,并说:"爸摘枇杷你吃哦……"说到有吃的,我自然是手脚乱舞,当时我的嘴里一定还在咿呀地欢闹个不停。

多久说不清楚，我可等得不耐烦了。父亲也一定想到早扔一串下来给我先吃，免得我老是闹个不停。然而他不这样做，后来我想了，那石头边地上有一点不平，除了我坐的那小石块外，别的地方都是倾斜的，我坐的前方是个旧芍坑，滚下去绝对是头朝下脚朝上了。他要是扔来一串，打到什么地方枇杷也会散着四处撒去，我一激动也必定落进那深坑。父亲或许顾虑这个，一直就没有给我扔一串过来。我终于看到父亲的脚了，他从繁密的树丫里钻出来的时候，身上光溜溜的，白色汗衫他捆了下端当口袋装枇杷去了，这会儿他用牙咬住上端的两边肩带，鼓囊囊的一袋子枇杷像坨洁白的豆腐渣吊在他的胸前。一边稳当地摸着下树，一边汗水淋漓感到嘴里浸出口水。尽管这样，父亲还不忘嗯啊嗯啊地和我打招呼，他怕我一高兴就会乱动，危险在即。

我哭了，哭得厉害，枇杷没得吃，父亲从树上掉下来摔伤了。不是我哭着要吃父亲慌了手脚摔下来，是我看到父亲从树上掉下来才哭的。我看得清楚，他从树里露出全身时，下方的树干光溜溜一根柱，上去时没事，下来时他踩断一截枯丫，没处支脚，或许还有哪点出了差错，眼前一个巨物飘下，咚的一声闷响，感觉告诉我，爸爸没成了。听见我哭得有点怪气，家里和邻居猛的出来一群人，男人都下去把父亲抬回家，我怕得在妈妈怀里直发抖。

从那以后，我就再也没有见到父亲了。岁月匆匆，转眼父亲去世40多年了，父亲的形象在我的记忆里已经模糊，多半能够记住的是一张笑脸，尽管全力搜括拼凑，终也找不到一个明确完整的印象，唯有那件汗衫，那件白得耀眼的汗衫，一直亮在我脑海中。

潘国会

千年祖迹

　　这次下广西的心事早在去年6月赴京参加全国少数民族作家"祖国颂"创作研讨班时著名作家阿来老师说的"少数民族作家要担当本民族的历史重任"和后来在鲁院学习期间各位高师的教导下萌生的,从此意念如潮,忙着到处查阅资料,但史料于水族的来源及迁徙却是只词片语,字句之啬寡,还有说法不一等令人堪惑,一个40多万人口的民族,竟然不知祖先从何来为何而来!感谢毛南族作家谭自安先生,在鲁院学习期间,跟我提供了一条重要信息,说我们水族是在唐末宋初从广西宜州环江一带迁来的,回来后把这一说法与水族文化资深专家石国义先生进行商谈,先生果然明断这说法是正确的,并阐明水族曾"夹龙江居……"是有历史记载的,于是我就开始着手广西之行的准备工作。

　　2010年8月2日我单枪匹马顶着烈日搭上荔波班车,到荔波又正赶上中午12点40分的环江大巴。从荔波出发,我一路心潮澎湃,像一学语幼儿,坐在司机右座上见什么问什么,担心漏掉任何一个可能性物景。路经水尧瑶庆茂兰立化,这些都是荔波县水族较多的乡镇,心里自有几分亲情感受,踏入广西地界我双眼更是一阵比一阵炯然,随着车子在山里的蜿蜒穿越,脑海里紧紧地在捕捉所过的山山水水,乃至沟沟坎坎,揣摩任何一景点都有可能是当年祖先们逃难的旧迹斑痕。很明显,这次下广西是一次寻根之旅,考察的重点是基本摸清祖先何时、为何且从哪几路北迁贵州的,于是一路不能有半点疏忽。

下午五点过到达环江县城，我先是不惊动任何朋友，登记好住宿就一个人在环江街上深思。水歌有那么一句：在思恩昼夜住深山，有田不能种，生意不能做……我想我此时就躺在思恩的怀里，确也感到温馨了许多，但我思维里还是不能忘却去追思祖先那一定是非常悲怆的情景。先是暗暗地为祖先曾住在这么一个富庶之地而感到欣悦，更多的是疑问，为何有田不能种，有生意不能做而躲藏在深山老林里呢？这歌一定是唱得有因有缘的。那夜我就这样痴痴地迷惑在祖先怀恋的故乡里。

第二天我把我到了环江和我的想法电话告诉了谭自安，不到一小时他带来熟悉民族工作的退休老领导——原环江县人大常委会副主任蒋志雨先生，一听说我是水族，是来环江了解水族的过去时，他先是高兴，然后说，听说过去水族在这地方住过，传说有个叫方刚正的水族嫁姑娘给毛南族小伙子谭三笑，他们都住在下南一带，说明当时水族和毛南族混居于下南这个地方。但现在没有了，有也是在边远乡镇，如龙岩乡、驯乐乡等，融水县可能还有点但不多。清朝末年有个水族人叫方宪修，也是这地方的人，他在贵州榕江县当同知，这人很有才华和胆识，在当时他都可以搞蛮歌翻译，写成歌本，别人是绝不敢做的。他还说好几年前曾有九阡人到下南寻祖坟过。这些虽然是丝缕春风，但已经徐徐地吹开我心中的芽骨。我再问先生过去的"抚水州"在什么地方时，他说在明伦，和（莫瑞杨《河池千户所的军事地位》）"唐为抚水州，今环江县明伦一带"相符，那是九百多年前唐朝设的治安机构，后来宋朝又继续延用。说"抚水州"过后还设了三个"安化县"，其中荔波是一个。

4日凌晨我不顾一切扑向了明伦。这样说是因为头天在登环江的八戒坡和爱山时，左脚小头指走破了水泡，那是因为想看看这故乡的全貌得的。

在奔赴明伦的路上，映入我眼中的窗外那些山峦起伏处便是祖先留下坎坷的足迹，仿佛他们刚从那走过，历史的烟尘还在空中扬起。从羊角山进去便是牛角寨豪洞英豪村和吉祥群山，到处是天然屏障，我想为什么要在这山里设"抚水州"？毋庸费神，祖先一定是思恩住不成了才逃到这山里来，当时考虑是越是深山老林就越是安全，然而朝廷官兵还是跟踪驻镇，设置羁縻，以"抚"为"安"。

到明伦我走访了很多老人，其中有个姓覃的壮族老人，年已八十有五，一把花白胡须吊在胸前，身板方直，听力也很好，说到水族他像似熟悉，但正着眼神找遍了附近都没有，有的是壮族布依族和瑶族。说到我是水族和我是来找水族的根时，他的老眼就看了过去，那样子好像我眼睛里就有水族逃难的传说和影子，然后不无遗憾地说，听说过，这一带就是"抚水州"，他平眼扫了扫对面不远的山脚，仿佛那灰蒙蒙的去处还能隐约看到"抚水州"遗迹中的颓垣败壁，说，那是千百年以前的事了！

在明伦住了一夜，那里的一草一木一土一石，低水高山仿佛都蕴含着水族祖先的无数辛酸与成败，从气息里闻到，一定有什么值钱的来不及带走的行李还藏在某个洞中深处，浓浓地散发出游荡流落的气味。那夜，我有种故地重游的感觉，沉痛地领受一场颠沛流离的旧梦。

第二天起来，根据旅馆莫老板头晚的建议，我又向东兴和龙岩方向进发。在吉祥转车，9点过到达东兴。为方便起见，一下车我就朝东兴派出所找去，因为他们有户籍记载，人和民族住址齐全。派出所小韦热情地给我递来一瓶水，然后告诉我东兴水族很少，有也是几户，都在边远村组，他也没到过，同时他建议我到龙岩乡去看，那里的水族要多一点。从派出所出来，在车站附近我找到一位姓邹的老人，年纪一定也是八十以上了，他手指前方说九万山旅馆邹方雄家媳妇是水族，要有街上只有他家了。那天正遇上东兴赶街（本地话），九万山旅馆楼脚全是吃饭的人，挤匝匝的我问了几个人，都说邹老板不在家，只有一位身围腰布忙而不乱的中年妇女，但怎么看那主妇都不像水族妇女，在嘈杂的人声中我以吃粉的名义和她说话，递买粉钱时问她一句，大嫂你是水族吗？她一听就听出我是外乡人，没少热情地朝我摇了摇头，并说我们这里没有水族，我就知道我或许问错人了。

下午我坐车沿着中洲河（小环江的一段）上去，三点过赶到龙岩乡。派出所小覃引我到电脑面前，高兴地把所有水族民户都调出来我看，并抄一些名单给我，如朝各村达江屯李山发、达伟屯蒋六飞石显登等。下晚我在龙岩车站附近找到丁由山，他五十出头，也是经多人介绍才找到他是水族。听说我是水族时他先盯着我看了一会儿，然后说你是水族？我连连点头并拿出有关证件给他看，并用水语和他对话。走了这么些天来，今天算是看到了自己的本族家人了，他高兴我更高兴。我们说着说着就说到吃饭时间。他是这几天家里没事来乡街上找点事做的，一天挣个五六十块也比待在家好。说到水族祖先，他也很模糊，他们家现在住朝各村达伟屯，也不知道什么时候什么原因住上去的，只说很久以前就迁到那儿了。他还说在贵州的水族居住较集中以外，广西这边都比较分散，还有一些水族都慢慢地改成别的民族了。我问为什么？他说因为水族人越来越少了嘛。

根据丁由山的指点，6日凌晨我又赶向驯乐乡。

在华山转车上驯乐时，车上人都说华山成花散，话音十分清晰，这又激起我那童年学唱的古歌歌词，"磊花散鸟安尼航"，使我联想到水族某个祖先就出生在华山这地方。我转着头环顾四周，华山周围没有什么高山峻岭，东西绵延坡度缓陡的山势，中间流着大环江，华山镇依山傍水，坐西朝东，貌似九阡地区某个水族村寨。我有点喜不自禁，似乎通过自己几天的努力终于撞上了此次出行旨意的历史文化主弦。

下午两点过在驯乐洪水冲垮的桥头下车，此时太阳正以40多摄氏度的高温扑向大地，我走进驯乐乡政府，回头又钻进派出所，年轻的小韦颇为我此次拙举而感动，把派出所属于保密级的一般不轻易拿出的户口表让我随意翻查。驯乐乡水族最多的是镇北村的肯里屯和肯床屯，我抄了一些名字过后，就匆匆地和小韦告别，回到车站找去镇北村的小面的。

我的心愿是亲自到那里的水族村寨去看，感受一下那里水族的情味，如果允许我还要和他们谈上一夜。

还算顺利，我赶到车站时，一辆面的正装人说是去镇北，我上车就走。

面的车一路狂奔，开始是顺板洞河（大环江一段）而上，后来就干脆上了梁梁岭岭，把个艮象山等绕得个晕头转向，抖得车上人骨酸肉痛。驱车路经下岩村等。从下午四点到五点多，司机终于说镇北村到了。镇北这个字眼很容易让人误以为不远，不是几步路就是顶多分分钟的车。

  听了司机说话，我兴奋地向车外看去，几分熟识感悠然飘在眼前。哇，那山势酷似我县东面乡镇都江坝街等地貌，一片片梯田顺山而上，一处处村寨掩映在半山腰的翠绿里，时至晚夕，炊烟映在晚霞中，山风拂面吹来，不由你不胸怀若谷，不啊嗬深叹。我问司机，那些都是水族村寨？他说那些山上寨子都是苗族，水族住在山脚边。我问司机他是什么民族，他说他是水族。顿时我心中有些震动，一时全身的疲惫便一扫而光。

  镇北村的路头停在一个半山腰的大寨子下方，还要步行一段山路才到达肯里屯或肯床屯。我把从乡里抄来的几个水族名单问问司机，什么潘永贺、潘胜聪、石明朗、石昌意等，他说都认识，如果不忙把人拉回驯乐他就带我去找他们，我说不必耽搁他了，我可以问问。

  我像走自己熟悉的路一样朝着司机指的小山背面赶去，绕完一段山脚路，跨过一座石拱式的小桥，桥下方的拦水坝上几个身穿长衣头包青帕的水族妇女在荡涤靛染的布条，娴熟的一手手操作和过去母亲弄的没有两样，见陌生人路过，她们稍略瞟我一眼便用水话和旁边的说，这哪家客人？我听了笑在心里，便快步向寨子钻去。

  寨上也起了不少红砖白瓷的洋房，我专寻觅一栏杆木楼走去。一栋三间老屋高高地立在眼前，屋顶盖青瓦，分楼上楼下，大门深深地朝前开，宽敞的楼梯上坐着两个小孩，他们顶多也就六七岁，玩得正起劲，并没有被上楼来的客人打搅。

  进到屋里我问，有人吗？哎！一位六十多岁的大爷边应着边从房间里出来，见我他问你找哪个？我说就找你啊大爷，他呵呵地笑笑拉着凳子来让我坐下，然后摸出纸烟要散过来，我摆摆手甜甜地看着他笑，他一定以为我是从乡里来的干部，找他家也一定是有什么公干来的。等他点上烟，我说，大爷你家是水族吧？他抬眼看我，好像心里在说，你问这干什么？然后他说是啊。我说我也是水族，是从贵州水族地方来，想来你们这里寻找老祖宗哪。怕他不相信，我还把身份证等其他证件给他递过去，看后他说："我们这凯水族不多，过去也有不少人来问过，都说水族祖先在我们这凯，听老人说水族祖先是从宜州思恩和下南那凯来的，历史上我们这凯也不是水族地方。"大爷姓石，不见他老伴，孩子们都外出打工，留俩孙子给他带，好像正愁没人说话，我这特殊的不速之客的到来仿佛给他解除了很多烦闷，那天从晚饭到上床休息前我和大爷的话题一直是由浅入深，从今到古地咬着正题，那夜在大爷家我又是一夜的颠沛流离。

第二天凌晨我要离开的时候，大爷说："以后你要来，在立化下车走小路就行，很近的，一问就知道。"我说好好好。其实我早知道荔波的立化和广西的驯乐只有几步之遥，只是不敢担保自己的脚杆劲能否吃得消，不如跟着车轮子跑好。

看来下南是这次行动中不可省略的重点，可以说是顺着水族祖先文明的经络找到了一个关键性穴位。

7日上午8点过在洛阳转车直奔下南乡。在都川往右看，远远的一带神态鲜明的群山遮住了南天，其中一座鹤立鸡群抱个小孩似的慈母般的高山和你遥相默望，犹如进入广西地界遇到的第一位欢迎你的老人，它是圣母山，是八音山群和龙头山群的长者，它具有一年四季阴晴雨雾的不同表情。川山、下南、木论都怀抱于其中。

因昨夜都川一带有一场狂风暴雨，一些路段被洪水冲毁，路边许多大树拦腰折断，在排除障碍中耽搁了不少时间，十点过才赶到下南。

下南乡所在地虽然是令人眼花缭乱的现代文明城镇，周围村寨也是洋房高筑，但人的言行举止、生活习俗仍湮没不了古过的精神文明。通过和乡党委副书记人大主席谭志能同志的攀谈，从语言和习俗上看，下南的毛南族和贵州的水族有着太多惊人的相同之处，毛南族的分龙节和水族的卯节极为相似，都是插秧过后祈求风调雨顺、五谷丰盈之意，"肥套"节和

"敬霞"节也都是祭敬天地神仙，祈祷平安兴旺幸福吉祥；除生活常用语上鸣钟击磬表明相当多的相同相近之外，不常用语和生活习俗中也在轻奏着两个民族的千年融合，如我在乡文化活动中心博物馆看到的花竹帽（顶卡花），手工细致，如三都廷牌恒丰一带水族妇女走客常戴的斗篷一模一样，名称和水话的发音也完全相同，我指一双老式绣花鞋说声"咋"，他们也跟着说"咋"，垫肩水话是"果江"，毛南话是"果坚"，挂在壁上的对襟镶边衣服我说是"鼓"，他们说"骨"，有"骨勒班""骨勒别"之分，柴刀都叫"灭a"，铜鼓是他们的显贵和吉祥物，毛南族的婚俗、村落、建筑、丧礼、生活禁忌及添粮补寿等习俗都和水族相同或相似。那天正碰上下南也在赶街，虽然是酷热的夏天，骄阳当顶，但偶尔还看到一些上了年纪的妇女身穿少数民族服装，从背面看去有一些也是水族妇女的影子。如此这些，无不叫人由衷地激动，从历史和时间上来看待两地，下南的毛南族和贵州的水族有如此之多的相同和相似，这些绝不会是什么偶然或巧合，而是证实一种人类群体文化的创造使用和传承，是几千年前蛮僚人的特性，这是历史的记忆。

这就应和着环江境内无人不晓的过去——水族和毛南族是亲家，有九阡等无数水族人到下南寻找祖坟的说法，于是我耳畔再次回响起童年听到"得难"二字，毛南族说"阿难"（《毛南族概况》）那是历史《岭外代答》给他们留下的地名，而水族人民呼"得难"，那是背井离乡游子对故乡的无比思念。

8日早晨太阳出来的时候，我爬到上里屯站在那半山腰高高地往下看，不唯下南乡域全收眼底，整个环江境内尽展心中，感慨万千，这片美丽的毛南山乡，这方浑厚的热土，还有那日夜涓涓不息的源于云贵高原的红水河、龙江、大小环江、天河、融江以及贝江河等流域仿佛都在低低地叙说和默默地记录着水族祖先千年沧桑的故事！

潘　鹤

上善若水

世界的东方，中国的西南，在美丽多姿、云雾缭绕的贵州山区，有这么一片与世无争的净土，这里居住着一个古老的民族。世代耕耘于斯地的水族，秉承着水滋养万物的德行承载着水刚柔并济的习性，他们以不张不扬的人生态度，从容地生活在青山和绿水之间，水民族自古以来就遵循着"上善若水""故几于道"的素朴哲学观念。千百年来，这里的男男女女，一代又一代，用灵魂的坚韧执着地看护着生命的悲欢离合，用精神的厚重祈盼地守望着历史的沧海桑田。

三都，地处中国贵州南部，不仅是全国唯一的水族自治县，而且还是水族的大本营。世代坚守于自己内心信念的水家人拥有自己独立的语言、文字和历法。这里的端节有驰马北望故地之神韵，这里的卯节有中原雩祭之遗风。

那一年，老子在浩浩荡荡的黄河之滨。彼时，弟子孔丘正在聆听他的教诲。老子说："汝何不学水之大德欤？"孔丘回答："水有何德？"老子教诲他说："上善若水，水善利万物而不争，处众人之所恶，故几于道。"

那一年，刘伯温望着烟波浩渺的水面，起风时，其身后的旌旗正猎猎作响，于是先生如此预言："江南千条水，云贵万重山。五百年后看，云贵胜江南。"自古以来世人公论是江南多水，云贵多山。其实，贵州既是多山之所，亦是多水之地。

那一年，邓恩铭伫立江边，江水漫漫，流向天边，水能至柔的本性，唤醒了邓恩铭那悲天悯人的情怀和拯救天下的强烈愿望；他在心潮澎湃中，奔赴山东济南，寻求救国救民的良方。

那一年，滕久寿驻足江岸，清波茫茫，流向天际，水能至刚的质地，点燃了滕久寿勇武的性格和报国的满腔热情。他在热血沸腾里，投身抗日战场，践行保家卫国的初衷。

那一年，梁衡在碧波荡漾的都柳江畔沉吟。彼时，浣女在江边洗纱，牧童在古道骑牛，先生抬头望了望水寨中那袅袅升起的炊烟，他感慨地说："四分地球三分水，天上人间惟一族。"

一个以"水"为自己族称的民族已属少见，更为奇特的是他们还以"水"为自己的哲学思想，这种从里到外都独一无二的民族，在这人世之间，近乎传奇。

水族聚居地就有"耕读传家久，诗书济世长"的生活理念，在追寻人性光辉的征程上，他们有崇尚文治的习俗。但在国家危难、民族存亡之际，生活在水乡大地上的英杰，往往又能勇于献身捐躯共赴国难。

古人有一副对联，其云："水唯能下方成海，山不矜高自及天。"喜欢在依山傍水之地聚族而居的水族，他们在敬畏自然、感恩世界中，以山为朋，以水为师。被两条河流盘绕的云山，其实并不高，但云山郁郁葱葱的绿意却颇似水家人那份宁静致远的心。云山南北各有一座村落，其北为梅山，其南为达善。机缘凑巧，民国时期的云山南北两寨各走出一位敢于追求真理的先行人物。"不知近水花先发，疑是经冬雪未销。"梅山多有幸，沿着山间之路，梅山寨走出文史学家潘一志，他一生的成就，足使后人敬仰有加；"达则兼济天下，穷则独善其身。"达善应有憾，跨越田间之陌，达善寨走出在黄埔求学、心系天下的潘永义，他的英年早逝，常常使人扼腕叹息。岁月的飞逝，曾经的历史，是愈来愈远了，但对于那些引领民族走向文明和幸福的人，水家人以云山为证，一再传诵。

上善若水。人一旦能做到公正无私，其心胸就能虚怀若谷。胸襟博大的人能够汇集地球上的百河千流，如浩瀚的海洋一般，生生不息。人一旦能做到无欲无争，其品性就能高情远致，品行端正的人能够排除世事里的勾心斗角，如陡峭的高山一般，屹立云霄。

上善若水。水无私地泽被着大地上的万物，却不与人间争一丝一毫的名利，最接近于道的物种，水应当之无愧。避高趋下是一种谦逊，它不争名利，会趋下避高，可刚柔相济，还能洗涤污淖，故善性莫如水。

水族古歌里那柔婉中的哀怨，像是不变的乡愁，这跟我国的第一部诗歌总集《诗经》的精神基调如出一辙，这是人类情感的高度契合。从远古走来的民族，用神秘古朴的马尾绣再现历史的辗转流离和现实的酸甜苦辣，带着至柔、至刚的习性，千百年来，他们一直用实际行动来践行自己那"上善若水""故几于道"的生命观念和哲学思维。

潘 鹤

从2009到2013，关于亲情的念想

满目江河空念远

傍晚的阳光拂过达善这座籍籍无名的水家古寨，远方的地平线开始变得模糊起来，夕阳的余晖染黄了竹林，刷红了山里的马尾松，雾霭朦胧。曾经生活在这片土地上的那些人渐行渐远，这是时间流逝的结局，无物阻挡。我只能用瘦弱的文字捕捉那些曾经鲜活的画面，目光流离，经过之处，仿佛还看见曾经的背影，于是我想起了那些远去的人。

走在乡间的地头，看到满目发亮的野菜，最先想到的是伯母。伯母姓杨，娘家在三都阳安（今属三都廷牌）一带，在我的记忆里她是个瘸腿的人，皮肤黝黑，个头矮小，走路极为不便，放牛和挖野菜就是她常干的活路。

那时候已分田到户，地头的庄稼已经勉强够人们糊口，野菜是用来喂猪的，那时候我七八岁，是放牛的年龄，就常常和她一起去，闲暇时候，就看她挖野菜，她蹲在田间，慢慢地向前移动，背后就是一把把鲜亮的野菜，动作熟练自然，让人徒生羡慕。

那是模仿的年龄，在她的点拨下，不到半天工夫，我挖野菜的技术就变得熟练起来。开始是帮她挖，菜挖多了袋子装不下，她也让我带点回家，乐得父亲直夸我能干，不仅能放牛，还能找猪菜。

那时候的农村孩子，父母给他最大的奖赏，可能就是夸他们勤劳肯干了。这样的奖赏来得直截了当，让孩子受用无穷。表面还装着若无其事，心里其实早就乐开了花。

伯母满脸皱纹，性情温和，从没有看到她生过气。那时候两个堂哥已经长大成人，并先后成家；我最小，又没娘，轻易就获得了她的宠爱。跟着她，我学会了放牛，还认识了一大堆野菜，诸如车前草、马蹄莲……

这是最初的记忆，也是最初的收获，我稚嫩的脚步随着伯母不方便的双脚在荒郊野外慢慢地划开，形成最初的温暖。留在人生的底色里，淡淡的色彩，恍如一抹素描。

一天夜里，伯母突然发病，之后缠绵病榻三年。又是一天深夜，孤寂里她走完了自己的一生，从生到死没有迈进医院的门。伯母走的那天深夜，人声鼎沸，我睁开惺忪的眼睛，翻床欲去，被老人阻止了，他们怕我撞上伯母留下的邪。这是家乡的习俗，我执拗不过，一夜未曾合眼。

乡村的泥土在夜风里散发出久违的气息。正是万物复苏、野菜在田间地头肆意疯长的季节。

第二天早上，看到竹林旁新添一座坟，只看了一眼，就让人想起那些车前草和马蹄莲……

青山一片了此生

身着长衫，深邃的目光拂过层层稻浪，一袭瘦高的身影，时常飘在乡间的小道上。这是志公生前的影子，志公真名潘永志，是祖父潘永仁的堂弟。无论是生前还是死后志公都堪称全寨的绝响，他为人正直，又精通水书；举凡医术、占卜、择日、纳福除凶之事无所不精，是一位颇有名气的水书先生。

四乡八邻常常有求于他，或送一方白布，或赠一块红糖，也有无物可送的，志公一视同仁，尽力解他人之难，从未厚此薄彼，他是寨子里道德的榜样，更是人们行为的准则。

志公很少下地干活，至少在我的记忆里他没有下过地，作为一个农村人，他的生存方式是那样的独特：日子在给人看病送药、抄抄写写中流逝，他既非文人，更不是医生，却介于两者之间，悠然一生。在生命的路途上，他贫寒又富足，默默无闻又熠熠生辉，在属于他的生命世界里，这种生活方式应该属于另一种生命哲学和处事态度。

2000年秋的一个夜晚，志公叫上后人，叮咛一番后，就溘然而逝。死在这里，不悲伤，也无关苦痛；淡定从容中，生命宛若黄昏里的一抹斜阳，终归平静。

八十多岁高龄的志公喜欢在那片竹林旁默默地走，中年丧妻后，他开始孤独地走在生命的航程里，与世无争的志公，在彩霞满天的黄昏里，显得遗世独立。

一条乡间公路穿过古老的山寨，四周青山如黛，瓦房边的院坝上有志公的坟茔，风里它默默无闻，却辟出一方净土，幽然里暗含玄机。

微风中，坟墓上的芦苇飘啊飘，芦花飞舞里，志公瘦长的身影又在竹林旁闪现……

不如怜惜眼前人

一个老农，坐在光滑的青石板上。

仰首，他痴痴地望，一双忧郁的眼，穿过漆黑的夜空，寻觅所谓的幸福，很久，很久。

苦涩的泪在呱呱的蛙声里慢慢涌出眼眶，滴落在冰凉的泥土上，然后再侵入其中……

这个老农是应公，应公真名潘永应，也是祖父的堂弟。

应公二十多岁成家了，由于母亲不喜欢儿媳，应公遵从母命，过后不久就与已经怀孕在身的妻子离婚；应公永远都想不到，结束的这次婚姻竟然铸就了他一生的遗憾，让他在悔恨和自责中苦度一生。

撇开重男轻女不谈，单说养儿防老，这种观念在故乡尤显突出，实际上这也不是没有道理的事情；没有男孩的家庭，在女儿出嫁后，没人照顾衰老，也无人料理老人的起居。几千年封建文化的熏陶，不孝有三、无后为大等封建观念在生产方式和生存方式没有根本性改变的农村面前仍然根深蒂固，诸多因素的夹击，使没有男孩的家庭在当今农村，一定程度上还受到种种歧视。

第二次婚姻给应公带来了三个女儿，他痴痴盼望的儿子迟迟没有降临，在别人的冷眼旁观中，他孤寂地走在自己的失落里，落寞在他的年事逐高下，卷成一段深沉的悔恨。

应公前妻改嫁不久就产下一个男婴，这个男婴就是应公的亲生儿子，我的堂叔。

应公后半生的岁月里，费尽九牛二虎之力，欲与儿子会面，他的亲生儿子却避而不见，没有丝毫商量的余地。或许在他的心目里，父亲的过失是无法原谅的，他选择了自己认为恰切的方式进行了应有的还击，这种惩罚方式，对于一个孤苦老人来说绝对是致命的。

应公和儿子的居住地，两者相隔不到二十里，实际上他和应公的距离，超过天涯海角。想和亲生儿子会面，一个简单的愿望，一个朴素的追求，应公用了四十年的岁月，最终付诸流水。

应公在一个秋日里，走完自己的岁月，临终还念叨着亲生儿子的名字，是悔恨或是遗憾？混浊的泪水在这个老农的脸上漫延，侵入纵横交错的皱纹中，然后被风干，人们发觉的时候，已随风而去。

应公的儿子是决绝的，就算父亲死后，他都不屑一顾，执着着他那所谓的高傲。

生前，应公在自己父母的墓碑上深深地刻下儿子的名字，死后，他的墓碑里已无儿子的符号。老人的身影已经模糊，悲苦的面容开始沉淀在泥土中……

又是下雨天，只刻有女儿名字的一方墓碑，在风里默默无言，似带着无限的悔恨或久远的伤怀。

在父亲与儿子之间，让我想起丢失的宽容。人死如灯灭，应公已远去，再来探究谁对谁错，是无必要了。

应公和儿子身前无缘相会，几十年后，在人为想象的阴间里，这对父子能否聚首？

死与生是生命的两极，就像花开花落一样自然。人们常常乐意谈生，却避开死这个字眼，只因为生带来喜悦，死却伴随着悲恸；死是一个沉重的话题，轻言不会涉及，就算坟头，芳草已萋萋。

无论是生还是死，在这个显性的世界里，我记下的人都是默默无闻的，他们像田边的野草，清幽柔弱；抑或枯枝败叶，飘落无声。

十七年，在人生旅途中

这是 2010 年 10 月 10 日的夜，我伏案写作时，一支被自己夹在指缝中的烟，撩起的青雾突然起了一团光，让我看到了父亲的脸庞，我想平静下来，悲伤就潜伏到心底，随即暗流汹涌；人在重庆，心却徘徊在童年的村口，我双眼模糊，找不到方向……

父亲离开这个世界整整十七年了，很多时候我都在刻意逃避关于父亲这个字眼，以显示我外在的坚强，刻意的掩饰反而衬托出内心的虚弱，父亲在我的心中恐怕永远都是一口黑洞了，它深不见底，使我余下的生命无法丈量。

我母亲死得早，父亲对我就显得更加重要；我小时候体弱多病，是父亲一次又一次把我从鬼门关拉回来的。

有一年冬天，我生了一场怪病，浑身上下结满了莫名其妙的痂片，动弹不得，身体轻微移动，丝丝血迹就会渗出来，父亲心疼，昼夜守候在我床边，他心焦若火，听人说毒蛇之胆可治这种病，父亲就冒险进山，他斩获了一条大毒蛇，取出蛇胆，再用它混合着猪胆涂擦到我身上，三天不到，我的病果然根除。

又一年夏天，我昏昏沉沉的，几天下来，水米不进，父亲和伯父就背着我去乡上的卫生院，途中伯父发现我面色苍白、四肢发凉，伯父以为处于休克状态的我已经死去，就劝父亲背我回家掩埋，父亲使劲地摇着我，见再也没有生还的气息，他无言饮泣。大伙准备好锄头、撮箕等器具的时候，父亲不相信自己的儿子就这样死去，他摘了一枚树叶放到我掌心，这时候大家惊奇地发现，我的手竟轻轻地摇晃那枚绿色的树叶，我又一次死里逃生……

稍长，我实在顽皮不化，有一次上山放牛，遇上人见人怕的胡蜂巢，大家躲闪还来不及的时候，我自认为勇敢，用木棍去捅它，引起蜂群追袭蜇刺，直至昏迷倒地，父亲这个坚强的农人又一次哭着进山背着几近死去的我回来。

先前，我上面还有两个哥哥，可惜他们都还没有成年就死去了，父亲怕这种猝然的变故又一次降临到我的头上，所以总是担心。

七年前的一个秋天，我写过一篇关于父亲的文章，我承认我是自私的，我写那篇文章并不是为了纪念死去的父爱，而是为了放下心中对他的思念而产生的压抑情绪，我达到了目的，父亲随着那一篇文章，渐行渐远，我获得了轻装前进的日子。

父亲死于1993年7月3日下午。我记得那天的阳光特别灿烂，田里的禾苗也开始泛绿，傍晚我走到他的身边，这个时候他的身体已经变冷，我用手触到他肌肤，觉得那是冰的味道，这时候我看到风开始狠狠地刮起地上的琐屑，一缕阳光慢慢地飘忽，复照在我的手臂，最后停驻在父亲的脑门，而后倏然地跳开，然后就下起雨来，雨越下越大，透过雨帘，我看到一匹白马飞奔而来，那是父亲的祭品。

父亲被装进棺木，然后置在神龛下，我看了父亲最后一眼，他的脸已经开始模糊；棺盖合上发出轻微的响声时，我看到一支蜡烛的火焰闪了几下腰，然后也跟着发出轻微的响动，极像棺盖发出的响声，我想，这两声响动，是否预示着某种暗示或者指引着我的某种取向？我当时并没有说出来，只是觉得有些古怪。

燃着的香烛也变换了先前直冲而上的轨迹，青烟撩起，卷起一团朦胧的烟球，然后不断地翻滚，风就吹来，很久，那烟球才侵入朦胧的雨雾中……

父亲的祭品，那匹白马，它不断地嘶鸣，悲凉就从雨中飘来，还隔着雾。

这一次，我知道父亲再也无法回来了，他睡在棺木中，被埋在了泥土的最深处，从此我和他阴阳相隔，永世无缘。

从小学直到初中毕业，学校要求填表格，家长的那一栏我永远都工工整整地写上：潘家大；这三个字是我父亲的标签。那时的我就是不想让同学或老师知道我人生的缺陷；如今想来，我虚荣的表象下那颗瘦弱的灵魂是多么的不堪一击。

十七年，在人生旅途中，已经是不短的一段了，没有父亲的缺憾随着岁月的辗转，在我的身上开始演化，最终已经形成习惯。

父亲离去给我带来的凄凉已经渐渐麻木，原以为缺憾已经成为一种习惯了，谁知道今夜思念又一次泛滥开来，才知晓，在我的心中从没有忘记过他的哺育。

这是一个寥落的夜晚

山城重庆，这是 2010 年的秋天，一份孤独寂寥在这样的夜晚，突然涌上我的心头来，带着浑厚的晦涩。这该是怎样的一种感觉啊，它突然使我变得憔悴不堪。

秋收过后，属于我们水族的端节眼看就要来临了，明天寨子里一定会热闹起来的，但我家会例外，我知道那个家明天一定还弥漫着凄冷和孤独，屋里已经没有其他人了，它只剩母亲一个。

我的生母只陪我度过最初的三个年头，然后就凄然地死去了，往后的岁月都是屋中这个母亲用她那瘦弱的胸膛为我遮住那童年和少年的凄风苦雨，她的爱一直伴随我流浪到远方以至天涯，遍布角角落落。

我一直在外面读书和流浪，陪伴母亲的岁月越来越少。母亲，一个死去丈夫的乡间寡妇，她是那样的忍辱负重，日复一日，用爱哺育着我们，可长大了，我们却一个一个地离她而去：姐姐出嫁他乡，弟弟外出读书，而我也一次又一次背井离乡；母亲快六十岁了，但看上去她要比实际年龄老得多，每一次离家的头天晚上，也许是对母亲的一种愧疚吧，我总会情不自禁地躺在她的身旁，这样的夜晚，母亲往往会彻夜不眠，总会和我谈很长的话，我会在她断断续续的唠叨里迷迷糊糊地睡去，醒来时，她已经为我准备好热腾腾的饭菜，这样的早餐母亲往往不会下咽，她总说没有胃口，我知道她是对我再一次出门感到失落和难过，这个时候东方还没有露出那白白的鱼肚。

我在县城教书的时候，也难得回家几次，高中学校周末和假期都在补课，让人无法脱身。近年来，每一次回家都觉得母亲更加苍老了，那深深的皱纹布满了她饱经沧桑的脸庞，头上的白发也一天天地跟着疯长，腿脚也渐渐感到麻木和无力了，更有一次，她早上起床时，竟然无法站立起来了，腿不断发抖，医生说这是积劳成疾的结果。

我考上大学的时候，母亲很高兴；我在县城教书的时候，母亲也很高兴；我考上研究生的时候，母亲还是那样的高兴；母亲的高兴都是对我前行的肯定和赞许，可我又能或曾经为她做过哪一些尽了点孝心的事呢？

有一年，我在县城给母亲买了几件极为普通的衣服，可她舍不得穿，却逢人就说起我的"孝道"来，说我给她买了很多很多的东西，我知道这一定不是什么虚荣心，母亲不是一个虚荣的人，她最大的心愿就是希望子女过得好；母亲对我没有什么过多的要求，因为我不是她的亲生儿子，所以我微不足道的做法，已经让她感觉到那是莫大的欣慰了，面对母亲如山般的厚爱，我又做了什么？一次次地离开，一次次地撕裂母亲的温暖，让她在晚年孤寂地一人守候那间老屋，守候我们远去而留下的悲凉；前程茫茫，我的归属在哪里？我究竟什么时候才能回首，归还母亲哪怕那一点点的温存，这些简简单单的回报，其实我都没有做到。

我要追求的幸福在哪里？幸福苍茫，就算寻找到了自己所谓的生活，在时光恍若逝水流舫里，岁月是不会傻傻地等待的，流年只会在母亲暮色的额头上尖锐地刻下一道又一道沟壑。遥远的未来，在属于我的那一份暖意中，我并没有寻觅到母亲共享的身影。我的感觉让我觉得罪恶，但理智告诉我，这几乎已是必然。

我是一个因为读书而走出大山的人，在别人眼里，我是一个会写文章的人，或者说还是那所谓的作家，其实只有我自己明白，苍茫里自己什么都不是，连一般人最起码给予的回报，都无法赋予已经白发染霜的老母，我该是有罪的人。有时候没有缘由地想着：要是当年初中一毕业，就出去打工，然后找一个本地的水族姑娘结婚，回家再给母亲生一个大胖小子，这何尝该不是一种幸福和孝道呢；母慈孙孝，夫唱妇随，一家人，其乐也是融融的，能让母亲在有生之年享其天伦之乐，这还有什么不好？想归想，我是无法走回过去的岁月了，假设只能是一种想象，用来安慰自己愧疚的心灵罢了。

女作家毕淑敏在一篇文章里说："我不喜欢一个苦孩子求学的故事。家庭十分困难，父亲逝去，弟妹嗷嗷待哺，可他大学毕业后，还要坚持读研究生……"

这何尝不是在说我，在孝的天平上我没有趁母亲健在的光阴，在她膝前尽孝；而是选择了固守天涯，在清风里遥望明月，追求一种无法企及的幸福，我是罪恶的，至少在灵魂深处，我这样谴责自己的出行。

想起母亲，眼前就会浮现出一个农妇瘦弱的身影，她站在老屋的楼梯间，用一只手撑起身前的栏杆，目送我远去，多像一张弓；我渐行渐远的身影，最终流失在路的尽头，母亲是不会朝我挥手的，她只会默默地张望着这个不孝的儿子一次又一次黯然地离她远去。

岁月榨干了母亲身上的血，白了她的头，又枯了心。

当年华逝去，才知晓，自己远离的每一个脚印都烙痛了这个女人的心。

赋得永久的愧疚

大姐是实在坚持不下去的时候，才答应来城里看病的。那天下午没课，我陪她一起去看医生。经过一番检查，医生对我说，病情不轻，需要住院治疗。我正在给她办住院手续的时候，大姐就从休息室里冲出来了，要阻止我，说买点药就行，我说这里的住院不贵，加上你又办了农村合作医疗，花不了几个钱的，况且晚上还可以去我家住，我们姐弟也好久没拉话了；好说歹说，连哄带骗，她才半信半疑地答应了。

一段时间过后，病情稍有好转；每天早上我去学校上课，下午再陪她去医院输液，我在病房里，陪她说说话，无非是小时候的事情，说着说着，她突然盯着我的脸说，弟弟，你很像我们的父亲……

这样过了几天，她死活都不愿意输液了，说自己已经完好，不必花那冤枉钱；这个时候，我才觉得她真的很执拗，无论怎么劝都说不过她，只好办了离院手续。她看到我拿着一把收据，就满脸愧疚地问我花了多少钱？我说不多，她不信，还问。我骗她，这些收据是我们学校的收款单。

走过卖杂货的商业街，大姐看上了一个天蓝色的盆架，我给她买了，30元。她高兴得像一个孩子。我还想给她买一点其他什么东西，比如衣服之类的，但她死活不愿意，说已花了我很多冤枉钱，心里已很是难过。她一再要求我送她去车站，一副固执的样子，没办法，只好送她上车了！

车子缓缓离开站台，透过车窗，我看到大姐紧紧地抱着那个刚买的盆架。

这之前，大姐病了，咳嗽不止，由于病情久拖不治，偶尔还咳出血丝来。我打电话催了几次，她都不愿意来城里看病，不是说家里的猪需要喂，就是说地里的苗需要栽什么的，其实我知道她就是怕花钱，怕自己一年的收入全部扔到那白色的高楼里。

每年秋收，颗粒归仓；深秋过后，就是漫长的冬季，这时候家乡大多没有什么事情可干的，大姐总是要到广东遂溪那一带的农场干体力活，努力挣钱为第二年农作物准备好化肥什么的。她这病就是在农场里折磨出来的；肩扛扎成一捆一捆的甘蔗，上车下车，每一捆都在百斤以上，烈日暴晒下让人汗流浃背，又是从早一直干到晚，就算是再强壮的男人都难以吃得消这种超强度的体力活，更何况姐姐是一个瘦弱的女人呢。

大姐大我十一岁，对于她，我是愧疚的。

母亲过世后，父亲为了养家糊口，长年在外奔波；我是在大姐的背上长大的，她时常背着年幼的我上山砍柴割草，下地挖田找猪菜；我就像一座小山沉沉地压在她十四岁的肩膀上，使她不得不过早地结束了自己的学习生涯，从进校到离校，她在学校里待的时间还不足两个月，所以一直到现在，她也只是认识自己的名字。赶集，七天才逢一次的，这是姑娘们成群结队无拘无束地玩耍的唯一机会，大姐根本没有这样的机会，寨子周边不是溪，就是河；她怕我在水边出意外，就成天将我背在身后，那时我顽皮得厉害，时常大声哭闹，每每不如意就在背后拉扯她的头发，这颇让她头痛不已，不能打，又不忍心责骂，实在痛不住她就使劲地哀求我，别扯，别扯，姐姐的头发就要被你扯完了。

我是如此的顽劣，这般对待过亦姐亦母的她，小时候，父亲谈起这事，说将来你长大了一定好好对待姐姐的，那时，我也只知道懵懂地答应，心里也不过产生了一阵的愧疚而已，过后就烟消云散了。

　　大姐出嫁的第二年，父亲过世了。姐夫家境贫寒，他们也为一日三餐而苦苦挣扎；但每一次回来，大姐都会给我捎上十个本子和一把水果糖，那时送这样的物件应该是她最大限度地牵挂我了，精神和物质都齐备；那时候我也开始懂事，每次她回去，我都要送她走一段路的，经过竹林边，大姐总是摸着我的头，要我好好学习，对我说，回去吧。我看到她的眼圈开始变红，我回头张望时，发现她蹲在那里，望着父亲的坟墓偷偷地抹眼泪；父亲的猝然逝去，也使大姐没了主心骨。她就把希望留在我身上，我这个弟弟是她留在娘家的唯一的希望了，她看我的眼神是哀怨的，哀怨的是我们父母过早地离去，泪光里更多的是企盼，希冀我快长大，长大了，就可以站在父亲的位置上，和她一起面对生活的风霜雨雪和人生的喜怒哀乐；大姐的等待是漫长的，荒了一冬、凉了一秋。

　　我也只是个读书人，一个只知道读书的人而已。

　　我是家里第一个走出去的人，在她眼里，我是受人尊敬的读书人，理所当然地成为大姐心里的依托，求学路上，她总是牵挂我的。

　　考学了，毕业了，也工作了；在小城里做了一名中学教师，但微薄的薪水，一千多元的工资，除了供弟弟读书和日常花销外，竟然所剩无几，没有再多的能力来帮助大姐，只有逢年过节，回去看看她而已。每次来，她都一副喜出望外的样子，杀鸡宰鸭，常盛意难却，我知道自己是阻挡不住的，看着她日益消瘦的脸庞，让我好生难过。大姐都把我当成客人了，也许是我长年漂泊，难得一回的原因吧。她坐在我旁边，帮我夹菜，自己却忘了吃，只是看着我的脸，像病房里那样说我长得很像父亲的模样，闻此言，我总感到喉咙哽咽，常常无话可说。离开时，她一家人总是送了一程又一程，她站在山头，看我远去的背影，有时候，我都不敢回头看她一眼，怕自己的泪水夺眶而出，难以止住。

　　大姐，我是你心里的读书人，其实我也只是读书人而已，除了读书竟然什么也不会。大姐,你所做的一切,赋得弟弟永久的愧疚,可惜你不识字,无法读懂这篇文章。

旧时清风曾拂面

二姐长年在浙江慈溪一带打工,今年总算回了家,她几次给我打来电话,叮咛我来看看他们,并说我们姐弟六年没有碰面了,拗不过,我在春节前的一个周末,从三都乘车前往荔波方村。

在二姐家住了一个晚上,第二天黄昏的时候,我要回单位上班,这个时候她不再说什么,就默默地把我送到村口,路上我们一句话都没有说,她只知道紧跟在我的后面,就像一个小孩,走过那座横跨寨子的大桥,就来到公路边了,刚好一辆汽车开过来,我赶忙登上这末班车,回过头对她说:"二姐,我走了。"此时二姐仍然没有说话,隔着车窗我看到她温存地往车内张望,目光里弥漫着雾一样的颜色,有一种要蒸腾的样子,傍晚的夕阳洒落下来,给她镀上一身粲然的色道,这个时候二姐背上背着的外甥还没有睡醒,我的目光越过他的头顶,远处的山开始起朦胧的暮色了,冬日里,过一阵子,天就会像锅底一样黑的。

车子缓缓开动,不久就越来越快了,我打开车窗,随意地往后边看了一眼,却看到二姐在后边紧追着我们的车,乡村公里路遍布黄泥,汽车过后扬起的尘土就快要将她淹没了,我赶忙叫司机刹车,她终于赶上来了,这个时候她动作倒快,一转眼就跨到车上来,然后匆忙地将一张百元钞票塞到我手里,说差点忘记给我车费了,我当然不要,又把钱塞到她手中,看她疑惑的样子,我赶忙说:"姐,我这里有钱的。"怕她不信又从包里抽出钱来证明我没有说谎,这时候她突然生起气来,她生硬地将手里的钱又塞到我手中,还大声地说:"你有什么钱呢?我们是刚打工回来的,手头宽裕些。"她这么一叫,车里的人都朝我们这边看来了,我看到二姐眼里满是泪水,还一副不依不饶的样子,再也不能说什么了,只好说:"姐,我要,你先下车吧。"

汽车第二次启动，二姐的身影就在我的视线里愈来愈小，直至消失在黄昏里。很快外边就黑了，那张百元纸钞还被握在我手心，我知道这张纸币是二姐在鞋厂里打工挣来的，它散发着浓厚的橡胶气息，弥漫地集聚在我的喉咙里……

二姐比我大五岁，在我的印象里，她始终是以一个弱者的形象出现的，在我们家三姐弟里，她身体最瘦弱，头发焦黄，力气也最小，又不读书，就只能天天做放牛砍柴之类的事了；她唯一让人羡慕的地方就是那双泛着波光的大眼睛，弯弯地镶嵌在那里，什么时候都像一潭清澈的湖水，幽深明净。因为我上面的一个哥哥年少就夭折了，那时弟弟还没出生，我是家中唯一的男孩，上学后成绩又好，这些因素叠加在一起，我自然容易得到父亲的宠爱。80年代，家里还经常吃杂粮，比如苞谷饭、蕨巴什么的，唯独我顿顿拥有香喷喷的白米饭，偶尔还有一两片肉，这些都是父亲特意为我所准备的，谁都没有份，包括父亲他自己。二姐的年龄和我相差不大，她时常带着我去玩耍，比如捉迷藏、老鹰抓小鸡、拔萝卜等，这个时候我们是融洽的，亲密无比；可是吃饭的时候，却是那么阵地分明，二姐匆忙扒上几口苞谷饭，就不吃了，蹲在我旁边，看着我吃饭，碗里的白米饭和那诱人的肉片，发出诱人的光晕，她的眼睛亮极了，比极夏夜的萤火虫，照亮了屋前的稻田。但她从不说想吃的话，也不会和我争，只会耐心地等我吃完，才能洗刷碗筷，这也是她的任务之一，有些时候我会悄悄地和她分享这难得的佳肴，彼时她仍会果断地拒绝，但眼里却泛着分享的喜悦，那份欢欣越过我的脸庞，直至飘出屋外，因为这，她一整天都会神采奕奕的。

每次放牛回来，二姐总会变出戏法，要么送我一红柿子，要么就送我一颗野梨，再不就是一只张牙舞爪的螃蟹；然后就在一旁静静地看着我狼吞虎咽或肆意逗弄那有着一双大钳子的玩伴。就算野外再是一个丰富无比的世界，就算那里蕴藏着丰富的内涵，要翻找这些东西，绝不是件轻易的事情，为这，年幼的姐姐究竟付出了多少努力，只有那满山的荆棘和一河冰冷刺骨的水面方能知晓了。我小时候顽皮无比，跑上跑下，就是静不下来，常常一不留神就不见了，玩累或者跑腻了，我会随便找个地方，哪怕是野外，只要有草垛我就会躺倒，且一躺就沉沉地睡，所以家里就常常以为我丢失，四处寻找；因为这些，二姐没少挨父亲和大姐的责骂甚至殴打。二姐没有哭，最严重的一次，我也只看到她的眼泪在眼眶里打转转而已。

每年端节，父亲多多少少会分给我们姐弟一些上马坡用的零花钱，那是随便自己支配的东西，可二姐却常常舍不得用，大多时候都给我买零食的了。父亲死的时候姐姐十六岁，她还是那么瘦弱，我记得那天她背着弟弟，在门口等我，一个人在那里悄悄地哭，我看到她飘忽的眼神漫过层层稻浪，直至远方的地平线，才慢慢流离。

家里喂养了几头猪，一年的日常开销就是靠变卖它们来补贴的。二姐经常舂苞谷米来熬猪食，这样它们才肯长膘。二姐体重不够，无法踩动那笨重的青冈木杆，就叫上我，顽皮的我有时候就以作业还没有完成来推脱，然后撒开脚丫子出去疯玩，她只好背上弟弟，两人的体重加在一起，勉强够得着，姐姐就常常使劲地弯着那瘦弱的腰，舂米声声，一上一下，沉郁深远，响遍屋后的竹林。十多年后，如今才砸到我的心房，如针刺。

三年后，二姐出嫁了，嫁到荔波方村的一个布依族山寨里，这一次出嫁，没有举行任何婚礼，静悄悄的，恍若树上掉下来一片叶子，了无声息。二姐没有什么要求，她只看重那个人的忠厚朴实，二姐知道父亲过世后，家里境况每况愈下，是经不住一场婚礼折腾的，在注重婚礼仪式的水族女孩中，二姐的悄然远嫁，就像冬天里飘落的一片雪花，尽管无声，却是寒意钻心的冰凉，还有丝丝淡淡的落寞，只是她没有说出来而已。

二姐是文盲，一个字都不识的文盲，她外出打工全干体力活，挣钱不多。但在我的读书生涯里却屡次得到她的接济。因为生活窘迫，二姐外出时，在万般无奈之际她将自己最为心爱的二女儿寄养在一个浙江人家里，半年后再去寻找；阴差阳错，那家人早就搬家，如今杳无音信，每当想起，二姐总会泪流满面，悔不当初。命运如此无常，是二姐始料不及的，这就是生活，哭也好，笑也罢，日子还是要过下去的。

回到住所，我将那张纸币夹在一本笔记里，让它静静地舒展，就像再一次展开二姐隐藏在我心房的皱纹，皱纹里满是浓浓的手足之爱，水面无波，岁月是永不停歇地朝前走的，犹如多年前散落在野外的那一抹阳光，我仿佛还看到二姐瘦弱的身影在荆棘丛里捡拾柴禾。

转角，是我，还有几头黝黑的水牛，它们正悠闲地啃食青草。

二十年前的记忆

1989年前后，有一天，我要到野外放牧，小妹一反往常缠着要一起去；她太小，路途又远。我不顾她哭闹，就把她留在家中。

记得那是一个星期六的下午，那时的阳光显得异样的明媚，下午四点，在经过一座陡峭的山坡时，一块巨大、呈黄褐色的巨石，从山顶猝然滚落，只朝我飞奔而来，远处的伙伴都被吓傻；因为伴有刺耳响声、石头正朝我扑面而来，当时才几岁的我被眼前的景象吓得目瞪口呆，已经忘记了躲闪……

奇怪的是那块巨石在离我约一米远的地方突然裂开，四散飞落，我周围遍地都是飞碎的石片，大难不死的我很是安然无恙。

放牧归来，夕阳如火，染红了整个西天的云彩。父亲流着泪告诉我，妹妹在玩耍中坠井而死……我清楚地记得父亲说妹妹落井的时间也是下午四点，和那块巨石飞向我是同一时间。

这事有些怪，时间如此离奇地凑在一起，那天要是我带着妹妹去，后来的事情总不会发生吧？

人和人之间是否真的有一种超脱肉体的灵魂感应？妹妹离奇的死，是否蕴藏在巨石的轰鸣中，肉体陨灭之前是否还能托物预告或镶嵌在那一片片碎石里，加以暗示？

这个疑问一直困扰我将近二十年。

直至2006秋，我在贵州西南偶遇《金粟寺》的作者周建新先生，周先生生性洒脱，是一位虔诚的佛家弟子，对佛学感悟极深。言谈中，他坚定地告诉我世间的确有一种超脱肉体的灵魂感应，许多事情就是在冥冥之中注定的。

以前看历史书，有很多这样的记载；我们现在通过书报网络，也了解当下发生的类似事件；在我们自己的成长过程中，也会遇到一些——就像我小时候的奇遇。

很多事情，仿佛都是上天的安排。我们个人非常渺小，常常感到无能为力。周建新先生说，命运并不是不可改变的。睿智的佛陀早就给我们指出了努力的方向——凡事皆有因，有因必有果。

是乎？非乎？却无从知晓的了；但总之，这算是一个答案。

遥远的外婆

我的外婆离开这个世界大概二十年了，很多时候，我会偶然想起这个熟悉又陌生的人来，外婆一生只有两个女儿，那就是我的母亲和我的姨母。

这个世界上有些人或事总是模糊的，特别是间隔的时间久了，比如我的外公，关于他，根据健在的人谈论，他是一个颇富才华的读书人，国民政府统治时期他曾经在某县任过职，解放后遭到劳动改造，最后客死他乡，最终的结局是生不见人死不见尸，我外公这样的生命个体对于当时那个波涛汹涌的运动来说，是多么的渺小和卑微啊，可有谁又能够知道，一个卑微的生命，一个罹难的男人却是我外婆这个女人的整个世界啊，这些都发生在我母亲幼年时期，我只是从长辈那里听到一些传闻。

外公的神秘失踪或者说离奇的死，对外婆心中造成的沟壑，无从知晓，外公的死就像一个黑洞横亘在外婆这个乡间女人的面前,她该是无比的恐惧。根据时间推测,那时候我外婆大概二十岁,对一个女人来说,这个年纪应该是最美好的韶光,而外公留给她的却只是两个嗷嗷待哺的女孩。

没有丈夫关爱的凄凉,努力把两个女儿拉扯大是外婆留在人间的最大梦想了,也是她努力生活下去的唯一理由。饥荒年代,我母亲和姨母都没有被饿死,是我外婆创造了这个奇迹;外婆那边的亲戚多年前总是这样对我说。外婆是一个很会持家的女子,有一双能针善缝的手,粗糙的布料一经她的手,总能熠熠生辉,她是村里闻名的巧妇;很多年后姨母跟我谈到外婆时,她淡淡的目光总是温和地掠过寂静的夜空,充满了深情的向往和温纯的期待,导致我深信不疑;外婆留在世间的二女儿——姨母,今年二月离世,而母亲在多年前就已经猝然死亡,外婆的两个女儿都先后地走了。

我母亲是在她二十岁那年嫁给我父亲的。父亲家庭成分不好,是地主家庭,"文革"时期当属黑五类。当时农村特别注重香火人丁问题,把传宗接代看得比什么都重要,我上面有两个哥哥,可惜都——夭折了,母亲很是伤心难过,她的遭遇传到外婆那里,痛苦总是成倍地疯长。

我父母担心我和哥哥一样过早地夭折,我还没满两岁,他们就把我拜寄给了石公,所谓的石公,就是石头一类的崇拜物,我的家乡相信这样的拜寄能保佑孩子平安幸福,久而久之,就演变成一种习俗。拜石公也叫"敬菩萨",需要杀猪供奉那些石头的,为了让我能够顺利成长,父母精心准备了一头肥猪,还约好了亲戚乡邻在那年冬天的一个早上为我敬菩萨。

谁知道,在为我去拜祭菩萨的那天早上,我母亲因为难产,清晨时分就悲凉地死去,敬菩萨算是喜事,母亲离世总为丧事。那天外婆给我买好衣服后,高兴而来,哪想到女儿突然离世,而且是在这样一个时刻,外婆始终不能踏进屋中,她在门外痛哭失声、悲鸣不已;外公离世留下的伤口还未愈合,母亲的猝然去世,更使外婆惊慌失措,这该是人生悲凉的境遇。

外婆去了廷牌一带某个寨子,此后一两年间,没有到我家来,她大概是怕触景伤情了。

我稍长，外婆就时常来看望我了，间或捎上一两件衣服，皆是她亲手为我做的，每一次外婆都不会忘记给我买几棵甜甜的甘蔗；我的童年因为外婆的时常光顾而充满了难得的欣喜，我就时常跟在她的后边，外婆就把我抱在怀里，她轻抚着我蓬乱的头发，无限怜爱地说：你家过端，外婆就来……

父亲答应带我去看外婆的，可还没成行，他就死了；过后五年，外婆亦死。三洞和廷牌之间的距离，其实并不远，可在慢慢的岁月长河中，终其一生，我是再也无法走到她的跟前了，唤一声外婆啊，已成隔世的奢望了。

我和外婆之间仿佛存在着无限的黑洞，黑洞这个东西，在人生旅途中出现的时候，往往是以偶然的方式出现的，它让人猝不及防，始料未及。过后形成的伤情才注入当事者的心头。以致我常常觉得，世事总是夹杂在人生无常里；这过多黑洞的偶然迸发，筑成我和外婆指间的伤痕，一任暗流汹涌。

转眼间，外婆离去已近二十年，我在世俗的生活里经历着人生的风雨冷暖、春去秋来。逝去的人和事渐行渐远，我的青春一如落花，但留在我童年时期关于外婆的记忆，却宛若流云萦绕心田；外婆呼唤我小名的声音，穿过青翠的竹林，仿佛还在我耳畔轻轻地回荡。

竹林里的灯光

2013年春节前的一个月，我还在广州教书。

那天，确切来说是2013年1月25日，跟往常一样，讲完课后，我穿过学校对面的天桥，往自己的临时住所走去，这时候，放在提包中的手机响了，我低下头看屏幕，是二姐打来的，她在电话中哽咽了一阵，然后轻轻地说了五个字：爸早上走了。

这头的我突然沉默下来，我不知道说些什么才好，两边寂然无声，良久，我才悄然地挂上了电话。二姐说的爸是我的义父，由于我的生父生前和义父交情厚，所以在我两岁的时候，义父就认我做义子了。

窗外的阳光穿过纱窗照进我的屋中来，斑斑驳驳的，像极透过树叶呈现出来的光点，明明暗暗又细细碎碎的。

揭开窗帘，站在窗口边，我抬头望着这座繁华的南国大都市，对面高楼林立，街道上人行如织。在这个热闹又喧哗的世界里，我的心中却不合时宜地陡然生出一种难以言说的忧伤和寂寞来。

我赶忙买好回贵州的机票，一个人匆匆启程。

飞机进入平流层的时候，机身突然剧烈地抖动了一下，我心里一震，但我马上忽略了这种感觉，一个人静静地遥望着天边那不断向后飘忽的云朵。这时候，我的泪水才终于悄无声息地滑落，义父给予我所有的恩情，今生我是再也没机会回报点滴了，这次回去，将是我送他上山安息的永远告别。

义父生于1938年，为遗腹子，他从小就和祖母相依为命、艰难度日。在穷乡僻壤，孤儿寡母的生活处境，彷徨凄凉得我不知道用什么语言才能准确地表述出来。可义父心性温润，他对祖母极好，一生没对祖母说过一句重话。打从我记事起，祖母的眼睛就看不见东西，在祖母失明的漫长岁月中，义父对祖母的生活照顾得无微不至，义父是一个老实巴交的农民，平凡得像乡间的一棵高粱，他一辈子在乡间默默无闻地辛勤劳作，像极一头默默耕耘的水牛，义父用透支的血汗换来微薄的食粮，并以此来哺育自己的儿女，他一生与人为善，一辈子没和别人吵过一次架，也没和外人红过一次脸。我想这种处事态度和他内在性格善良有极大的关联，他宁愿自己吃亏，也不愿意跟人争强斗胜。

1993年5月，缠绵病榻多年的祖母走了，义父悲痛不已，我看到他在祖母的遗像前，悄悄地坐着，一句话都没有说，他只知道默默地流泪。两个月后，我生父紧跟着离开了这个世界，生父年龄实际上比义父小，生父的先行离去，让作为兄长的义父始料不及，人生无常，世事难料，面对此景，义父夜里长叹不眠。又过两年，我到乡上读中学，就寄宿到义父家中来。

义父家的后院有一园子，园子里种有一些蔬菜，还有一些柚子、花红之类的果树，园子的边上，我记得有一片密密匝匝的竹林，它形成一条长长的弧线盘旋地环绕着义父家的那栋木屋，我和六哥就住在木屋二楼最左边的阁子里，那间小阁子，是我读书、写字、睡觉的场所，阁子两边是两个长方形的小粮仓，我和六哥的床摆在阁子的正中间，窗外有柏树，月夜时分，树影婆娑，有风的时候，竹林摇曳不定，偶尔还瑟瑟作响。

从义父家到乡上中学并不远，翻过竹林，爬过一家曾姓人家门前的长台阶，再穿过赶集的街道，往右一拐就可以看到学校的大门了。那些年，我在学校上晚自修，冬天的夜里，一个人走出校门，我穿过昏暗的街道，站在曾家旁边那棵高大的皂荚树下，往坎下看，隔着密密匝匝的竹子，我就会看到木屋中露出一道浅浅的灯光，它虽然昏暗，却长久地温暖了我年少那颗孤独无望的心。

义父知道我放学晚，在家人安歇的夜，他留住了屋后那颗灯，灯光闪烁，给我照明了回家的路。我和义父之间的话很少，那些年月，我实在不知道跟他说些什么，义父一天也很少跟人说话，他沉默寡言，只知道忙忙碌碌，田间地头的农活随着四季的变迁一桩接着一桩，那是农人永远都做不完的生计。

阳光从机窗外照进，冬日的阳光应该是温暖的，可我感到它带来的却是丝丝凉意。我想，在今后岁月的夜里，当我独自徘徊时，再也没有人为我点亮那盏在竹林深处的灯光了。

我在义父家度过中学里的最初三年，乡上中学毕业后，我才离开那里。此后，我在广漠的人海中独自一个人去经历世事，近二十年来，我能做好的事情虽然不多，但任何时候，在心灵深处，我都一如既往地珍藏着义父留给我的财富，那就是无论身处困窘还是境况寥落，我都决不放弃与人为善这一人生的最初基石。

父亲的朋友

父亲的那个朋友住在我们寨子附近的一个村落。

父亲的朋友长父亲几岁，父亲就让我叫他伯，我倒是乐意这样叫，因为伯每一次来我家总会给我捎来一些糖果，这些糖果其实并不多，不过那时候的我欲望实在太小，几颗水果糖就能够填满我那张馋猫似的嘴了。伯瘦高个子，常年穿着水家土布制成的便衣，一副和蔼的样子，我第一次见到他是什么时候，我已经不知道了，因为那是十分遥远的事情。伯的家住河的对岸，一眼望去其实是无法看到他家的，因为视线常常被河对岸的山丘给挡住了，我家和伯家的距离不远也不近，走路大概也只需要十分钟的脚程。

记忆里，父亲和伯三五天就聚在一起吃饭，不是在我家就是在他家，每次去伯家，父亲都会带上我。伯宰了一只鸡，父亲抓到一尾鱼，两人都不会忘记朋友，一定等候对方来了才动筷。水族地区有一句谚语叫"吃一粒芝麻，都不会分开"，说的就是朋友之间这种形影不离之下的那种情投意合。

父亲和伯都是农民，除了耕田种地之外，父亲和伯也做其他的活计来补贴家用。伯做木工，父亲做点小生意。父亲不懂木工，身为一个农民，父亲却连一根扁担都不会削，熟悉他的人也因此常常善意地戏谑他，父亲倒也坦然自若，毫不计较。而伯却是一个地道的好木工，所以一遇到这种手艺活路，父亲就请伯来帮忙，碰上自己手头正有活路，伯也宁愿先停下自己的活计来先帮父亲，伯熟练地拿起斧头、刨子、凿子，叮叮当当地响起来，父亲搭不上忙，只能坐在一旁和伯拉话，不久，伯就顺利地完成了父亲让他帮忙的活计。父亲倒不是一个一无是处的人，虽然只读到小学四年级，但父亲比伯有文化，加上其头脑灵活，懂得分析问题，伯若遇到想不开的疙瘩，或处理不了的事情，往往就来找父亲讨主意，父亲和伯一个样，家里农活再忙，若伯来找，父亲马上就把眼前的活路撇开，他把伯的事情也常放在第一位。

伯有五个子女，他最小的女儿也比我大得多。伯的儿子，父亲管我叫他灵哥，灵哥比我大十几岁，记忆中，我遇到灵哥的时候，他就已经长成年轻高大的小伙子了，灵哥性格活泼开朗，他常常逗着我玩，农忙时节，没经过伯的吩咐，遇到收割什么农忙，灵哥他自然就来我家帮忙。伯的女儿，那几个姐姐也喜欢我，农村宠小孩，所以我去伯家能受到特别的优待，因而常常喜欢去，伯若杀鸡，我自然能获得香喷喷的鸡腿，在我幼年时期，这样的奖赏的确是非常难得的馈赠，那时候家里喂养的鸡和现在市场里卖的饲料鸡，两者的肉在味道上实在是有着天壤之别的。有时候父亲和伯餐桌上只有白菜豆腐，我往往也能奢侈地得到一两个水煮鸡蛋的特别优待。因为白天各家大多忙于农活，伯和父亲的相聚，往往选择在傍晚。而父亲每一次去伯家总是带上我，这其实也是伯时常要交代父亲赴宴时必备的事项之一，若父亲没带上我，伯就叫他的子女再去我家把我背来，如此情景之下，我跟随父亲去伯家仿佛就成了顺理成章的事情。每次吃饭，伯和父亲总是要喝那么几杯的，因为距离近，父亲和伯从不在对方的家里留宿，这仿佛也成了他们之间一种约定俗成的习惯。

夜晚，星星满天，父亲和我要回去，伯每一次都叫哥哥或姐姐背我，走过菜畦，穿过一片田野，再蹚过那条小河，一直送至对岸，往往我会在哥哥或姐姐的背上睡着，到地方时，父亲喊醒我，此时，我知道，自己的家已是近在咫尺。

伯和父亲一起走过了几十年的岁月，友谊似乎比骨肉兄弟还亲，宁静又苦涩的乡下记载了他们交往的整个过程，他们之间的兄弟情感，像极乡间路面上的那一块大青石，朴实却坚韧。

20世纪90年代初期的某一年春天，正是大地万物复苏的时候，可我的父亲却病了，每隔几天，伯都来我家看望父亲，伯陪他说说话，父亲得的是绝症，世间没有人能够留住父亲的生命，那年夏天，父亲还是走了。办好父亲的丧礼后，我去伯家回访，伯带我去他家的自留地，他给我摘了五个新鲜的苞谷棒子，一路上他默默无言，只是看着我怀里的苞谷，一句话都没说。此后，伯来我家的次数愈来愈少了，但农忙季节，他还和以前一样赶来帮忙。

我曾经自私地想，父亲走后，这个曾经疼我的人也变得开始学会疏远了，这不像先前的伯。多年后，我才感觉到，也许父亲死后，我的家已成了伯触景伤情的地方，他们二人的交谊深厚，父亲比他年轻，却又先离他而去，伯大概也深深地感到了命运的无常，可这般心神俱伤的感受，没读过书的伯，他表达不出来。

三年后，有一次在路上，我意外碰到伯，他憔悴了，看上去比以前老了很多，一老一小，我和伯坐在长满野花的田埂上，伯突然指着附近的一块宽大的田对我说，这块地亩数很大，我和你爸一个早上就能犁完它……

语未毕，伯又不说话了，我不知道跟他说些什么，只好和他一道沉默，伯在其他人跟前，始终是一个沉默的人，只有在我父亲面前，他的话才多。

再过四年，有一次我从贵阳回家。那是一个寒冷的假期，一个清晨，天刚亮，我听到对面寨中传来祭奠亡灵的爆竹声，一问才知晓，父亲的朋友，那个在我年轻时代，让我感到无限亲切的伯，他去世了。

我参加了伯的葬礼，过后，我的人生没有一个既定的选择，弯弯曲曲地，不曾停歇，却没有建树地朝前走去。外出务工浪潮不断涌起，我偶尔听人说起伯的子女，他们也都外出他乡谋生去了，只剩下伯母守在老家了。为了生存和发展的需要，哥哥姐姐他们都在各自寻找属于自己的生活，在时代的滚滚车轮面前，底层人物除了随着时代需要而向前不断奔赴之外，根本没有什么力量来照顾自己的内心！

2013年夏天，从武汉回老家，这期间，我选一个没有雾的早晨，去探望老人，伯家依然是那间老木屋，两个十六七岁的女孩正在屋中捡拾花椒，我不认识她们，心里正猜测这可能是灵哥的女儿吧，这时伯母从里屋走出来，她问我找谁？我说了自己的小名，闻言，二十年前，这位曾经无数次给我备好水煮鸡蛋的老人突然走上前来,她紧紧地拉着我的手,苍老的眼神突然散发出一丝光亮,随即涌出泪水,然后潸潸而落,她说:你伯走后,你再也没来过,我以为再也看不到你了。听伯母说这话,我突然生出一种难以言说的愧疚和忧伤来。

伯安息的处所,在一块田边的空地上,这是他生前选定还是他死后别人为他定下的,我不得而知。

伯安眠的地方和父亲栖息的处所,隔着那条小河,又隔着几块田,斜斜地,不远不近,他们可以遥遥相望。父亲和伯,这两个农人,生前他们如此相厚,死后依然如昔。

辞别伯母,绕过菜畦,又穿越幼年时期曾经无数次走过的田野,来到小河边,淙淙流水依然奔波不息,我驻足遥望时,父亲和伯安息的天空云淡风轻,连接他们住所的田间小道上,夹杂在萋萋芳草中的野花,竞相开放,我用手指轻轻地点着拨眼前的花蕾,它们在我的指间悄悄摇曳,仿佛在跟我诉说父亲和伯生前那无限的暖意。

潘　鹤

达善风物

这世上没有一样东西我想拥有。
我知道没有一个人值得我羡慕。
我曾遭受的任何恶祸，我都忘了。
认为我曾是同样的人并不使我难为情。
在我身上我没感到痛苦。
当挺起身来，我看见蓝色的海和帆。

——用切·米沃什《礼物》中的诗句做达善寨的自白

我的乡愁心

夕阳的余晖从西边的直腊坡斜洒下来的时候，群山环绕下的达善寨开始沉寂下来，呈带状分布的田野像一条睡熟的河流，它们的上空渐渐升起淡淡的雾霭，像罩着一层淡淡的哀愁。寨中之人从来没有一个真正走出这个雾一般的山寨。从解放到现在将近60年的漫长的岁月中！沉寂太久，是否意味着某种追求的退化；寂寞太长，难道暗示着某种精神的缺失？我穿过荆棘密布的丛林，沿着一条从没有人走过的路径，在一处叫茫豹（音译，指河流交汇处形成较深的潭水）的地方，看见两条忧伤的河流带着落寞和无奈携带着浪花朝远方奔去……

佛山和梨山：不一样的感觉

佛山和梨山都在寨子的东面，两山相依相偎。佛山本无佛也没有什么与佛相关的事物，就像梨山也没什么梨子一样，但为何有这样的称呼，已无人知晓了。

佛山，满山都是四季常青的红松，一副郁郁葱葱的样子，山脚下是星罗棋布的菜园。梨山，杂树、茅草共处，只有山顶才罗列一些红杉和青松，有一丝颓败的气象。

如果佛山代表着山寨久远的祥和与宁静，那么梨山只能象征着山寨由来已久的落寞与凄清了。

梅碾河和梅瞒河：两条忧伤的河流

达善寨躺在两条河流的怀抱里，像沉睡的婴儿，一直没有醒来。两条忧伤的河流，一大一小，大者叫梅碾，小者曰梅瞒。梅碾宽阔浑厚，像父亲；梅瞒纤细柔美，是母亲。梅碾和梅瞒的结合，只孕育出唯一的儿子——达善寨，一个只有三十来户的小村庄。

达善寨是一个沉睡不醒的婴儿，像落在枯井中的纸鸢，没有人知道它在哪里，我看到丢失风筝的孩子在弯曲的田埂上，手捏风筝丢下的线头，偷偷地哭泣。灰暗的天空取代湛蓝天幕的时候，沉睡中的婴儿一点都没有发觉，只有丢失风筝的孩子傻傻地仰望着灰暗的天空，满是泪痕的脸庞爬满了忧郁的神色。

十年盼来百年思。

梅碾和梅瞒也盼不来儿子的苏醒，像植物人一样的人儿啊，在你沉睡的时光里，日子掳走了你父亲宽厚结实的身躯，只留下佝偻的身影和蹒跚的脚步；你母亲秀丽姣好的面容也被岁月捎去，剩下的只是满脸的沟壑和不尽的叹息。

碧旁和登汪：两弯凄清的峡谷

碧旁和登汪是两弯峡谷的名字。

碧旁和登汪是两片孕育庄稼的峡谷。

碧旁到处是旱地，登汪全是水田，苞谷从碧旁索取，稻谷从登汪获得，与久远的耕植方式并不遥远，刀耕火种的背后摔碎了几亿颗汗珠，仍然换不来期待的日子。

深夜里，两弯峡谷叹息过后，是不是还在偷偷地流泪，如果不是，第二天丢失风筝的孩子也不会发现哭红了眼的土地和漫山遍野的泪水。

另一种期待：与砖头和树有关

鱼儿最爱吃鱼钩上串有红色蚯蚓的诱饵了。

挖开后院的泥土，想寻找一些蚯蚓去钓鱼，却意外地翻出几块厚厚的砖头。砖头方方正正，有一种厚重的沧桑感，它们争先恐后地诉说昔日的辉煌：这里曾经富足一方，也曾孕育过几位出众的人物，在教育和社会活动界颇有盛名，可惜都英年早逝，他们当中没有哪一位活过四十岁。他们留下的身影飘散在漫长的岁月中，愈来愈远，最终化成几点零落的传说。

那丢失风筝的孩子，把砖头埋在地下，然后在埋有砖头的地里，种上一些易于存活的树苗。

夜里他做了一个梦，梦见一排排高大的树木，在风中哗哗作响，它们发出的呼声唤醒了那沉睡的婴儿。

洞察小寨的悲欢

我曾经无限留恋于我老家门口的那方古井,因为那清澈的水面,在我的眼里能清晰地照映那个山寨所有的往事和历史,这是一个十分有趣的现象。但是,我必须远离,尽管多年以后,在我老时或许我还会回来,但那时候,我的心境绝对不是先前这样了,人生中所走过的路就算是一个圆圈,可我还是心甘情愿地愿意这样去做,我这样做似乎没有什么别样的理由,只是为了安抚我那颗时常驿动的心,或者说我只是为了满足自己要让双脚切实经历另外一种不同于我祖上的道路罢了。

实际上,人生就是一个轮回,从起点的生,到终点的死,它就是一道圆环似的缝合,它的天衣无缝,让没有的人都没能脱离这条轨道。而我们人类似乎就在这样的弧线上奔波不息,周而复始地追求内心那一份清晰的向往和理想深处那份深邃的延续。

从父亲死去的那一年,我就决意要离开我的出生之地,虽然当时的我无力离开,但这并不影响我要离去的念头。离去,倒不是我不喜欢我的出身之地,相反那里曾经给了我很多温暖的记忆。离开,是为了不再接近物化的轮回;离开,同时也为了满足我父亲后半生的意愿。我九岁的时候,我父亲就慎重地告诉我要早日离开那块土地,当我真正离开那片原野的时候,我父亲已经死去二十多年了,我的行踪,实际上他无从得知。

我父亲嘱咐我一定要离开,可能是与我的曾祖父给我们家留下业绩带来的创伤有关。曾祖父一生省吃俭用,买了很多田地,建造了三层高的青砖大院,木格、雕花、天井等一应俱全。

曾祖父有两个儿子,大的就是我祖父,小的就是我叔祖父,曾祖父让我的祖父固守家业,让叔祖父外出读书。叔祖父读书甚好,20世纪20年代,他考入贵州省立第五中学,后入黄埔军校,他和国民党某位极其显赫的政要相交甚好,并曾与该人合影留照。叔祖父文才甚好,又自视甚高,入黄埔后原想轰轰烈烈干一番事业,并曾经多次劝家里人分散田地,变卖家产，可惜我的曾祖父并不许可，他心里怀着辛勤挣下来的家业，岂能轻易地变卖，最终死活不听从自己小儿子的意愿，而我的叔祖父又常年在外，对于家里的固执，他也是无暇顾及了。

叔祖父和三洞的韦绍乔、潘辅之等人相交甚好，但他的寿命却没有后面两者的长，虽然后面两人也在壮年时期猝不及防地突然离世。抗日战争时期，叔祖父在辗转奔波，后染上重疾，死时年仅三十一岁。

我的曾祖父对我的叔祖父的寄望最高，而叔祖父却死得最早，这对于当时尚健在的所有亲人来说，都是一件既悲伤又叹息不尽的事情。

过后不久我的曾祖父也死了。剩下我祖父一个人，我祖父有三个儿子，大伯父、二伯父，以及我的父亲。祖父也重视后代的教育，他很早就送我大伯去荔波城读书了。我的二伯父名叫潘鹤年，在我祖父的三个儿子里，我的二伯父天赋最高，颇得祖父珍爱。"松鹤延年"是中国常用的表示吉祥和长寿的话，只可惜我的二伯父的实际寿元和他名字寄托的含义恰好相反，在他的仨兄弟中，他的寿命最短，还没到二十岁就病亡了。在我二伯父死后，因为他无儿无女，于是就很少有人提及他了，直到五十多年后的又一个春天里，我将二伯父名字"潘鹤年"中的最后一个"年"字去掉，把剩下的"潘鹤"二字用来作为我个人的笔名。

长期居住在群山环绕的山寨，导致我祖父的洞察力远没有他的弟弟即我的叔祖父那般洞若观火，这也是造成他日后直接饿死的一个重要原因，当然外部环境的重要性也不应当排除在外，晚年时，我祖父后悔自己不听从自己胞弟的那些话，但这些所谓的后悔对于人生来说那早已无济于事了。

按照当时的社会要求，解放后我家被划为地主，也是理所当然的事情。可惜我的祖父根本想不到这种成分划分给他自身和其家庭带来的惨烈性后果。

那一次，我父亲放牛回家，当时他才十来岁，这还是一个少年，远远地他看到所谓的积极分子拥入家中，少年急中生智，悄然地把随身带上的柴刀扔进碧绿茂盛的韭菜地，于是当家中所有的财产包括搅猪食用的那块细条木板也被掠劫一空之后，又剩下了唯一的家产，即那把砍柴刀。

我家那面声音悠扬的铜鼓，被掠去后，其最终的去向就是进入临近的一个大寨，幼年时，每当端节时段，听到铜鼓声，父亲就黯然神伤，这和他少年时亲身经历的那次家中被掠夺的疯狂场景有直接的关联，只不过，我知道时，那是相隔几十年以后的事情了。

20世纪大炼钢铁的火热年代，家家户户兴起支援国家炼钢炼铁的闹剧，连偏僻的三洞也不例外。炼钢铁需要炉子，而砌炉却需要砖头，曾祖父兴建的三层青砖大院，让兴奋起来的人们疯狂地拆得片甲不留，先前屹立在田野上、树立在古井旁、被群山环绕的古式三层建筑在人多力量大的撞击之下，几经轰轰烈烈，最后荡然无存。

被拆之后，屋基上，杂草丛生，天井处，乱泥堆砌，一副破败的样子。父亲的叮嘱，可能以祖上为例，他认为在这个地方哪怕你做出再大的成功，也是朝不保夕的事情，努力越大，可能给自身带来的恶果越多，相反，人若是平庸无能却能超常地得到平安的保障和天然地获得看客的地位。

大院被拆，除了政治层面的运动直接兴起而带来的影响之外，还与我们寨子的势单力薄有着直接的关联，寨子户数少，往往受到旁边大寨子的直接小觑与任意欺凌，民众欺软怕硬的本性一直以来都根深蒂固，尤其是在文化稀薄的地带，更是如此。这不得不说是一种强大的悲哀。

我祖上的经历，不单单是我家的悲剧，也不仅仅是我们一个小山寨的悲剧，很多时候这种落井下石的心理态势直接影响到一个地区直到一个国家的脊梁，这亦是华夏民族的一种悲剧，这种悲哀在一定程度上让大众人格矮化，使芸芸众生无法挺立起做人的根基来。

劫后余波还在发生，我的叔祖母，在"文革"时，为了避免家中受到牵连，亲手烧毁了叔祖父生前留下的所有遗物，包括文稿和在黄埔时和国民党显赫政要的合影照，导致后人追忆我叔祖父一生足迹的时候，全部掉入一种无法触摸到物证的空间中，在想象的世界里沉沉浮浮，近乎传说。

　　我一直在搜寻当年的蛛丝马迹，希望管中窥豹，能察看出当时的一些境况，最终我和堂哥从大伯父建造的平房中找到一面业已经被锯成两半的粗腰筒形鼓，它身首异处，分崩离析，但木质还不至于腐烂，我把它留存下来，权当一种久远的回忆和追思。我家一蹶不振到现在，延续的时间已经超过半个多世纪了，我一直认为这不是谁的错，这应该是时代进入低谷时，人的文明未能扬起正直的头颅，而给岁月造成下来的严重创伤。

　　多年以后，我的父辈全部亡故了，他们带着经历的苦痛，无能为力地进入地下长眠，几乎没有人能给山寨中的后辈指出一条可以试行的路径。而我却坚定地认为一定要出走，这契合了我父亲在我九岁时对我所说过的话。当我堂哥的儿了要外出求学时，我也一直这样叮嘱并期望着他的脚步一定要朝远方奔去。因为我认为出走不是背离，我觉得出走是为了将来能更好地归来，而归来也不是为了抱怨，更无所谓的感伤，归来是为了重生，归来的头脑会果敢，归来的脚步会坚定，这是一种带有促进的改造之心和一种表意无限希冀的归来。

　　多年以后，当我在一所大学的讲台上给学生讲授文学创作之心境时，突然忆起一段光阴来，自己竟然情不自禁地，脱口而出地又一次背出贺知章的那一首《回乡偶书》（其二），它是我人生中接触到的第一首诗，其云：

　　　　离别家乡岁月多，近来人事半消磨。

　　　　惟有门前镜湖水，春风不改旧时波。

　　幼年时，我歪着脑袋，倚在木楼上，跟随父亲读唐朝诗人黄损的诗，我童声稚嫩，不知所云，而父亲却对这首叫《回乡偶书》的诗钟爱有加，往事依依，时隔二十多年了，可至今仍然让我难以忘却当时窗外的稻浪翻滚，可惜父亲当时体会到的心境，如今我才能逐步地触摸得到。

曾祖父创下的产业，我并不觉得那是我们家的一笔遗产，我只是觉得它如果不遭到破坏，就应该成为民族的一段文化，因为它真实地反映出那个时代的发展脉络。

就我个人来说，就算门庭不遭到洗劫、家族不曾衰败，我也依然要远行，我也依然要去瞭望他乡的广阔。青砖大院被狂热地拆散，对于我所出生的山寨乃至我们的水族地区来说，都是一个苍凉的归途。那遗留下来的青砖大院，就算没收了，也可以保存下来，原本它可以以一段历史的方式来证明民族先前执着的脚步乃至思索的背影。

如今虽然物化的东西全部被毁灭了，但我毅然地祈愿，精神化的勇敢应当还在所谓的夹缝中得到永生。

我一直认为一个家庭、一个山寨、一个地区，乃至一个民族的进步，绝非单个人就能带动起来，一个人再突出，也是身单力薄，只有一批人突出，才能以点带面。人总是有局限的，十全十美的人没有，瑕不掩瑜，若一个人能从地区的整体利益和文化思想进步的大局出发，不再计较个人的私怨，做力所能及的事情，就算其不接近伟大，至少他也逐渐地脱离了狭窄的视野和卑微的格局。

歌台风雨

歌台离老屋很近，老屋和歌台的距离只有一百多米，歌台与唱歌这种欢庆的事儿没有丝毫的联系，歌台是一个地名，这是一个高出河岸的地方。歌台正对着老屋后院，跨过歌台可以看到那条环绕寨子的河流，从小到大，我都喜欢越过歌台边上的小道去河边看那水的流淌。年龄的增长不但没改变反而加固了幼时养成的习惯，无论在哪里，只要伫立在窗子的边上，我就能感受到河流奔赴的步伐。

歌台周边有很多伫立在那里的石头，这些石头环绕着一块空地，石头与石头之间的间隙，又长出很多草木来，一年四季，都是葱茏的绿色。我家祖祖辈辈就生活在歌台附近的古井边，这种生活规律，已经浸透到很多代人的血脉了，歌台见证了我家从衰落走向兴旺，歌台又见证了我家从兴旺走向衰落的整个历程；衰落与兴旺，犹如春和秋的交替，这当然算是自然变化的规律了。

1992年3月的某一天午后，我父亲指着歌台对着当时还年幼的我说，你要记得去歌台那里种一些树哦！我说种树干嘛？父亲说种树以后可以乘凉。我问种什么好？父亲说种柏树吧，它耐寒，秋冬还有叶子。

1994年10月，我开始在歌台那里种树。我种下的那些树苗，有的存活下来，最后茁壮成长；有的开始枯萎，最后亡命土中；不过活下来的毕竟占了多数，这是我最为值得高兴的事情了。古人云：良禽择木而栖，贤臣择主而事。歌台因为有树木环绕，很多鸟儿都愿意到那里去栖息，四周都是田野，唯有歌台树木葱郁，鸟儿大概也有自己的判定方式吧，它们认为歌台是一个适合自己栖息的好地方。

树木渐渐长大后，歌台于是把一方小小的天空给占据了，它在那个地方沐风淋雨，悄无声息。很多年后，我觉得歌台有点逼仄了，于是，我和寨里的一个堂兄商量，我用自家另外一块地跟他对换歌台前面的一块土，然后再将歌台和那块土地连接起来，这样歌台的面积开始变得宽阔一些了，终于歌台成了我老家一个地地道道的园子了。

这是一个微型的园子，它有很多关于历史的传说，只是不为人知罢了。有一年夏天，我和一个朋友回老家，刚走到寨子，还没歇息，他就马上催促道：你说的歌台在哪里，快带我去看看吧！我指着歌台，说，就在那里！我们走进园子时，徘徊在这个叫歌台的园子中，这个大我很多岁、做了多年中国传统文化研究的人，喃喃自语地说：这歌台有点小，这歌台太小了！

是哦，歌台的确是那么的小，但也正因为这份小，才能显示出自己的独特味儿来呀！我觉得歌台的树木和别处很不一样，因为歌台的植物长得十分好，尤其是靠近池塘边的花草很茂盛。歌台向小河的那一面有一颗伸出地面老高的大石头，上面爬满了藤蔓，一件别具特色的外衣就这样轻而易举地呈现在歌台的外围了，于是歌台就很美丽。有一次我以歌台为寄托对象，写了一篇雨夜思念歌台的文章，发表在南方的一家报纸上，有读者竟然给我写来一封交流信，希望有时间跟我一道去看看歌台那个园子，我没有答应她。因为这位读者喜欢的歌台是我梦中的歌台，现实的歌台并非如她想象。梦中的歌台温情无限，而现实中的歌台只是贵州高原上一个普通得再也无法普通的园子。

这是一个关于记忆的园子，歌台是一个瘦石嶙峋的园子。歌台有桂，有紫薇，当然歌台最多的还是柏树罢了。

我在广州教书的那一段时间，某一天，我无意地把歌台的几张照片放在办公室桌上，就直接去上课了。下课时，看到一个白发苍苍的老人在仔细地端详着那桌上的照片。见我回来，他笑了笑，我说这些照片都是歌台的。老人指着照片问我，这个地方很特别，你说的歌台它究竟在哪个地方？我实话告诉他，这些图片是我老家的一个园子。他沉吟了一下，突然对我说，照片你留给我吧，我用两幅字作为交换，可好？我随口答应，把照片递给他，也不把这交换当回事。哪想到第三天遇到他时，老人竟然真的给我带来了两幅他写的字，我只模糊地记得其中有一幅，上面好像写着"风雨为歌，岁月如台"几个字，另一幅上面写的字，我完全不知道了，因为我还没把它打开过。原想回到住处后再仔细地品读字幅，哪想到途中乘地铁时，竟然大意地把两幅字留在车里了，回去再找时，已了无踪影。

在以后的某一天，办公室有人悄悄地问我，他怎么会给你写字啊？而且竟然还是两幅！对这样的问题，我感到莫名其妙，心里想不就是两幅毛笔字嘛，为何值得如此大惊小怪的。后来才知晓那个给歌台写两幅字的人，竟是广州地区久负盛名的一个老书法家，很多人都曾向他求过字，这些人里不乏一些所谓的达官贵人，奈何书家惜墨如金，又极具个性，轻易情况下是不会给人动笔的，所以向他求字这类事情多是无果而终。

歌台总是籍籍无名的，那两幅字的丢失冥冥之中可能也是歌台的选择，歌台想要这样一个没有人打搅的结果。因为歌台不喜欢张扬，歌台只愿意静候岁月，歌台只想仰望星辰，歌台的生活方式是静静地孕育，只想点染春天的一方绿意，给鸟儿栖息，给人以寄托，歌台大概只愿意生活在我的心里了。

歌台右边的石缝中，总会长出一棵棵金银花来，它们蔓延在灌木丛中，或者是盘旋在凹凸不平的石头上；记得金银花绽放时，有白有黄，初开为白，盛放时黄，白时似银，黄时若金，黄白相映，绚烂多姿，翩若惊鸿。很多年过去了，花儿一直在，每年春天都生生不息，没有哪一年未曾遗忘过。

今年的春天又来了，歌台，问你近来可好？花儿绽放的午后，请你轻轻地进入我梦中吧！

潘　鹤

父亲的记忆，我的河流

稻花香

可能是大多时候我一直往前看的原因，以致常常忽略了自己的眼神，这是多年来养成的习性，它侵入血脉，形成一股看不见的逆流，在我的心里四处奔腾。

大多时候，我并没有刻意去忘却，可我还是忘记了那些在生命起初里哺育过我生命的温存。这让我难以捉摸，其实那片生我的土地本来就是寥落的，它写满忧伤的成分，就像一湾秋池，里面满是枯枝败叶，漂浮在水面上，风起，也只能翻起一地的凄清。我曾经站在半山腰里极力地想象我那早些的岁月，山峦起伏，树叶低吟，我看到往事都掉进那两条流淌不尽的河道中。

外边隐隐约约又传来鸡鸣，三更了。

有些时候，我的情绪是没有规律性的，一到深夜，当回忆涌起，眼里的泪水就会情不自禁地聚集，最后溢出眼眶，莫名其妙的忧郁，竟然不知道是为自己还是为他人难过。就这样落入万劫不复的窠臼里，我成了一个多愁善感的男子，为这我曾经努力地探寻过，沿着岁月的河流，我去寻找产生这一切的根源，我一直认为世间万物都饱含着因果相接的。

我是冬月十一，戊日卯时生人，按照家乡习俗，这个日子出生的孩子，命定克父。这样的孩子可以抛弃或任其自生自灭的。这种说法,现在看来当然可以说是迷信,当时传统习俗在家乡的威慑力是非常巨大的,父亲违俗了,他不仅留下我,而且呵护有加。这些事情小时候我常常听别人议论,自然心知肚明。父亲对我的爱与后来的猝然而死,中间是否包含某种契机,是没有人知晓的了。我毕竟没有含着金钥匙出世,父亲的死使我重重地惊醒了,像一个沉睡的婴儿突然间被人掷出母亲温暖的怀抱,并弃之荒野。

我没有体会到自己的悲哀,我更多的是自责,世界上最爱我的那个人走了,在一个夏日的午后。我自责得没有流下一滴眼泪,当时我觉得一切都是明摆着的,大家都知道我克死了父亲,只是不便说出来而已。那夜我在窗前看着外面的雨丝,我在想先前死去的母亲,还有小妹的夭折,也都可能是我克死的,外边的雨里有风呼呼地刮着,没有任何人回答我的疑问。

我安静的性格和喜欢独处的性情,大概是这个时候生根发芽的。也许那一夜还是我忧郁的根源,像一棵小草在看不见的荒坡上疯长起来。挖开父亲墓穴的时候,我最能体会到这种感觉,悲伤逆流成一条暗河,在我身上肆意翻滚,却无处可流。我看到几抔黄土就可以将一个男人忽略,曾经的意气风发就这样被掩埋在人们的视线里,过后除了一阵议论与叹惜外,没过几天,人们就开始淡忘了,这些人也包括我在内,我体内尽管流淌着那个男人的血脉,但大多时候,我并不感激他给我这样的恩赐,岁月这个看不见的魔,汹涌澎湃,它的力量如此荒唐。

我本来就是一个期待温暖的少年,父亲这个男人在世的时候,我本能地排斥一切不合常理的东西,可这个男人的死,改写了我原先运行的轨道,父亲的羽翼被斩断后,我才懂得生活这场雨里其实包含着无尽的苦涩,在闭塞的那块土地上,曾经的父亲无疑是一个强者,他特立独行的个性由来已久,无形中在人群里埋下了积怨,他死后,积怨自然要寻找出口排遣,我首当其冲地成为人们的笑料了,白眼、鄙视、幸灾、乐祸让我惶恐交加,同情、怜悯一样使我慌不择路。

我已经习惯了命运带来的惩罚,包括一切诅咒;只是我难以承受人们的前恭后倨，这种截然不同的反差。我想到过逃离，可我无法逃脱这个给我生命的村庄，剩下的就是死亡这条路可以供我选择了。某夜，我站在悬崖峭壁上，下边深不可测，一片空洞，横亘在我面前的是死亡的气味，间或看到一两只蝙蝠，还有寂静沉沉的气息。

　　自杀只是选择死亡的一种方式，人们鄙视用自杀来逃避现实的人，并把他们叫做懦夫，我并不这样认为，一个连死都不怕的人，我们还有什么资格说他是懦夫呢？

　　我闭上眼睛，风呼呼地刮来，当西边最后那一抹斜阳在山头闪现时，我突然惶恐不安，我选择了退却，我是这样的懦弱，在死亡这道坎面前，我并不敢纵身一跳，所以我并没有体会到那接下来的永恒的虚无感。这样的决定对我来说不知道是一种幸运还是一种缺失。其实对于生命个体和灵魂自由而言，无论是生还是死，怎样的选择都没有对错的。

　　那时我十二岁，一个整天在课堂上琢磨怎么死亡的乡下少年。

　　我流浪在田野里，入眼的都是金黄的稻谷，这本来是丰收的季节，那个金色的稻浪带给我的却是无尽的压抑和辛酸；一个顽劣青年屡次带着他的弟弟，且来势汹涌，光天化日之下，他狠狠地一脚，就将我踢翻在地，他们凶狠地威胁我，我的双手被两人反扭着，我还听到关节处发出的轻微的响声，咯咯地叫，我一滴眼泪都没有了，旁边围了一大群人，可就是没有任何一个人来解围，大家都围着看热闹。

　　像猎狗玩弄自己到手的猎物一样，看我疲惫不堪后，兄弟俩变了花样，肆意侮辱我父亲的名字，那个死去的男人在无端地被诋毁，只因为他生了我，就演变成了一种莫须有的罪恶，在他们的肆无忌惮的笑声里，我心中的泪水泛滥成灾，心中却燃起熊熊的烈焰，即算如此，我也只能隐忍，我无力反抗的，这时的反抗只能挣来更加密集的拳脚，我隐忍的森林长出参天种子，发芽后，那是复仇之树，初三那年我在义父家找到一块钢板，当晚就跑到街尾的打铁铺，要那老师傅给我打造一把锋利的长刀，我准备用它来声讨父亲被践踏的尊严。

单刀还没有打出来，我考上了贵阳的一所中专学校，那时考取中专还是稀罕的事儿，就这样我与所谓的复仇擦肩而过了，也总算避开了那场针尖与麦芒相对的劫杀。

此去经年，我滞留城市，南北奔波。那把单刀就一直滞留在那个简陋的打铁铺，多年来，我都没有提及它了，想来早已锈迹斑斑，像隔夜的茶水，了然无力了。

现在想来，仍觉心痛，那是年少的轻狂啊，苦涩而感伤的冲动。

我叛逆和不服输的性格就是从那时候诞生的，在那片金黄的田野上，我仿佛还能嗅到自己倔强的气味。

我仰望蔚蓝的天空，正是秋高气爽的季节，这时候，遥远的天空一片蔚蓝，连一朵白云都没有，我努力去掉身上的张扬和叛逆，却永远也冲刷不尽那无限的感伤、倔强还有那不知什么时候已经肆意流淌的泪水。

风又起了，稻浪翻滚，金黄的颗粒盈盈入目，一如从前；又闻上稻香味了，生活还得继续下去的。

山月初照

紫金树在寨子里，唯井口有两棵，一大一小。七月间，正是开花的好季节，那个时候只要风一抖，一树之花都会摇曳不止的，然后跃入井里，宛若我年少飘忽不定的心事。

我小时候常常看见太阳斜过远方的山坡，牛群从桥上走过，河边有女子在浣洗，四周的田野会慢慢地涂上淡淡的墨色。最后一抹阳光粲然无比，它驶过我柔软的心房，留下轻轻的辙印。

我望着浩渺的夜色，遐想自己未来的幸福，看到星辰闪烁，就有一种无以名状的远意，只是当时我怅然无比，对自己的命运我是毫无把握的。

我父亲死的那年，我正好读四年级，这是一场秋霜，提前地降临到我的头上，也许会有痛苦，但当时我并没有激烈地表现出来，我想，这可能是我性格隐忍的根源所在，因为先前母亲的死，并没有给我留下过多的痕迹。

这是一个无拘无束的年华，对什么都充满着好奇，没有人的管教，我像山里的野草，有土有水就够，哪里都会随遇而安的。

我开始放任自己，想做什么就做什么，根本没有什么人来约束。上山下河那是常事，就连课堂上我也是昏天黑地地狂睡，为此，一个严厉的老师曾经拉着我的头发使劲地往墙上撞，我感到眼前迸出一道道火星，且星光四射，但我并没有感到什么特别的痛苦，也许父母的接连死去，已在我心里扎下了麻木的根，我对痛苦是麻木的了，我只是静静地冷冷地看着他，老师断言我是猪，一头只知道睡觉的猪。

所幸我这头猪的成绩还是莫名其妙的好，老师也就无话可说了。

我白天睡觉，晚上就睡不着了，一个人孤零零地睡在那间木屋的三楼里，房间内黝黑无比，只要睁开眼就看到旁边有一格床架，上面已空无一物，凄冷的气息总会从那里慢慢地散发开来，父亲死前就一直睡在那上面的，那床与我相隔不足一米。这时候屋外的夜鸟、屋内的鸡群稍稍发出丁点声音，我都会觉得那是人的脚步，我承认那时候我是害怕的，我相信有鬼这东西，我是真的害怕那永无休止的夜，因为它是那样的漫长无比。

我知道这时候，整个寨子，无论是大人还是小孩都睡着了的，包括守候门边的黄狗，还有圈里的水牛，整个寨子都沉入静静的梦乡，只是我没有，白天的迷糊，让夜晚的我清晰无比，像一只昼伏夜出的猫头鹰，寂寞难耐，那一年，我十一岁。

透过床头，从板壁上的缝隙，我看到外边的竹林，那里竹影绰绰，偶尔还见鸟儿在月光下呜呜地鸣叫，我极力地想象，自己也可以是它们其中的一只，想着想着，我好像真的长出羽翼来，飞到竹林里。我遐想着鸟儿的幸福，并让它肆意地疯长，然后蔓延开去。如果回过神来，天还没有亮的话，我就会数着那竹林里的竹枝，一枝一枝地数，直到天微微地发亮。

四周都是山，我永远都找不到出去的路，我没有见过汽车，也没有见过用砖砌成的房子。

老师发下来的课本，无非是那两三本薄薄的教科书，一两个下午我就能够翻遍，该读的读，该记的也记了，然后就觉得索然无味了。以致课堂上老师常常讲他的课，我也就常常想自己的事，我不断地编织着虚无缥缈的故事，累了就蒙头大睡。以致后来这种习惯竟然演变成一种性格，就在大学期间，老师在上边讲课，如果没有什么特别吸引之处，我十之八九还是要睡觉的。少年养成的习性，竟如此蔓延，直击我脆弱的游移。

我家本来就没什么藏书，父亲是农民，他留下的《增广贤文》《三字经》那几本书，早就被我翻了个稀巴烂。

空气里仿佛也能够闻到寂寞的气息，我除了想象还是想象。冥冥之中，我在极力地寻找一种视野，可惜我找不到，只能茫然地栽在无助的雨中。

偶然，就是在这种孤寂中，我偶然地从堂哥手里讨到一本有头无尾的《三国演义》，我用了整整三天，不舍昼夜，看完它。

由此，我内心世界翻开了崭新的一页，同时也走上了一条与当今读书人迥然相异的路。

我想尽一切办法，只要能借到书，书主提出的任何条件，哪怕再苛刻，我都愿意接受；看见路边印有铅字的纸张，都会蹲下身来翻检。茅房里的纸张，都会叫我描上几眼。

我喜欢书，也许和寂寞有关，或许与孤寂相连。

都已经过去了，就像下了一场没有痕迹的春雨。

山林上明月初照，瓦缝间炊烟袅袅。

时常靠在地头，抱着一本没有名字的书，心无旁骛；这，在多年前，是否已经暗示了我，日后不走主流。

此后经年，负笈城市。

在读书的行当里，我只知道阅读，在翻阅的领域中，我肆意妄为，就读自己喜欢的精神食粮，拒绝接触压抑自己本性的东西。

反叛传统的读书规则，由此，我付出了沉重的代价，被扔到末流大学里，随后毕业，接着就是了无边际的流落漂泊和永无休止的四处碰壁。

读书写作，使内心如蒲草，看似柔弱，却坚韧无比，它拒绝了我灵魂需求以外的东西。长的是磨难，短暂的是人生，汹涌的波澜时常潜伏自己左右，伺机进逼我的身躯。

当年山月已明了，预谶何处不在。

江湖旧雨

最初的黑白分明，被模糊了。只要闭上眼睛，我的眼前总会浮现出那一片绿油油的稻田，旧时的风起了，就翻滚着一道道绿色的波浪；前时的雨落下，就卷起一层层迷蒙的烟雾；这就是最初的印象。

仿佛还能嗅到那泥土的芬芳和稻花的香味，我知道我是农人的后代，身上流淌的是农人的血液，我的灵魂无法融入脱离土地的城市里，就像清水那样，永远无法真正地溶入油类液体，这不是量的差别，这是质的不同。

我最初的生命和灵魂就是由庄稼浓浆和颗粒哺育的，我的生命因此而得到生存并成长起来，这是最初也是最深情的哺育，它来自遍野的绿色植物，我享受着春华秋实的馈赠；然后像田间地头的野草，肆意疯长，无拘无束，没有标准的成长模式，我觉得自己是幸运的宠儿，至少在那个原野上。

活在那片原野上的农夫，永远的农夫；我父亲就是其中之一，他身上永远都带有泥土的气息，踩着露水上山，踩着月光下地，父亲钟爱脚下的土地，土地在他眼里是最珍贵的，在我的印象里，父亲、天地、水牛、蓑衣、斗篷、犁铧，诸如此类，是永远联系在一块的，缺一不可。雨天，父亲犁田，披一张厚实的蓑衣，戴一顶宽大的斗篷，肩扛犁铧，牵赶着一头壮实的水牛，在纵横交错的田间小路上，走向远方耕耘。

灰蒙蒙的、细雨里，剪刀似的燕子在风中四处翻飞，忽闪忽现的，别具一番韵味和情致；青青的草，绿绿的树，幽幽的雨，轻轻的风，再镶嵌上质朴的父亲、棕黑的蓑衣、壮实的水牛……

整个就是一幅天然的水墨画，点缀在这丘陵纵横烟雾空蒙的西南四月里。我承认画卷背后清贫层层，但灵魂总归安息，这世间，还有什么比灵魂得到安宁还可贵呢。

淡淡的天地间，田野最浓，它哺育着生命，养活了城市，却常常被忽略。很多年前，有一个叫卢梭的人这样说："农业是人类的第一职业，最有价值，最有灵魂，也最高贵。"可惜大多时候我们是轻视从事农作的人的，是一代又一代农人，延续着我们的血脉，经营着我们精神；他们养活了整个人类，却得不到起码的尊重，我们常常仰视高高在上，膜拜那些拥有权柄的少数人，却俯视这些孕育整个文明的农人。

人类文明史，农人是一切壮丽和辉煌的基础，他们是天上闪烁的星辰，点缀了整个夜空。

默默无闻，有时候代表了一种努力和抗争，它推动了春华秋实，洗刷了春花秋月，带去了万劫不复。

当历史的圈地运动重演，一把锋利的看不见的剪刀，就这样，在明媚的阳光下，将农村剪得支离破碎；逃亡、奔向、拥入，到城市寻梦；入彀，入彀；进入伪经济学家用高速发展点缀的水牢，没有一支长篙可撑，把希望留在故园、使其荒芜，把孝道封尘在土层，一切变成遥想。

小心翼翼如履薄冰度日如年后，带着苍老和顽疾回归桑梓，除了薄薄的几张钞票，看到的就是一生的游移和灵魂的苍茫不定，然后静静地又恐惧地等死亡的呼唤，面对职业顽疾，农人如此孤独无助、了然无力。

老的一茬农人终究会死去，出彀；新的一茬农人又将拥入，入彀、出彀、再入彀，如此循始往复，绿了城市，黄了家园，世代轮回；手持权柄者与伪经济学家联姻，在天上举行婚礼，乐曲飞扬。

我不应该说出这是农人今后的命运，我应该祝福，不应该诅咒他们的，但我看见黑夜深处的眼，泛着绿幽幽的光，狰狞可怕。

农人的幸福仿佛都掉进了历史那了无边际的泥淖，深深地陷入，无法阻挡，无处可逃。

异地落花或者一地落花都是一样的触目惊心，苍茫无尽的夜空里有几声狞笑，划破蒙蒙的夜色，异样的刺耳，使人触目惊心。

我是这样不近人情的孤独主义者，常常剥开金玉的外表，露出里层的败絮，我把忧伤的信鸽放飞，我看到质朴的农人中蛊了，他们恋上了划过天空的翅膀，一条虚假的优美弧线，我看见梁上的牢笼泪痕斑斑，有几滴掉到雨里，早就被风吹干；那是顺着心房而流的凄清，我看得很清楚。

只是这种境况是在夜里发生的，无人看见而已，我是在夜里窥见的，隔着无数道铁门，我怅然泪下的时候，看见清冷的风，还有微凉的血，一应俱全。

我杀了那匹马，其实我是用利刃在捅自己的心，那是一匹曾经驰骋疆场所向披靡的良驹，一匹用梦来做的马，就这样惨死在我罪恶的手下，我看到鲜血顺着刀尖直流。这个时候，遥远的天空一片灰暗，我看到黑压压的乌鸦成群飞来，然后滞留上空，呱呱乱叫，凄厉的呼号刺目而来。

遥想着我的父亲，这个农人还是幸福的，他固守了自己的家园，也坚持了自己的灵魂所在，尽管寥落但脚踏厚土，坚实而悲壮；我来自天生的自然之旅，没有坚守父亲遗留下来的阵地，在陌生的城市里我仍然用笔刻下罪恶的痕迹，也包括我流浪的灵魂。对于农人们，这个庞大的群体，我不想祈求命运之神能够在牢不可破的铁屋中，松开一道窗户，我只有无限地呐喊，尽管声音微弱，但毕竟已经有人觉醒，为这，我也许将逝去一切，当我的肉体即将陨灭，灵魂却和他们同在，漆黑的夜里，我的爱会熠熠生辉的，恍若天上的流星。

脸庞沧桑

我的生活大多时候是被裹挟着往前走的，在一股强大的看不见的暗流里，我是那样的无能为力，和芸芸众生一道拼命地往前赶，也许这样做并没有什么特别的意义，只是看着大家都这样，也就跟着罢了。随众的属性在这里一展无遗，随波逐流里，没有感觉得到，那是因为很多时候我们都麻木了。

同化，对于个体生命来说，它就是单个人对一种约定俗成的屈服，抛去活灵活现的真性情，表现出对群体生活方式的认同，压制思想让灵魂痛苦呻吟的生活方式，是一种罪恶；因为每个人都能选择适合自己的生存方式和处事方法。我在抵制世俗强加的同化面前思索亘古以来的幸福感受。

幸福的定义是什么？恍若天边的那朵白云，难说方圆。人生的意义究竟在哪里？更像山头的那一抹斜阳，难辨轻重。安定、舒适是一种人生状态，漂泊、流浪也是一种生存方式，没有对与错之分，也没有高与低的区别；我就是这样认为的。得与失、荣与辱、富和贫，虽然左右着人的喜怒哀乐，但还是可以稀释净化的。最不能忍受的是灵魂深处的孤独与荒凉，那是怎样的一种悲痛啊，一颗寂寥的心被咸涩的盐水浸泡，煎熬无阻，夜未央。

痛不欲生，不一定软弱，常怀痛不欲生的人大多感性，他们是理想主义者，现实扼杀理想，他们用决绝的方式审视自己的肉身；灵魂拷问生命是否值得延续下去。在这里，思维决定了物质的生存状态，这不是悖论，是常识。努力生存体现生命的坚韧和期盼，终结生命显现灵魂的决绝和义无反顾。生命之光普照，尽情绽放人性之美，死亡之夜降临，凸显灵魂之洁。生像春花一样芬芳，死如冬雪一样皑皑。来世间一遭，如此走过，不欠天，不亏地，怎样悠游，人生终究是一场漂泊的旅程。

在人生的十字路口，有一条往北流去的河，我的家就在岸上住。那是一场怎样的倾盆大雨啊，整整下了三个月，水势汹涌，浊浪滔天，我的人生、事业、爱情、灵魂、快乐还有才华，无一幸免。——随波逐浪。看那流水走远，看那日影西斜，再看那岁月飞逝。我用手抹了一把脸，十指穿过一头蓬乱的发，在这条怅惘的河边，我是一个从农村走向城市的男子，就像路边的野草，被人践踏过后，还要挺起生命的坚韧和灵魂的高贵。终于，我眼里的水滴掉进了河中，这是坚强的泪，我终于感受到自己是幸福的。

我始终觉得自己是幸福的，多年前我就意识到了这一点，在那座石拱桥上看细水长流的时候。我幸福，早上醒来还能见阳光；我幸福，还能吃到新鲜的蔬菜和洁白的米饭；满山的树，给我生命常青的启示，遍及天涯的小草给我梦幻的活法。

我本性木讷，没有逢迎的习性，终于被扔到山涧里，年长月久，化成一块顽石，岁岁月月，就知道看世事浮沉，人间沧桑；悬崖上，风又起，我悯而不悲，感而不伤，坚守生命的执着。丹山深处，名利无缘，就和文字约会，与文章相爱吧。溪水叮咚时，月上树梢了，这是幸福的邂逅；怀抱青山脚踏绿水，那今生的情缘哟，自然通融还有圆满自得，月光下，就这样在字里行间里丝丝流出，最后沁入肺腑。

夜里，我仰望着浩渺的天际，蓦然回首，分明感受到来自天国的温暖，那些爱过我的人都用温情脉脉的目光抚过我沧桑的脸庞。

落叶流觞

那只不过是一方纯净的天空而已，其实我早就该忘却了的，只是我始终忘不了心弦被撩拨的战栗。午后的阳光洒满的是整片整片的感觉，这就是我多年来一直寻觅的缘由。我是无意中看到的，你的心湖，在风里，像雨后的春江，明了、静怡；河里莲花朵朵，随风四溢，这多情的南国啊，让思念泛滥如此成灾，红豆的疯长，让岸边粒粒相思，我是真的不敢采撷的了，只能悄悄地离你而去。

其实我是真的想抓着你的手，幸福地，一起浪迹天涯，可这突如其来的秋霜打湿了你轻盈的身影，冻结了我久违的眷顾，只记得昨日的温柔，那是鲜花盛开的声音。

我现在正站在让无数才子佳人断肠、西望无尽的夕阳下，前面是令无数才子吟诵了千年的枯藤老树，感受着古道的荒凉寂寥，我伫立风里，看那残阳如血。

江南的水，让我夜夜倚着，那静静的守候啊，如此灼人眼眸，轻轻地温习着你久远的温柔，我的天空曾经让你点缀得温馨无限、霞光穿越。

我每天都在默默地祈祷，祈祷我所爱的人平安幸福，想你，却不能陪你，只能看高山兀立，逝水流觞。

江南。这夜色浓雾缥缈的江南啊，今夜静静地下起淅淅沥沥的细雨，雾色就是这样笼起的，包裹着我的孤寂，品味着我的忧伤，我在这座庄园边，四周打转，已经找不到归途，曾经熟悉的小径在我眼前突然变得荆棘密布。

我伸开双手在夜色里、在天地间飞舞，呼唤着你的名字，你在哪里呢？烟雾迷蒙，我只看到一只孔雀隐隐约约地朝东南飞去。

幸福的背后，我恍惚看到你，眼神深处，流出一股忧伤，像烟，像雾，也像雨，缥缈里，淡淡的，若隐若现中。被我拧出水来，然后静静地流过我的心房。

我想过，人的一生，也就是这样：哭过、笑过、爱过、怨过、苦过、也幸福过就好，只要不要时常委屈自己的灵魂，让灵魂平静，在登向天国的阶梯前，命运就应该这样直来直往的。

笛声清丽，只见琴音，归程渺茫，烟雨使人愁。叹惜前朝随风已落寞，世事风云事事非，在月下的麦田里苦守一世的荒凉，枯涸的眼神在守望无尽的黑夜。

缘起聚散，风雨成尘，逃不过王世鼎的双行泪，留给苍生，留给漫长的守候。幸福只是一条小溪，涓涓就是幸福，没有多余的问候，有的只是春花漫漫、秋叶扶疏。

一道永远也解不开的魔障，在踩着滴血的翅膀上，不断地孤鸣，我宿命；命运是一座牢笼，科场画地为牢了。

使我次次，铩羽而归。

青花瓷，不见青花瓷。青花瓷，一场美丽无痕的脆弱，含有哀怨和惆怅，祝福与祈祷。

定居在繁华的都市里，落寞在寂寥的乡村，如此忧伤无助，一条河，一条青幽的河水，泛着绿色的光，无可奈何中，落英缤纷，瓣瓣入水；这是一场精神之劫，这是一世帘外伤，彻夜不妨频梦见，雨打芭蕉，一双守候的人儿。

夜的风，轻轻滑过指间，落叶千千伤流逝；魂之魄，静静抹过眼帘，烟花万万朵成灰。

书生铩羽，总归是一场美丽的哀愁。

链接记忆

指尖轻轻敲打键盘的时候，我的心总会湿润起来的，这是我灵魂游荡的时刻。滴滴答答的，像一场春雨打在美人蕉宽厚的叶面，轻盈的脚步声发出令人神迷的向往。文字就是一个个精灵，戴着天使的翅膀，从我指尖缓缓流出；我是这样地迷恋上了这种感觉，就像多年前的一场初恋，好奇、神秘，还有无边无际的想象。

这种情景，多年前我就陷入了，我对一切新奇、唯一的东西都钟爱有加，也许这是灵魂的冲动和释放；我知道我是这样地喜欢上了文字，自己创造出来的东西，在纸面上跳跃着，然后融入这个广阔无边的人群里，那些精灵是我的孩子，我把他们放到野外，让他们在旷野里寻找心灵的归属，文字是有灵魂的，有一种永恒的穿透力，它以饱满的身姿和诗意的想象给人一种亲近的感觉。

文字聚在灵魂里，久了，会酿出醇迷的韵味，肆意游移，在空气里形成一种张力，这种张力会侵入人的肌肤，推开紧闭的心扉，然后再以一种温暖或向往的情怀，来诉求人生的另外一种思索。

我觉得这是幸福的，幸福起于文字这种载体，我的人生如果没有文字的点缀，它会是空白的，或者说是了然无力，就像寂静的夜空，没有星辰的闪烁，那是沉闷的幕布。

我知道生活永远都是向前走的，就像一条河流，浪花永远都不会停歇那前行的步伐，我欣羡一切富于创造的东西，它拒绝了雷同和复制，这是一种难得的疼痛，它拒绝了安逸和保守，体现了生命的无限可能性，在创新和诗意的世界里，它以一种诗意的生活方式，寻求人们灵想的共鸣，这是多么的神奇，像粲然的樱花，显出耀眼的光芒，让人想起那江南的烟花，开了，开在那绚烂无穷的三月里，开在李太白送孟浩然去广陵的那一艘船中。

这是一种向往，也是一场旷世之恋。文字是从蛮荒走来的，沐过商风周雨、抚过秦砖汉瓦；晋江隋河使它变得飘溢灵动，唐诗宋词让它含情脉脉，再加上元曲的吟唱、明清的格调熏陶，文字在淬炼的火炉里，发出灼人的光芒。

方块文字，组成这样一条穿越历史的河流，它比黄河起步得更早，它比长江来得更激越，这是穿过灵魂和生命的河流，舞动着文字的浪花。

我是这样痴迷于这条河流的，这在多年以前，我已经沉溺其中。

我用多年的光阴溯流而上，寻找过这条河的源头，从明清走到殷商，我在一条叫文学的河流里，寻找触及生命的东西，我是找得到的，我没有忘记；春秋，这文明的发祥地，我也没有淡化；竹林里的旷世绝响，余音袅袅，永远弥漫着那一方山谷，从古浴今。

诗是唐的风韵，沐浴着盛唐清幽的梵唱；词只是汴京的玉佩，点缀着赵宋虚弱的江山；元的凶悍也需要散曲来润滑，正像明清空前的压抑沉闷需要小说来出气一样。

有一种文化，叫中华文明，有一股主流永远离不开文学这条道，中国的民族气质和心灵诉求，或向往、或探寻、或共鸣，甚至沉溺都离不开的，这就是隐藏在中国人心中心灵，这是一条暗流；它永远都肆意流动，有一艘叫伺机而动的船，漂在水里，这是一种智慧。

文明永远与饱含灵魂的文字有关，它是载体，普及众生，就像生命永远与河流有关，它是源头，延展万世。

又是午夜，只有灵魂可以触摸了，我扯开想象的翅膀，书写永远都不会重复的文字。

在天下文章掀起的巨浪里，我的文字只是一尾锦鲤，从远古走来，跳跃着、奔跑着；人前，留下清新明快的感觉，身后，溅起一朵朵洁白的浪花。

我就这样地流落于文字的王国里，带着种种记忆，痴迷地想象着那遥远的幸福。

潘 鹤

祭母文

吾母姓韦名月理，生于一九五四年六月，卒于二〇一六年正月，享年六十又二。母亲二十八岁丧夫，三十岁入吾家，为吾继母。其时，吾不足三岁，而生母病逝已一年有余，吾母至，使吾复得母爱。三载后，吾母生一女，是吾幺妹，复三年，幺妹不幸坠井，吾母跳入井中，抱出幺妹，妹死于其怀，吾母恸哭，其状悲苦凄然，犹历历在目。庚午年秋，吾弟生，父母皆喜，然好景不长，癸酉年夏，弟不足三岁，吾父又病亡。吾母历经丧夫、丧女、再丧夫，人生三大不幸直击其瘦弱之躯，可忠厚纯良却能紧随其身，未曾离去，伴其一世。

吾母，幼时聪慧，稍长，勤劳简朴，得外祖父母怜爱，奈何出嫁之后，却屡遭打击，厄运连连。吾父病逝之后，吾家孤儿寡母，无一依靠，艰难困苦，家中四子女，皆未成年，全靠吾母抚育，面对世俗，种种非难，夜深人静，母长饮泣，后渐坚韧，其独自一人，犁田种地，里里外外，细心操劳；吾家因寡母支撑，得相亲相爱，共渡难关。乙亥年秋，吾进中学，再隔两年，吾二姐出嫁，母愈加困苦，中学时代，吾成绩尚可，吾母以为苍天厚爱，因而不顾，身体多病，昼夜操劳，为吾等提供学习条件；吾母省吃俭用，卖其所种之米及所养之畜，供吾兄弟学费。戊寅年秋，吾赴贵阳，就读中专，适逢招生并轨，学费暴涨，吾母果敢，变卖耕牛，供吾求学。中专四年，吾跌跌撞撞，吾母苦力支撑。中专毕业，吾入厂谋职，四月之后，企业倒闭，吾回故里，欲考大学，旁人皆反对，然吾母却能力排众议，请人伐松，解成方子，然后变卖，再掏祖传银镯，市行贱卖，矢志不移，供吾读书，终于培养出吾家首位大学生。怀揣母之血汗，吾得入高等学府，大学数年，吾多兼职，极少归家，吾母辛劳如故；吾偶尔归来，母必欣喜。一日吾病，母四处求医，吾病方痊，母轻抚吾之背，曰："汝为兄，当遵汝父之遗言，定嘱汝弟通明事理，力求上进。"父逝后二十年来，在吾求学期间，吾家中磨难不断，负担沉重有加，旁人每有怨言或恶语，老母皆忍辱负重，从不向吾提及。及吾大学毕业又进中学教书，母稍减心理负担，二年后，吾远赴武汉读研究生，弟亦考进大学，吾母方感稍许欣慰。离家前夕，吾母将卖米所得二千余元，一分为二，送吾及弟，吾不忍，言己手能文章，可换钱物！吾母泣曰："此钱可补汝去他乡之路费，虽少，也是母一番心意，怎可不受。"怕母伤悲，吾又接之，母转悲为喜，趁母入厨，吾再转之予弟。

硕士毕业，吾放弃报社工作，入川西谋求教职，签约高校后，吾匆回桑梓，欲接母前往，让其老有所依。可归家不足十日，吾母突感头痛，入院查之，知母患瘤，已属晚期，吾心不甘，携弟送母再入省医，复查之后，医生告知，病情危急，其瘤已占头部五之二三，若是开颅，风险极大。是时，院方无力，只嘱吾兄弟准备患者后事，面对吾母，吾等故装轻松，迈出省医，内心悲鸣，恰此时，吾母问之："我患何病，啥时方好？"吾用谎言瞒之，说："脑部小恙而已，归家按时服药即好！"母深信不疑，吾转身，知其大限不远，感母一生，已坎坷无尽，晚年又得此劫，心悲不能自胜，泪滴倾出眼帘，长感世事无常，人生苦涩如斯。

母病，弟弃考研，归来照顾，因家徒四壁，吾入川谋事，以补家用。前年岁末，吾母病情，时有发作，发作之时，头部剧痛，直至昏迷。醒来，又必问吾弟："时日已久，汝兄何时归来？时日已久，汝兄何时归来？"弟转母之言，吾心愈加焦虑，归黔之念日笃，去年岁中，吾谢绝校方挽留，辞去教职，归居老屋，正值吾母发病之时，其在昏迷三日、水米未进之后，又突然苏醒，顽强之生命，使众亲惊叹不已。母稍稍安定之后，吾即去县城谋职，二日后，嘱弟携母入三都，有子女皆在一旁，加上吾已谋得差事，同月，弟亦考入贵定任教，母颇为欣慰。团聚不久，言及心愿，望吾成家，吾遂母意，娶水家女子，妻也贤惠，待母甚周，赡养吾母，无丝毫怨言。是时，人生风雨初歇，吾母心灵宁静，病情亦趋于好转。

每隔一月，吾弟必从贵定赶来探母，吾二姐亦从江苏归来照看；其时，家中外甥七岁有余，能陪吾母言谈，母因而暂得天伦之乐。去岁九月，直至今年岁首，吾母病情，未再发作，其神色俱佳，兄弟姐妹皆以此为乐，并在江之畔，预购新居，期母能长住。大年初四，吾和弟代母探外祖母，八十七岁高龄之外祖母，精神尤为矍铄，见吾兄弟，急问吾母病况，关切之态，溢于言表，吾一一答之。初七，弟陪母寝，次日清晨，弟告知之："昨夜母辗转反侧，难以入寐，却不知何兆？"吾问母："何以不睡？"母答曰："无他。"见母跟常日无异，吾以为年老之人，睡眠当少，而未做他想。未几，舅父告之，外祖母突然病重，弟急回三洞探望，稍后，外祖母病情好转，弟再返三都。又三日，舅母、姨母、表弟一并，前来探望吾母，吾母久未见娘家亲人，初见顿时哽咽不已，此之外，吾母一切如旧如常。正月二十五，外祖母猝然离世，吾与弟前往奔丧，母见吾出门，急问何故，弟怕其伤心，又以谎言告之，母亦不疑有他。

奔丧归城，时值开学，弟去贵定。又几日，吾母又呈发病之兆，吾及二姐日夜陪侍前后，前几日尚能稍进汤水，二姐帮其翻身之时，吾母亦知配合，哪知暗地情势渐恶，正月二十八，是夜，吾母呕吐不止，正月二十九上午，吾在县委上班，总感心神不宁，告知同事曰："吾今日陪病母，下午不复来。"中午领导、同事前来探望，是时，吾母已昏迷不醒。下午三时许，母额头滚烫，吾将退烧药碾成粉末，和入开水，稍凉后，喂母服之。下午四时，见母口干，吾再喂其半碗温开水，母还知吞咽。下午四时三十分，守病榻之二姐，急呼吾入母之卧室，只见吾母双眼睁开，目视吾及二姐，欲言却又不语，其眼神清澈明亮，面色温润安详，犹如初生之四月婴儿；吾以为奇迹出现，母病好转，急去热粥，欲喂吾母，谁知这是母临终前之回光返照；及吾被二姐又一次急喊，从厨房赶至病榻，母已气若游丝，嘴唇微微抖动，随后，安然离世。吾母临终吾和二姐皆在身旁，在子女的恸哭声中，吾母悄然离世，也属善终。吾母卒后，葬于歌台，跟父坟并列，二者相距，只有半米之遥。生时，吾父吾母，相守不足十年；逝后，二人地下团圆，终得相依。吾母碑文，简短明了，上刻九字，云：母亲韦月理长眠于此。

　　吾母一生温厚，纯良有加，坚强又随和，身为农妇，虽未识一字，却能在与人为善中，以实际行动为吾辈树立人生在世，应该怎样去活着之榜样。人间风霜已然走尽，愿吾母地下能得安息！

　　　　农历二〇一六年二月十六日凌晨，记于贵州三都

潘　鹤

我的三个母亲

三个母亲，犹如三根生命之弦，穿过我的心房，儿时村口的阳光，今日的我已无福消受，怀揣着三份沉甸甸的母爱，轻微的疼痛，昭示着似水的流年。我想起梁晓声说过这样一句话——只要灾难不是一个接一个而来，生活永远都得珍惜下去……

生母：我望不见的风

我是一枚枝上的树叶，望不见生我养我的根；二十多年的岁月是一道深沉的暮霭，它迷住了我眷恋生母的双眸。

生母去世时，我两岁多，那是20世纪80年代中期；时隔二十多年，当我在纸上写下这些文字时，总感到一种难以言说的痛，因为我触摸不到她的身影。

我在脑海中努力地搜寻生母留下的一丝音容笑貌，徒劳无功，寻遍脑海，记忆的天空还是一片空白，母亲没有给我留下任何的痕迹。我想，最初的关于生母的记忆已被我忘却了。

是生母带我来到这个世界，至今我的身上都还流淌着她鲜红的血液；生母给了我的生命，却没有给我留下任何可以追忆她的东西。我曾经天真地想过：要是生母生前能够给我留下一张相片，说不定我的记忆会因为相片的刺激而突然苏醒，脑海中会浮现出她留在我记忆深处的生活画面。这是一种奢望，我今生是再也无法拥有生母的一张相片了。我想一辈子生活在穷乡僻壤的生母，在她四十岁的生命历程中或许根本没有过照相的经历；因为直到现在我都没有看到过一张关于她的相片。

关于生母的最初记忆，那是一个小土堆。

小时候，家中喂养了一头老水牛，放牧是我的任务。在一片广阔田野的北面上有一座长满树丛和杂草的土坡，每当经过那座土坡时，大人们常常有意无意地指着土坡上一个长满野草的小土堆对我说，那是你妈妈的坟。我懵懵懂懂地想着大人们的话，说的次数多了，我便开始相信那的确是母亲的坟。趁着牛群忙于吃草的空闲，一个人悄悄地溜到生母的坟前，只见坟上长满了杂草和一些不知名的小树。坟前紧靠着一条小道，牛群时常在小道上出没，也许是牛群踩踏的缘故，土坟边沿坍塌了，露出一截已趋于腐烂的棺木，我在坟前静静地望着那半截乌黑的棺木，却唤不起任何关于生母的记忆。

我不知道是自己太容易健忘还是人无法承载三岁以前的记忆。

记忆像一根链条，只要其中的一个环节脱落了，回忆的大门便再也无法打开。

生母娘家离我家不远，翻过几座山头，再走上一段田间小路便到了，四五里路而已；但我很少去，因为外婆过世后，生母的娘家已经没有一个人了。生母很小的时候，外祖父就离家外出，最后客死他乡。在外祖母的期待中艰难地长大的生母二十岁那年，经人介绍，嫁给了家庭成分不好的父亲，听人们说母亲生性柔弱，我想在凄凉无助的环境中长大的她也只会具有这种性格了。

生母死于难产。

20世纪80年代，在我的故乡，妇女临产都是在家中接生，很少有上得起医院的；经济上的困窘，食不果腹的岁月，哪有闲钱上医院。那个灰暗的清晨，当生母心力交瘁地生下妹妹后，没有来得及看她一眼，便走向了那漫无边际的黑暗。妇女难产而死，在故乡叫做"湿亡"，人们认为"湿亡"是一种不祥的征兆，"湿亡"甚至与耻辱紧密相连；死于"湿亡"之人是没有资格进入祖茔的。生母没有例外，被抬到四里以外的荒山草草掩埋。

当灵魂缓缓流出肉体，朝着无边际的宇宙永不回头地飘去时，生母，能否告诉我，您是否怨恨世俗强加给你的凄凉？又或者告诉我，离开亲人的路上，您是否还在频频回顾？

生母，您生前从未享受过父爱，死后又被埋葬在荒郊野地，心中是否充满了哀怨和孤独？漆黑的夜晚，周边的树林显得阴森森的，偶尔间还会有野兽出没，怪鸟呜咽，生性胆小的您那一刻是否透过林间极目去寻觅我们家那抹置在灶头上的灯火，最终一无所获后，是否害怕地缩成了一团？

秋风又起，生母坟前的那几棵老树又该落叶了，生于泥土最终又走向泥土，这就是生命，平淡而自然。

恍惚间，我又站在那片荒坡上，什么都没有看见，只有树林里吹来的风，还时不时地从生母的坟前吹过，呜呜的，像哭，更像怨……

母亲，我是您生命的延续，如今这个世界上能够记起您的人也只有我一个了，而我努力去记忆，却只有这些。

继母：我诉不尽的爱

继母是我生命中最不可缺的人，我想，如果没有她，我人生的轨迹将更加灰暗，是她哺育了我的生命，给了我做人的尊严和活下去的理由。从小到大，我都习惯地叫她母亲，这种称呼已浸入骨髓。

很早就想写一篇关于她的文字，但是我总不能。往往不是难以下笔就是半途而废。蓦然回首，才发现在所有属于自己笔下的文字中，竟然寻不到关于母亲的只言片语，愧疚的感觉油然而生，随着岁月的流逝，这种感觉与日俱增。

母亲实在太平凡了，平凡得让我无法用语言来叙述，母亲与父亲结婚于20世纪80年代中期，那时我三四岁，童年的我记忆的天空中，属于母亲的云朵不多，只知道母亲是一个严厉的人，她容不得子女的半点差错。调皮的我常常是母亲严惩的对象，而生性倔强的我是绝不会向她屈服的，并常常怀疑，或许自己不是她亲生的才遭受这份罪罢了，一种恨恨的感觉使我常常向父亲告状，父亲是宽容的，每每此时他总用自己那宽厚的掌心，轻轻地抚摩我的小脑袋，然后回过头对母亲说："孩子太小，你不能太严厉的。"望着眼前那副自始至终都严厉的面孔，我觉得母亲是不爱我的，哪怕一丁点儿也不。她关爱的只是妹妹一个人而已。

恨恨的感觉如疯长的野草，在内心深处越长越茂，我常常觉得母亲是一个熟悉的陌生人。是的，她于我，仅仅是共同生活在同一个屋檐下的一个陌生人而已。

积劳成疾的父亲，幼年时为了生活曾经四处奔波，历经沧桑，一生坎坷的他没有享受过人生片刻的平静，在生命最旺盛的中年便被致命的肝癌死死地缠住了。

终究，父亲没有陪我走完童年的路。那个黑色的7月如幽暗的森林吞没了父亲的身影；多少个宁静的黄昏，年幼无知的我总是一个人悄悄地在村口守候，终究没有看到父亲破浪而来的身影。幼年丧父是人生的一大悲哀。只有经历过这样遭遇的人才能够真正体会到其中的真味。时至今日，幼年时跟小伙伴们上山砍柴，夜幕降临的时候，看着他们的父亲背着自己子女的柴禾健步如飞的身影，空旷的野外，只剩下我蹒跚而行的情景还恍然如昨。多少年后，每当看到一对对年轻的父母牵着他们年幼子女的手时，那一幕又在眼前浮现。

中年丧夫，对于母亲来说，也许我一辈子都无法体会那是一种怎样的打击。

在偏远的黔南山村，没有男人的家庭犹如没有顶梁柱的木屋，在风雨中摇摇欲坠。

屋漏偏遭连夜雨，家中境况一日不如一日的时候，姐姐又重病缠身，弟妹年幼，嗷嗷待哺。面对无米下锅的凄凉，病魔缠身无钱医治的彷徨；只能眼睁睁地看着别人自扫门前雪的冷漠；跌倒之后，看着别人飞奔而去的背影，才感到世态的阴凉、人情的冷漠。

家中所有的一切重担全部落在母亲瘦弱的肩上。

那一段艰难的日子，不知道母亲是怎样挺过来的，年幼的我常常看到母亲那忙忙碌碌的身影。

母亲平生不识一个字，但她始终坚定不移地将我们兄妹送进学校，并常常对我们说：只有知识才能改变人的命运。靠着自己的双手，不分昼夜地忙碌，靠那仅有的三亩薄田母亲苦苦地支撑着我们兄妹的学业，其中的艰辛真是难以想象。

在母亲汗水铺就的求学路上，我顺利地读完小学、中学。只是常常让我感到愧疚不已的是，自己竟然是一个严重偏科的人，在注重各科均衡发展的高考制度面前，偏科注定是一个失败者，尽管我的某些科目还算是优秀。

多年来，母亲吃过了多少苦，我不知道。或许只有她脸上的皱纹才能够数得清。长期的劳作和饮食的不规律使母亲患上难以根治的胃病，如影随形的病魔时刻折磨着母亲那瘦弱的身躯。

母亲对我仍然很严厉,只是为了我她曾经让妹妹辍学多年,时至今日,我才明白:对我,母亲的爱在严厉中包藏着几多的深沉。

异乡求学的日子,吊在半空中的一颗心总是忐忑不安。

母亲的希望是把我培养成"吃公家饭"的文化人,母亲在乡亲们的预言中透着遥远而不可企及的幸福。记得有一位诗人这样写:我本是母亲身边的一张叶子,因为好高骛远而随风飘荡……

有一种痛,像尖刀扎在儿女的心头,滴血的背后就是子欲养而亲不待,这样的预兆像泛滥的河水常常在午夜梦回的时刻涌上心头,浑身涌起一阵阵彻骨的悲凉后我不禁痴痴地问自己:如果人生旅途里,母亲猝然离去,我是否还能够调整人生的步伐?

在泪水无声无息地顺着眼角滑向耳际的时候,才发现,自己坚强的背后,竟然也有脆弱的时刻。生命的意义无非在于领略,我想用一生的努力去换取母亲的欣慰,母亲是否能够等到那一天,我不知道。只是我明白,没有母亲的人生,于我无非是一场空白的守候,没有母亲的岁月,注定是一场空白的等待。

窗外的细雨淅淅沥沥地下个不停,犹如我那沉重的心情。

时值深秋,窗外那棵梧桐树上的最后一片叶子在寒风中瑟瑟发抖,拼命地挣扎,舍不得离弃。

泪眼蒙胧里那枚枯黄的树叶化为母亲的身影。

秋日的黄昏在烟雨的笼罩下,给人增添淡淡的哀愁。

义母:我谢不完的恩

儿时村口的阳光下,那是一双皲裂的手,手的主人正背着我沿着田间小道慢慢地朝着小镇的方向走去,这是我对义母最初的记忆。

义母大概是我一岁时所拜认的,听人说那时的我日夜哭个不停,吵得四邻无法入睡,于是邻居们劝我父亲为我拜认一位义母。相传爱哭的小孩,只要给他找来一位义母,那么他不但停止啼哭,而且能健康地成长。心疼我的父母便照着邻居的话去做了,给我拜认了一位义母。

人生的旅途充满了过多的不可知的因素,一些看似微不足道的机缘,也许在某种契机下,会给自己人生带来重大的影响,我想义母带给我的就是这样的机缘。

幼年时,常常盼望着春节快要到来,因为每年春节前夕,义母总会从镇上给我捎来一套崭新的衣服,童年的我一年到头没有几件衣服,记忆中只有义母捎来的衣服才是新的,我把新衣罩在一身破烂的旧衣上,度过了那一个个寒冷却美丽的冬天,并且还在伙伴前骄傲地说:"瞧,我义母送的衣服多好!"淡淡的月光下,看着他们一脸羡慕的样子,我终于拥有一次难得的快乐。少小的虚荣如今已是一片云烟消散在岁月的深处,如今望尽天涯,也觅不到那份曾经漾满心头的快乐和欣喜。

父亲过世那年,义母要接我到小镇上读书,因为她家就住在镇上。我舍不得离开家中年幼的弟妹,还有家中的那头老水牛,我走了,谁来放它?最终没有去。直到小学毕业那年才真正住进了义母的家。初中三年,我大部分时间都住在那里,只有周末才回家与弟妹团聚。可惜的是当时的我并不懂得勤奋学习,只知道疯狂地去读一本又一本厚厚的武侠小说,义母不识字,看我在灶边生火做饭时还在冥思苦读"教科书",便叫我到房间去看。我"阴谋"得逞,以后屡试不爽。这样做的后果是肚子里面收获了一些乱七八糟的东西,而理科的成绩尤其是数学更是每况愈下了。

我是一个顽皮的孩子,不懂得珍惜义母给我那难得的读书机会,大部分的光阴都交给古龙和金庸了。时过境迁,世间的一切都在发生着变化,唯有这样的一幕却永远鲜活在我的心里,使我愧疚不已——冬日里,风从墙外呼呼地刮来,我躲在房中看着那一本本厚厚的闲书,灶边的义母却在忙碌不停,满头的银发在风中不断地飞舞……

人世间有一种恩，来自热情澎湃的心海，像默默而流的小溪，施的人从不提及，受的人或许一生都不知晓，但那抹从心灵中发出的银辉，经过岁月的洗涤，会熠熠生光，愈加灿烂，这份恩情我们叫它大爱。

　　义母生于1944年，今年六十二岁。她一生都在辛勤地劳作，义父体弱多病卧床已久，他的病多年来都没有恢复的迹象。里里外外都得靠义母一人操劳，一年四季她那皲裂的双手时不时溢出丝丝血迹，常常叫人不忍心去看，药物也起不了多少作用，因为那双从早忙碌到晚的手停歇的时间太少了。

　　又逢深秋，荒坡上的红薯地里，义母弯着腰，手中不断地挥舞着那把古朴的镰刀，是在收割红薯藤吧。天下着细雨，薯叶在唰唰的响声中不住地上下翻飞，一如义母那满头不断飞舞的银发，布满裂缝的双手，是否还在流出细小而殷红的血丝？

　　后院边上的那眼清泉，细水长流，弯曲的古柏屹立泉边，常常入我梦中，一如义母那淡淡的面容。

潘 鹤

我的三位老师

高中时代：我所知道的杨承广先生

我与杨承广先生的认识始于 2003 年秋，那是我刚刚结束了工厂生活，回到三都民中读高三的时候，我回乡的目的很简单，就是圆自己的心中那放不下的大学梦，那个时候我对法学有着浓厚的兴趣，并决心来年报考这类专业。

那一年，三都民中高三年级有七个班，我们班排在最末，我记得开学不到两个星期原先的班主任宋鹤林老师就辞职外出了，也因为这样原先上重点班的杨承广老师就转来担任我们的班主任兼语文老师。也因为这一年的语文学习，我的兴趣从法学彻底转移到文学上来，导致我在填高考志愿时非中文系不报的决绝，如果没有遇上杨承广老师这一切是不会发生的；人生中有很多事情，总是解释不清楚，冥冥之中的相遇也许就是蕴含着某种改变的契机。

在这之前我并不知道自己能够写东西，我从小就喜欢阅读，什么杂书都看，就是没有动笔写过什么文章。杨承广老师的第一次作文课，我记得他是以"知音"为话题来让我们展开想象的，那次习作我写的是一篇小说，那是课堂作文，交了也就是交了，过后我就淡忘了。想不到过后的第二周，我的那篇小说在班上竟成了范文，被浓墨重彩后杨承广老师还在班里断言：

如此之作，高考不排除满分的可能性。如今看来，杨老师那句话也许只是对那篇习作的赞赏或首肯，可对我影响是极为深远的，至少它使我明白自己在写作上具有不为人知的特长，这句话为没有读过高一和高二的我注入了强大的活力和自信，给了我写作上永不熄灭的灯光。如果说被人信任是一种快乐，那么被人欣赏该是一种幸福了，特别是在一个人孤寂或者荒凉时期，落魄者是最能够深切地感受出来的；人的一生很少有机会碰到这样的际遇，生活也大体如此，这样想来，我是幸运的，至少在遇上杨承广老师这件事上对我来说的确如此。

高三一年，杨承广老师的语文课，我听得最认真，我的作文他评判的分数也是最高的，很少有低于九十分的，我珍惜这样的分数，我不知道这是不是所谓的虚荣心在作怪，也许当时的我还真有那么一点虚荣的成分包含在这份幸福里面，年轻时总是希望得到他人的肯定，特别是来自长辈的欣赏；更重要的是这些分数最终都化成了我自信的因子，我开始主动写作，并一发不可收拾，往外面投稿也就是从那个时候开始的。由于出身背景和人生遭遇等种种原因，那时的我是一个敏感而自尊的人，心灵深处还暗藏着不为人知的自卑，这些都是无法向他人诉说的，杨承广老师的赏识无形中为我打开了一份洒满阳光的窗户，这一缕阳光暖和了一个乡下孩子的心窝，扫除了一个少年头上的阴霾，让我惊奇地发现了自己不为所知的一面。

大多数人，在求学生涯中总会遇上许许多多的老师，每一位老师或多或少都能传授给你一些知识，这是再平常不过的事情了。难得的是遇上一个能够发现你的老师，并让你从中发现自己；只有这样的老师对人生的影响才具有决定性，这样的认识大多时候可以决定一个人的人生走向和信念的取舍，所以我才觉得我认识杨老师对我的重要性，这无形的影响在我年轻的时候悄然发生，像水沁入地面，当时并没有过多的痕迹。

杨承广老师的语文课我为什么那么酷爱，至今的我都找不到标准的答案，我向往他的课堂：细致认真、从事物的表象总能挖掘本质。其实这些因素在我酷爱他语文课里所占的比重也许都是次要的，因为在我过后的求学生涯里，自己碰到的好老师甚至名教授不乏其数，他们当中也有不少赏识我的人，可我对他们除了敬佩之外并没有过多的认同感，缺少了那么一份无以言说的感觉，他们无法给我带来杨老师课堂上那种温纯质朴又未经表演的真实感受，这大概是心与心存在着距离的缘故，或许我和他们总有那么一堵心墙，造成不为人知的鸿沟，彼此无法逾越。

教师对学生的影响不单单是知识的传授，更重要的是运用自己人格的魅力来影响学子，这对大部分老师来说是很有难度的，可在这一点上我认为杨承广老师是做到了的，至少我能够感觉并读懂了他；在这个世界上，比杨老师更为渊博的人或许还有很多，但在我的内心深处没有哪一位老师比他更能影响我的感受了。

说实话高三一年，我很少看到杨承广老师的笑容，他给人大多时候都是一种冷的感觉。是一个严厉的老师，我的很多同学都是这样说的。

那一年，作为学生的我除了上课外，并没有和杨老师有过多的交往。直到后来的某一天晚上，我在城头遇上他，杨老师的脚步有些凌乱，一副憔悴的样子，还有酒醉的感觉，我送他回家。途中，他说自己年迈的母亲刚刚过世……我沉默，不知道如何劝解。杨老师是一个注重感情的人，至亲的猝然离去我能感受到他心灵遭遇寒霜的凄苦，这使我明白杨老师其实是一个外冷内热的人，说得更直接一点，在生活或者工作上他只是一个不会演戏也不屑于表演的人。

高中时候，我的英语和数学都不好，以致高考失利，最终只被贵州西南一所三流院校录取。此后我黯然离开故乡，在一座偏僻的城市里辗转流离，唯一不曾停歇的就是探索文学的步伐了。

毕业后，我放弃了那边的工作，想在故乡谋一份差事，由于体制和其他难以言说的诸多事由，我的梦想最终被搁浅在故乡的沙滩上，那时候我真的想不到，在大学中文系颇受老师赏识的自己在故乡这片原野里竟然会沦落到如此地步。

就在我准备离开三都的2008年8月，杨承广老师建议我到民中教书，我答应了他。其实在这个世界上没有多少人会真心地去关心和爱惜另外一个人的，也许我认识杨老师算是一次意外，他再一次伸出温存之手；缘于爱护？缘于赏识？缘于师生之情？也许一切都是。我在三都民中教了一年半的高中语文，这期间为落实我的工作，杨承广老师做了很多的努力，我知道他是真心为我好，他觉得代课老师的身份委屈了我的所学，这一点我深深地感觉得到。可杨老师毕竟不是主政一方的长官；他单单是一个心怀民族教育的理想主义者，总是希望三都的教育质量能够提高上去，并希望通过自己的教育培养出一批具有开拓精神的有志之士，来振兴民族的未来和希望，他是一个外表不会演戏而内心却又极为热忱的人，我理解他的初衷和苦楚，我明白以目前的体制和视野，杨老师的理想大多是很难实现的，作为留意他的一个学生，我为此感到压抑和悲伤，他大多时候是一个孤独的人，内心深处的苦衷无人了解。

2009年我在扬拱过霞节。这期间，石绍军校长给我转发来县委书记唐官莹关于答复我工作问题的短信，内容是我早先就能够预料到的，体制与视野的问题，我深为理解，所以没有什么惊讶与失落，却因自己之事让石校长和杨老师为难，深感愧疚。

一心想解决我工作问题的杨老师很是痛心，我理解他的心和情意，可我却是一个不善于表达言谢的人，只能把他的情意埋在心底。这个时候，我觉得自己有必要离开三都民中了，滞留下去总会让关心和赏识我的人感到心痛，比如杨老师，比如石校长。

我与在南方一所大学任教的朋友沟通后，准备离开三都，去她那里学习广告文案。离开三都前夕，我到杨老师家吃饭，其实我时常到他家，算是常客了，可这一次却与以往不同，饯行之餐，没有凄清，是家的温暖，人生旅途里，也许这样的聚餐本身就是一种安宁和自足，所以那晚我喝了很多的酒。回学校的路上，途经三都桥头，深夜的风从都柳江上空飘来，撩着我的发梢，夜凉如水；仿佛在对我说：你的理想在远方，故乡只有赏识你的老师，官僚守旧，故土终究不是你的立锥之地。

启程之前，由于杨老师的建议，我只身前往武汉，以致后来我的考试出现了转机，2010年4月，我要去武汉参加研究生复试，当时身上的盘缠已所剩无几，又是杨承广老师和石绍军校长各出资1000元，助我成行。

记得高三时杨老师说过，我们还没有一部反映本民族的长篇小说，我铭记于心，可惜直到今天自己还了然无力，苍茫无限。

又是冬日的夜晚，时光还在随着窗外的雨丝不断地流逝，这个季节，重庆是多雾的；回眸故里，在师者的人群中，我终究还是忘不了亦师亦友的杨承广先生！

大学时期：我所认识的劳永惠先生

夕阳里我重新拾起走过的脚步，一幕记载人生历程的画面，就会飞扑眼前，犹如飞蛾扑火，义无反顾，带着决绝向往涅槃后的重生。当年华逝去，是非远离，过滤后的生命里，有什么东西最能暖人心怀呢？我常想，也许只有留在心底最铭刻的记忆了。

在属于师者的记忆中，我是幸运的，在我落魄的大学时代。

那年九月，家徒四壁。

走进那所学校的时候，我身上只有一千多块钱，教育产业化的现实使这笔钱显得格外脆弱，费尽口舌花了九牛二虎之力，学校总算答应收留我这个穷学生，我打从心眼里为自己高兴，毕竟有书可读了，虽然此刻已身无分文。

摆在我面前最大的问题就是如何解决吃饭的问题。

和平年代，没有什么比饥饿更令人难受的了，整个下午我都窝在图书馆里，阅读多少冲淡了饥渴那根敏感的神经，时间不紧不慢地朝前走，管理员几次催促，他们要下班的时候到了；我只好合上手中的书本。远处的食堂人声鼎沸，这个时候正是食堂开饭的时间，我摇摇晃晃地走出校门，在学校附近的街道上漫无目的地游走，像一个被人遗弃的游民，也许灵魂和肉体已处于一种割裂状态，让我觉得街道嘈杂的声音都变得虚弱起来。我抑制越来越浮的肉身，想到那家叫"辞林"的书店。仿佛听到有人在叫我的声音，但没在意，在这座陌生的城市里，不会有人认识我。当我确切知道有人叫我时，回转身，看到班主任劳永惠老师，她从挎包里掏出一张收据递给我，说自己去财务科查了班上的收费状况，数我欠得最多，就帮交了一些……

我用力地握着那张薄薄的收据，这是一个残阳若血的黄昏，我觉得自己瘦弱的胸膛里留着汩汩的暖流，在这个陌生的地方，还有人像母亲一样地爱着自己，这该是一种怎样的幸福；这张收据温暖了那个冬天，填满了我空空的胃。一切都变得美好起来，美好的生活不是物质上的充盈，应该是心灵因感恩带来的煦暖。

我开始在外边找点事情做，比如发传单、比如上家教；学校里的课程少，空余时间总是很多，这样总算缓解了吃饭这个迫在眉睫的问题。

一群不知名的鸟，滑过校园的上空，那里的天空湛蓝欲滴；桂花园的花开了，又落。时间在日出日落里慢慢地流逝……

快要放寒假的时候的某一天，劳老师问我，有没有回家的车费？我说有。她帮我交学费，我内心已经很感激了，不想因为车费的问题再来麻烦她。也许她看出了我的窘迫，要不就是我躲避的眼神出卖了自己的寒酸。

第二天，早上，林荫道中。

劳老师递给我一包御冬的衣服和两百元车费，在她的执着下，我没有推辞的理由。

列车驶往贵阳方向，车厢里的我决心回来继续未竟的学业，推翻了先前已准备中止的求学生涯。

我知道落魄的生涯总会结束，心灵的富有，足够让我努力地生活下去。

我知道钱躺在自己口袋的时间，稍纵即逝。

所以上家教挣到第一笔钱时，赶忙来到中文系找劳老师，想还她预付的学费。我知道，如果这个时候不还，就不知道时候才能还上，我需要用钱的地方太多。我向她道出了自己的想法，劳老师的脸上带着微笑，说等你有能力的时候再还吧，我相信你……

钱没有还上，我觉得自己的眼睛慢慢潮湿，赶忙走出中文系办公室。

由于成长环境的原因，对一切早已麻木的我，冰冷的心早已习惯了他人的冷落。当温暖和关爱降临时，我显得那样张皇失措，鼻子酸楚里，突然间，有一种想哭的冲动。

接下来的几个年头，劳老师帮我联系了"北京一滴水"助学基金会，在他们的帮助下，加上自己的家教收入，求学的路有些磕磕绊绊，但终于毕业了。

劳老师上的是现代汉语，她是一位情感丰富、心地善良的人，她给我们讲自己的外婆、讲自己的父母亲；她的家世历经时代的风雨和人为的沧桑，每每讲到伤心的地方，她就泪流满面，这时候的讲台上的她恍若已脱离世俗的藩篱，哽咽中尽现赤子无声和对先人无限的缅怀。

教育形式多样，她用属于自己独特的心灵和情怀，让慈母般的春晖熏陶学生，让他人明白事理，净化灵魂。

教育不是没完没了的说教，真正意义上的教育应该是用自己的人格魅力和践行来影响他人的精神世界；在这不完美的世界里，劳老师能够用自己的心灵塑造一方纯净的天空。从这个意义上说，她是富足的。

有一种相遇，悄然无声，沁入心底，在往后的岁月中，荡漾心头；有一种情感，起于善良，基于无私，在人的行程里，源于大爱。

今夜，我所在的城市，月光皎洁，微风从江面拂起，夹杂着早春的味道，山上的树木在夜色里变得缥缈恍惚，远处的山头开始朦胧，站在浩渺的星空下，想起另一座城市中的您，心房就会变得温暖起来，好想问一声，劳老师，现在的您还好吗？

清光如玉里，冷月无声。

研究生时代：我所知晓的罗漫先生

罗漫先生是我读研究生时的导师，罗先生是中国古典文学研究领域的名家，整个硕士阶段我都在先生门下学习，先生学识渊博，风度翩翩，为人有儒雅之态，处事又具侠义之风，对弟子能循循善诱，只可惜我这个人由于生性愚顽，加上又缺乏持之以恒的毅力，所以时到今日，在学术领域上，我也没有什么建树，真是愧疚有加，我对不住先生的那一份谆谆教诲。

罗先生胸怀广阔，待我宽容。当年研究生入学考试，我总分虽然上线，但英语不好，才二十四分，为了能顺利去读书，我花三个小时写了一封大概两三千字的公开信，寄给时任中国教育部部长的袁贵仁先生，等了几天也未得回应，我于是又将此信重新打印一份，转递给当时与我还素不相识的罗先生，信中我的不平之语，自是跃然纸上，哪想先生不但没有责怪我青年时代的鲁莽和无知，反而录取了我。

罗先生奖掖后学，对我激励。先生一生致力于中国古典文学的学术研究，而我却一直都在侧重于现代散文的文学创作，看我这样做，先生曾问过我，他说：你为何不多做学术研究？我回答：我读唐宋诗词的目的，是想将它们的精髓和意境融入自己的散文创作。听我这般说，先生不但不批评我，反而鼓励有加。陪先生外出参加一些学术会议，当跟其他学者、教授见面之时，先生总是不忘介绍我这个弟子，向他人夸奖我在创作上的一些事儿，不像其他教授对其弟子那么严格。先生对我除了宽容就是鼓励，我自然明白自己的斤两和分量，也深知先生对我的这种夸奖，其实就是教师对学生的鼓励和鞭策。

先生虽然出身清贫农家，但靠着自己的天赋和努力，在学术界，先生的成名却是很早，读本科时，先生写的论文《论唐人送别诗》，后来就能以一万四千余字的篇幅发表于代表中国古典文学研究最高水平的《文学遗产》杂志；1984 年在湖北省屈原学会成立大会上，二十多岁的先生凭借其论文《楚辞浪漫主义的两种风格及其影响》，引起学界的强烈关注。章太炎的弟子、八十多岁的中国屈原学会会长汤炳正教授曾经致函先生，其云："最近读到您的《战国宇宙本体大讨论与〈天问〉的产生》，感到非常的高兴，论文不仅能把产生《天问》的伟大时代和广阔空间阐述得淋漓尽致，而且眼光敏锐地提出了很多精辟见解，这无疑是屈原研究中的一篇力作。我为屈原学界有此高水平论文而引以为自豪！"上述这些事例，都是 20 世纪 80 年代的事情了，彼时，正是先生大学毕业任教不久发生的事情。进入 20 世纪 90 年代，由于学术成就显著，先生两次被破格晋升为副教授和教授，1994 年，先生成为国务院政府特殊津贴专家，1997 年，先生就任文学院院长，任期长达十五年之久。

罗先生是贵州贵定人，我是贵州三都人，我们同属于贵州南部，算是同乡。加上我和先生幼年的人生遭遇有很多相似的地方，所以他总是信任我、关怀我，他的一些朋友来武汉找他，若碰上他忙的时候，他也总是让我代他去看望友人。我毕业的时候，先生问我是否还要继续读书，我说不读了，他又问我的工作情况，当知道我毕业后，又准备去高校教书时，先生显得很高兴，最后说，你可别忘了自己的文学哦！

先生曾跟我们说过：好的作品，往往产生在不圆满的结局之后。诗，是对不圆满的现实生活的补偿。他认为"古典情怀诗章传递的是审美愉悦与人生智慧"。读诗，要用生命去感受情怀，用生活经历去感受诗章，只有这样我们才能与诗中的人物、情感、情景发生共鸣。先生见解独特，不人云亦云。《关雎》里的"关关"是什么意思？很多注解说"关关"是鸟的和鸣，先生则认为应该是雄鸟的独鸣。因为雄鸟在唱歌的时候，雌鸟是不回答的。先生又很风趣，谈到《羽林郎》时，他说那是老板娘"胡姬"的温柔剑法，因为见多识广的她智慧地用"温柔剑法"打消了执金吾的不良念头。

我们那一届，先生带四个学生，只有我一个是男的，因为我年龄最长，英文也最差，除了能够运用汉语进行创作，其他的我几乎什么都不会了，也因为如此，先生就一直牵挂于我。临行时的饯别应该只是一次，而且应该是学生为老师设宴饯别才合乎礼仪，可我们毕业的那一年，先生的做法和常规恰恰相反，我离开武汉之前，先生三次设宴，为我饯别，最后一次，是在先生住所的楼下，临别之际，先生让师母为我备好车费，并叮咛我工作之后，早日成家。

我三位同门师妹，都很优秀，毕业后，她们有的继续念博士，有的走向工作岗位，唯有我这个同门还重操旧业，依然教书。后来由于种种原因，我辞去教职，归回贵州，此事我不忍心告知先生。今年二月，先生给我打来电话，想让我参与师母主持的一个教育部重点课题，我只能以实话告知，先生才知道我于一年前，已转行谋生了。

自为江汉客，即有海天思。这是先生早年从北京来武汉时，内心自发的昂扬姿态和灵魂深处的自问自答。我总觉得先生的学术生涯亦如他的心性，始终追求磅礴大气，一直拒绝媚俗逢迎。我们三都人，有三人受教于先生，一位是我的师兄李玉军，现供职于贵州省民宗委；另外一位则是我的好友潘天罡，他也即将去另一所高校执教了。先生那种既不重复别人，也不重复自己的学术创新风格，无论是在现实生活中还是在文学创作道路上，都深深地影响着我。天罡写过一篇关于先生的文章，语言质朴，记叙了他与先生交往的事，我转行后，忙于俗事，又逢家庭变故，久不动笔，文字生涩，提到先生，我真不知道从何说起，就把这脑海中关于先生的一些记忆，付诸在这篇短小的文字中吧！权当是我对先生思之不尽的怀念。

潘　鹤

遥想明月

明月在中国古典诗歌的河流中，显现出玉泽一样的光辉，跨过诗行的春华秋实，我们可以感受到中国古典诗歌对明月的歌颂与向往、是深厚美学意象与诗人万千思情的无限融合，这种高度精练诗化的明月意象与个人灵魂深处的高度契合，使明月呈现出外在美、内涵美、精神美等多种美学特征。

明月作为一个独特的审美意象，它在华夏诗歌长卷中，始终占着十分重要和独特的地位，一部中国古典诗歌美学史也是一轮亘古不变的千年明月映照。明月的华夏诗歌内涵，饱含着中国的深层次审美文化特质，我们以明月这个独特又具普遍性的意象为切入点，可以对华夏诗歌的美学特征进行溯本追源，从而引出明月在诗歌中独特的审美意蕴，并解读出其中的一些重要内涵。

漫步中国古典诗歌丛林，我们可以看出，明月的外在美与人心灵需求的高度融合，在一定程度上形成人们诗意的寄托对象。为了区别和对应太阳的名称，月亮古称太阴，是太阳系中第五大卫星。尽管它的表面灰暗，但它仍是地球人仰望天空时除了太阳之外最为灿烂和熠熠生辉的天体了。月相的变化规律，给人类无限的启发以及想象和神思，明月自古以来就对人类文化，诸如语言、历法、艺术等产生过重大的影响，尤其对中国文学，几千年以前，明月就在它的源头上留下了深刻的印记。

在中国的神话传说中，妇孺皆知的有嫦娥奔月、吴刚伐桂、天狗食月、玉兔捣药等，《山海经》《楚辞》《淮南子》等古籍记载了中国关于月亮的最早传说。由于月亮散发的清辉明洁清凉又能给人以独特的视觉效果和感官体验，因此月亮常常被人寄予无限的想象。嫦娥奔月等关于月亮的传说和人们用肉眼所看到的月亮还是有所区别的，但是人们以现实的月亮为基点，通过想象可以构建出符合自己内心精神需求的月亮来，人们时常能够抓住月亮呈现给他们的一些外在特征，人们再将人世的生活经验与哲学思考赋予亘古不变的月亮，给月亮既有区别又相同于自己星球的社会情态。

中国人对月亮的称呼极多，一般情况下，这些称呼都是美称与雅号，从没有过恶意的调侃，这大概是因为月亮是人们理想的寄托之物，谁都不忍心去贬低它，哪怕这个人是个十恶不赦的罪犯，他对月亮照样心存美好，月亮可称得上地地道道的大众情人，它可以根据观赏对象和年龄的不同来变换自己的性别特征和审美趣味，以至男女老少都喜欢它。关于月亮的称呼，众说纷纭，我举出一些具有代表性的称呼，从明月的称呼中我们可以探索出人们对明月的感情因素，而诗歌中屡见不鲜的明月意象更是诗人对明月的无限向往。我们只举为大众所熟悉知的，月亮的别称有：银钩、玉钩、玉弓、玉轮、银盘、玉盘、金镜、玉镜、嫦娥、婵娟、银兔、玉兔、金蟾、银蟾、蟾宫、桂月、桂轮、桂宫、桂魄、广寒、清虚、望舒等，不一而足；名称多样，但这些雅号无一不说明人们对月亮充满了热切的爱，它很大程度上是人们寄托自己美好理想的首选意象。

"众星朗朗，不如孤月独明"。因为这般明朗，所以明月又常常是月亮的书面语，从纯粹美学的意义上来讲，作为一门学科，美学的任务是揭示和阐明美学特质以及人们审美现象，明月外在的显著特征符合人们的审美取向，并最终定格为一种美的事物，它能帮助人们了解美、借鉴美，明月同时也是一个超世俗功利的审美意象，它反映了人内心深处的终极关怀和理想追求。因明月具有永恒性，从而又使它与其他审美意象不尽相同，明月可以把人内心的终极关怀和追求融入诗意之中，用生动感人和美好的特质去打动人的情感，触动到人的心窝，并能够安静地栖息在人的心房，且能帮人轻轻掩上心门，陪伴人，祛除人的孤独，给人以慰藉，因而它更易被人所接受。美学可以提高人的精神，寄心于明月使人的灵魂能够超越世俗的纷纷扰扰，告别莫名其妙的感伤，从而使寄心于明月的人能够"诗意地栖居在大地上"。

穿行在中国古典诗歌的旅途上，我们可以感受到，明月的内涵美与人们审美取向的契合，形成了人们理想的倾诉对象。明月外在如此美轮美奂，隔着三十八千米，古往今外，人们常常遥望着这个美的化身，轻轻诉说自己温暖的梦想、心灵的波折、生活的苦难，普通人对明月的寄托言语，因为无法形成文本，我们只能去猜测，当然这也是可以感受得到的；而诗人因为将自己的寄托言语融入诗行，明月附在他们的诗歌中形成了审美意象得以流传下来，形成中国古典诗歌中关于明月意象这一独特的审美风景。心理美学认为美学是研究审美心理学的，它侧重研究的问题是，在审美体验中人们的感官活动是如何表现的。美的审美体验就在于我们在观赏自然美和艺术美时感受到的心里愉悦与精神丰富的过程。

品读明月在华夏诗歌中的美学特质时，重点不应该停留于在明月这个审美意象上，尽管明月很美，但我们通过明月这种诗歌中包含的意象来指路，可以观照人情美和人性美。例如，在研究诗句"海上生明月，天涯共此时"引起我们的美感时，重要的已不仅仅是研究大海和解读明月的本身特点，而是研究海上明月给相隔天涯的人们，感受到搭起的那一条思念河流，触摸到相隔两地的人的相互祝福话语，"海内存知己，天涯若比邻"让相处两地、远隔天涯的人们，可以在明月高悬的地方让目光相遇、相碰、相惜，甚至于相互拥抱。

明月的这种终极关怀和施予人们想象里得到的幸福和恩赐，世间几乎无物可以替代，尽管明月是无意识的，它只是一个天体，一个日夜不断运行在自己轨道上的星辰。但人们不管，人们将无限的美好付诸明月，尽管明月长久地默默无闻，但人们从不计较，也正因为这一点，让沉默是金，让人们更加地迷恋明月。因为钟情于明月，人们对它存在的想象有着无限广阔的空间；不把明月的定位局限在欣赏的形式上，把明月的魅力隐藏在诗歌中，映照出人间千古的是现实世界中人们的悲欢离合、人们的爱恨情愁；明月是无所不知的亲人，明月又是一位高山流水式的知音。我们去诗歌中看明月这个意象，可以看到慰藉，可以看到祝福，可以看到美，可以看到人类圣洁的心灵和无穷的智慧。

"夜光何德，死则又育？厥利维何，而顾兔在腹？"（屈原《楚辞·天问》）（意思是，月亮具有什么特性，消亡了又再长起？那好处是什么，而抚育一个兔儿在怀里？）悲悯情怀如屈原者，月夜仰首，在天问中，他问明月，问玉兔，也问世间人，问寄托在心中的那一份无限的希冀与念想。明月没有回答他，也正因为明月没有回答或者说明月无法回答，才使得明月在人们的心中具有了一份永恒的深沉的绝世美感。

王维这人算是人中之佼佼者了，他官位显赫，又是诗中高手，面对明月，这人的欣喜当然也就变得十分的清朗，在《山居秋暝》中，王维这样说："明月松间照，清泉石上流。"我们再看杜甫的诗句，如："戍鼓断人行，秋边一雁声。露从今夜白，月是故乡明。有弟皆分散，无家问死生。寄书长不达，况乃未休兵。"杜甫这首明月之诗《月夜忆舍弟》，点名的不仅仅是无限无限，更添国恨绵绵，跟他《春望》中的"感时花溅泪，恨别鸟惊心"颇具异曲同工之妙。古人说："待到那烟花三月里，腰缠十万贯，骑鹤下扬州。"旧历三月，人下扬州，看的不只是烟花烂漫，更重要的是要看扬州月，杜牧有"二十四桥明月夜，玉人何处教吹箫"之句，唐人徐凝更加钟情那扬州明月，他竟说："天下三分明月夜，二分无赖是扬州。"诗歌使扬州名扬四海，明月美的力量在诗歌中得以展现，其张力如此巨大，在历久中弥添新意。在扬州城附近的瓜州，也记下了王安石的明月情怀，一句"春风又绿江南岸，明月何时照我还"写尽了古今多少乡愁真味，如今读来仍让人不竟感慨万千。以"梅妻鹤子"著称的林逋，也喜欢明月，他在《山园小梅》中写道："疏影横斜水清浅，暗香浮动月黄昏。"对明月疼爱之情溢于言表。我们再来看诗人李益笔下的明月，他写道："从此无心爱良夜，任他明月下西楼。"每读李益，我们可以感受到在明月掩映下李益那伤到筋骨的灵魂。李益实在孤绝，好在明月仍然可以化成一颗硕大的泪珠，可以祭奠他远去的背影，报答他平生未展的钟情与爱意。

漫步在中国古典诗歌的河岸上，我们可以看见，明月的内涵美与人生遭遇的映衬，形成了人们借月抒怀的审美意象。在人们的视线里明月除了外表美意十足外，更是因为人们赋予了它特殊的感情和意义，使其具有了丰富的内在美和意蕴美，并长期地成为人们表达人生际遇的特定对象。理性一般指概念、判断、推理等思维形式或发展活动。其意思和感性相对，在人们眼里，在人们诗歌的字里行间中，明月常常是感性和理想的相互糅合，更多时候明月总是倾向于感性，以至它在诗歌中承载的意蕴，除了别具一格之外又具一种普遍的审美感受。

月亮又叫嫦娥这一意象，屡次出现在诗歌中，它代表着一种特殊的文学意象。嫦娥是忧郁才子李商隐诗中多次反复抒写的一个女性形象。将嫦娥这单一意象反复吟诵，形成嫦娥意象群，并赋予它独特丰富的意蕴，这和李商隐的人生际遇十分契合。

关于嫦娥，《淮南子·览冥训》中记载："羿请不死之药于西王母，嫦娥窃以奔月。怅然有丧，无以续之。"张衡《灵宪》云："嫦娥，羿妻也，窃王母不死药服之，奔月。将往，枚占于有黄，有黄占之，曰：'吉，翩翩归妹，独将西行，逢天晦芒，毋惊毋恐，后且大昌。'嫦娥遂托身于月。"明月和嫦娥交接，凄惶而惆怅是神话传说中嫦娥意象的主要内涵，后代人们总是借嫦娥的故事来表达一种凄楚彷徨的心境，毛泽东也曾这样借助嫦娥感慨内心，如《蝶恋花·答李淑一》中的"寂寞嫦娥舒广袖，万里长空且为忠魂舞"。面对明月，想起嫦娥，万千别恨，都融入月夜，都在嫦娥的无限悲痛中了。我们谈论的是诗歌，这是词，不做更多的探讨，但其中明月意象之特寄托之深，不言而喻。

当然在中国古典诗歌中，大多时候，明月代表的是一种美好，一种愿望、一种希冀、一种梦想，尽管月亮有圆有缺，不能永远保持花好月圆的局面，但在人们的心目中，月亮永远都是美好，都是思念，只不过人们的思念会跟随着明月圆缺的变化而起到一定变动，但审美意蕴永在，这更加佐证了明月在深厚和独特。

我们再来看闻一多推崇备至的《春江花月夜》，这首被称为"孤篇盖全唐"的诗歌杰作，诗里几乎每一句都含有"月"字，堪称明月诗之最了，"江流宛转绕芳甸，月照花林皆似霰；空里流霜不觉飞，汀上白沙看不见……"夜如湿玉，明月高悬，这景致，孤绝十分，美得让人心碎。江面水波潋滟，婆娑的树，皎洁的明月，就能荡漾起那亘古的神韵了。星和月，是不一样的，星太遥远，只有月才占得住人的心；月离人也不近，才诠释了距离之美；圆缺变化使它动感十足，美意千分。

若没有明月，这一江春水该是多么的寂寞，寂寞是一种禁锢，寂寞意味着灵魂的缺失。春江之所以好，是因为它处在月夜之下，月华映照着女子的脸，总泛起温纯的光，眸子里多是温柔的情意，一句"不知乘月几人归，落月摇情满江树"的结尾，更让诗歌中明月意蕴蔓延，那份审美效果形成千古神思。月华如水，泻下清澈的光，张若虚笔下的明月代表了一种时光和人生的交合思考，明月这一审美意的反复吟诵，让轻柔的风淡淡地拂过那座哲学的丛林，那江面上，在那清辉皎洁之处，明月这一审美意象在中国古典诗歌中能够形成高度融合，它堪称中国古典诗歌美学殿堂中的旷代蓝宝石。

  正因为明月这一意象在中国古典诗歌长卷中的屡屡出现，且又能历久弥新，使得它包含着很多方面的文化意义，在人类社会发展进程中，真正能够传世的文学往往是那些能够安慰人内心孤独和抚平灵魂创伤的作品，而明月恰恰通过文学，尤其是诗歌这一文学样式，给人们以灵魂的梦想和远方的希冀，透过明月这一审美意象并挖掘出它内在的特征，让心灵的感触引发出读者对人类哲学的思考，从而可以引导我们能在更深层次上解读中国古典诗歌中关于明月这一意向的深刻文化内涵。

潘 鹤

走不出的江南

我对江南有一份痴情，小时候在大山深处读到李白送孟浩然去广陵的诗句时，我就感到十分的好奇，里面的意境被我忽略了，我只知道羡慕那个名叫孟浩然的诗人，他能乘着舟楫，去了这么美丽的一个地方。

多年以后，在一个春天里，我为了看月，一个人去扬州。到了那里，我才知道扬州的市花竟然有两种；芍药、琼花同为扬州市花，但感觉上，扬州人似乎更喜爱琼花，我早年就听说作为昆山三宝之一的琼花自古以来就有"维扬一株花，四海无同类"的美誉。琼花天下无双，叶茂花繁、以其洁白无瑕而名扬四海。扬州城中还有这样一个传说：隋炀帝梦见一种非常漂亮的花，醒后，命人依其所述画图，并张贴皇榜四处寻找认识的此花之人，有人告知，图中所物为扬州琼花。隋炀帝即下令开凿运河下扬州，并将柳树遍植于运河两岸，还赐其"杨"姓，故此树方有"杨柳"美名。隋炀帝耗费大量民脂民膏，打造奢华巨船，天子携皇后、嫔妃及众多美女乘龙舟浩浩荡荡下扬州看琼花前夕，因劳民伤财，导致天怒人怨，民变四起，独有琼花冷冷不语，待隋炀帝抵达扬州，满树琼花才一夜皆落；后人说，琼花终是有情之物。

我曾经想过留在扬州的，留在近代散文大家朱自清曾经就读过的那所中学，为这我去准备了好久，可终究还是没有去，人生中的很多变故，我们无所预料，却常常打断了我们先前的已经密集准备好了的打算。从一段旅程走向另一段旅程，人生整个经历其实就是一个过程，我曾经扪心地自问过，我们的生活还有什么解不开的结呢！记得那时候，身处江南，我在一间咖啡屋，听一首老歌，忘记未来，只回忆一段往事，再想念一些朋友。我用镜头瞄准窗外，南国的蓝天、绿树、暖阳撞目而来，久久不忍离去。

我喜欢江南，但我对现实中的江南，也是不怎么满意的，现在的江南，其最大的硬伤就是污染。过度的污染，让一些旅居江南的朋友，甚至一些江南本地人也开始嫌弃起江南了。只有我还依然爱着江南，不过我的江南只存在于我的想象，活在我的遐想里，尽管我实实在在地去过多次江南，但江南还是记忆中的好，它和现实没有多大关联。

人生中有两件事情不能久等：第一件是孝道，你来到这个世界上呱呱而哭，一切都是那么的偶然，生命的出现完全是父母的给予，所以要明了自己生命的起源，并及时表达自己对亲情的厚爱；第二件是感恩，你来广漠的人生中独自行走，一切都是那么的孤单，旅途的温暖完全是朋友的馈赠，所以要懂得自己人生的意义，并及时回报自己对友情的怀想。

江南如果和人生构成悖论，我还是舍去江南，舍去，也是一种深沉的守护。我曾经在江南的海边遥望：那礁石，它们在海水中浸泡，并长久地沉思。海上的礁石，上面布满了贝壳海边，石头上空，海鸟舞动着它们利索的身影。远处，那海浪哟，它一直在翻滚。在这湛蓝的世界里，无时无刻不在涌动地变化着，世间万事千物；有谁，能够永恒地驻足停留。回头怀想，我只能感谢春花，感谢雨雪，感谢相逢的人，一路风景，静谧时刻，那记忆之风在我脑中轻轻地扬起，只因为有你们，我的生命才能留下那一段段温馨的图景！

人生只有两种状态：一是坐庄洗牌，二是在寻找伯乐的路上。没机会坐庄时，最应该学毛遂自荐，肚中藏货，又不为人重视，为什么不寻觅新的伯乐？古人云："良禽择木而栖，贤臣择主而侍。"自我推荐，可以弥补他人缺乏识见给我们发展带来的瓶颈，懂毛遂自荐就能消除胸中的郁结，开辟出人生新的处境与出路。

毛遂自荐，也是一种境界。人若坦然，心即安定。心怀此念，一身能从容。在漫漫的生活征途里，请你别忘了叫心中那蕴藏的花儿尽情绽放，有梦，何处不是那温暖静谧的家园。

古人说：人为善，福虽未至，祸已远离；人为恶，祸虽未至，福已远离。灵魂不安是上苍对恶人最长的审判，胸无所愧是上帝对好人最大的奖赏。人生一路走来，既有萍水相逢的朋友，也有相伴数年的知音；岁月匆匆，时光无情，我们遗忘了很多人，也正被很多人所遗忘着；有时候想想，会心痛，但我们依然无法停留，只能一如既往不断地向前走去。生命的渡口，聚散两不依，才是人生的常客。

而剔除去浮华与烦躁，灵魂就能靠近水墨，人生如月，岁月像水，一如江南。

我在江南行走，遇到一棵松，一方水域，还有一座木质的桥，它连着我们来时和走去的路径。在路的两端回望，远处是山，是树，清晰又迷蒙。这映入眼帘的可是人生中那春秋两季的高度融合哦，心笔横斜，匆匆数笔，勾勒出一种别样的情怀来，那景况青葱又旷达。于是我选择了一个煦暖的午后，在一家客栈的阳台上偶然地悠闲，沐浴在初春的暖阳里，服务生给我沏了一杯清茶，那茶，温醇而清远，淡定而幽香，如水，如雾，如云如月，亦如花。我喜欢在这个时候翻几页古书，静静地品读先贤的智慧，古人说：天欲祸人，必先以微福骄之，所以福来不必喜，要看他会受；天欲福人，必先以微祸儆之，所以祸来不必忧，要看他会救。古人好辩证，今人爱牢骚；倒不如让自个儿海阔天空，潮涨潮落随它去，祸福相倚任其来，我只见月白风清，我只见青烟袅袅。简单的素朴，舍去是得到的前提，安静是积蕴的开始。我喜欢茶，但我一样钟爱咖啡，生活有时候就像一杯咖啡，你只有吃得了苦，才有机会领略到人生的原味。花开花落，无谓悲喜；人间聚散，实属常事；从花开中懂得欣赏和珍惜，在花落中学会感恩和馈赠，这正是生活。

时光的列车沿着岁月的轨道永不停歇地向未来奔赴，岁月飞逝了，可江南在我心中的那份圣洁，依旧宁静致远，灿若红霞。

人生波涛赛雪，岁月寂静无声。

有人认为人间四大煞风景之事，一为焚琴煮鹤、二为花间凉裤、三为背山起楼、四为临窗骂雨。其实这些在今人看起来，能算是没什么，今人急功近利，喜欢毁灭自己绿色的家园，使其乌烟瘴气，这才是最大的无知。

回忆起早年乘坐的绿皮火车，它的每一个窗口，都有一个即将远去的故事。我们可以在那里体悟生活，都说名如云，时卷时舒，都说利像海，潮涨潮落；宜淡。都说不恋官来不恋名，都说不恋床儿不恋窝；宜放。可对于常人来说，认真如此践行，并非易事。人生的确只是"淡""放"二字而已，我认为心如赤子的人，多是一觉常常到天明的主儿。

对江南的迷恋，并不能拒绝我对北方的喜欢。某年夏天，我去北方一个古镇，留下来的一幅剪影，珍藏在书页中。犹记得当时胜景如云，美人如画。

以前看到"绿水本无忧，因风皱面；青山原不老，为雪白头"这句话，我脑海里顿时浮现出老家那口池塘被风拂过时的样子来；于是迅速地理解了前半句，那后半句只靠想象了，直到一次经过四川境内的二郎山，时值秋季，眺望前方，我才知道"青山原不老，为雪白头"竟然是这般模样！

这是我去西部的雪域高原时的见闻和感受了。

很多时候，人之所以沉重和不快乐，是因为内心所求太多。换一种生活方式：自由自在，绽放自己，随遇而安，简单是福。侯门一入深似海，从此萧郎是路人，是一种悲凉。小河弯弯，终流大海。那蜿蜒的姿态，那曲折的旅途，一如凤凰涅槃之后的淡定与从容，它表意着人生前进时的步伐和岁月凝练之后的风姿，才是真正的美好呢！可人生有五憾：一憾童年无知时而不知道勤学，二憾年少轻狂时而不知道悔改，三憾青年无信时而不知道觉醒，四憾中年无用时而不知道反思，五憾老来糊涂时而不知道自重。我们总是匆忙地犯上这些错误。

我的一位江南友人，看到别人送给我一幅秋水图，顿生灵感，其说："生命在寂静中幽远，虽世殊事异，却也道出了有常和无常在天地间的自然的交接，它暗藏生机，但筋骨丝毫不减。枯木逢春时，即是生命沸腾，即是灵魂舒展。"都说江南女子不仅柔美，而且还很聪慧，以前我不太相信，彼时看来，别人的话果然不虚啊！江南和诗歌是同一个意象，就算一些诗歌不发生在江南，但因为其深沉的意境，也可以链接到江南水草。关于诗歌，我想起了北宋著名诗人惠洪在《冷斋夜话》中记载了一则颇有玩味的逸事：湖北黄州人潘大临善于写诗，作出了很多令人称道的佳句，可惜他的生活处境十分的清贫。因为苏东坡、黄庭坚等名家也十分赏爱潘大临的佳句，于是临川有一个叫谢无逸的人就给潘大临写了一封书信，向他求诗，信中说："近来，你又写了哪些新的好诗哦？"潘在回信中说："秋天一来，眼前之景物，件件都是佳句，可恨都被那些俗不可耐的东西给干扰和蒙蔽了。昨天清晨，我在床上静卧，听到了搅动林子的风雨声，灵感就突然涌现，于是我题壁写道：'满城风雨近重阳……'刚写出这样一句，催收租子的官差就毫无征兆地突然闯到家中来，遂败了我满腹的诗意。现在只有这样一句奉寄给你了。"在中国浩瀚的诗山词海里，有人说从季节、自然等角度出发，能够和"满城风雨近重阳"的精准恰切相媲美的诗句唯有"清明时节雨纷纷"这句了，潘大临只因有这样一句诗，就被后人无限地称道，传说中，这就是文学史上著名的"一句诗"之来历。说到这里，我又想起一则关于宋之问的文坛旧事。扶危济困、提携人才是一种美德。爱惜别人，是一种善良。而无私地赞赏别人，更是一种难得的人生境界。可在历史的长河中，常常出现一些令人瞠目结舌的事情。宋之问是唐朝一个名字很响亮的诗人，他才华高，悟性好，听说人长得也很不错，但其处世及人品却屡遭他人唾弃。宋之问政治上的趋炎附势固然被人看低，但这问题还不算大，其之所以被人诟病，主要还是在一桩命案上，古今中外，但凡文人都有爱惜自己文字的习惯，一日，宋之问的外甥刘希夷写出"年年岁岁花相似，岁岁年年人不同"之句，宋之问顿却颇有妙处，私欲横生之下，便想占为己有，刘希夷不从，宋之问竟然和他人用装土的袋子将外甥活活压死，写出《代悲白头吟》这般杰作的刘希夷竟然命丧舅父之手，时年不足三十岁，此事被后人称作"因诗杀人"。伟大还是平凡，终将都要坠入历史的波涛。活着时，无论境况怎样，都力求内在的精神不卑不亢，唯有如此，才能让心中的灵魂之树挺立长青。

想起一个网友的一则话：千万别觉得自己平凡。你生活在尔虞我诈的世界，却可以保持善良。你见过那么多出卖自我的人，却可以保持尊严。你见识过富贵荣华，却一直爱身边那最普通的人。你看起来平凡，却真的伟大。因为需要放弃多少诱惑，才能坚持如此的平凡。当你坚持自我时，心里就住着一个英雄。

路过江南的时候，我总是记得无锡。江苏无锡这个地方老爱出人才，这种现象在无锡钱氏家族这个群体上表现得尤为突出，上一次说过钱钟书，这一次来说一个也姓钱的人吧。钱伟长，江苏无锡人，中国近代力学之父，世界著名的力学科学家、教育家；他与钱学森、钱三强一起被周恩来合称为"三钱"；其在弹性力学、变分原理、摄动方法等领域有极其重要的成就。中学时代那会儿，钱伟长绝对算是一个"偏科生"，他18岁投考大学时，其在数理化上一塌糊涂，物理只考了5分，数学、化学一共也才考了20分，英文因为没有学过更是得了0分；只因为他中文和历史都考了100分，就被清华大学、交通大学、中央大学等五所名校争着录取；钱伟长听从叔父钱穆的建议，去了清华大学的历史系。1931年的9月18日，日本发动九一八事变，随即占领了中国的东北部，钱伟长这个在文史上极具天赋、数理化上极度"瘸腿"的学生，知道日本侵占中国事实后的第二天，就决定弃文从理了，他说：我不读历史系了，我要学造飞机大炮，决定要转学物理系以振兴中国的军力。清华物理系主任吴有训竟然也接受了这个物理只考了5分的学生，让他来试读看看，结果毕业时，钱伟长成了物理系中成绩最好的学生之一。1961年以前清华大学就是这样录取学生的。

无锡的钱氏家族，为江南增添了无限传奇的色彩。

外在的现实往往和内在的精神开玩笑。近年来，文化名人书信价值猛增，其中鲁迅写于1934年的一封书信，近日以655万的价格成交，平均下来每个字价值3万左右。内在信仰的缺失，让国人精神空洞，情绪烦躁，或横蛮无理、或唯唯诺诺、或萎靡不堪；其实解读鲁迅的人生取向与信念追求，远比收藏鲁迅书信更有价值和意义。

我认识的一对年轻夫妇为自己患上绝症的新生儿，弄得倾家荡产。邻居同情他们的遭遇，劝道：放弃吧，再生一个健康的就好！这对年轻夫妇，却执意不听，他们仍然四处奔波地为儿子求医问药。从现实功利的角度出发，这的确是一种赔本的投资，因为最终的结果会让他们人财两空；但从珍视感情、重视生命的角度而言，这种对生命执着不舍的举动，那份明知不可为而为之的实践却能够温暖人心，让人感到肃然起敬。从农村走往城市的路上，生命在悸动，岁月在流走；每当闲暇时分，童年的触角就不自觉地在搜索那旧日的三四月间，年少时一手牵着水牛，走在温纯的春天里，感受清风拂面的馈赠，泥土芬芳的气息质朴而清远，记忆深处，那燕子飞过屋檐时，它们的呢喃依然如昨。哦，岁月深深，人生不能重新回去了，可曾经生活过的日子却始终一如既往地温暖着我们的生命，并定格了我们这一类人走出来后的品格与基调。最是静好，心中之月生海上，弥漫清辉中，时光未曾老去，一树长青永驻心头。

物是人非是多么的快速。一个在北京某报社做记者的朋友，离婚后，用短信给我发来她的爱情感言：今日亲密无间的夫妻，也许明日就会分道扬镳形同陌路然后遥遥相隔；而今天互不相干各行其道的路人，也许明天就能水到渠成顺理成章地喜结连理；不是人心易变，而是时代发展得太离奇，时过境迁之后，我们被时光改变了一切。

人的眼睛望向前方，用来打量他人最容易，用来审视自己最困难。所以我们常常发现别人言行中的对与错，却难以感受到自己身上的是与非。古人云："知己知彼，百战不殆。"若要百战不殆，智者把认清自己作为前提条件，放在了第一位。连自己是怎样一个人都不知道，活在稀里糊涂中，却整天去揣摩别人意图、计较他人得失的心，其唯一的收获就是患得患失，它实际上比邯郸学步更为可笑。综合内因外因，给自己一个正确的定位，既不好高骛远，也不妄自菲薄；人贵有自知之明，认清自己，这是对生命的一份呵护；认清自己，这是对灵魂的一种坚守。而负责任，更是一种美：有一年寒假，我去广州授课，偶然地在一所培训机构给学生上了几节文学创作课，任务结束后，我回到武汉，渐渐地就把这事情给忘了。六月，我离开武汉去秦皇岛，途中，远在广州的夏老师突然和我联系，她想请我去给自己的学生上课，这个事情她之前并没和我商量过，我努力回忆这才又记起寒假曾经在那里上过课的事情来，我只好带着抱歉的口吻对她说：我人在北方呢，路途遥远，怕是没时间来广州授课了。夏老师恳切地说：你一定要来啊，我都跟学生的家长说你要来给学生上课的事了！我听她态度坚持，只好实话告诉她：我是真的不能来了。夏老师大概着急了，她赶忙补充：没经过你的同意，我们就跟家长说了，这不对。不过我们可以给你高一些的报酬，路远，我就给你订机票，可否？听她这般急切，我笑着打趣：这样下来，除去我的费用，你还能挣几个钱呢？我原以为这般说夏老师会知难而退的，哪想到她却说：这样下来，是挣不到钱了，可我不能失信于学生的家长啊。她这句表述，让我对自己的言语感到惭愧，并突然对这个85后的女孩产生了一份敬意。取信于人，然后坚定地践行自己的教育理念，才能在培训机构竞争激烈的广州丛林中，闯出一份沃土，此后方有栽桃种李，孕育来年芬芳的美好愿望。

北国的温暖，起于文字的交接，这个时候，那个地方已是千里冰封。可在大自然的寒冷之外，暖流依旧存在，它带着一份希冀，守护岁月，使我内在的心田永不枯竭。

想起江南，我记得在江南一所重点高校以教书为业的石珉，是我多年前的好友了。2009年，石珉去江西景德镇，回来后她交给我一只青花瓷。石珉虽然拥有名校博士后的学业头衔，但其言行，没有一点卖弄之感，也无半丝高深之气，其语句质朴得像山涧中流淌着的泉水。传说里有一种女子"心简如素,人淡如菊",说的大概就是石珉这样的人吧!走完一段旅程后,摆在我眼前的路总有三条,无论选择哪一条,另外的两条,我再也没机会去领略和实践它们了;对于人生之路的选择,著名作家柳青曾经这样深刻地阐述过:人生的道路虽然漫长,但紧要处常常只有几步,特别是当人年轻的时候。没有一个人的生活道路是笔直的,没有岔道的。有些岔道口,譬如政治上的岔道口,事业上的岔道口,个人生活上的岔道口,你走错一步,可以影响人生的一个时期,也可以影响一生。黔南某地山里,有一个叫"尧上"的地方新发现摩崖石刻,是一首七言诗。后两句为:"归来卧隐云深处,免得君王问有无。"我读研究生时的导师罗秉武先生认为此诗无论放在《全唐诗》还是《全宋诗》中,似乎丝毫不让古人。家乡虽然边远,十步之内,也有芳草。谁说民族地区就一定汉语文化水平不高呢!只可惜到目前为止,仍然不知该诗是何人所留、何时所镌。这位高人的名字与生平,恐怕也永远隐藏于深山最深处的弥天云雾之中了。

我从小就喜欢读书,在中国现代作家里,路遥和梁晓声两位先生的作品对我的影响最大,路遥所著《平凡的世界》一书,我一共读了十六遍,在我最困难最苦闷的时期,路遥的书,给了我精神上强有力的支柱;梁晓声描摹人间友情、亲情、爱情的篇篇佳作,让我体会到了人生的温暖和人性的善美。两位先生皆是1949年出生,路遥先生积劳成疾,1992年英年早逝,今生我无法见到他了。梁晓声复旦大学中文系毕业后,先后在北京电影制片厂、北京语言大学工作。之前和梁先生联系过,可后来又失去了他的联系方式。有一年夏天,我和朋友去北京,中途特意停留下来,想拜访他,可惜那里的教学秘书和办公室工作人员,均不知道先生的去向,更不知道先生的联系方式,只道梁先生很久没来学校了,问了学生,也是这般回答。之前和先生的约定,看来是遥遥无期了,我留在先生邮箱里的信件和资料,不知道他能否收到,想必已是错过的事情了。

我以为保持一颗童心的人,才能挽住一段诗心;保持一颗真心,才能收获一份爱心;路漫漫,花开花落,水悠悠,大江东流;童心让你的内在远离世俗的侵蚀，诗心让你的生活宁静致远、与众不同；真心让你的灵魂不再和虚伪为伍；爱心让你的人生醇厚绵长、迥然独立。在江南，我曾经听过一则流传于闽西武平县客家地区的童谣，让时光回首，或许使旧梦能够得到重温：月光光，秀才郎；骑白马，过莲塘。莲塘背，割韭菜；韭菜花，结亲家。亲家门前一口塘，打条鲩鱼八尺长。大头拿来熬汤食，尾巴拿来入学堂。入来学堂四方方，搬条凳子读文章；文章读哩几多本？三十零二本。一本丢落塘，一本丢落井。井里起银杆，银杆好架桥。桥上好食饭，桥下好洗碗。一洗洗到乌舌嬷，拿给阿婆养鸡嬷。

电闪雷鸣，云层激变；心如海面，照样能宁静致远。无论世事如何变迁，若心能营造出这样的湖，当喜怒哀乐融入圣洁之中后，时光总会过去的，人生何来所谓的悲喜与得失，一切皆是山外云卷云舒。心有朝阳，不惧眼前暂时的黑暗。烦恼，百般累；一笑，天下宽。月华如水，乡村的夜竟然这样安宁。

有一年中秋过后，我回到贵州老家，那时候天气渐渐转凉了，早上起来大概已经接近中午了，这时候，那朋友来访，倒是适宜喝它几杯暖暖身体的。在水井边匆忙地洗一把脸，朋友淘米做饭，我去塘边钓几尾活蹦乱跳的鲤鱼，提鱼回来的路上，又可以顺道去自家菜地随意抓几把鲜嫩的时蔬，如此，就可以架锅饮酒了，酒也是裸酒，自家酿后盛在酒坛中，没有城里那富丽妖娆的包装，可使它近乎接近于原始，不过倒也来得十分亲切。饮酒，可以侃宽天说厚地，亦可以畅谈岁月轮回，没有隔阂和客套的寒暄，人与人之间如此自然亲近，这是多么美好的景致哦！不过这样的团圆总是不愿大醉的，八分酒意进肚就可以收杯暂时停歇了。收杯时接近午后，阳光温纯，充满暖意，人人皆是慵懒，个个醉眼迷离，都来院后的木椅上休憩吧，沏一壶茶，不久，有的睡了，有的还醒着，茶杯里的热气袅袅娜娜，钻进瓦缝间，人间烦恼恰如天上的浮云，这时候，早已飞往九天之外，了无踪迹。一个人最大的成功，不是你挣得了最多的钱，因为商场变幻，钱财流转，也许转瞬之间，你就会坠入谷底，变得一无所有。一个人最大的成功，不是你拿到了最高的学历，因为学术和学历常是两码事，而思想和成就一定要靠时间来考验，它和学历绝对没有多大的关联。一个人最大的成功，不是你身居高位、大权在握时的颐指气使，因为仕途凶险，今天酒桌上和你称兄道弟的人，明天在背后就有可能悄悄地捅你一刀，让你万劫不复、身败名裂。

我想人生最大的成功不是才高八斗，人生最大的成功不是腰缠万贯，人生最大的成功不是妻妾娇嫩、房产无数；人生最大的成功是夫妻和睦，不离不弃；人生最大的成功是弟兄友好，团结互助；人生最大的成功是子女纯真，感恩孝顺；人生最大的成功是你的存在，让爱你的父母和亲朋感到踏实安宁；人生最大的成功是你的活着，让周遭的人感到真诚、温暖，并相信美好的存在！

人生伊始，紧握双拳，身无一物，呱呱而哭；人生最终，摊开双手，一物难拿，悄然远去；人哦，你身前身后本来就无一物，何须为名缰利锁而历尽纠结；幸和不幸，皆在一念之间；拿得起，天宽地阔；放不下，泥淖重重。一般情况下，在现实世界中，一个人想按照自己内心的活法来过日子，只能等到自己具备足够的能力后才能践行，拥有的本领越多，获得的自由越大。弱者向不完美的社会讨要自由无异于痴人说梦。静看岁月，突然发现：人生中，很多道理谁都容易明白，短暂的行动也不是很难，它只不过需要人一时的勇气罢了，最艰难的莫过于那些人，当他们找到适合自己的路时，照亮前行的太阳落山了，可他们还能点起火把，毅然前行中，坚持不懈；百折不挠里、一路走到底。避开短处，发挥长处，这叫避短扬长；充足的底气加上大胆的尝试，这叫自信；人生旅程中，若在避短扬长的土壤里，种上孕育自信的幼苗，生命的奇迹将会不断地涌现！

被称为中国最后一个大儒的梁漱溟，年少时候，就迷上了古老的东方宗教。他对宗教的发现，和当年的悉达多太子如出一辙。一次，在街上，他看见一个拉人力车的白发老人，年老力衰，仍然勉励前行，坐车的嫌他慢，催他快跑，老人一忙就跌倒在地上，血流出来，染红了胡子。梁漱溟后来写道：而我的眼里，也掉出泪来了。据说此后，他一生不坐人力车。中学毕业后，投考北大不中而落榜，却因一篇论文被蔡元培欣赏，而受邀到北大任教。抗日战争时期，他不惜余力，四处奔波；（1949年）解放后，作为毛主席的诤友他名满天下，受到共产党高层的重视，为了改变底层百姓处境，他又倔强地不依不饶地同最高领袖据理力争，不合时宜的性格使他的人生跌宕起伏、坎坷不尽。也许冥冥之中，年少时，那一次在大街上，佛法似乎已经为梁漱溟解决了一个少年对生命意义的第一次质问，也为他指出了一条不同凡俗的人生方向。简简单单、平平淡淡才是生活本质上最渴求的东西。掌声如雷、繁花似锦、富贵双全是可遇而不可求的机缘。我们迷茫时，花团锦簇的虚幻常常灌注在我们欲望的心田中，它使我们迷惑，并做出错误的抉择来。不是我们不聪慧，而是我们太年轻，年轻时，很多道理，我们总是不明白。我们一直在烟雾缭绕的世俗中寻觅心中所期待的幸福，直到有一天我们被坚硬的现实碰得头破血流了，我们才真正明了社会和生活的常态，这时才停下来思考，我们纠结当初的选择是否适合自身的希求。我觉得人生迷茫，当眼前烟雾缭绕时，生活在这里是需要我们停下来歇息一下的，灵魂也需要慢一拍，等看清前路的方向再走，人生有时候，不需要那么急。只有这样，才能避免自己草率、不负责任地做出那些有悖于灵魂并让自己日后感到无穷懊悔的事情来。生命的本质，在于精神深处要树立一种像树一样的昂扬斗志，唯有如此，代表灵魂的脊梁才不至于匍匐和矮化。在蓝天下，我们感受四季轮回，在生命的春风里我们生根发芽，走过溪流淙淙的夏季，我们能够领略秋高气爽，我们用熠熠生辉、灿然似金的生命编织季节的花篮，我们一直等待冬天的光临，我们在风清月明中，迎来一份清然自许又幸福十分的人生画卷。

有一次在北戴河，我看到了一个清新如画的处所，颇令自己频频回首，那可是洗涤人生旅途疲惫，并赋予人希望和寄托的地方哦。"有个统计学家，他做什么事都喜欢先把这件事的好处和坏处都列出来，再决定要不要做这件事，有一天，一个女人来找他，想要跟他结婚，统计学家很是犹豫，他让那个女人先回去，然后他又开始列举出结婚的利弊。三年后，他终于把数据统计出来，却发现好处和坏处是一样的多，他最终决定去娶那个女人。可，这时候那个女人已经是两个孩子的妈了。这个教授在临终时烧掉了自己所有的著作，他只留下了两句话：前半辈子不犹豫，后半辈子不后悔。其实尤其在年轻时，凡事都要大胆地尝试，不要害怕出错，要相信自己的能力，即使出错，还有很多时间可以改正。但如果不做，时间，机会不会再来。"这是一则充满着人生哲理的故事，我没有从正面而是从一个斜度去看待它，因而它使我想到了自己，很多年以来，无论做什么事情，我几乎都喜欢把它拖到最后，事情急了才来赶，这种处事，我原先还自以为是对自身能力相当自信的外在显现，因为最终的结果我一般还是能够完成的。直到有一天，我在一个地方读到了上面这则故事，我的内心才猛然地醒悟过来，原来自己的"急才赶"不是什么能力，更非是什么自信，而是长久以来我一直都在迁就自己的惰性、纵容自己的马虎。接受任务到执行任务这段长长的时间里，我一再辜负，这是我性格上留下的一个黑洞。一切始于平静，平凡的人生，掐住一段岁月，愿心中藏着一支神来之笔，只遗憾岁月的华章不够清晰，它似乎还在若隐若现，心中不变的希冀，呼唤我要在短短的时光中，用努力的忙碌来填补先前人生中那一段长长的空白，唯愿苍凉的纸面，在笔墨的浇灌下，能够绘成圣洁的花海。心中的明月曾经在辽阔的海面上，一跃而起，她映照出灿然生辉的光华。那一夜，我在海岛上静静地守护花儿开放，举起神的双手，海风徐来时，是谁跟我一道遥祝今生的等待与来世的幸福！人生就是一个接着一个，不断地冲破灵魂纠结的过程，岁月的海水似乎一直在演绎着那无尽的波涛，层层涟漪就是心灵深处的皱褶；心怀美好，人在礁石上，能舒展灵魂的纠缠，能绽放生命的喜悦，心无挂碍之后，才能清然地感受到天高水远，岁月多情。心无旁骛就像乡间的这一棵老树，年年，它都在天地间默默无闻地萌发出生命的执着与期许，别无他求，不为喧嚣繁华所动，扎根于泥土的沉寂，只是树立于春来时给大地增添一片绿意的希冀；全身心地投入，专心致志地去做一件事，它不是一种心态上的取舍和抉择，而是一种内心深处迸发出来的主动与出击。当你拥有坚毅的定力时，你才配拥有更为广阔的世界。若你总觉得自己在工作和学习上处于被动，这不是环境出了问题，而是你对人生的驾驭能力还远远不够！沉稳和自信，自由和坦然，它永远只眷顾于那些心藏坚定信念，并勇于付诸实践的强者！人生如月，寄托清远，在圆缺之间，感受命运的多元馈赠。岁月如画，领略一份秋高气爽，顿悟一种叶儿正红。

黄小军有一篇文章叫《掩卷而蠢》，结尾有一段叫"乞者的骨气"，是用第一人称来写的，颇有玩味，录之如下：我是负责保管大家捐交的善款的。有一天来了位乞者，他问我要两个小钱。我说我没有小钱，只有大钱。说罢我从善款里抽出两张百元的大钞给他。乞者喜出望外，接过钱正欲离开，但被我叫住了，我得写个东西，让他签字。我写道：遇一乞者，状极可怜，善款中抽出五张百元，聊以资助。写罢，我让乞者签字。乞者接过一看，大叫，好呀，你想贪污。于是拒签。我也大怒，骂道，你个死叫花子，别不识好歹，给脸不要脸。更没想到的是他居然把刚接过的两张百元大钞劈面朝我砸来，嘴里哼了句"堂堂乞者，岂与污浊之辈为伍"。说罢，扬长而去。说实话，我不知道该是要气昏过去，还是要笑昏过去，抑或我该从乞者的身上看到这庸俗的尘世里还有那么一丝光明的未来。

小军对世界的看法充满着一股忧虑。

秋天，心如浮云，离去，是为了完成那年许下、如今尚未完结的任务，离开江南，心中燃起了无限的不舍，信任和期待是一种来自茫茫人海里的偶然祝福，它绵绵无期，而我却已无福消受。漫江碧透，一地金黄，翩然若蝶，秋哦，你向何处去！心灵安定就是富，被人需要即是贵，传统与现代的完美结合，江南小镇，山水之地，一个寄托宁静、安详和幸福的地方。世界像广阔湛蓝的那一份遥远，人心是月，感受秋高气爽之后，收获天高云淡，再端详那灿若黄金的树叶，才发现：岁月竟如歌。雨敲前窗，下了一夜，如今依然没有停歇的意思；所幸心灵深处还藏有那一份蓝天大海，故这秋雨绵绵，也是清逸，这可算的是大地暂时给人间演奏一段天籁之曲吧！

　　平生不谙英文的我，也仍然喜欢这一句：You raise me up so I can stand on mountains；因为它的中文可以译为：您的鼓舞，让我立于群山之巅。还是秋天的午后，我在广阔的稻田边散步，那伏在水面的莲被我的脚步声给吵醒了，它们睁开惺忪的睡眼，痴痴地问，大地都金黄了，今个儿那雁儿什么时候才开始南飞哟！若遇到这样一处印着天光云影的好水，或许能够彻底洗净半生的尘埃。其实在心的最深处，每个人都有一片海，那里既有风平浪静的时刻，也有波涛汹涌的时候，心态很大程度上决定着幸福的感受，因为快乐不是一种性格，而是一种生活的能力。捧住生命的大海，心有碧水蓝天，收集波澜壮阔后，在旭日东升时，人能描绘生命华章。组成生命的时光恍若那溅落在掌心中的雨滴，穿指而过。细雨在寂静的午后，在我眼前，它不知疲倦地，轻轻捶打生长在屋檐下的芭蕉，我挽留不住光阴流逝的脚，生命终将流走。可，在活着的岁月里，你我依然可以将人性的温暖留在人群的深处，还能把最美好的灵魂置在世界的尽头。芦苇满坡，清风徐来，尤记得那时年少，山里放牛，正值天真烂漫时。河上，烟雾缠绵；水下，红掌拨动清波。看那鹅，执着里，不失淡定从容。

　　年少在寨子里看电视连续剧，记得《封神演义》里有这样一段对白，说的是那一次云中子进皇宫，走到滴水檐前，他不拜帝王却只打了个稽首，说："陛下，贫道稽首了。"商纣王心中不悦，质问道："道长从何处来？"云中子答曰："贫道从云水而至。"纣王曰："何谓云水？"云中子答："心似白云常自在，意如流水任东西。"纣王发难："云散水枯，汝归何处？"云中子微微一笑："云散皓月当空，水枯明珠出现。"山中无物，人生之夏，只有一株百合，淡定从容，悄然绽放。钱锺书的夫人杨绛先生，今年102岁了，她著有《洗澡》《干校六记》《我们仨》等文学著作；有一次，回首往昔时，杨绛这样总结人生：我们曾如此渴望命运的波澜，到最后才发现，人生最曼妙的风景，竟是内心的淡定与从容；我们曾如此期盼外界的认可，到最后才知道，世界是自己的，与他人毫无关系；我们曾如此计较付出的回报，到最后才懂得，一切得到终将失去，只能空留一抹浮名。走好选择的路，别选择好走的路，你才能拥有真正的自己。

江南，轻雾扬起的江面，时逢七夕，借着阳光的抚爱，谁能把握那水面的温柔啊，你撑一支长篙，我借风归去。纤云弄巧是一种等待前的别致；飞星传恨是一份期盼后的急切；银汉迢迢暗度是一份不惧万里的执着；金风玉露一相逢是一次难得的相依；便胜却人间无数是一种遍历坎坷后的懂得；柔情似水是善待；佳期如梦是呵护；忍顾鹊桥归路是不舍；两情若是久长时是一辈子的坚守，又岂在朝朝暮暮是一生一世的约定与珍惜。所谓的七夕不过是，世间无数情侣、夫妇，在日日相守下，却不懂得珍惜目前的拥有，在物欲、贪念、琐碎面前他们往往不能坚守爱情的初衷，以致深陷于物，无法自拔，故常艳羡牛郎织女的简单执着、坚贞不渝，哪怕他们一年才有一次重逢的机会。话说回来，假设真能把他们中任何一对夫妻或情侣换成牛郎织女的话，这些人马上就会反悔，叫苦不迭，常说寂寞难耐的。人生若只如初见，那该多好。可年华流转哦，直让秋风悲画扇；犹记得你在长江之滨的背影那日浸入韶光，多年后，世事在心头风起云涌时，不知道你在我岁月的影像中是否还鲜活依然、风韵如故。人生旅途上的酸、甜、苦、辣、咸，构造出心灵中的喜、怒、哀、乐、怨；在岁月中感受生命的流向；人，可以彷徨、可以迷茫，但心灵之花，总是要那么怒放一次的，诸如这墙角下的生灵，她被困厄，她柔弱十分，但，她单单就是不放弃自己心中那份紫色的梦幻，因为那粲然的花朵，代表了她坚定的信念和不尽的梦想。行走在岁月深处，留一种情怀，宽容过往，用温暖的目光看待拥有，等待一份充满爱意的未来，邮寄一份执着的心愿啊，寄给那夜夜落下清辉的明月，借一双慧眼，我们在凝视前方中，心灵纯净，满脸富饶。禅师声名远播后，求道者络绎不绝，三四月间的某日黄昏，禅师栖身的寺庙来了一位情路坎坷、身心疲惫、满脸忧郁的中年女子，还未坐定，这个女人就急着问禅师："人间种种情绪，为何情爱最是伤人！"禅师答曰：

"人欲求回报，皆出自私心。"女子不解，喃喃自问："回报是什么，私心又怎么解释！"禅师释义："人本性常在施恩图报，付爱求情；其实人间本来无一事，是那世人自寻恼。"女子又问："人生路上，常常出现我爱的人不爱我，爱我的人我不爱他；我该怎么面对此般境况！"禅师在落英缤纷的石桌上给女人倒了一杯茶，然后手捏佛珠，微微一笑："祝福前者，感激后者。"女人长叹了一口气，说出了内心深处的郁结："我爱的人和爱我的人有幸结缘相守多年，可他最终还是背叛了我，他抛弃昔日恩情，已和新人结合，却是为何！这世间人心又为何如此善变！"禅师回答她："这个季节，正是草长莺飞时，万物都在变，在漫长的人生旅途中，人心岂能一尘不动。缘如风，来去皆为天定，二人相守，若心相依，当怀感恩，常以善待；若心分离，当以宽容，送之祝福。"女人看着天边，默然不语。看状，禅师从宽大的衣袖中伸出手指，他遥指天边的红日："爱之大莫如他，虽泽被万物，但因不求回报，故其心坚。"

禅师问一个人："你不辞万里，风尘仆仆一路赶来，心中究有何事而不开呢？"求道者答："为什么努力活着的人还会遇到那么多坎坷！"禅师笑曰："人生本来就是一场修炼，只有经历过坎坷和磨难才能让你的精神丰满、灵魂富足。"求道者又问："为何他人的前程金碧辉煌，一路耀眼，鲜花掌声不断；而我的前方却只是重重泥土，泥泞不堪，更恨还有沼泽阻挡！"此时，禅师神色突然严肃起来，他说："遇尘土，做一棵参天大树之种子；逢大泽，做一尾跳跃龙门的鲤鱼；何来悲苦，换个心境，努力生活，你自然会得到解脱。"

人生旅途上的酸、甜、苦、辣、咸，构造出心灵中的喜、怒、哀、乐、怨；在岁月中感受生命的流向；人，可以彷徨、可以迷茫，但心灵之花，总是要那么怒放一次的，诸如墙脚下的这朵紫色花，她被困厄，她柔弱十分，但，她单单就是不放弃自己心中那份紫色的梦幻，因为那粲然的花朵，代表了她坚定的信念和不尽的梦想。温暖是心灵流浪后的一种需要和回顾，她是童年时代的一道纯真，在记忆深处，我们清纯得如这个女孩，手捧一枚芦花，痴痴无可名状地遥想着未来的样子，当时的我们哪里知道就是那一面湖水、那一片芦苇、那一条黄狗，轻易地就组成了生命中幸福的印痕，化成了我们现在天高云淡的温馨和久久难忘的念想！生活的意图，隔湖相望，造船，可使海天相接，此岸连彼岸。我回家，住在水上也睡在水上，因为家就安在那池塘的上面，老屋周边都是绿油油的田野，夜里，稻浪翻滚，微风习习中，不时有鱼在水塘里跳跃，发出近乎天籁的声音，我栖息在这样一个地方，感到心灵富足而安宁，宁静让心灵舒展，可以什么都不去想，也许这就是我内心深处一直在企求的那一份素朴的幸福和感受吧！岁月恒久不变，如东起西坠的红日，不断周而复始；人生却如草叶上的露珠，在稍纵即逝的时光中，通脱的灵魂晶莹剔透，它顾不上光阴的急促和生活的琐碎，它只知道在一种清然的淳朴里专一地映照着草叶青青，最终使天蓝云远，生命清晰。西方有一个关于狼的传说，说的是：有一天，一位切罗基族（北美易洛魁人的一支）老人告诉他的孙子，他心里一直有两只狼在搏斗：一只是邪恶的狼，充满愤怒、嫉妒、悲伤、遗憾、贪婪、自大、自怜、负罪感、怨恨、自卑、傲慢、自私。另一只狼是善良的狼，充满喜悦、和平、爱、希望、宁静、谦卑、善意、仁慈、同情、慷慨、真诚和信念。孙子想了一会儿，接着问他爷爷："那到底哪一只狼赢了呢？"切罗基老人淡淡地回答道："我喂养的那一只。"人性的善恶的确如两只狼，自己喂养哪只，就会放纵哪只。篱笆外，记得那年大雁正南飞，遥想是谁在那里留下背影，又是谁在那个地方高歌一曲，让黄昏的清冽顿时尽情地无限上演……

在夏风微微扬起的清晨，早早起来，让身和心一道，共同感受云贵高原上那一份朴实和原始，在远离繁华和喧嚣的都市欲望之后，在灵魂栖息的原野上，心如水上那淡紫色的水葫芦之花，它在守望岁月中，静静地开放；若心如水，我们就能在这个世界上随遇而安，并能托起满塘的水葫芦，在奔流如飞的日子中，用灵魂的真善美构筑起属于你我生命的华屋。岁月如风轻抚，生命清新如画；一生为荷而来。手捧鲜花，住在清香弥漫之地，莫如心怀花蕾，让灵魂的花篮在长长的岁月中一如既往地朵朵绽放在生命的品格上，内在的沉稳和外在的温情，常常让人产生信任的奇迹。其实在其他动物的世界中，这种现象也一并存在。岁月如烟似雾，愈走愈远；人生已入夏，生命才如荷。在清然如水淡定如风的日子中，触摸流水漫漫，感爱心花纯远。人生是一段很远的征程，晴天与雨天在这个过程中总是交错地出现。每一个人都有这样一段或那样几段在风霜中踽踽独行的历程；在奔走如流的岁月中，缺乏远见的人常常被旧日那灰暗的时光所锁住，使他的灵魂永恒地沉浸在锈迹斑斑的记忆之门，心有枷锁，不能自拔。懂得生活的人，他常常抛弃灰暗的记忆，让灵魂的温纯指引路的方向，他采撷了苦涩岁月中孕育出来的花蕾，他收获了风雨之后那美丽的彩虹，过后，他还能心怀梦想，在不骄不躁中，不计得失，淡定前行。

张国庆在"中法软实力论坛"演讲时，举了一个例子。说的是孙中山先生有一次被人问道："如果你不当总统还能干什么？"孙中山先生想了想，很严肃地说："我觉得我只适合当领袖。"的确如是，孙中山去卖酱油、扛枪打仗可能吗？就算真的去干了，他可能在很大程度上也做不好的。孙悟空护送唐僧去西天取经，一路除妖降魔，所向披靡，但大圣当年在蟠桃园当保安时，工作就做得极为不好。两个姓孙的，一个是人，一个为猴子，却告诉了我们相同的一个道理，那就是，别以为你放下身段，卑微地做事就能干好工作，人生中，最重要的莫过于你能够清楚地知道自己属于哪块料，并一直坚持不懈地干你这块料应当做并能够做好的事请。周末的窗外细雨迷离，在初夏的清晨里安然地静坐。聆听一曲，我们抚慰过去如烟的往事；细品一歌，我们寄托希望于未来。有一份祈望，那是岁月的渲染；有一份回首，那是温暖的回忆；琴键起落中，突然感到心平气和、自然安静才是生命中最大的福。我因年老，行动较慢，在排队走路、上楼梯的时候，常常有人抢在我的前面。严格讲这样不很礼貌，但我总是心平气和。因为我并不认为他的抢先一步，就意味着人生道路的优先和快捷。恰恰相反，人生道路的成功在于判断的正确，善于学习，勇于纠错，而不在于和别人争先恐后，还因而得罪了别人。中国知名学者茅于轼用行走这一现象来谈论人生道路的选择，以及在这一过程中人内心深处所需要保持的一种态度。

　　在一湾浅海边，有人守望着遥远的幸福。昨夜，我梦到一只美丽的海豚，它悄然地跃出那湛蓝色的水面，一脸无辜中，却能随意地画出一道优美的弧线，浑身轻盈，上下圣洁，此刻，水面无瑕，生辉熠熠。诸位，明天早上，要不你们也牵牛来这里吃草？过后你们还可以边看牛吃草，边慵懒地沐浴一阵无限清纯的朝晖，在想象中感受清新的无限明快吧，晚安，即将入眠的人们！社会是一棵树，每个人都是枝上的一枚叶子，从冬的孕育到春的萌芽；从夏的成熟再到秋的凋零；叶子的经历其实就是人生的写照。从生到死，在始终追逐阳光的路上，树叶的命运个个不一，有的在春天就夭折了，有的到夏天就亡故，也有的冲破了秋天还挂在枝头。人，最应该按时令来行事，在遵循规则的基础之上，大力创新。若混乱时节，逆天而走，其结果多是以惨败而告终，通常情况下他们更容易被季节淘汰出局。

　　林间平静，湖水清远，方能映衬着天上的明月；内心纯良，灵魂宽厚，才能感受到人世的温暖。人生总要经过这样的芦苇坡，这是一个阳光弥漫、大浪滔滔的地方。此时，心境磅礴；这刻，最该奋力前行。生命里的温暖与肆意奔走的岁月如山中的小径，它一直都在不断地延伸着，山路弯弯，岁月弯弯，人生弯弯，心境亦弯弯。在性格演绎而成型的生命圆弧上，要像珍惜灵魂里的玫瑰一样嗅住生活中那四处散落的芬芳。在广漠的人生里，几乎每一个人，都在搜寻生命的湖泊，在不断划桨前行中，感受水雾弥漫。心无论大小，人活在这个世界上，其意义所在就是为了找到心灵的归属和梦中的希冀。清晨，夏风习习中，请你在繁忙中停歇下来吧，找一个时间，你在心房里种下一片紫色的花海，紫色是一种梦想，它能给心永恒地留下一份梦幻的感觉。岁月如水，缓缓流逝，从不回首。但那盛开在心头的花海足可以使我们烦琐单调的生活变得无限美好，更能使我们在平淡的人生中感受到岁月变迁后的自在自足和丰厚圆满。在金色的沙滩上，那两把木质的椅子，舒然地靠拢，它们守候在海的岸边，也许一直都在等待那两个要来这里的人，传说中这二人喜欢看海水翻滚，喜欢看夕阳染红天际，也喜欢看海浪随意波动，这时候岁月从他们的指间悄然滑过。忙也罢，闲也罢，其中一人喃喃地说：人生最难得，是看淡成败得失后的那一份安宁喜欢自由自在地行走哦，永远都要呵护自己那份不拘一格的真性情，出发在天蒙蒙亮的时候，身前，给自己一份希冀里的时间和温暖，身后给他人留下一种想象中的空间和光芒，你看看，那前方的朝阳就要破海而出了！心似芳草，绿遍天涯，岁月清纯远净，轻盈地流淌。情若河水，梦及沧海，日夜静怡恒久，悠然地奔赴。挫折让人坚韧，痛苦使人成熟。那些没有遭受过挫折和痛苦的人生就像没有经历过风雨的花草，若遇寒霜，他们就会惊慌失措。从这个意义上来说，我们所经历过的挫折和痛苦正是上苍赠予我们的一笔财富，正是因为有了这些，才让我们的生命得到超越、灵魂得到涅槃。北方的夏天，给人清新明快的感受，它没有南方的炎热和沉闷。朝阳冉冉升起，感谢生命旅途中我所遇到的人，是你们使我懂得了思考，也是你们使我走向了成熟，更是你们让我留住了心灵的温暖和生命的厚重；让我们一起分享天地馈赠的霞光，粲然地度过生命中的每一天！人，在充满活力的有生之年，本质上都只是在追求一份幸福，所以个体的期待单纯得如涓涓流淌的小溪，其实生命并不需要过多的奔腾起伏，人生最可贵的财富莫过于在岁月的流逝中，能够时刻感受到灵魂深处的宁静之美。终于还是离开了这座城市，在灵魂没有归宿的时候，身从云上穿过了，去遥远的北方，去一个陌生的土地，去治疗一段无以言说的结局。有人说：那梦如烟火般短暂，但没有人能够夺走那永远、那最干净的凝望。人在天地度日月，有如飞鸟掠过水面，踏浪而歌，会让身后留下一个又一个充满无限清远的涟漪。教育如同牧马，有眼光的教育设计者懂得因材施教，因此他们不设条条框框，而是常常给那些马驹以广阔的空间，使其在内心真实理想的引导下能够自由自在地奔腾不息。这样，日积月累，不知不觉中，马驹就练好了千里马所应具有的志气和脚力。站在这山水环绕、海天相接的地方哦，梦想，还有那在都市里攒下的欲望，顷刻间，就让这海水浸泡得绵软，然后消失得无影无踪。看云天开阔、朝阳闪烁，看海水浩渺、微波轻动。有一阵子，内心里的那一颗心，只想自由自在，安静平和地生活，然后随着岁月一道，慢慢变老，终了，再坦然地融入天地，载入眼前这无边际的云海。被誉为七绝圣手的王昌龄，他和李白、高适、王维等人交情深厚，王昌龄深度不凡，他挥笔就能写出"秦时明月汉时关，万里长征人未还。但使龙城飞将在，不教胡马度阴山"这样的诗句。安史之乱爆发时，王昌龄为探视家人，归回故里，时任濠州刺史的闾丘晓嫉恨王昌龄之才，狭隘之下，找了一个莫名其妙的借口将王昌龄杀害。岁月飞逝，王昌龄的粉丝张镐按军河南时，他命令各州率兵救睢阳，而闾丘晓畏敌不前迟迟不发兵，睢阳陷落后，张镐要杀闾丘晓，闾丘晓乞求张镐饶他一命，他的理由很人道也很孝顺：家有白发苍苍之母亲。张镐回答他："王昌龄的母亲，又有谁来养活呢？"闾丘晓默然不语，随即被张镐杖杀。我们不一定赞成张镐的所为，但闾丘晓狭窄的心胸，的确窒灭了中国文学史上一颗巨星，同时也让两个老母亲一起晚年丧子，饱尝着白发人送黑发人的无限悲凉和凄苦。

岁月如歌，生命是一支一旦开弓就永不能回头的箭。初夏的清晨，站在孤岛的巨石上，看一轮红日出海。转瞬，前方的海面和天空就都被染红了，不过这些在我们的旅途里，只不过是短暂的小憩和憧憬罢了，唯有排除干扰，脚踏实地，才能达到心中的愿景之山。路如山脊，曲折蜿蜒地伸向长长的前方，迷茫只是希冀偶然地偏移于心房后而出现的短暂错觉。我让那心中蕴藏的太阳冉冉升起，这暂时飘荡在耳畔的雾，迟早要被涤荡干净。为了心中的温暖，愿那用年华和心血化成的一份光芒，温纯又永恒地绽放于眼前。原有的企盼始终坚韧地凝望着那个灵魂富足的山头，心在哪，如何安放？心在远方，心在路上，心在行走，心在执着的旅途中不断涅槃。很喜欢的一张照片，你看，那初春的阳光是这么随意地照在素朴的墙头上，一切好像都是在随意地发生，没有一丝经过雕琢的痕迹。树叶间到处弥漫着煦暖又青春的味蕾，连墙头的缝隙都填满了春天的脚步，有梦的人哪，你看那遥远的天际，她正在打理着你我追逐梦想的背囊！在这个世界上，很多人就像这枚叶子，他们常常被世俗、工作、人际等外物所困，这条看不见的链子非常坚硬，横空地形成牢不可破的枷锁，它直接把人的身体当做螺丝钉来使用，顽固地强制鲜活的灵魂，人生无限的美好和想象在这样的境况中变得百孔千疮，稳固只是表象的虚弱，灵魂的缺失才是十足的荒凉。人生于天地，恍若一片羽毛偶然地划过蓝天之下。人可以学它迎着纯远的自信，全身心地闪耀着灿然的光芒，载着阳光，心装白云，坦然地翱翔在一方属于自己领域的世界之中。很多时候，我们常常羡慕别人的成就和幸福，而忽略了自身的拥有。给自己创造一次临窗眺望的机会，我们内心深处就会惊奇地发现，在人生的不断运行的列车里，其实每个人感受到的阳光几乎相同。有一种呵护，叫年少叮咛，有一种希冀，叫青年离别，有一种安宁，叫中年守望。人世间，匆忙几十载，那份一直萦绕于心间的感觉，有人说哦，你叫父子情深。弯弯的田，曲折的水，夕阳下，那余晖肆意地展示它的余威，田埂灿然着，那掩映在树丛中的农家小屋现出金色的光芒，还有那水，构成了一幅精美绝伦的画，但，有谁又知道诗意的背后却是农人无限的苦守与艰辛。那一年，我离开故乡去远方寻梦，日夜潜伏在田野上的风，转身跑来，她紧紧地拉着我的手。等候送我的小树也在一旁开口了，那树叶哦，微微地跳动，她呢喃着……

  我和我的灵魂都将站在绿色的田野上，张开双臂，遥望理想的皓月，感激人生和岁月赋予的无限希冀与恩赐。人生由无数个选择组建而成，每一次选择都在暗暗地决定着我们以后的一段航程。又走到人生的十字路口了，摆在我的眼前有两条路，一条是热闹的繁华大街，一条是静谧的林间之路，我遵从内心的抉择，拐进了这里，我失去华丽的转身，收获了从容的宁静。这匹白色的骏马，在广阔无垠的原野上肆意驰骋，可，那偶然间在花丛中的一次驻足，雄峻的它仍然掩不住眼里那一抹温暖无限的波光……

  古人说：人为善，福虽未至，祸已远离；人为恶，祸虽未至，福已远离。

灵魂不安是上苍对恶人最长的审判，胸无所愧是上帝对好人最大的奖赏。

人生一路走来，既有萍水相逢的朋友，也有相伴数年的知音；岁月匆匆，时光无情，我们遗忘了很多人，也正被很多人所遗忘着；有时候想想，会心痛，但我们依然无法停留，只能一如既往不断地向前走去。生命的渡口，聚散两不依，才是人生的常客。

又一年，春节临近，南国旧地，一池荷花，渐次地开放着，倚靠在那间古朴的小屋旁，我只顾拍下那几朵平静的花魂，让它们和这突然闯进镜头的陌生背影，相逢在某一个时刻。

有一种爱叫含辛茹苦，她来自父母的馈赠；有一种爱叫风雨同舟，她来自友人的信任；有一种爱叫相濡以沫，她来自情人的相知。父母是村口的一棵树，友人是路上的一座桥，而情人是一颗长在南国的相思豆。生命的渡口，兰舟催发；岁月的天空，唯心相伴；才能拥有人间至上的幸福。

生活中的失落与痛苦来源于内心深处的不足，这是欲望使然，很多人对此却浑然不知。拿自己的不足去和别人的多余相比较，除了给对方以明显的优越感以外，自己得到的多是失落与浮躁乃至感伤与愤懑；人生真正的幸福是来自内心深处的安宁与静远，唯有剔除生活的浮躁跟不安，才能感受到花儿绽放的幸福。我看到鲜花点点，这一簇，那一簇的，清澈的湖水被风吹皱了一平如镜的面；冬日的午后，让我想起江南的美好来，偶来那里走走，静静地看着那树、那白云、那蓝天、那风车，还有那古朴的小屋哦！这是一个处所，这是一个天地，这也是一种生活的心境。

梦想实现前是一段长长的等待，在这等待的日子里，生活永远为努力前行的人馈赠着那一份安定充实的表层姿态和坚固从容的内心感受。海上的礁石，它们在海水中浸泡，并长久地沉思。梦中，我在江南小镇的客栈里，沐浴阳光，且听风吟；醒来，却在大渡河之滨，抬首，千山是雪。

滔滔河浪，肆意汹涌，我亲爱的人哦！其实我心里一直在追寻的那个江南，它其实并没有固定的场所，它只是我心中那奔腾不息的希冀哦！

潘洪巨

在太白的光阴里逆流而上

一直都相信,文字里的暖是可以润心的,就如一朵花,开在干枯的心床,它可以温暖视线,增添美丽,润泽心扉。文字,心灵的源泉,心闲时,可以在每一个字符里找寻心声,感受一段文字带来的喜悦。心累时,可以在文字的世界里,将心融入,慢慢欣赏,细细阅读,感悟字里行间那些深切的情意。

贵阳篇:夜郎风起追君去

最诗意的文字就似深邃遥远的星河,诗词歌赋里,低吟浅唱间,天地人、你我他混沌为晴空阴雨,无谓时空轮换,无谓沧海桑田,斟一盅浊酒,与千年之前的骚客或万年之后的文人痛饮狂歌,纵情抒怀。

贵阳,矗立在神州西南大地上的一座边城,夜郎古国所在地。我们大概从小就学过"夜郎自大""黔驴技穷"等成语,这些不褒义的词句给书中儿郎带来了窄小偏见的认知,除却手中的卷本,茫然不知夜郎大地,山川纵横,林海滔滔,大气磅礴之风光与小桥流水之景致彼此映照,更不知云贵高原,地广天高,大河滚滚,瑰丽奇绝之自然与热情多彩之人文相得益彰。

我的笔记本里曾抄下一篇名叫《藏在深闺中的美景》的行文,这位佚名的作者在文中写道："黔，西南边陲上不为人知的密境，好似没遇到吴冠中之前的张家界，纵有'五步称奇，七步叫绝，十步之外，目瞪口呆'的绝世美颜，也只是'养在深闺人未识'的沧海遗珠。"文字的魅力或许就在于此，寥寥数语，就似乍起之风，吹开了一池春水上的涟漪朵朵般，濡湿了少年的情怀。那一刻起，我确信，这座城就似溪边浣纱少女，总有一天，会以其清新秀丽之姿与一线城市青楼歌台舞女般的绮艳娇媚之态画地称雄。

长大以后，很庆幸成长在这一片西南大地上。深闺中的大地，未曾淡妆浓抹，只是素颜待人，啼声婉转的黄莺、繁密起伏的虫声、美丽温柔的黄昏、抚着薄雾的溪面……诗情画意，宁静致远，而夜晚无疑是最美丽的，炙热的空气将夜雾一点一滴地全部蒸发，远处的点点灯火映衬着接天之处的冉冉繁星，一弯月亮俏生生悬挂在远处的危峰崖口，几缕云恰到好处地勒过天空，使那如洗的夜空平添了几分妩媚，也使仰望的人儿平添了几分遐想。

从牛郎织女的天长地久到嫦娥奔月的永世孤独，从荧惑守心的始皇帝到七星连珠的武则天，从气冲牛斗的王勃到对月当歌的李白，遥远深邃的星空一直和我们存在于宇宙间，看着世间的沧桑变幻、世道轮回。只是现今城市中的景观照明稀释了夜晚的黑暗，满天繁星只能藏在明亮夜晚的身后，在银河两岸独自闪烁。

一直在说，匆匆的脚步声中，总要有一双时刻抬头仰望的眼。看一看雁字回时，看一看云卷云舒，更看一看满天繁星。也许，仰望星空，是很多人儿时的挚爱。每每仰望星空，总是可以任想象力在天地间驰骋，无拘无束，天马行空，转瞬千万里。

夜空如洗，星星点点，抬头深望，如醉如痴，不经意间低头，总希望时空变换，光阴倒流，又看见父亲的满头黑发，地面的树影斑驳，还有那天晚上如水的月色。

那是这一生对月色最初的体验，也是这一眼，引起了这一世不休的纠缠，痴痴恋恋。

月亮是一种特定的文化意蕴，几乎世界上每一个民族都有她自己的月亮神话，每一个民族都有她自己对月亮的解读。月亮在宁静之下，让我们真诚地从内心唤醒了关于生命的记忆，留下了那些无时无刻不环绕在我们身边、陪伴我们走过生命历程的千古名句。月亮，这一历尽千万年历史沧桑的见证者，通过穿越不同民族的文化视野，在每一个赏月者的内心投射出了对世事的不同感悟。

那一晚，还在咿呀学语的我坐在父亲的肩头，还不懂人世的烟火味。记忆总是这样，隔着时空，能想起的只有那一晚的月亮儿，以及耳边家人温软的耳语，房屋的灯火仿佛已悄然熄灭，余留漫天的夜幕作为回忆的底色。漆黑夜幕，月上梢头，一地的树影斑驳，未几，月儿由盈转缺，那是月食，不记得那晚月牙儿是怎样的变幻，只有父母对幼儿的只言片语还在恒久温暖着反转的心灵。

月光如水，倾泻下，银色的光辉，覆满原野，有一些清晰，沁入心田，似流水般柔韧，洗刷了人心，濯涤了怨垢，打开了一扇深锁的门，得以进入另一个天地。那里无兵戈，有天籁；无鄙俗，有性灵；那里大音希声，大象无形；那里可以兴，可以观，可以群，可以怨；那里谢朝华，启夕秀；那里揽古今，抚四海；那里指事造形，穷情写物；那里见出自我，文不随人；那里气从意畅，那里思与境偕；那里雄浑，那里冲淡，那里自然，那里含蓄，那里绮丽，那里疏野。那里雅称——叫词国。

那是另一番风情的天地。

在那里有一位谪仙人，文笔风流，把酒邀明月，乘醉舞清风，锦口绣心，笔落惊风雨，诗成泣鬼神。他的文字若晴空冰柱，通体虚明，不着迹象，而含情无迹，就像如水的满月，通灵而皎洁，而他的尘世行却有如云翳，幽暗晦涩，无边无涯。

唐肃宗乾元元年（758年）李白因永王李璘事件受到牵连，被加以"附逆"罪名长流夜郎。

从繁华长安到东都洛阳，再到江城，再到长沙，再到夜郎，这位谪仙人一谪再谪，逐渐远离政治的中心，但天地再大，终是千古共婵娟，这位最具月亮仙气的诗人每一个步伐，都是一个绝代的韵脚。

一为迁客去长沙，西望长安不见家。

黄鹤楼中吹玉笛，江城五月落梅花。

——《与史郎中钦听黄鹤楼上吹笛》

汉求季布鲁朱家，楚逐伍胥去章华。

万里南迁夜郎国，三年归及长风沙。

——《江上赠窦长史》

于是，就有了千年过后的痴人，愿乘一曲清风，从夜郎而起，在千年的光阴里逆流而上，随太白而去。

长沙篇：橘子洲头潇湘梦

夕阳西沉，夜已将它黑色的翅膀张开在这大地上，把远山、近树、河流和土丘，以及所有的一切全都掩盖起来，夜幕降临！天似穹庐，点点的星河遥远深邃，安详而又神秘，静静地俯瞰着黑魆魆的地面，独自坐在旷野上，恍然置身于幻梦之中，被这清幽的夜晚深深地吸引住。

几缕云飘过，皓月当空，向大地泻下一片淡银色的光华，映亮了整个原野。四下里万物瞬时清晰分明，形影可见，一切都变得活生生，不得不深深震撼于造化的神奇。

造物主，这个伫立在天地之间的魔术大师，以天空为舞台，上下纵横成千上万年，上演一出出流传久远的传说，这些传说，好像或多或少沾了一点仙气,颇具神秘色彩,让世代生存在这一片土地上的人们或恐惧或敬畏或神往。

回眸黄卷青史,冥冥之中真有超然于生命之外的东西,在人类极少的几个天才身上应验——天妒英才。

上元二年,应该是"初唐四杰"之首的王勃厚积薄发的一年,也应该是他惊才绝艳的一年。

九月初九,重阳,二十五岁的文艺青年王勃路经洪州,适逢都督阎伯屿重建滕王阁,大摆宴席,邀请远近文人学士为滕王阁题诗作序。是宴,年少才绝的王勃锦口绣心笔走龙蛇写下旷世华章。秀丽如画的风景,荡气回肠的歌声,他用近乎唯美的笔调叙说他的所见所想,物华天宝,人杰地灵,落霞孤鹜,秋水长天,渔舟唱晚,雁阵惊寒,萍水相逢……滕王阁不褪色的景色中吹开一片令人心驰神往的文学天空。

然而,历史并未给这位青年才俊留下太多的表演空间。他仿佛一阕华丽的行歌,刚刚响彻云霄,便戛然而止,留给人世一抹袅袅不绝的余音。

上元三年八月,他自交趾探望父亲返回时,渡海溺水,惊悸而亡,留给后世一个旷世绝代的背影。

2015年8月20日,长沙,一位痴人从千年以前的夜郎为追随太白的脚步而来。潇湘夜雨,橘子洲头,古老的天空下隐隐飘忽着时光的回响,一丝丝,一缕缕,钻进人的眼帘,继而变成一幕幕,于是脑海里不由得浮现出流淌在云端之上的天籁华章,然后被吸进那个美丽的旋涡,不可自拔。

不是因为那句"物华天宝,人杰地灵",也不是因为那句"落霞与孤鹜齐飞,秋水共长天一色",而是因为那句"屈贾谊于长沙,非无圣主"引起的点点奇崛幻想。

长沙,自古便是伤感凄厉的一座城,九嶷山上青竹林的点点血泪,汨罗江中长龙舟的滚滚浪花,无时无刻不在向世人哭诉她的悲痛与凄凉,潇湘夜雨不亚于女鬼夜哭,清冷,凄寒,令人不寒而栗。

那一年，那一位旷代逸才贾谊在这里结束了多舛的命运。

当汉文帝耳边的谗言响起，历史便为贾谊敲起了命运的丧钟。当贾谊怀着一纸谪书离开长安，面对潇潇湘水之时，不知有没有痛恨庙堂之上的仁人志士，阿谀奉承一副奴颜婢膝，更不知有没有羡慕一苇渡江的达摩禅师，无人无我两袖清风白云，当时的一切，早已在深邃的时空里，消散如烟。

当时代的风云退去，我们得以知晓，那一刻如同千年之后的王勃想起他，他想起了千年之前的楚三闾大夫，那个和他一样被世界抛弃了的屈原。

假如真如鲁迅所说：真的猛士，敢于直面惨淡的人生，敢于正视淋漓的鲜血。

那么屈原和贾谊都不属于敢于直面惨淡人生的猛士，他们只是一个文人，一个骚客，一个精神上的弱者。当被世界抛弃，屈原躲进汨罗江，用汨罗江的水声向世界告别，而贾谊则是藏进岁月深处，让岁月的回响向皇帝辩白。殊途而同归，当那一口口黄钟大吕在岁月的腐蚀中斑驳脱落，当那背后的丧命钟声渐歇之后，这一方令人心驰神往的文学天空幻化出了最绚丽的云霞。

人常叹岁月无情，流光之下，沧海桑田。可是不管如何苍黄变幻，总有不变的事物，一如四季晨昏，阴晴雨雪，还有的，便是这如同自然之物一样美好的情感，其中那些超越时空界限的相逢，更是让人钦羡不已。

千年之前的某一天，贾谊远离京师跋涉千里来到那一个在当时中原人眼中还是荒僻之地的长沙，潮湿的气候令他寝食难安，潇潇的夜雨更是酿出了一杯苦闷忧郁的浊酒，一饮而下，耳际传来隔世的呢喃，那是汨罗江畔的屈原，吟唱着"路漫漫其修远兮，吾将上下而求索……"歌声未歇，斯人已去。那应该是平行时空里的另一个自己，因为心头仍旧感受到那冰冷的江水是如何吞没了人世的最后一抹美好。思量许久，舀起一瓢湘水，研一池浓墨，仿似千年之后的王勃文不加点提笔写下《吊屈原赋》，之后，宗教朝圣般虔诚誊写两份，一份投入湘江，以祭屈原，嗟苦先生，独离此咎兮！一份留置后人，千秋万古，待骚人，狂歌痛饮，来往雁丘处。

这是一个没有唐诗的时光，这是一个没有宋词的年代，哀婉缠绵的潇潇夜雨下，凄凉无助的忧心愁绪酿出一朵绚烂的盛世花蕾——汉赋，只是没等到花开的那一日，千里烟波的楚江上，先生学着三闾大夫，一篙独去，留下那年年依旧的烟雨重楼，吹不散的一抹淡淡清愁。

还有那不知是山河的夜雨还是心灵的夜雨，疾一阵，徐一阵，断断续续地下着，时而悬丝垂线，时而溅玉滚珠……

模糊的视线内，一个男中音似吟似诵：

> 洞庭西望楚江分，水尽南天不见云。
> 日落长沙秋色远，不知何处吊湘君。
> ——《陪族叔刑部侍郎晔及中书贾舍人至游洞庭》

雨稍住，犹然淅淅沥沥，模糊的身影一路走来，逐渐清晰，我知道那是李白，那是另一个平行时空的序幕，那是另一个故事的开始……

武汉篇：黄鹄矶上鹤蹁跹

每临月色当空，睡眼昏沉，灵识就到了醒与眠最后混沌的时候，我想这应是人一生中最迷人的时刻。此时，混沌的灵识可脱离凡尘的躯壳，仿如脱缰的天马，飘飘乎于天际，方寸间步月登云，刹那里拔山超海。此时，整个人便浮屠入定般，眼见让人疲倦的现实的细节被浓浓的阴影掩盖，意识把世界最美的一面抽离出来，那是凡尘之上穹庐般遥远深邃的星空。

星空永远是人类想象与激情的来源，而这想象与激情的面貌则与时更迭。

在古代，天穹上群星的步伐踏着缓慢庄严的节奏，象征着永恒的秩序，星空更是凡人不能企及的彼岸，它是神明的领地，是仙人的居所。

一直认为，这三千红尘中只有谪仙李太白一人可算上方寸间步月登云，刹那里拔山超海。李太白，他才华横溢，高傲不羁，他豪放洒脱，奔放浪漫，他对星空或是说星空中的月色有一种本能的近乎狂热的喜欢，月亮的阴晴不定应是唤起了他不尽的诗兴和不绝的灵感，在谪仙的浓墨重笔之下，皎洁的月色氤氲出一个气象万千、灵动逸趣的大千世界。

沈德潜《说诗晬语》指出："有第一等襟抱，第一等学识，斯有第一等真诗。"

李太白是一位天纵奇才，有着天马行空的想象力、狂放不羁的心性、捉月骑鲸的胸怀及傲绝人间的学识，可谓是千年不遇的旷世诗人，号冠"斗酒诗无敌"。可谁曾想到就是这样一位旷古绝今的谪仙也有过满怀逸兴无从下笔的发窘之时。

崔颢一首《黄鹤楼》，让谪仙默然搁笔，虽引为一代佳话，却也不免让后人多少有点遗憾。

> 昔人已乘黄鹤去，此地空余黄鹤楼。
> 黄鹤一去不复返，白云千载空悠悠。
> 晴川历历汉阳树，芳草萋萋鹦鹉洲。
> 日暮乡关何处是？烟波江上使人愁。

黄鹤楼，独踞长江之畔，傲立蛇山之巅，与晴川阁遥相对望，与古琴台毗邻而居，雕甍彩螭，飞檐插空，气吞云楚，势连衡岳，登楼远眺，极目云天，俯瞰江流，滚滚长江，透迤而来，奔腾东去，若巨龙腾尾，大漠惊沙，曲曲折折，千里九回。又似天公以奇峰为笔，大地为绢，在江汉莽原上泼墨狂书，真可谓千姿百态，意象万千，堪称世间绝景。

踏上黄鹤楼的阶梯，心就仿佛在时光之间拾阶而上，踏唐履宋之感油然而生，一层又一层楼，你会感到那是一部部线装书，而你则穿行在一个诗街词巷里，每一步都踩着唐诗宋词，你甚至还能感到往昔英雄、早年墨客在这里大宴宾客时的模样，一觞一咏，一吟一诵，历历皆在目，就连那年清远悠长的笛声都那么清晰明朗。在那一瞬间，心里的沧桑和无奈、感触和忧郁，都似决堤的洪水被浓厚的时光冲散，忽然感觉涣然若失，迷迷晃晃，如同走进了梦幻的意境。直到登到最高层，方才知晓往昔英雄、早年墨客，早已烟消云散，留下的只是满壁的墨迹和奇幻的神秘，心情瞬时沧桑散去，云破天明，就如楼里铭联所刻：大江东去，波涛洗尽千古愁；爽气西来，云雾扫开天地遗。

日暮时分，望西而眺，一轮红日，远挂天际，万丈霞光披洒，层云尽染，悠悠长江，浮光跃金，广邈的江面之上舟楫往来，渔人唱晚，过往千帆好似被日头焚成一团熊熊火焰，与漫天红霞及万家灯火一起，幻化为一幅温暖如斯的尘世美景，可奈何，每每这个时候，身心里总能浮现出几丝彻骨的孤独和几抹莫名的忧伤。

江边有一位老者，在江边踽踽而行，目光深邃，凝视着滚滚的波涛，任江风吹乱了他苍白的头发，沿着他的目光，我也去静静地凝望长江。我猜不出他面对长江所感受到了什么，我只觉得我的灵识一碰到长江，便沸腾般涌动着更多的心思。曾不止一次想象着那个从《诗经》里流淌的长江，是怎么湿润了一代又一代的南北墨客，也曾不止一次想象着像那个狂放不羁的李太白负着半轮秋月，在九层彩云间，在两岸猿啼中，踩着滚滚长江水，穿过漫漫万重山，奔驰而去，哪管它惊起江边多少浣纱女子。

凝视长江，让我有一种激动得想哭的感觉。

或许因为，凝视长江，便是凝视历史，透过一江赤红碧水，我看到了三国那一场熊熊的大火，那一身素衣的周郎。那一天，他也曾立在江边，眺望着狼狈而逃的曹操，大笑三声。那笑声飘荡在滚滚的江水上，一直飘荡到了今天，让你感到，这里也曾刀光剑影，也曾凶险澎湃。

或许因为，凝视长江，便是凝视生命，江面上偶尔会响起几声汽笛，溅起几注高浪，惊起几只水鸟，但这并没有打破江上薄暮的宁静，这宁静，似乎来自上苍，融于空气，渗透大地，凝视着东逝的江水，心结随着江水漂浮："我住长江头，君住长江尾，日日思君不见君，共饮长江水。"我想，我生命中或许也有一个住在长江尾的人，或许她在前生就已经叩开了我的心门。而此时她正翘首回旋，等我一生。那是一个我至今都无法准确定位的人，是一个与我的情感缠绕不清的人，一个命里注定要想念我的人，一个让我用终生的时间去想念她的人，一个永远占据我心梦、永远挥之不去的人，一个永远只能出现在我梦中、醒来总让我失望哭泣寻寻觅觅的人……穿透江水，我看到她的影子，时而清晰，时而模糊，随波逐流地向我漂来，原来这里也曾爱恨交织，海誓山盟。

我不知道几千年来永不停止的滔滔江水，包蕴了多少故事、多少沧桑，我看不出这浩渺烟波里聚集着一段怎样复杂的历史，只知道这是祖祖辈辈为之生息的摇篮，于是兴起了俯身摸一摸这千年流水的想法，走下楼，漫步到江边，弯下身子，让凉凉的江水从我连心的手指间穿过，让我周身每一寸肌肤都浸润在涟涟的水波里。

江中的渔夫还在悠闲地把网撒向江里，我痴想，我是否也是网中之鱼呢？自出娘胎后，随着生命的成长变化，我们从迷蒙中逐渐苏醒过来，有如从梦中醒过来。但是否有人知道我们视之为清醒的这个世界不是另一个梦呢？在每一个人深心之中，我们均晓得盲目地去追求物欲，自我放逐，至乎忽略生命了的神迹。假如我们能睁开心灵的眼睛、穿透一切贪嗔、迷惘、恐惧、私欲，或将可看到自身和环绕在四周的神迹。不论你多么卑微或伟大、愚顽或智慧，本身都是一个神迹。生命是整个存在的巅峰，众生中只有人有自由的意志，能为自己的存在做出反思，做出抉择。生命同时包含着有限和无限，每一个生命的存在都是在永无休止的生长和衰败中燃起的伟大火花，觉知世界方是觉知自己的唯一途径，而凝视着长江，我恰好看到了我的倒影，风吹不走，轻得不能再轻。

虽然我生在遥远的南方，隔着千山万水，但也许是因为前世的情缘，我总是若隐若现能感受到长江只在咫尺之间，伸开手，便触手可及。

滚滚长江东逝水，浪花淘尽英雄。是非成败转头空，青山依旧在，几度夕阳红。

很小的时候就能背诵这首词，那滔滔的长江水，那奔腾的气势，总让我心间惊涛骇浪。

当我第一次站在江边，看着那清澈的长江水在我身边淙淙流过时，我才发现，我那澎湃不止的凡心在水声潺潺中，得到了安宁。从此，我记住了悠悠的长江深藏着一种神秘的力量，安详而恬静，孤独而骄傲地望着每一个来到江边的人，将世间的种种融入江水，顺着清冷的江风涌向远方，一去不返，只留下翩跹的鹤影与那千载白云，悠悠回荡。

潘茂金

青山遮不住

　　载着深秋的想念,我们一行四人驱车前往荔波县的方村乡,去拜谒抗日阵亡追赠陆军少将杨家骝的将军墓。原先的将军墓,坐落在荔波县城中旧时我家后院外的"中山公园"正中央。中山公园处在县城中心,在城之中心落椁,对死者的褒奖,于这边远小城那可是旷古未有的。中山公园现在已是县委广场。我出生之时,三十五岁殉国的杨将军就已经在他的墓穴中安睡了整整五年。《荔波县志》(手抄本)记载:民国二十八年(1939年)全城人士"迎椁回籍,葬于荔波县城内中山公园,同时县属各界开会追悼"。民国三十年(1941年)"包坟立碑,元月旦,合邑各界全体公立"。20世纪90年代初,贵州省人民政府追认杨家骝为革命烈士。荔波县出了这么一位抗日将领,六十五年来全县全城人都感到无比的自豪。小时,我同我的朋友们常常把将军墓作为玩耍的聚会地。说是坟地,竟没有丝毫的阴森和恐怖,总觉得墓中的将军只是在他自己的家中睡觉休憩。稍后,听父亲说起杨家骝将军的事迹,少小的心中就满满地生出了几多的豪气来。长大后,读懂了父亲追悼杨将军的挽联:"百岁又何奇,若是死后无名,何必寿终正寝;千秋传不朽,只要有功于国,不妨血溅沙场。"我对杨家骝将军的崇敬,便有了更深的思考:"英雄恨,泪满巾,何年三户可亡秦!"(明·夏完淳套曲《南仙吕·傍妆台》之《自叙》)。壮志未酬、英雄遗恨,让报国有万死的英豪气概更加的悲壮。

杨家骝，贵州省荡波县方村乡郊峻村人。黄埔军校第五期学员，陆军第六〇师一八旅三六团上校团长，民国二十六年（1937年）率团在上海、江浙一带苦战酬国难，抗击侵华日军。1938年在溧阳金鸡岭，击破日军的七日围攻，继后转战南昌、昆山，歼敌一个联队（约三千人）。是年9月16日，中敌弹壮烈牺牲于昆山战场。杨家骝殉国后，国家最高统帅部追赠陆军少将衔。民国二十八年（1939年），本团士兵千里扶榇归葬。

落了穴的杨将军，他不知道在他归葬后的第五年，家乡县城会被日军攻占；将军于墓中，当然也不知道，在他安睡后的第六个年头，日本国宣布无条件投降。1945年8月15日，欢庆胜利的锣鼓在将军墓旁震天敲响，这对将军壮志未酬的英雄恨，算是有了一个很好的交代。以后，政权的变更并不影响人们对抗日烈士的敬仰，杨将军在他的墓中一直平安地度过了新中国的经济恢复期、发展期。

同行的朋友问我："将军墓又是怎么到了他的故乡来的呢？"我做了简要的回答。回答之后我陷入沉思："啊，平静后的波澜、甘甜后的苦难——这些人间瞬时的变故，怎么就降临给了亡灵？"这个发自内心的自问，我是无法回答的，就是能够回答也是答不好的。我只知道1958年，毁坟灾难扫荡将军墓时，善良的人们泪满巾了，苍天也为杨将军被翻尸倒骨而恸哭。实沉沉的墓围石被撤，高大的坟堆被推平，伟岸的墓碑被折断；将军的尸骨被迁葬于城外登高坡下小玉屏山上的乱坟岗中。荒草丛里，无碑无记无名的一堆土，就算是"大跃进"时期，再给血洒沙场为国殒命之英烈的一块安骨地。1974年6月，将军墓迁至方村乡僻远的大山中。不管当年的人们怎么想，铲军墓的做法确实是不该呀。想想也是，1944年12月3日，荔波县城陷落日军手时，中山公园正是日军的集合地，面对抗日将军的坟墓，日军官兵尚不毁坟，就在日军陷城后的8、9两日，美机相继轰炸荔波县城，仅中山公园内约十亩的地面上就落弹35枚，将军墓奇迹般地在爆炸中完好无损。这座日军不毁、飞弹炸不着的将军墓，竟在"二战"平息了的十三年后，被墓中主人用生命保卫过的人们摧毁了。对此，摸摸胸口扪心自问，稍有良知的人，会不心寒吗？我随父亲工作调动一直离家在外读书、工作和生活，不知道将军骨骸一出县城、二隐大山时，那时的当局计烈士英灵衔冤了什么样的罪名？

带着一路的疑问，我们来到了方村乡的郊峻村。一路上问了好些人，回答的话各种各样。特别的是一老伯，他只是摇头，也不知道是对我们不满还是真不知道将军墓。顺着乡亲们的指点，我们寻个大方向，择路出村。走在村边的小路上，碰到几位从地里归来的大妈。在擦肩而过的一刹那，听到有人发问："几位当官的到哪去？"我们说了缘由，热心的大妈告诉说过了方村河大桥往右上山。真到了桥上，我们又不知方向了。河对岸走来几个青壮年汉子，一问便说不好找。后来，一位杨将军的本家后生主动给我们带路，走了两三里山路，在一处半山腰找到了杨家骝的墓。站在墓前的我一阵惊疑。矮小的墓碑，草率片石的坟围，一小团黄土的坟堆上，稀疏的衰草在秋风中摆动。"这哪是将军墓？"我心中泛起一阵凄凉。要不是在墓碑看到与史料上相同的文字，准会将这"杨公家骝之墓"当成同名同姓的另一人的坟。不说是将军的墓，就连我见到过的普通士兵的坟都不如。这位国民党军队的抗日将领，新中国追认的革命烈士，难道死后只能草草隐葬山林吗？想起直摇头的老伯，我似乎明白了些什么。今年的11月，是抗战中俗称的"黔南事变"六十周年纪念，原先，我听说父亲的那副挽联刻在了将军的纪念碑上，我便决定一定要找到将军墓。现在普通的一墓碑上哪有挽联？问起此事，带路的向导说，有一块大碑早先立在乡里的街口上，现在不知到哪去了。听到这，我凄凉的心更增加了一分苦楚，我要找到那块大碑，哪怕它被人打碎了。

转回郊峻村，看了看早已不存在的将军故居，便驱车赶到乡里。一位姓莫的女副乡长很负责任地带着我们找到了大石碑。走近将军纪念碑，又一次惊愕袭向了我：巨碑不竖立，倒是横卧在路旁。一整块大石，四面刻字，立碑者署名"荔波县人民政府"。又一阵唏嘘，想不到"英雄恨，泪满巾"的感慨，由从小伴着将军墓长大的我，在倒卧了的杨家骝纪念碑前发出。围着倒地的石碑，我们将所能见得到的文字全都读了一遍。父亲为杨将军撰写的挽联也找到了。介绍杨家骝将军生平的文字刻在背面，我只能将手伸在碑和地面之间，摸了摸目前能触摸到的文字，这就算我们对烈士的悼念了。

看到我们这样，莫副乡长叹口气对我说："乡里财政困难，对不起了老同志。"

听她这一说，我便急促地反问："县里呢，碑上落的名可是县政府呀！"

对我的反问，莫副乡长只是无言的沉默。想到已相当现代化了的我们的县城，竟对这块横卧道旁的纪念碑无动于衷，我也沉默了，但我心中在呐喊："问苍天，国人汗颜否？我们民族自省的勇气还在吗？"谁能回答我！

在回返住地的途中，秋风载路，满车凉风徐徐。回望将军迁葬的僻远的大山，车窗外，满山的松杉郁郁葱葱，将军墓早已看不见了，但我感觉到，一股冲天的英雄气在大山中聚积，聚积到一定的时候，正气将横亘宇宙，到那时，荒草泯不灭，青山也遮不住，倒卧的石碑就会立起来的。

殚思这样的时刻来得更快些，因为在我们四人的心中早已耸起了四块巨碑。

潘天罡

别了,西南大学

岁月如梭,光阴似箭。时光犹如白驹之过隙,一晃而逝。记得去年九月初,我才独自一人来到这之前从未踏过的重庆,来到西南大学,然弹指一挥间,一学年便已经过去了。这一学年以来,我一边上学,一边还要为生计而奔波。其实,我又何尝不想安静地好好读书呢?可是,我没有这样优越的条件。为此,我彷徨过,也沮丧过。如今,我仍在苦苦地挣扎:挣扎生活,也挣扎命运!

西南大学是一所百年老校,风景优美。校园里,鲜花遍地,古树参天,当然,佳人亦如云。走在古树间,一股厚重的历史文化气息,不觉油然袭来。我喜欢这种气息。如果有闲暇的时间,尤其是有月色的夜晚,我喜欢一个人漫步古树下,感受它们那份厚重与沧桑。我的思绪会随着古树的沧桑而飞到那无边无际的旷野里。眼前的古树,不知当初是谁人种下?种树的人,如今在何处?在我之前,有多少人在古树下停留过?如今,他们又在何方?前度刘郎,何时再回来?

思绪不绝如烟,江水滔滔如故。今我在追思前人,日后谁人会追思我?"古墓犁为田,松柏摧为薪"。面对遥去的岁月,我们竟是如此的无奈!"今年花落颜色改,明年花开复谁在"?花如期而开,而赏花之人,谁知明年在哪里?漂泊不定,犹如那水上的浮萍!"年年岁岁花相似,岁岁年年人不同"。物犹是而人已非。物是人非,不临故地,也许还好;故地重游，往事历历，故人如在眼前，然而却是梦幻，那只会更添几分愁绪。故地总会叫人思念着，但又怕重游。这隐隐作痛的纠结，直叫人无奈！

相见难，别亦难。我们都来自五湖四海，如果不是为了求学，我们相遇的机会是十分渺茫的。如今，有幸相聚在西南大学，这是我们前世定下的缘分。时间却过得这么快，转眼间，就到离别的时刻。今朝一别，那再重逢的机会，同样是十分渺茫了！虽然，有别才有聚，有聚就有别，然而，这仍然叫人十分难过。男生一般不会掉泪。但当年大学毕业，为同学送别，到了车站，在即将挥别时，平时自称爷儿们的人，在那一刻，仍然相拥而泣！

去年四月间，我去武汉参加复试。那晚在火车站候车室里，昔时伊人打电话来，闲聊到最后，她要我为她唱一首歌，我便即景生情地唱了曹磊的《车站》："火车已经进车站，我的心里涌悲伤，汽笛声音已渐渐响，心爱的人要分散。离别的伤心泪水滴落下，站台边片片离愁涌入我心上。火车已经离家乡，我的眼泪在流淌，把你牵挂在心肠，只有梦里再相望。"待唱完时，我才发现她早就在电话的那一头哭成了泪人。我彻底被她感动了。离别，竟直教人如此难过与伤心！

昨晚的会餐，可以说是离别宴。今朝一别，那就不知何年何月才能再相聚。大多数同学都喝酒了，喝醉者亦有之。酒中有真意，欲辩已忘言。

对杯中物，我历来就情有独钟。结果，昨晚亦大醉。在与一位女同学合影时，却将手放在了她的肩上，我不知道这是否失礼，但是，这至少是失态了。酒醒时，后悔不迭。

平时没有感觉到，现在即将离别了，才发现在西南大学，却有太多的回忆：林荫树下，对月花前，缙云山上，嘉陵江边……这些点点滴滴的回忆，将永远伴随着我们的人生。

用千言万语来诉说离别，仍然是苍白无力的。悲欢离合，向来如此。欲说还休，却待休时已无言。今夜，我且将这苦愁的心情付诸笔端，化作文字，以纪念这段在西南大学的岁月。

别了，西南大学。别了，我的弟兄。但愿将来我们还能再重逢！

潘天罡

怀念我的祖母

我的祖母生于1927年，逝于2006年。人生七十古来稀，古话虽然如此，但我的祖母直到病逝的前四天，仍然下地干活，终其一生，她都离不开土地，手脚似乎一刻都没有闲下来过。我想，这大概就是中国普通劳动者最典型的人生吧，抑或大概就是所谓的命运。

民国时期，内忧外患，社会动荡，民生异常困苦；改革开放之前，由于众所周知的原因，普通老百姓的生活是十分艰难的。小时候，我曾听我祖母说过，在大饥荒时，所有能吃的东西，她们都吃过。哪些植物的根可以吃、哪些植物的皮可以吃、哪些植物的叶可以吃、哪些植物的果可以吃，我祖母都告诉过我。那时因为好奇心特别强，我曾找来都尝过，但大部分让我无法下咽。因此可以这样说，我祖母，她的一生，有三分之二的时光是在食不果腹、衣不暖身的状态中度过的。我祖母曾对我们说过，她在生我大姑妈时，正是食堂吃大锅饭的时期，那时又适逢青黄不接之际，我祖父只好去向当时的生产队申请，经生产队批准，然后去麦地里将一些未完全长熟的麦穗割下来，带回家后，拿到火上烧，烧熟过后，将麦壳搓掉，最后拿到石臼里舂，制成一种麦饼，即所谓的烧麦饼。这种饼我曾吃过，刚吃的那几口感觉也还不错，但渐渐地就很难下咽了，最后却是连见都不想再见这种烧饼了！一个产妇在分娩后最需要的是营养的补充，因为她不仅要维持自己的身体，还要产乳汁哺育子女。但我的祖母却是靠吃这种烧麦饼来度过她的产期的！这种生活，我永远无法想象！现在的女同胞们若看到我的这一篇文章，一定认为这是天方夜谭，认为我是在说聊斋编故事，但我想，诸君应该都知道晋惠帝问灾民为什么不吃肉的故事吧。现在，我且说到这里。

也许是特殊生活经历的缘故罢，我祖母建立了她自己独特的生活观：夏天时米汤要留着当水喝；碗里的饭必须吃完；锅里的剩饭除非已经实在不能吃，否则不能倒；落到地上的饭最好是捡起来吃掉；已经不能再穿的衣裳要洗好保存起来，以待不时之需。这听来感觉十分古怪，实际上则是我祖母一生生活的缩影。因自幼受到我祖母的影响，不管是在家里还是在外面，我也仍然有把落下的饭粒捡起来吃掉的习惯，故外面的朋友常笑我是来自未开化的饥荒国。虽然如此，现在我也还仍然是改不掉这个自幼养成的习惯。

我祖母的一生十分的坎坷。在她还很小的时候，双亲就去世了，故只有和她唯一的哥哥相依为命。然而不幸之事依旧接踵而来。在她十五岁时，唯一的哥哥又被国民政府抓去当兵。后来我祖母给我们说，她哥哥被押走后，祖母就觉得天就像是塌下来了一样。她也跟着去，一边痛哭，一边给那些抓壮丁的人下跪，恳求他们放下她唯一的亲人。但别人根本不予理睬！最后她哭昏了过去，才被好心人背回家。

父母已去世，唯一的亲人又被抓去当兵，生死未卜，在那个动荡的年代，一个十几岁的女孩，真的很难想象她是怎样生活下来的。后来，经人介绍，我祖母在十九岁时嫁给了我的祖父。我的曾祖父也早逝，我祖父是独子，因此，承接香火是一个大问题。现在我们都知道，从生理角度来说，生男还是生女，责任全是在男方。但那时的人们，尤其是普通的老百姓却并不知道这种自然科学。我祖母接连生了我的三个姑妈，我父亲排行第四。那时我的曾祖母年纪已高，迫切希望看到一个孙子，但遗憾的是，她却并没有等到我父亲的出生，就早早地离开了人世。据我祖母说，虽然那时我曾祖母并没有说她什么，但她仍然感觉到我曾祖母是怀着未见孙子的巨大遗憾而离开人世的，为此，作为儿媳，祖母感到十分的自责。

我出生于20世纪80年代中期。说起来我很幸运，我是集长孙、长子和长兄于一身来到这个世界的。因此，我得到全家的宠爱。后来，我读书了，渐渐地，离家越来越远，越来越远，我在家待的时间也就随之越来越少，越来越少。开始时，我由一个星期回家一次变成了一个月回家一次，后来又由一个月回家一次变成了一个学期回家一次，再后来又由一个学期回家一次变成了一年回家一次。我似乎也由家人变成了亲戚。每次我回家，不管有多忙，我祖母都要放下手中的活来看我，问寒问暖。在我回校时，我祖母又是半夜就起来给我做饭菜，然后虔诚地祭供祖宗，以求保佑我学业有成身体平安。

端节是我们水族最大的节日，它是按照水族的历法来过的，一般是在阳历的十月和十一月之间。自从到县城读书后，除了高三那年外，我就再也没有在家过端节了。这实在是一种遗憾。因此，每年端节，我的祖母都要给我腌下一块肉，我何时到家，她就何时拿出来做菜，意思是我也吃了端节的肉，会得到祖宗的护佑。我上大一的那年，因放寒假后我还要去外地打工，直到大年二十八那天我才回到家。我祖母仍然给我留下一块端节时制作的腌肉。看着这一块已经有些发霉的腌肉，我的眼睛不由得湿润了。从端节到春节，我们大概有四个月断油，这是再平常不过的事情了，但我的祖母却没舍得吃，而是宁愿自己吃素食，也要把这块腌肉留下来等我。按照中国的古训，家里有好吃的东西，要先拿给长辈吃，但我的祖母却反过来了，把好吃的留给自己的子孙了。

那年春节过后一个星期，我就要回我读书的那座城市。在我回去的前一天，我祖母突然当着全家人及几位亲友的面问我："奶已经七十九岁了，什么时候才能见到曾孙呢？"我不知就里，笑道："奶，这大概还有十来年吧。"我祖母听后，似乎若有所思地自言自语道："怎么还那么久？奶还能等到吗？"第二天，我就要远行了，我祖母在半夜就赶忙起来给我做好饭菜，祭供祖宗毕，她又去烙了一大块粽粑。我将行时，我祖母把烙好的粽粑装在一个袋子里,递给我,对我说道:"你要去学校了,奶没有什么送给你,就烙了一块粽粑给你带去,希望你在路上饿的时候有东西吃。"我一看那袋粽粑,大概有四五斤,于是,我立即推掉,说东西带多了不好上火车,且我已经吃饱,就不要了。如此,我离开了家乡。后来,我打电话回家时,我么弟说,那天因我不要那袋粽粑,在我走后,我祖母一直在自言自语地自责,说她身为祖母,却没有什么送给自己离家远行的孙子,最后,就掉下了眼泪。

听了我弟的话后,我感到十分难过,深责自己!于是,我决定下次在离家回校时,不管祖母送什么,我都要全部带走,不能再伤祖母的心了。

但我万万没有料到,那次匆匆之行,甚至都不曾多看我祖母一眼,竟是我和祖母的诀别。两个多月后,我祖母因病而离世。我祖母从生病到去世,总共才三天,而我却还在遥远的他乡,所以我终究不能见到祖母的最后一面。我曾祖母是怀着未见孙子的遗憾离开人世的,而我的祖母却也怀着未见曾孙的长远遗憾离开世间。她们婆媳俩的遗憾竟是如此的相同,莫非这是天意?我悔恨不已!当初我为什么不要我祖母连夜辛苦为我烙下的粽粑呢?我的拒绝,竟把祖母的心伤得直掉泪,现在,我去哪里忏悔?记得很多年前,有一次,我将离家回校时,我就因曾嫌母亲太唠叨而对她发过火,但我万万没有想到,当我背对母亲的那一刻,竟是我和母亲的诀别之时。如今,因嫌麻烦而没有要我祖母辛苦为我烙好的粽粑,即匆匆而去,竟也是我见祖母的最后一面。我,悔恨不已!从今以后,还有谁会再对我唠唠叨叨?还会再有谁半夜起来给我烙粽粑?这已是永远都不可能的事了!自从母亲去世后,我还能以另一种方式从祖母那里得到一些母爱,而现在祖母也离我而去了,那么,母爱也就随着母亲和祖母去了天堂,给我留下的只是无尽的回忆!

这大概就是所谓悔恨的人生吧。

祖母,我那慈祥无尽的祖母,愿您安息!

潘天罡

我的英语老师幸敬女士

我的英语不好，这是众所周知的，我也从来不曾回避。每当说起英语这个话题，我也常常感慨万千。现在，从小学阶段就开始学习英语了，有条件的地方，则还更早些，于学前班就已开始，而当年我们是从初一才开始接触到英语。在这一生中，我经历过最多的科任老师，就是英语老师。从初中开始，到高中，再到大学，再到研究生期间，每一学年我就会遇到一位新的英语老师，在高中时，还曾出现过一个学期就经历两位英语老师的情况。如此下来，教过我的英语老师，已经有十几位。这个经历，我自己都觉得很传奇。

在所有的英语老师中，给我印象最深，同时也是给我影响最深的，当属我初二时的英语老师——幸敬女士。幸老师是重庆人，个子很高，但比较瘦，是我们的班主任。现在她执教于三都民中，但当时她还只是一位代课老师。那个时候，大部分学生的学习意识和自觉性都不是很高，有些还吊儿郎当的，因此，很多老师对学生便总是一副凶巴巴的样子。而幸老师不是这样，她很和蔼可亲，让学生敢于接近，也乐于接近她。对于成绩比较好的学生，她经常表扬，对于成绩比较差的学生，她也很少批评，而更多的是与之谈心，然后是劝诫和鼓励。那时候我很喜欢看课外书，尤其最喜欢看历史和军事方面的小说。有一本叫《东汉故事》的书，我看完过后，就被我的一位同学借去。不过，他大概是不够机敏，那本书便被一位老师没收了，还痛训了他一顿。然而，有意思的是，后来，那位老师竟也拿那本书津津有味地看起来，比我们还投入。幸老师知道我喜欢看课外书后，找我谈心了很多次，也劝诫了很多次。只是非常遗憾，我没有完全按照她的话去做，要是能完全遵从她的谆谆教诲，那今天我绝对就不是这个样子了。现在，想再找一位像幸老师这样的人来劝诫自己，已经永远都不再可能。每当回想这些，我便后悔不已。

能同时精通几门学科的老师不多，而幸老师却非常渊博。她教我们英语，但晚自习课，在做习题时，若遇到不会做的数学和物理等科目的题目，我们拿去请教她，她也照样能给我们讲解，并且有时讲得比科任老师讲的还透彻和易懂。她脾气很好，在讲解题目时，有的同学基础稍微差一点，一个题目，或者一个步骤，有时要讲好几遍才能领会，她却一点也不会显得不耐烦，而是讲得很细致、很认真，要确认我们是真的弄懂后才罢休。这一点对我影响很深刻。我的地理和历史一直都比较好，在高中，有些同学常常会拿一些不会做的题目来请教我，我就慢慢地给他们讲，发现他们哪个环节不够懂，就要反复地多讲一些，直到他们真正听懂为止。所以，遇到难题，一些同学就会更乐意于向我请教，反而不太怎么敢请教科任老师。这就是幸老师给我留下的影响。

初中时，条件还比较差，我们住的是大寝室，一个寝室住二十多人。人多了，问题也就很多，有的人比较勤快，有的人则比较耍滑，有的人比较讲卫生，有的人却比较邋遢。时间久了，就像"三个和尚没水喝"一样，热天一到，寝室里臭气熏天。因此，有不少老师，并且还是男老师，哪怕是身为班主任，也从来不会踏入学生寝室半步。但幸老师却完全不是这样。她会定期地过来组织我们冲洗寝室，且还常常拿着拖把，和我们一起拖地。有些平时从来不参与扫地的同学，看到幸老师都这样了，他们也只有拿着工具，乖乖地跟着一起做卫生。在我的学生生涯里，这样的老师，我只遇到过唯一的一位，那就是幸老师。很多正式的老师，对学生的生活都很少关注，甚至可以说是不闻不问，更不会去做分外的关怀；而幸老师当时只是一位代课老师，但对自己学生的生活却如此关心，这其中，分明就有这一种母爱的精神。

在整个中学阶段，我英语的期末考试，从来没有及格过，在百分制的卷子中，常常只考得 30 分左右。初一时就是这个样子。然而，初二那学年，我的英语却有了很大的进步，两个学期都考了 50 多分，第二学期还只差一点就跨过及格线了。当时，我非常高兴，对英语也产生了一定兴趣，对于跨过及格线，则更是有了相当的信心，立志到初三时跨过及格线。但万万都没想到，到初三时，我们又被换了英语老师。每位老师的知识结构都不一样，教学方式也不相同，在教学过程中，师生都需要一个互相适应的过程，频繁更换老师，对学生影响真的很大。至少，我认为是如此。初三过后，我的英语又恢复到了原来的状态，这种状态，便一直伴随着我自那以后的整个学生生涯。

我的初中生涯是在中和中学度过的，读初二时是 1999 年至 2000 年，至今已有十六年。多年过去，当年的一些科任老师，现在我脑海里的印象已经很模糊，有个别老师，恐怕现在我都已经不再认识。说句老实话，在现实中，有的老师给学生留下很美好的印象，有的老师给学生留下很一般的印象，而有的老师却给学生留下很负面的印象，甚至可以说是恶劣。

这其中的原因，含蓄一点说，是人格的问题，直白一点说，是人品的问题。有的老师，不仅学问很好，道德修养也很好，这样的老师，学生非常尊敬，甚至是崇拜。有的老师，学问比较一般，但道德修养非常好，这样的老师，学生也同样非常尊敬。而反之者，就不必在这里细说了。师德高的老师，哪怕是最调皮捣蛋的学生，对其都要自然而然地尊敬，这种尊敬，是发自内心的。

如何评价一位老师，我想，学生应该是最有发言权的。多年后，我自己也登台授课了，才深切感觉到为人师的不易，想要在人格和道德上给学生一点影响，那更是非常的困难。总而言之，言教还好，身教太难。幸老师，她永远都是我的楷模。如果将来有人撰写一本《中国良师传》，那我认为幸老师绝对有资格在该书中占有一席之地。虽然已经十多年过去，我也有十多年不曾再见过幸老师，但是，她在我心目中的印象，却依旧如当时。

潘天罡

我们是怎样失去自信的

前几天,《人民日报》网刊登一篇报道,名曰:《洋地名叫人犯晕,破坏地方文化传承》,该文列出了当今国内不少洋名小区,如"曼哈顿""挪威森林""泰晤士""香榭丽舍""维也纳""名古屋"等,不计其数。现在有一个新潮的词语,叫"洋气",那么,这些洋地名,实在是洋气得很哪!我也记得在国内某地看到过有叫"东京湾""富士山"的别墅小区。据报道,前段时间,有一位武汉大亨跑到东京去打广告,欢迎"日本友人"到"世界樱花故乡——武汉"来赏樱花,故武汉大学一位老先生愤而感慨道:"商贾不知亡国恨!"当今一些商贾,要是心存一点弦高的精神,那绝不至于会在大庭广众之下闹出很多荒唐的笑话来!不知是心胸太狭窄,还是不幸没有忘记那段屈辱的历史,每当在中国的土地上看到倭国的地名,我心里就莫名其妙地很不是滋味!大量洋地名的出现,不仅使初来乍到的外地人分不清东西南北,就连很多土生土长的本地人,都搞不清楚。现在的中国,想要找一座没有洋地名的城市,恐怕是很难了的。

不仅是别墅区兴取洋名,一些景区也是丝毫不甘落后的,张家界将景区内的"乾坤柱"改名为"哈利路亚山",据说就是为了傍上《阿凡达》的风采。景区如此,人名也如此。现在,取洋名的人也是不少的,如男的叫杰柯、布思,女的叫琳娜、璐茜,等等,多得很,只是,目前尚未听到有人叫"巴嘎""嗨益""哟西"等,将来是否有,我们且拭目以待。

其实,对"洋"的热爱与崇拜,以上都是民间的行为,是属于后知后觉了。而先知先觉者，应该是食禄的人们。国内不少大学的校区较多，如何命名，这主要是看这个学校的历史。有一所重点的名牌大学有数个校区，其中三个分别命名为"A校区""B校区"和"C校区"。堂堂一所中国大学，却以拉丁字母来命名，这给人的感觉，总是有些怪怪的。当然，这也并没有什么错，我们只是就事论事而已。要是回归国学，那是可以用干支来命名的。若以天干法，那就叫"甲校区""乙校区"和"丙校区"，若以地支法，那就叫"子校区""丑校区"和"寅校区"，或用干支，那就叫"甲子校区""乙丑校区"和"丙寅校区"。据笔者所知，现在还懂干支的大学生，已是越来越少。这样命名，那不仅是纯粹的中国式名字，且还会让学子们知道，在我们的国粹里，原来还有这么一种记事法。

　　现在，很多高校引进新老师，其中的一个硬性条件，就是要求应聘者必须有留洋经历。大学是如此，一些地方小单位，也莫名其妙地有这个要求，或者优先录用具有留洋经历的人士。从哈佛大学出来，那当然是属于留洋；从非洲内陆一个小国的大学出来，也仍然是属于留洋。然而，不少用人单位，并不在意是留什么洋，从正规的大学出来也好，从野鸡野鸭大学出来也罢，都是留洋归来，就像是见到菩萨似的，立即请到上座，膜拜起来。一些地方小单位，可能永远都不会与国外打什么交道，却也开口只招具有留洋经历的人士，唯一的目的，就是找一位留洋的人士来撑一下门面，表示他们单位也很牛而已。

为什么，我们对自己的大学所培养出来的学生是如此的不屑？我们是看不起我们的大学，还是看不起我们的学生？或者，不客气一点说，还是看不起我们这个人种？如果是看不起我们的大学，那我们还办这些大学做什么？如果是看不起我们的学生，那我们又还招他们去大学里做什么呢？因历史的原因，总体来说，在科技领域，目前欧美是比我们更发达一些，然我们也正在奋起直追。在这方面，我们需要留洋尤其是留学欧美的人才，那是完全有必要的。但这并不能说，没有到欧美去走一圈的人就不是人才，不然，屠呦呦女士的例子就无法解释。在人文领域，那就是另外一回事了，中国的文学、史学、哲学等，我们必须有理由与自信地说，我们并不亚于洋人，甚至是远远地超越他们！如果招聘一位古代汉语老师，也不问青红皂白地要求必须是留洋人士的话，那这个要求就有打折扣的必要了。一位古代汉语教师不懂英语或法语，在教学工作中是没有多大问题的，但如果不懂一点中国的方言，那恐怕就非常麻烦。

　　甲午年季春，一位名叫伊维德的洋先生，从美国来，到中南民大讲学，我也曾去听讲。他就直言道："中国的访问学者，大多都是混迹于国外。"此言一出，在座者，没有一个敢辩驳半句话。其实，细细一想，也是这样的。一些所谓的学者，其外语能力也平平，在国内待了几十年，都做不出什么像样的成绩，跑到国外待一年，人地生疏，恐怕连上街买菜都还困难的人，怎么就会做出惊天动地的学术成绩来呢？其实，是否做出成绩来，这并不重要，而重要的是，他留洋了。

　　我们自己办的大学，我们都不信任，那还有谁信任？我们自己培养出来的人才，我们都否定了，那还有谁不否定呢？有不少东西，目前外国是真的暂时比我们先进，这一点我们必须承认，但我们也必须看到自己的优点。外国的月亮，绝不会就比中国的月亮更圆。当然，有的人大概是生来就恨自己的这身黑头发与黄皮肤，那你可以把头发染黄、把皮肤漂白、把自己的祖宗牌位全部捣毁的，但是，洋人却绝不会因此而就认可你为他们的同类，反而只会将你当做四不像来愈加奚落与嘲讽：快看，那是一个没有灵魂的怪物！

潘天罡

闲谈学问和修养

去年，我在武汉工商学院给大一的同学讲《中国近代史纲要》。当拿到教材时，我有些茫然了，这大学的历史教材和高中的历史教材结构差不多，只是更加详细了一点而已。这个教材，学生一看便全部可以看明白了，还讲什么？还好，我的兴趣较广，这个问题也还能应付得过去。历史，它绝不是孤立的事件。纵向来说，中国近代史是承接中国古代史而来的，横向来讲，中国近代史是世界近代史的一部分，与世界近代史有着千丝万缕的关系。我们发现，历史教材中往往只是在陈述历史事件的经过，却鲜有告诉我们它为什么会这样。于是，我就着重跟同学们讲它为何如此，且多讲一些教材之外的知识。然也不能单单地就只讲中国近代史。历史，它与政治、经济、军事、地理、哲学、文学、法律、宗教、伦理等，都有着密不可分的联系。我便将它们与中国古代史和世界史一道，概而讲之。其实，我也就是在闲谈而已。但同学们也很给力，出勤率一直都比较高。

后来，我被安排到他班去上课，故不得不离开了我原来所带的两个班级。有同学便在我的空间里留言，说自我离开后，她就再也没有认真听过《中国近代史纲要》的课，班上其他的同学，不少也是如此。看到她的留言，我很感动，但又不知如何是好。当然，这并不是说我讲得就很好，而是给同学们先入为主的印象了，这确实有点难为同学们，也难为接替我给同学们上本门课程的继任老师。人生，有时总会不免有遗憾的事，这实在是没有办法的。

事后,我常常想,教书的人,应该如何构建自己的知识体系呢? 作为从事教育的人,学问当然需要精,同时,也还需要博。不然,精而不博,讲课就没有广度;博而不精,讲课就没有深度。教师讲课授业,既需要精,也需要博,这相当于鱼和熊掌都要同时兼得。由此可知,当老师也并不容易。

大学生基本上都已是成年人,也基本上具备了辨别是非的能力。老师的责任之一就是把自己认为是正确东西讲给学生听,让他们去判断和取舍。但是,老师自己心中得先有一个基本的尺度。我认为,这个尺度就是良知。教学的方式可以千变万化,但是,它的核心不能离开这个尺度。

稍微留心,就会发现,如今,我们正在进入一个人情空前冷漠的时代。同学聚会或亲友聚会,其本来的目的,就是让彼此联系感情的。但现在,不管是什么聚会,基本上大家都是拼命低头玩手机,吃饭之前在玩,吃饭之中也在玩,整个宴席,变得鸦雀无声,成了一群哑巴的宴会,聚会的本来意义,荡然无存。科技的进步,让"天涯若比邻"变成了现实,它在悄无声息地改变着我和你。不可否认,因严重依赖科技带来的方便,我们的书写能力,已总体在下降,我们的背诵能力,也在下降。这与我们的教育,又有很大的关系。以前上课,讲课之前,老师都须先书写教案,上课时都要板书;现在上课,老师将教案制作成了PPT,有时干脆连PPT都不需亲手制作,而是直接从网上下载就行,将板书也改为投影仪。也有的老师不想这样,但是,上级要求呀,你不听话,就要遇到麻烦。这样的结果,首先是老师的书写能力下降了。上行下效,学生也不做笔记了,咔嚓一声,用手机把投影仪上的东西拍下来就完事,安逸得很。这样,学生的书写能力也跟着下降了。所以,现在我们当中的很多人(包括部分老师),其书法,就像刚学书写的小学生所写的字一样,东倒西歪,毫无章法,换句话说,我们的书法功底停留在了小学阶段。老师都写不好字,没有做好示范,你怎么能要求学生? 在书写能力方面,我们无奈地保持了一颗童心。

与其他动物一样，我们同样有物欲的需要；但我们又有别于其他动物，这就在于我们还有精神的需求。物欲，它只是出自本能，而精神，它则是出自境界。只要是人，在本质上，大家并没有什么不同，但在境界上，大家却是有差别的。这就是文化修养。有了知识，不等于就有了文化修养。知识，只有内化为自己的东西后，才属于文化修养。这就是境界的区别。如果我们能写得一手还算过得去的字，言谈时，既能随机应变，又能温文得体，这就是修养。每个人的气质，就体现在其修养中。有的人，一接触，我们就会对他有好感；而有的人，只要一看到他，我们就感觉厌烦。道理就在这里。

当年，梁启超先生、王国维先生、陈寅恪先生和赵元任先生是清华的"四大导师"，他们每人都同时精通很多门学问，人人都是学界中的泰斗级人物。如陈先生被称为"教授中的教授"，除文科外，赵先生同时还可以教数学、物理、心理学、音乐等课程。这样的人，才是真正的大学教授。然而，尽管他们有如此深厚的学问，却依旧十分谦虚。

如今学科的设置，则是越分越细。理工科的学问这样做，可能是比较好的，但文史科的学问这样做，是否合理，我个人认为是有待商榷。分得越细，所研究的领域就越狭窄，整个人的眼界也就跟着其所研究领域的狭窄而狭窄起来。这样的结果是，大家越来越少，专家则越来越多，而不少专家又变成砖家去了。文人往往又很容易患上相轻的毛病，常常认为自己的研究才是正确的，别人的研究则都是混账，故终日陷入一种自我陶醉的井底中。有的老师，他在讲台上如痴如醉地讲着，在台下的人却不知所云。老师有时也会讲错话，这是在所难免的，也属于正常。只是，有的老师，明明也知道是自己讲错了，却还不允许学生指出，反而还要搬出一大堆的道理出来，像公孙龙一样地狡辩，以维护他所谓的师道尊严。然而，他的师道尊严，却在学生的笑声中，瞬间轰然倒塌。这一倒，便永远再也立不起来了。

如今口出大言、狂言、妄言的砖家，比比皆是，这些人要么是为了半截骨头而桀犬吠尧,要么是一心就只想所谓的出名而博人眼球,对学问、道德和良知,没有了丝毫的敬畏之心,且不仅没有敬畏,反而是以践踏本该敬畏的东西为荣,就像阿Q先生用力捏小尼姑的脸颊以博酒馆里的闲客们夸他勇敢一般。于是,蜀犬吠日之徒,沐猴而冠之辈,鱼贯登台,丑态毕露,精彩纷呈。于是,阿沆先生和阿瀍同志,便在台后呜呜呀呀地弹冠相庆了。

潘文佳

白先勇的灵渠情结

我的一篇关于灵渠的短文，在海外一家媒体上发表，与习作同期同版推出的，还有台湾著名作家白先勇的一篇佳作。正是这个版面，为我架起了通向白先生的桥梁，万万没想到，白先生居然向编辑部打听我的联络地址，当编辑老师把消息转告我，并告诉我联络的方法时，真的有点受宠若惊。

白先生之所以如此，我想一定是我那篇拙作撩拨了他思乡的情丝，据说，身在异域的人们，对故园的任何点滴之事都会表现得异常的敏感。

这位15岁离开大陆去台湾的桂林籍老乡，系名门之后，其父为号称"小诸葛"的国民党军政要人白崇禧将军。白先生随家人迁台后就读于台湾建国中学，高中毕业进入台湾成功大学水利系学习，也曾有过将来要在长江三峡建一大型水利工程的设想，对水利自有一种情结，何况灵渠又建筑在故园的奇山秀水间，怎能不唤起他无尽的遐思。

他后来又转入台湾成功大学外国文学系攻读，大概是迁徙的栖居环境、游移的人生经历以及国家与民族的命运，于心里平添了诸多感慨而需要表现的缘故，诚如他所说的："我们这个民族的韧性也真是不得了，能够忍受那么多的苦难，回首往事，历史沧桑，真是一言难尽。"事实上，描写海外华人对故国家园的怀念以及作品中充满了华丽的悲剧色彩，正是他创作上的一大特色。

我一向对他的"宁可精其一作，不可滥其十篇"的创作态度心怀敬意，感谢海外这家媒体，给了这么个机会，我要趁机向他讨教写作方面的经验，先生也真实仁慈和健谈，话语中无不流露出对故土的思念。我知道他很想听到来自家乡的声音，于是寄去了有关桂林风物的光碟，其中有一张是详细介绍灵渠构筑情况的。这张光碟，很是令他激动了一阵子，他说："看了光碟不仅更进一步认识了祖先，还学会了很多知识，像先人于水中打下的松木桩，使我懂得了水泡松木，越泡越通红的道理，在那个还没有水泥的年代，先人们发明了以糯米粉拌桐油取而代之，硬是筑成了灵渠这一伟大工程，为人类水利建设史留下了浓墨重彩的一笔。"

　　身居大洋彼岸，每次听人赞扬桂林山水的奇绝秀美，兴奋的同时，尤喜欢把话题引向灵渠，他认为，在故园桂林，最能体现民族精神和人类智慧的，还是灵渠。古时候，运输多依赖水路，灵渠成功修筑，既赋予了航运便利，又促成了华夏一统，其文化底蕴极为深厚。那张光碟，让他更形象、更直观地了解了那段历史，还时常成为他炫耀华夏数千年文明的依据。

　　白先生是 20 世纪 60 年代初期赴美深造，现定居太平洋沿岸风景优美的圣巴巴拉小城，兄弟姐妹十人中如今尚有八人健在，其中三个在台湾、五个在美国。不知是家国离散留下的感伤，还是有意独守一份宁静的心境，旅美后的他已是深居简出，而一遇有兄弟姐妹聚在一起，便会开心地闹成一团，仿佛都忘了年龄又回到了欢乐的童年时代，一次，他特地让大家看了那张灵渠光碟，无不为祖先的创举和身为炎黄子孙而自豪，纷纷表示寻机往故园重温失落的梦。随后，白先生又让我再给寄上十张光碟，他要分发给每人一张，让兄弟姐妹们不论身在何处都能从中获得一种精神力量。

　　一条流淌了两千多年的运河，连通了长江珠江两大水系，也把海内外中华儿女的心连在了一起……

潘文佳

大山做证

1996年秋冬时节，媒体上的一条消息迅速吸引着国人的眼球，在桂林市北郊兴安县境内的猫儿山黑冲，发现一架"二战"期间美军轰炸机残骸及机组人员遗骸，后经专家确认，系隶属于美国陆军第14航空队375中队的B—24轰炸机，这架第二次世界大战期间美国援华抗击日本法西斯侵略的战鹰，不幸于1944年8月31日在桂林市北猫儿山地区坠毁，10名机组人员全部遇难。坠机被发现的消息，传到大洋彼岸的美国，该国随即派出一个专家小组前来中国展开一系列后续工作。

1997年元月14日，美方专家小组在中国有关人员和发现者潘奇斌等人带领下，前往失事地考察，对遗留的物品进行了鉴别和清理，就在当日，又一件意外之事发生了，随行的美国记者何宗安女士不慎滑落数十米高的山崖，万分危急之时，潘奇斌奋不顾身地降落到何女士身边，与随后冒死赶来的中方人员将何女士从"鸟不落脚""猴不攀援"的悬崖一步步移送到安全地带，又迅速送往附近医院抢救并得以脱险，这位美国记者随后向潘奇斌等人表达了永世不忘的救命之恩，时任美国总统的克林顿也亲笔写信向潘奇斌致谢，并称之为"世界公民"。

与此同时，这位坠机的发现者、搜寻工作的参与者以及遇险记者的救援者——桂林市兴安县华江乡的瑶族青年农民，也成了新闻人物，各路记者纷纷前去挖料，期望能从不同侧面做深度报道。

我与他血源同宗，又都是少数民族，生活习性和性格方面自有相通之处，诸多感触他也乐于向我表白，当我问及通过这件事后对中美两国有何期望时，他说："我希望中美两国能世世代代友好下去，共同为维护世界的和平而努力。"我相信那是肺腑之言，这段人生经历，将在他心中留下美好的记忆。

然而，愿望终究是愿望而已，世上的事情就是那么充满变数和不可预知，只是谁也没有想到，两年后的5月8日，以美国为首的北约竟悍然袭击我国驻南联盟大使馆，致使我三名记者遇难身亡，20余位使馆工作人员受伤，就是那几声巨响，让这位老实巴交的中国农民的良好愿望瞬间落空，作为曾经冒死去救助美国记者的人，怎么也不能接受我们的记者会惨死在美国人刀下的事实。由于职业的敏感，我又前去采访这位老乡，希望国人能感知这位特殊人物的别样愤慨，当我问他知道这件事没有，他咬牙切齿道："知道了，美国人为什么对中国人不讲人权，我总算看清了美国一些政客的真实面目。"他还告诉我，曾想一把火烧掉克林顿给他的亲笔信，还是一位长老劝说让他留着以见证那些政客的虚伪嘴脸，才没有付之一炬。

就在国人抚着内心的伤痛陷入沉思之中，时序进入2001年9月11日，这一天，极富戏剧性的一幕发生了，灾难也突然降临在美国人民的头上，恐怖分子劫机撞击纽约世贸大楼，造成无数人员伤亡，这一爆炸性新闻很快传遍全球的每个角落，世人纷纷评头论足，有幸灾乐祸者、有悲悯同情者、有默默祈祷者，我也怀着沉重的心情，以最快的速度去探知这位老乡的反应，抵达他家里时，他刚从外面回来，我问他是否已知道这个消息，他沉默不语，还是旁边的一位村人抢先告诉我："他刚从黑冲回来呢，他到那儿去向大洋彼岸的亡灵献花祈祷了。"我回过头去看，他脸色凝重且严厉地谴责了这种恐怖行径。

从冒死救险到强烈抗议到献花致意，映现了一个中国公民的心灵世界和个性构成。

其实，又何止是我这位老乡呢，热爱和平、不畏强暴、宽宏大度、不计前嫌也是我华夏民族的性格特征。

潘文佳

旧金山的水族人

抵达旧金山的那天晚上，堂叔就对我说，明儿带我到一位水族妹子家里做客，听他这么一说，我喜不自胜，在大洋彼岸的旧金山，居然还能觅得本民族妹子的身影，这是我始料未及的。堂叔又告诉我，她是十年前移民过来的，现与当地一位华人成亲，并育有一子，上个月才满五周岁。

我又问堂叔与她得以结识的过程，堂叔说，有一次上街，看见她是用马尾绣背带背的孩子，便问她背带的来历，她说是老家人送的。堂叔于是断定就是来自中国来自水族地区，一问，果真如此。又问她是否说得来水话，她点头，堂叔随即用水语与她交流。互道身世后，彼此都惊喜不已。不曾想到，在这异国他乡，竟还能听到原汁原味的乡音。从此，两人便情同父女、亲密无间了，隔三岔五，不是你来，就是我往。

次日，我随堂叔一同前往，刚叩开那妹子的家门，就听她用水语道："是爸爸来了。"堂叔又指着我向她介绍，她笑容满面地给我们沏茶让座，唤来她五岁的孩子，管我叫舅舅，又叫堂叔"外公好"。孩子不会说水话，用的是汉话问安，但一股亲切怡人的水族味儿还是扑面而来。

这是我们水家人的礼节，姑娘出嫁到婆家后，都会叫夫家上了年纪的上一辈人爸爸妈妈，同样地，在夫家生活一段时间，一般是有了孩子后，再回到娘家时，也会叫上一辈人为爸爸妈妈。这是约定俗成的礼数，但此时此地，听到这些个称呼，还是引起我的诸多遐思。

我不知道水家人的这一习俗，从什么时候就开始了，也不知道，外人听了这些称呼，都有哪些感想。反正在经历了不同文明的碰撞比照之后，我很快就发现这早已融入水族妇女血液的礼节的可圈可点之处，并让我感怀。

堂叔也不时向我提起，在家乡听到这些称谓，总是习以为常，也没有多少想法和思考。但在异域待的时日久了，听惯了不少亲生骨肉叫唤父母都是直呼大名之后，忽又听到这些来自水家女子之口的可人的称呼，你想心里不泛起涟漪都难。

堂叔还时常感叹，他如今年事已高，已没有多少可供他称呼爸妈的人让他去称呼了，还说时光如果可以倒流，他也一定会续上这些称谓的。好在堂叔有儿有女，他总是叮嘱儿女们要切记水家人的这些礼节，他的几个子女都很是听话，一遇这种场合都能自觉地进入角色。至于他们因此而赢来的认可和赞许，自然也是不计其数。

至此，我才明白前年堂叔为何于假期特地带上孙子回老家待上一段时间。他是要让孙子在那个特别的环境里自觉接受熏陶，那一次，给我的触动很大，正是由于他携孙子的远道而来，让我对本民族这些待人接物的礼仪有了更深的认识。

临近开学，即将启程返回美国，堂叔又带上孙子一家家话别。孙子每到一个叔伯家，都会向他的叔父叔母、伯父伯母道一声："爸爸妈妈，再见！"有别于家乡的孩子，这是呼吸着异国空气长大的新一代，但学起祖先的礼节来也颇真诚和投入。难怪，有兄弟听后也满意地摸了摸他的头，又拍了拍堂叔的肩，道："都离开家乡这么多年了，还记得水家人的礼节，真是不容易。"堂叔道："我们民族的一些优良传统又有什么理由不继承和发扬呢？"

潘文佳

绣字鞋垫

忽然想起多年前的一个电话，小妹打来的，她说还是问了几个人才知道我的电话，那年月，手机远没有如今的便宜，话费更没有现在的低廉，买不起也用不起，我们这些在外奔走之人，想联系起来还真是不容易，即便要打电话，也往往要上电信部门的营业厅去，小妹就是在那儿打的电话。

小妹要我告诉她最近的通信地址，她说想给我寄几双亲手纳好的鞋垫，还说鞋垫上绣着字呢，蛮有意思的。

说到绣有字的鞋垫，我也没少看见过，但那多是市面上出售的，要不就是出自一些有点文化的女性之手，至于像小妹一类没上过几天学堂的女孩，居然也能绣得出来，就有点不敢想象了，难怪小妹的话里也有些成就感。

小妹纳鞋垫的功夫，想必是从小就打下的基础，那时候，只上了小学一年级的她辍学回家后，便早早地担当了一个劳力的角色，看着那头在牛圈里冲撞的母牛，母亲无奈地摇了摇头后，便以好言哄着小妹："我的好女儿，女孩不用读书的，放牛去吧，等母牛添了崽，妈就给你买健美裤，好吗？"那阵子健美裤的诱惑确实很大，经母亲这么一点拨，小妹的眼睛随之一闪，就答应了下来，从此，一个孩童的梦就写在了山坡上、写在了日出日落的重复里。

终日与牛为伴的小妹，便开始模仿村里的姐妹们：怀揣着针和线，边看牛边学着那活计，小妹的手很是灵巧，纳出的鞋垫尤为抢眼，也极善于变换花样，直至后来竟还学会绣上字来了。

我是在一个冬日的早上收到小妹寄来的鞋垫的，一共四双，上面绣有"心想事成""万事如意""一帆风顺""青春万岁"等字样，欣赏着她那些心血的结晶，不禁感慨万端，那字里有着一个孩童曾经的向往，有着我们酸涩的记忆。

鞋垫做工考究、精巧美观，可放入鞋里一试，却显得有些窄而短，也许是多年不见面了，小妹忘了我穿的鞋号，但这并不重要，重要的是我收获了亲情和牵挂、收获了妹妹的善良和贤惠。

就在我收到鞋垫的第二天，我又接到了小妹的电话，她问我鞋垫是否合脚，如不合适就告诉她尺寸，再给纳几双寄来。我回话说很合适的，小妹就高兴地笑了起来，虽然没有如实回答她，但在我心里已经是很合适的了，是的，还有什么比亲人的惦记更合游子之心呢？还有什么比家人的安好更让我释怀的呢？所以，我也向小妹致以谢忱和祝福的话。

这四双鞋垫，我一直都没有舍得垫在鞋里，而是保存了起来，每次取出欣赏，都如阅读一则伤感的故事、一段辛酸的历史。

直至不久前，我上了初三的女儿意外地发现了它，更是惊喜不已，她横看竖看都没有看够，又索性放入鞋里试了起来，还说很合脚的。末了，她向我索要这些鞋垫，我道出了打算永久保存下去所以不能给她的理由，还是妻在一旁插了话："就给了孩子吧，只要你在心中永远保存下去就是了，何况留着不用也是一种浪费。"这话说得在理，我正欲送与女儿，忽听得女儿道："爸爸，就送给我吧，每日穿着去上学，会平添一种动力的，我也会珍惜一些东西的，并将以此鞭策自己。"

潘文佳

意外的礼物

获知刘伯去世的消息，我的心情异样沉重，多好的老人啊，就这样永远地离开了人世，我为自己未能在最后的日子看上刘伯一眼而自责，也为没能送他一程而歉疚不安。

如果刘伯有妻室儿女，或许他的去世，我还不至于这般伤感，问题是他七十多年的人生历程，都是一个人孤苦伶仃地过着，他年轻时，也曾有不少人劝他娶妻生子，就是到了中年仍不乏为他牵线搭桥的善良人，可是，由于家庭成分不好，那年月频频遭遇批斗和折磨，而他又是一个很有个性的人，不忍心因此而连累人家，于是便发誓终生不娶不育。

就在我缅怀刘伯的时候，他的两个侄儿找到了我的家里，说是在刘伯去世之时，也曾打过我的电话，但正是我下乡的日子，手机无信号没能联系上，前些天又忙于刘伯的后事，现在才得空前来见我。

刘伯的两个侄儿我认识，以前我和刘伯还是邻居的时候，他们经常于年节前来看望刘伯，我们还曾多次在一起喝茶、吃饭，彼此都有较深印象，只是对于两人能亲自叩开我在城里的家门，这是我始料未及的，他们是遵从刘伯的遗愿而来的，并亲手交给了我一份沉甸甸的礼物——刘伯关于他的房产由我继承的字据。当我极力推脱又陈述自己受之有愧时，两人又发了话："叔父也说了，这房子是不太好，也值不了几个钱，但是周围环境还可以，幽雅清静，而你是搞写作的，留给你好让到乡下度假时有个住的地方，这是他老人家的心愿。你就收下吧！"

说到刘伯居屋周围的环境，那确实是一个富于诗情画意的地方，屋后爬上一处堤坝，就是一座波光潋滟的水库，屋旁则有一条小溪环绕，终年流水不断，溪的两侧分别是依依杨柳和青青翠竹，我也曾于不同的季节去看望刘伯时有不同的美感，也曾当着刘伯的面抒发此处的清幽之情，没想到，几句寻常的对乡村景色的赞美，却留存在刘伯的心上，直至后来居然让这些成为我的拥有。

我是八年前认识的刘伯，那时他在城里做小菜生意维持生计，是租住的一处房子，而妻所在的单位又正好要拆掉旧宿舍楼，另盖新楼房，我们也只得到外边租房住，这一来便有幸与刘伯成了好邻居，我们相处得很投缘，刘伯对我的女儿更是疼爱有加，在我夫妻忙碌的日子，每日都是刘伯去接送的孩子。刘伯早年读过私塾，知书达理，通晓历史，对一些问题的看法很有些独到之处，我很欣赏他的这个与众不同之处，而我天生就有一种同情弱者的性格，刘伯也对我不媚权贵而亲贫民的个性大加肯定，很快，我们就像一家人一样相互呵护关爱，直至妻的单位新楼房盖好，我们搬离后仍保存着这份难得的人间真情。

两年前，刘伯感觉自己已有些体力不支。他便搬回乡下老家去了，但我一家三口仍经常抽空前去看他，次数多了，与左邻右舍也就熟悉起来，每次离去，也不忘叮嘱邻居要多关照刘伯，邻居也不时赞叹："你们不是他的儿女却胜似儿女呢！"

有一次，刘伯干脆对我的女儿说，以后不要叫他刘爷爷而叫他爷爷好了。他说是把我的女儿当亲孙女看待，话已说到这个份上，我和妻当即就改口叫了他一声"爸爸"，那一刻，刘伯紧随着就扭头抹了抹眼泪。

前不久，我前往乡下打扫刘伯留下的居屋，并邀来左邻右舍共进午餐，有邻居对我说，刘伯临终之时，昏迷了很长一段时间，据说他此前决定把房产留给我，并已征得小侄儿的同意，而大侄儿没有赶到，没能征得他的意见，刘伯放心不下。随后，他的大侄儿赶到了，他果然醒了过来，他问大侄儿:"我想把这房屋留给小潘,你没意见吧?"大侄儿回话说:"我没意见,这辈子也只有小潘夫妇叫过你'爸爸',你是该给你的'孩子'留下一点什么的。"刘伯又说:"那我就没有多少东西留给你们了,等我去了,再保佑你们好了!"他的两个侄儿又说:"你就放心去吧,我们会把字据亲手交给小潘的,我们也会成为好兄弟的!"

邻居还说,刘伯那天是面带着笑容而离开的人世。

任占萍

向着诗和远方
——致我鲁迅文学院的同学们

不知始于何时，鲁迅文学院被比作中国文坛的黄埔军校。我觉得鲁迅文学院拥有这样的称谓并不为过。无论是从视野的宽度和师资的配置，还是从历届毕业生的文学成就，在中国文学界，它都应该居于魁首的地位。比如获得诺贝尔文学家奖的莫言先生，以及余华、毕淑敏、刘震云、王安忆等当代著名作家，都曾经在鲁迅文学院就读过。鲁迅文学院自创办以来，一直都是中国作协培养全国中青年作家的重要文学基地。作为一个文学创作者，我常想，如果能到鲁迅文学院学习，那是一件多么令人向往和激动的事啊！

我想都没敢想有一天，我会真的走进鲁迅文学院。当辽宁作协来电话通知我去鲁迅文学院学习时，我一度以为是诈骗电话。当我确认真是通知我到鲁迅文学院学习后，我为这一从天而降的喜讯而感到激动和喜悦。之后，我的大脑又一片空白，这一切难道是真的吗！这是个多大的雨点呀，恰好它又那么幸运地降落在了我的头上。这幸运如果来自天上，我想这里面一定有上天的祝福，他知晓这是我多年来一直埋藏于心底的一个梦；这幸运如果来自地上，我想一定是自己沾了满族这个族别的光。这幸运无论来自哪里，于我都是最美好的祝福，我应当美滋滋地照单全收才对。接下来的是等待，等待开学的时间早日到来。这种等待是幸福的期许，因为我是一个满怀憧憬的人，我像等待一场盛大而又隆重的浪漫远行，更像是一个紧张待嫁的娇羞新娘，在甜蜜地等待心上人来迎娶自己的那一个幸福时刻。

遥远的北京刹那间因为文学而不再遥远。来自全国各地的三十九位民族作家，有的从蓝天白云下的雪域高原走来，有的从古朴淳厚的云贵山寨走来，有的从辽阔无垠的北方草原走来，有的从遥远的西北回乡走来，有的从中华腹地中原地区走来。东北和西北，西南和中南、东南西北中，在这一刻，相互拥抱。疏远被删去，距离被剔除。你有小说的宽阔宏大，我有散文的汪洋恣肆；你有诗歌的千般豪迈，我有戏剧的万古柔情。每一位民族作家就像每一颗带有文学基因的小宇宙一样，他们悄然地聚积着文学能量，等待合适时机，要爆发出作家应有的张力。

开学典礼上水族作家潘鹤的发言，其民族情怀与文学视野兼具的高度和深度，令大家立马刮目相看。农民家庭出生的他能够吃苦，也敢于担当。这是一个集才气、傲气、骨气于一身的贵州男儿。曾做过中学教员和大学教师的他，具备过人的才气，拥有足够的文学自信，能傲视一切虚假的文化权威，铮铮骨气让他的言行卓尔不凡。骨子里的那份才情，使他在庸俗面前，有底气来拒绝。年轻的心向着远方飞翔，炯炯的目光中洞穿着媚俗的矫情与虚伪，以笔为剑敢问文人路在何方？看潘鹤笑傲江湖。

王学军的笑容像春天的田野，带着冬日过后青草萌发的味道，那是被山风的巨掌击打过、被《古兰经》的智慧温润过、被生活的窑炉陶造过才具有的面庞。他对穆斯林信仰的敬虔和对本民族文化的热爱超乎你的想象。他倔强的个性和对艺术的坚守更是出乎你的意料。一介书生与草根诗人如此矛盾又和谐地交织地重合在同一个人身上，只能说这是文学的功劳。如今的他，依然是西部山区的一个农民，但文学的力量，依然常常能把他带向梦的远方。

博尔斤·巴阿拉坦苏和，我亲爱的蒙古族兄弟，你和巴·哈斯巴根都在用蒙语写作。巴根还好，说话发音接近汉族，他曾经无比深情地为我和另外两个女人唱了那首《在那遥远的地方》，我浮想联翩，多么希望这是唱给我的啊！苏和，每次听你说话，都感觉像是在和一个中文还没过初级的老外说话呢！我们还没听懂几句你说的话，学习就要结束了。可是，这丝毫也不影响到我们一直喜欢你。没有谁会对一个笑容温厚、质朴谦卑的人不心怀好感，你本不想证明什么，但是你已经占领了这个班人气的制高点。那天在大巴车上，你和藏族兄弟朗加分别沉浸在自己的思绪和意境中，你看你的蓝天，他望他的窗外，忘情地哼起了那首《蒙古人》，坐在后面的我早已如醉如痴。

嘎旦增普错和阿琼，是我平生第一次接触到的藏族人。我想称你们为同胞，可我们在习俗与信仰上有太大的不同。见嘎旦第一眼，就会感到这是一个诗人，也是一个有故事的男人。是谁说过这话："你的气质一半在身上，一半在家里。"而嘎旦只能让你看到三分之一，其他不得而知，此处可省略一万字，让你去猜想他的神秘莫测；阿琼，我是多么喜欢你这个名字。"卓玛"俗得沾上了商业的俗气并带有流行街头的味道，只有阿琼才是接地气的，这名字有马奶酒的醇香，有康巴舞的欢畅，当你一袭蓝色藏族长裙，一条长辫子垂到胸前时，人间所有的美色在你的面前都黯然无光。

"高高的兴安岭一片大森林，森林里住着勇敢的鄂伦春"。敖荣凤唱着这首《鄂伦春小调》，她自豪地将鄂伦春这个人口极少的民族推向作家班关注的前沿。几次和她出行购物，我俩能坐过站两次。因为擅长花钱而臭味相投，于是又结伴而走，我心没底啊，怕一不留神被她领上那"高高的兴安岭"的大森林里。她唱着小调跑了，我成了鄂伦春猎人的活物。

班上哪一个男人除了幽默的口才之外，还兼具诗、小说、散文创作特长呢？这该是当之无愧的"班宝"了，班宝是来自四川的藏族作家黄晓荣。我很喜欢听他唱那首《父亲的草原母亲的河》，随着他悠扬悦耳的歌声，我们可以完全地投身于歌曲的河流。

在此，我想揭穿一个原则性的机密：孔庆武不是纯正的满族，他和我一样都是沾了满族母亲的光。不知为什么，他被人称为"孔爷"，这是晚清王爷的尊称吗？

联欢会上，脑后扎着一绺小马尾的回族大男孩，叫李晨阳，他抱着吉他自弹自唱一首原创西北民谣。高亢粗犷的嗓音，像一个宁折不弯的西北汉子向苍天和大地叩问，又像在和命运狂吼；马慧娟和马富花，这二马同一个姓氏又同一个民族，是一对形影不离的穆斯林姊妹花。我太钦佩太欣赏马惠娟的文笔了，无华彩无技巧却具有撼动心灵的力量；马富花柔美得像一株水仙，跳起锅庄来，舞姿那么轻柔，怎能不令人心动。

这一期的作家班如果没有郭宝光，一定会寂寞不少。郭宝光天生就是一个领导者和管理者，几次筹划诗歌研讨、外出采风，郭宝光都不用班主任操心；当他领着李晨阳弹着吉他，满楼巡回，一路为女生送去秋波和歌声的时候，他已经由那个自信的穆斯林学者成功地转型为全班女子的大众情人。

还有山歌女王颜英、儒雅的修瑞、书法家刘兴华、暖男周明珠、红包大使梁兴星、文气的裴福刚、博学的白建国、深刻的杨宁、静女杨雪、阳光的莫愁、真诚的莫志辉、低调的苏秀娟、情报处处长似的王凯、温柔的史雁飞、可爱的白小川和厚重的呼和少布等等，这些名字堆积在一起，形成三十九道彩虹，什么时候想起，在心灵的最深处，都会产生思想的启迪和文化的碰撞！我将会想念你们，并注视着大家，带着温馨的怀恋，以文学之名，此生愿真诚地和你们一起，向着诗和远方一直眺望……

三月楚歌

我的田撂荒了

　　山脚下的河流丰盈，水草肥美，遍山青翠，鸟群活泼，蜻蜓点水，鱼群逐浪。往年的这个季节，后山上的这块"望天田"，水稻葱郁，旺盛生猛，正欲含苞吐穗。但是此刻，我站在颓圮的田埂边上，映入眼帘的，是一片杂草横生的荒地，狗尾巴草和蒿菜长得嚣张，拇指宽的条条裂缝布满田底，远处的沟渠积满了泥沙，没有一滴水。它已经荒废很久了。

　　在我的记忆中，它一直很丰盛，在稻穗飘香的八月，金灿灿的镶在青山之间，像一块璀璨的金矿石，一闭上眼睛，我就能看见父亲的脸在阳光下眉开眼笑、金碧辉煌的样子。

　　现在它荒废了，具体是什么时候开始被父亲撂荒的，我不知道。

　　这块田饱含着父亲一生的心血和期望，也曾经期许过我的人生。

　　在我的记忆中，这里原本是几块很小很小的田，因为没有水源，灌溉完全靠天吃饭，天上下来就有，天上不下来就没有，所以，我们本地人喜欢直观地叫它"望天田"。这块望天田，实际上是靠父亲一锄一铲不断拓展成今天这个样子的，前前后后，他挖了十几年，像是愚公移山，当初只能产三四百斤稻谷的几块小田，被他挖成了产粮两千多斤的大田。

　　父亲是个倒霉蛋，分田到户的第二年，他才结婚。因为这件事，他郁闷了一辈子。其他结婚早的人，孩子要得早，分田到户的时候，按人头分配，多的人家可以分到良田十几亩，少的也有三五亩。父亲光棍一条，分不了什么。父亲是个苦命的人，十三岁那年爷爷去世，他成了孤儿。虽然上有一个姐姐、两个哥哥，但大伯和大姑早已成家立业，剩下二伯，腿有疾，行走都困难，更别提生产劳动了。十三岁的父亲，被迫成了家里的顶梁柱。他帮着奶奶，把两个妹妹和一个弟弟抚养长大，并帮助他们成家立业后，已经是快四十岁的人了。

不惑之年的父亲还没有结婚，在农村，对于单身汉来说，这是一个已经基本上没有希望的年纪。但是他没有像其他大龄青年一样对人生感到绝望，破坛子破摔，他一直积极乐观。

他相信，他这一辈子不仅会娶到老婆，还会有孩子，还会过得幸福富足。

父亲知道，这田地一旦分配落实到各家各户，变成了别人的，他想要拿一点过来都是不可能的。如果有一天他结婚有了孩子，一个人的田地，根本无法养活一家人。为了多分到一份田地，父亲把情况从大队反应到乡里，最后，乡里领导没办法，通知大队酌情处理。

大队同意多分给他一个人的田地。毕竟，就算你明天娶老婆也只是两个人。

父亲不满足，娶了老婆之后，肯定要添丁加口，两个人的田地对付一家人，还是不够啊。他又去找领导商量，领导终于发火了，说："你要是明天就结婚，后天能生出孩子来，我的那份也不要了，都给你！"领导也为难，毕竟如果每个人都像父亲这样的话，把将来计划生孩子的数量也计算进去，那分田到户的工作怕是永远也完不成，更何况我父亲当时连婚都还没有结，光棍一条。可以偶尔破例，但接二连三得寸进尺就不叫破例了，那叫过分。

父亲还是不死心，说："领导，我晓得我这要求有点过分，但也是情理之中的。你想，要是我结了婚，有了孩子，到时候一家人吃不饱，穿不暖的，还不是要来麻烦领导。"

领导说："那万一你一直不结婚，那多分的田地，你不是占了便宜，别人怎么想？"

父亲说："那要是我万一结不了婚，到时候把田地还给集体，大家再分配就是了。但是万一我结了婚，田地都分到各家各户了，到时候叫大家拿出来分给我，那就不可能了。"

看着领导为难的样子，父亲估摸着要和其他人一样占份额，肯定是非分之想。他想起后山上那几块望天田，似乎还没有被人选走，便打起了主意。父亲说："领导，你看我这个事情，现在不争吧，怕以后无法生活，争一点吧，又让领导们为难。唉，我也退一步，也不要求好田好地了，大家都选不上的也可以，随便多给我几块，哪怕是望天田、沙石地，我都认了，以后多花点功夫打理就是。总不能到时候田少地薄的，结了婚连孩子都不敢生。"

看着父亲说得特别恳切，如果一点都不通融似乎也说不过去。

沉默片刻之后，领导叹了口气，说："后山上那几块望天田，你随便挑两块吧。"

父亲看领导终于松口了，特别兴奋，就挑选了两块。

后来，剩下的两小块，也没有人看得起，索性一并给了父亲。

虽然从数量上来讲，一共是四块田，但面积都特别小，哪怕是最大的一块，风调雨顺的，也只能产两百来斤谷子。大家看不上的原因，除了是望天田，灌溉没有保障之外，还在于面积太小了，不好耕耘。牛在田里，打个转身，一袋烟的工夫都不用，就可以把田耕完。

田到手之后，父亲便开始了他的扩建计划。当初田还没到手之前，父亲便注意到了这四块田虽小，但往两边都是泥地，只要肯下功夫付出努力，把它挖深拓宽不是问题。

第二年，父亲结婚了。那些年月，结婚肯定不是因为爱情。

母亲见到父亲第一面后，便决定嫁给这个比她大将近二十岁的男人。

不为别的，只是因为他有田。有田就有粮，有粮就有吃的。

结了婚后，父亲的干劲更足了。

每年的秋天，谷子收完后，很多人家便开始放闲了。

对于父亲来说，那才是一年中最忙碌的开始，他要扩建自己的田。

那些年，工具落后，父亲靠自己的一双手，通过锄头挖、背篼背的方式，像愚公移山一样，一丁点一丁点地把几百上千方泥土挖运走。太阳和月亮，以及星星大概都见过他孜孜不倦的样子。说起来也奇怪，在此后多年里，一直风调雨顺，几块望天田年年丰收。父亲一直感恩老天爷帮忙。但很多老人都说，就算天不下雨，父亲流的汗也该把田浇满了。

父亲结婚的第二年，就有了姐姐。再过三年，我也来到了这个世界。

在我的记忆里，每年秋收后，父亲总会推着他自制的手推车，在望天田里拉泥巴。我常常也拿着一把小锄头，混在泥堆里玩耍。有人路过的时候，总会说："明年又该多打几百斤谷子了。"也有人劝父亲歇歇，已经够宽的了，面积早已是原来的好几倍，够吃了。

父亲说："趁现在还能挖就多挖一点，等我家幺儿以后就有好田种了。"

我从光着屁股在泥巴地里玩，到骑着牛在远处的山坡上吃草，再到背着书包走进村小学二层高的小木楼，一直到走向镇上，走到县高中。父亲也从一条彪悍的汉子，进化成了一位安详的老人。我们的口粮，从最初的白米饭里羼着玉米、麦子和红薯，一直到用白米来喂鸡喂鸭。不知道是什么时候，父亲把四块小田并为了两块大田，又并成了一块大田。每年风调雨顺时，可以产谷子近三千斤，几乎成为我们整个村子最大的一块田了。

还记得从前，种田要缴皇粮，每到秋收时，收了谷子的人们，会挑着该上缴的粮食去乡里大仓库。负责收粮的人，会先检查空壳多不多，晒得干不干，最后才决定收下来。很多人的粮晒得不够干的，就放到大仓库前面的坝子上晒。有一次，我跟着父亲去缴粮，收粮人揪了几粒谷子放在嘴里嚼了嚼，说没干透。父亲便把粮挑到坝子上，找了块空地晒起来。

当时晒粮的人很多，但父亲晒的粮是最少的，有人就问他几个人的田。

父亲说："婚结得晚，就两个人的田。"

问者同情地看了我一眼，又问："几个孩子？"

父亲敲了敲旱烟杆子，说："两个。"

问者说："那不够吃啊，一年产多少粮？"

父亲说："四五百斤吧，羼点杂粮，马马虎虎。"

后来，有人到乡里反应，说父亲每年收的谷子比别人的多，但缴的粮却比别人的少。为了这件事，父亲被叫到乡里去问情况。当时，乡里的几个领导也开明，说鼓励开荒，缴粮是按分田到户时的亩数算的，勤快的人就应该多收粮。所以，在我八九岁之前，虽然生活水平不高，但我们从来没有饿肚子。哪怕让姐姐特别不满的，也仅仅是母亲在做饭时，往饭里蒸了几个红薯，让饭染上了一些红薯的味道。而这些红薯，多半是父母亲自己吃的。

不知道什么时候，生活好了，饭量也变小了。杂交水稻推广之后，化肥又供应充足，粮食产量也噌噌地，一年比一年丰收，粮食都吃不完，用白米喂禽畜已经不稀罕了。

有一年，乡里来通知，说以后不用再缴粮了，统一折换成钱上缴。

如果换成是几年前，很多人会因此奔走相告、争相庆祝的。毕竟，缴了钱，粮可以留着自己吃了。不像有时候有钱还买不到，即便买到了，也是仓库放下来的多年陈粮，油气全无，味如木屑。当时，人们说得最多的话是："唉，把粮种出来了，还得帮国家挑去卖。"

那几年，不仅帮国家挑粮去卖，有的人家，粮食吃不完，也会挑一些去换些钱补贴家用。在我的记忆里，姐姐读初中的时候，父亲把家里的鸡鸭都卖了给她凑学费。等到我上初中的时候，父亲赶着马车，拉了一千多斤白米去县城，不够的话，还可以再卖一些。

很多乡亲都羡慕父亲，后山上的这块望天田，产粮量比某些人家全年的收粮还多，还不用缴皇粮。当有人表达羡慕的时候，父亲便说："这都多亏老天爷帮忙啊，不然这块望天田哪能有这么好的收成。我挖了十几年，也算没白挖，就算干旱种苞谷，也够糊口了。"

可能也真是老天保佑，在我的记忆里，近三十年来，故乡只发生过一次影响收成的旱灾，其余年景，就算遇到旱灾，都不会影响到农作物的生长。这块望天田倒成了宝贝。阳光充足，长势很好，每年秧栽下去，就不用管了，反正灌溉全靠天，再怎么操心都没有用。

又过了几年，我已经走出故乡小木楼的村小学，又走出了青砖黑瓦的镇初中，来到了县城高中。政府开始出钱到处搞水利工程建设，这块望天田经过父亲十几年的经营，已经很宽阔，成为水利规划时重要的灌溉对象。政府出钱从山的另一边修了一条水渠，直接引到田里。从此以后，望天田有了灌溉水源，再也不用望天吃饭了，清冽的水源顺着光滑的水泥沟渠，淙淙地盘山而来，流进稻田里，望天田不再担心季节性干旱，父亲还在田里放了些鱼苗，八月谷子黄，要放水准备收谷，鱼也该长成熟了，条条肥美，活蹦乱跳，惹人喜爱。

也不知道具体是什么时候，种田都不用缴皇粮了，千年皇粮，完完全全免了。

当消息传来的时候，很多人还不相信，粮都不上了，国家吃什么。

不管如何怀疑，但事实很快打消了人们所有的疑虑：真的不用再缴皇粮了。

当我考上大学离开小县城搭着火车去往外地时，偶尔回家，发现很多小田都荒废了，杂草横生。我觉得很奇怪，问父亲那些田好端端的，为什么撂荒不种了。父亲总是在轻轻地吐了一口旱烟后，缓缓地说："都打工去了，打工一个月能买一年的米，他们都不种了。"

是的，很多年轻人都不愿意守着几亩薄田糊口了，背着行囊远走他乡。

只剩下年纪大的老人留守，田多了也种不完，就挑几块大的、灌溉方便的种。

再过几年，老人们老了种不动了，哪怕让人眼馋的大田、好田，也只能撂荒了。

有外地老板来承包种药材，种水果，种烤烟，稻田完全变了样子。

以前出再高的价钱都不愿租，现在都争着抢着租出去，反正荒着也是荒着，不如交给别人打理，哪怕没拿到什么钱，至少不会荒。看着好端端的田没人种荒废了，心疼啊。

父亲的这块大田，因为平坦宽阔，没少人打过主意，但父亲就是不同意租。他说种了药材烤烟，田就不成田了。父亲爱惜他的田，别人耕一遍，他耕三遍。每一年，他都会一挑一挑地把牛粪挑到田里去。父亲的田，泥巴特别细腻，散发着一股仿若嫩植物才有的腥味。遇到旱天，其他人家的田都起了龟裂，但父亲的田却还有浅浅的半埑水。父亲骄傲地说，人不能哄庄稼，不能哄田地，不管你做什么它们都晓得，多用一分力就是多用一分力的事。

后来，父亲老了，渐渐有些力不从心，家里的几块小田也撂荒了。

前几年，父亲得了一场重病，差一点就丢了命，光住院前后就三个多月的时间，耽搁了打田种稻，母亲一个人也忙不过来。现在年成好，再也不用为吃饭发愁了，他终于同意把养了一辈子的大水牛卖了，田租给别人种西瓜去了。父亲的田，是整个村庄最后一个租出去的，当我告诉父亲租出去了的时候，躺在病床上的父亲，沉默了一会儿，眨了眨干枯的双眼，被花白胡须掩盖的紫色的双唇吐出几个字："租出去也好，留着会累了你妈。"

望天田是父亲这一辈子最大的心血，他本指望着我，他唯一的儿子靠这块田，便衣食无忧，但他没有想到，我从来就没有在家种田产粮的打算。我离开故乡，在都市里完成学业，找到工作，最后自己创业，虽然其中波折冷暖，但我依然没有回到故乡耕田种稻的心思。

父亲的田，看起来要很长的时间租给别人，甚至被撂荒了。

父亲曾经不服老，觉得自己还能干，但现在他顺从了岁月。

他说："随便你们了，反正这些东西早晚都要交给你们的，我做不动了。"时光老人不动声色，却改变了稻田，改变了世界，改变了父亲，改变了我们每一个人。

种西瓜种了一年，又种烤烟，后来种药材，这块稻田上所发生的一切，是父亲当初所最不愿意看到的。它离水稻越来越远，远到现在，干脆撂荒了。就连曾经让父亲欣喜若狂的、政府花大力气打造的水渠，也积满了厚厚的泥，隐藏在杂草横生中，没有人再去清理。

连同稻田一起荒废的，还有整片广阔的山坡。在从前，村庄里家家养牛，牛群放满整个山坡，草被啃得短短的，"草色遥看近却无"，田间地头里的草，也被割得干净。但现在，整个村庄也找不到一条牛，每个地方的草，都任由其枯荣。曾经，在山上放牛的那些情景，可能这辈子都不会看到了，牛在泥塘洗澡甩着尾巴的模样，也是偶尔才会在梦里浮现一下。

我们的田总算撂荒了，荒成了一枚泛黄的书签，布满尘埃，长出绿色的苔迹。

父亲终于接受了这个事实。现在，年届古稀的他，每个月还能从政府领到几百块钱的农村养老保险，够他小花小用了。大病之后，他在医院住了三个月，把烟戒了，酒也不喝了，根本花不了多少钱。随便散养的几只鸡鸭，下的蛋他吃都吃不完，偶尔还让人给我捎一点来。这两年，政府鼓励退耕还林，大片大片的土地，又栽上了树苗子。父亲也像其他人一样响应国家的号召，每亩土地退耕还林后，每年还可以领到几百块钱补贴，比种地划算。

父亲虽然还是觉得可惜田地，但再怎么可惜，潮流无法逆转，人也力不从心。

上个月，父亲来城里小住几天，他说："你们买的米虽然贵，但一点也不香。淘米水也不稠，干干净净的像清水一样，这个没有营养，还是比不了家里的田里种出来的好。"

那一刻，我想，恢复健康的父亲，会不会有一天，突然披上蓑衣，戴上斗笠，在谷雨润物、桐花盛开的季节，赶着耕牛去追赶他荒废的稻田呢！这或者只是我一个胡思乱想的念头吧，人，终究不会越活越年轻。我的父亲，只愿意他健康宽心，不再受到病痛折磨。

我的田荒废了，嵌进山间，有一天会变成山的一部分，长满高大的乔木，滚动着不规则的石头，痕迹慢慢隐藏，直到一天，人们稍不注意，都不会知道它曾经存在。

我的田荒废了，无人理睬，就像长满青草的山坡没有一头牛；就像早已用电代替燃料的乡村，已经失去了飘散妖娆的烟火；就像我走在故乡的小道上，再也无法遇到一辆优雅缓慢的马车踢踢而行；就像在月光下的故乡，再也不会听到来自远山上那动人的情歌对唱。

我的田撂荒了，连固执倔强的父亲也接受了这个现实。在青山绿水间，在好雨知时节，万物生长时。我的田荒废了，没有饥荒，没有战乱。它荒废在一个盛世，四海升平时。

沈 彬

那条游到端节的鱼

这条鱼，也许在西周时就从睢水出发了，它伴着一群同样从睢水出发的人，不知道游向哪里。秦汉的日月见证了他们在岭南地区的劳作，北宋的风儿吹拂他们朔都柳江而上的篷船，终于，在2010年10月27日这天，这条鱼游进了中国水族旅游文化节的活动现场——江面上一张渔网在数万人的眼前凌空抛落，银色的跳跃在渔网里闪现，这条鱼，完成了一个历史的定格。

今年的端节，一场大型水上实景演出《水歌大地》将三都水族自治县县城港监码头弄得热闹非凡。秀丽的江面上很有些深秋的寒意，不由得让观礼的人们束紧衣袖。远远地，江对岸畔水而建的舞台上，人影朦胧。著名主持人倪萍话语响起，有板有眼地说都柳江从广西流到贵州、流到三都，无疑让沿江而上迁徙的人和鱼儿，都少了许多不为人知的艰辛，令江两岸数万观众莞尔一笑。

就是那个时刻，当群众演员摇桨从观众席慢慢划过，那条鱼在张网收网的时分，划亮了几万人的双眼，引来一阵欢呼和惊喜，以至于担任三都水族自治县发展顾问的龙永图都有些疑惑，是刻意安排的吗？不是刻意安排的啊？

看罢水族旅游文化节开幕式演出，第二天一大早，我们便来到三洞乡水根村、达便村，体验水族人民一年一度最隆重的节日——端节。水根、达便两村，以潘姓、韦姓居多，按照古老惯例，为期七七四十九天的端节首先从这里开始。

十公里车程不一会儿就到了，震天的长号声、铜鼓声几乎掩盖了芦笙和人马的欢唱，迎面扑来。车远远地就不得不停下来，缓步进村，庄严的祭祖仪式开始了。可惜主祭司的水语无法听懂，但言语间他泛着泪光的老眼，似乎将我们带到了那条鱼儿远行开始的睢水之滨。祭桌上香烛升腾的烟氲中，置放于正中的黄色四个水书大字，像苏醒的鱼儿在我眼里慢慢游开，我的眼也慢慢潮湿了……一排寨佬居上座，相对的是一排贵宾席位，介绍中得知，有来自河南睢县的客人，那遥远的故乡，几千年时空变幻的永远都回不去的故乡啊，让今年这个欢庆物丰人和的端节有了更特别的意味。长条桌上，最显眼的还是鱼——鱼包韭菜，水家人的最爱。将鱼剖开洗尽，置入韭菜等，加入秘制香料、辣椒，稻草捆好后上屉蒸12小时，这道菜便做好了，入口香辣酥鲜。是古旧相传的家乡味，还是对波光粼粼的睢水的代代守望？

午后，瑟瑟秋风寒意更浓。刚收了稻谷的一方水田用绳子围成了赛场，来自四邻八乡的100名水族马尾绣高手在这里摆开了赛台。马尾绣是水族特有的，是水族妇女世代传承的以马尾作为重要原材料的一种特殊刺绣技艺，有独特的制作技艺与方法。先取马尾3至4根做芯，用手工将白色丝线紧密地缠绕在马尾上，使之成为类似低音琴弦的预制绣花线；再将这种白丝马尾芯的绣线盘绣于传统刺绣或剪纸纹样的轮廓上；第三步用7根彩色丝线编制成扁形彩线，填绣在盘绣花纹的轮廓中间部位；第四步再按照通常的平绣、挑花、乱针、跳针等刺绣工艺绣出其余部分。比赛尚未开始，这些参赛妇女面前摆放的各色绣品就吸引了三三两两的外地客人，同行的记者一口气就买了好几种绣片。深圳市民俗摄影学会的摄影师们和各路记者纷纷抢镜，全然顾不了维持赛场秩序的吆喝。

一边是妇女们的比拼，一边则是男人们摩拳擦掌的赛马场。端坡上下，无数的人欢聚在一起，不时有冲天而起的爆竹临空炸响，点缀着节日的喜庆。几排鸟铳响过,赛马开始了。水族男儿是不用马鞍的,人和马儿在并不平整的马道上奋力争先,从人群面前飞驰而过,不时有人们差点来不及闪避的惊呼。寒意在欢呼雀跃中悄然退去,人声鼎沸之中,一个民族的欢喜场景从这个端坡开始向四周蔓延……

石国义

柳江桥头咏叹

一

每天清晨,当你从睡梦中醒来,一阵小跑到柳江桥上,会立即被那沁人肺腑的河风,那汩汩奔流的江水,那金色朝阳的神箭簇拥,促使你思维的灵性在大脑中快速运转。也许会使你意识到浩渺无穷的宇宙,包容着小小环球,给人类如此美妙的生存条件。或许又会使你意识到宏观与微观世界的一切都在运动着,像哲学家所说的:"世界是物质的,物质是运动的。"这时思维的灵性使你感到自身的血液在流动,生理的各种机能都在向你发出呼唤:日光、空气、水、蛋白质、维生素……

柴、米、油、盐……于是你又会立即现实起来,去为生存而行动,去为生活而奔忙。

于是,时代的脉搏跳动起来了。小小的柳河镇也就在人们的奔忙中闹哄哄地活起来了。柳江桥上来往穿行着各型各色的车辆,商店打开了琳琅满目的橱窗,街道上拥着五颜六色的人群。男女老少,全都向前拥动。汽车的喇叭声混合着马车的铃响,川腔的说唱叫卖的男中音混合着柳河土里土气的讨价还价的女高音,合奏着一支进行曲,这支进行曲,每天在柳河镇从清晨合奏到黄昏。

二

　　生活在行进，幻想在变成现实。天生丽质的姐儿们，涂着口红，抹着胭脂，穿着超短裙，骄傲地挤进柳江桥头夜总会，与洒脱的哥儿们扭着"迪斯科"，旋着"华尔兹"。美不惊人誓不休。相貌平平的姑娘也不甘落后，为弥补造物主赐予的不足，她们夜间挤进温州人开设的美容店，补鼻、描眉、烫发、隆胸。借一份娇装去追赶潮流的脚步，取得哥儿们的喜悦。

　　爱美，是人的天性。对美的向往与追求，已成为人们生活的第二要素（假设第一需要是"民以食为天"）。美是人们的精神食粮，它将哺育人们走向崇高的境界。它使懦弱、绝望的心燃起光明与希望。

　　生命在于运动，美在漫流。健美体操、气功锻炼，柳江桥上天天有人在实践，不仅年轻人在追求，装扮自己的人生美，老人也图个舒筋活血、益寿延年。

三

　　大自然像一位魔术师玩弄着他的手绢一样，一会儿新绿，一会儿金黄，一会儿变成褐色，一会儿又变成银白的世界。世人一批批从大地上走来，又一批批回归大地。生命总是这样，像奔腾的柳江河水，有它的发源处，也有它的归宿处。

然而，时代在前进，都柳江畔来了多少探索者、企业家，他们各显神通。有的来势如"猛虎下山"，有的学着"狮子滚球"。市场变幻，商海浮沉。有些"猛虎"企业瘫软了，然而"狮子滚球"的企业，越滚越大，雄踞于柳江岸畔。

宦海浮沉，上层"公仆"们的心理也千姿百态；上台的，多数人决意正心修身，坚持清正廉洁，挑重担，为四化贡献绵薄之力；少数人沾沾自喜，庆幸自己捞到一官半职，但不想多费力气划桨打舵，只想乘坐这"官运之舟"，靠时代流动的惯性到达彼岸。下台的，有的嫉恨，有的怡然，有的凄婉，我卷中的《都柳江诗苑》，有位南下离休干部这样抒怀——《水调歌头·重阳》："愿作天涯客，少小离家园，浪迹南江北国，沧桑四十年。人世几经风雨，方知人间炎凉。蹇贵何足论，毋庸自寻烦。堪回首，韶光去，鬓欲斑。争度重阳，菊赋安我半月闲，月亮山上笙鼓，都柳江上渔唱，别具一重天。秋天闻啼鸟，疑是故前。"

很明显，他怅然若失，是在努力调整那颗已倾斜的心。我在想，当他填完这首词之后，在他的耳际是否也同时会响起一位古人的回音："居庙堂之高则忧其民，处江湖之远则忧其君"？

时代在前进，而且，总是后来者居上，谁都愿意生在明天，长在明天。

四

当你站在柳江桥头，看到这些眼花缭乱的景象，有何感触？是否也想在现代生活的进行曲中寻找自己的旋律？我突然想起一位哲人说的话："走路，本是一曲优美的旋律，但在人多的地方，这声音却无法寻觅。"

是的，人人都在走路，但多数人只是为了走路而已。你重复他的脚印，他又踏着他人的足迹。

一位拓荒者说:"我含辛茹苦,开垦一片处女地,突然听到这旋律……啊!原来他是属于我自己。"

这样,你是否悟出一条道理:

在没有征服过的峰岭上,留下你的足迹;

在没有涉猎过的领域中,挥洒你的智慧;

在没有攻克过的难题后面,展示你独到的推理。

这就需要勇敢的探索和创造。这就需要经受痛苦和孤独,本来世界不知有多少思恋,只有痛苦才能负载;不知有多少情怀,只有孤独才能领略。

永远保持你那童真的心,执着地走自己的路吧。也许还须经过痛苦与失意,顶过狂风暴雨,顶过霜打雷击,顶过讥讽,顶过冷遇,顶过排挤,才走出音响铿锵的旋律,走出一个阳刚、富有的自己。

石尚彬

书的回忆

至今回想起来，我自己也感到十分奇怪，是因为受古人所云"万般皆下品，唯有读书高""书中自有黄金屋，书中自有千钟粟，书中自有颜如玉"等连篇累牍的引诱盛惑，还是因为父母均是教师，因而受到潜移默化、耳濡目染之熏陶？

反正我的前半生，读书——教书，教书——读书，已是与书结下不解之缘了。想来，如今此后，亦当是如此的了。

读书人是清贫的，教书人更是清贫的。我小时候的家境正是如此。然则也并非家徒四壁，一贫如洗，最起码，我曾经拥有令小伙伴们一望见便眼馋得放出光来的那一大批极其宝贵的财富，那便是一架架、一橱橱置放得整整齐齐、满满当当的书。一个个书橱与书橱之间，只留出能容一人侧身而过的通道。想想吧，置身于这样的宝库之中，能不令人怦然心动、馋涎欲滴吗？

自然，这些书并不是家父的私藏，他也实在是无力置办下这样一座书库的。父亲当时在一所中学任教，同时兼任图书管理的工作，夜间也时常要去值班的，于是乎我便得以在这书海中任意遨游了。

那该是多么快乐的日子啊！每天放学回来后，我便铺开书本，龙飞凤舞地将当日的作业赶完，剩下的时光，便是从书架上挑出一册册书来，相拥相伴，共度良宵了。于是乎，一个个或古或今或中或外的精彩动人的故事，一个个或忠或奸或贤或愚的栩栩如生的人物，全都排列成行依次向我走来。我曾因之而默默哀叹，因之而暗暗悲泣，因之而心驰神往，因之而慷慨高歌……至今想来，倘没有了这些书，我当如何打发那些个漫漫长夜？我的生命中不是将留下许许多多无法弥补的空白吗？

或许是因为那时年少，瞌睡多吧，常常是看着看着便趴在桌上进入了梦乡。那睡相想来必定不雅，因为有好几次被父亲唤醒让我上床去睡时，方才发现脸颊边口水流得老长老长。记得父亲曾讥笑我说："你看你懒不懒，一捧起书就睡觉了呢！"

我眯眯眼狡黠地回答："人家才不懒哩，连睡觉都捧着书不放嘛！"父亲一听，乐得哈哈大笑起来，那笑声，直至父亲而今早已仙去几年了，还依然在我心中回荡！

不幸的是，几年后父亲被调到另一座县城中学任教，再也不兼管书库了。父亲自然是很高兴，因为全家又都在一起了。然而于我，却是多么巨大的损失，多么巨大的悲哀啊！

于是乎我只有向小伙伴们，向左邻右舍的伯伯叔叔娘娘阿姨们硬磨软缠地借书了。然而，小伙伴们又能省几本书呢？而在那些自以为比我们这些小家伙了不起若干倍的大人的眼里，"借书？你也想看书？你也会看书？过去玩儿吧"！实在是无路可走了，那，对不起，只有自己动手去"借"

了。记得有一本《三侠五义》，便是趁一位叔叔打瞌睡之时，蹑手蹑脚地走过去，拿了便一溜烟跑了的。三侠、五义那出神入化的武功，包公那神鬼莫测的断案本领，特别是他那执法如山的一腔正气，看得我如痴如醉、眉飞色舞。忘乎所以了，便手之舞之地对小伙伴们神侃一通。不意正当我讲得口沫四溅，小伙伴们亦听得两眼放光之时，我头上却挨了不轻不重的一"粟子"："书看完了没有？该还我了吧！"我这才知道，"借"书之事早已露馅了。原来他是见我一有空就在他身边转来转去，脖子伸得老长老长地偷偷地瞄上几行，方才"打瞌睡"了的。自然，从这以后，只要是他的书，我再也无须如此这般地"借"了。

其后我踏上了教师岗位，不但要读书，而且要教书了。然而，爱书之习性依然如故，甚而成癖。只要一卷在手，便可通宵不寐。可叹的是那些年煤油限量供应，亦只好低三下四地去恳求那位胖大嫂营业员多卖几两半斤——那样子，那份可怜巴巴的神情，分明是一个乞丐罢了，哪里还像是一位读书人、一位教书先生呢！

倘仅仅如此，也还罢了，读书人、教书人的厄运还在后面呢！这不，"文化大革命"狂飙骤起，"臭老九"们往何处可逃！当我眼睁睁地看着巴尔扎克、莫泊桑、托尔斯泰，看着《封神演义》《杨家将演义》《阅微草堂笔记》，看着《青春之歌》《红日》《野火春风斗古城》……看着这一切被冠之以"封资修"的货色掷之于熊熊烈火之中而化为灰烬之时，欲哭而无泪，只有慨叹不已：百无一用的书生啊！那些日子，我常常百思而不得其解："文化大革命"，难道便是要"大革""文化"之"命"吗？

亦是在那段不堪回首的岁月里，夜间，我常常辗转反侧，难以入眠。一天清晨，我披上棉大衣，到空无一人的操场上漫步——早已停课闹革命了，操场上竟长满了萋萋芳草，一片片草叶上滚动着晶莹欲滴的露珠，在旭日彩霞的辉映下，煞是诱人。我茫然地放眼四望，突然间发现操场中似乎有一小堆什么东西，再定神一看，书，不错，是书！我飞奔过去，愣住了，是《李太白全集》啊！一张牛皮纸上，整整齐齐地又叠放着一套，是一套，一整套啊！晶莹的露珠为《李太白全集》镶上了一道闪闪生光的项链，是上天赐给我的宝物吗？——我当然明白，这是书的主人不忍心让我们的诗仙葬身于火海，但又不敢再留之为上宾，与其"会当直饮三百杯"，于是，只好忍痛与之而别了！啊，诗仙李白，后学之辈与您神交已久，您的情操，您的胸襟，您的豪放，您"光芒万丈长"的诗才，我早已钦慕，早已景仰，您不是"谪仙"吗？何以又再遭这人世的厄难？抑或是您知道"天生我材必有用"，我中华古老悠久之文化必将重放异彩，故而特于此时此地借此阳光彩霞昭示于我吗？我虔诚地将您捧在手上，藏于怀中，三步并作两步路回了蜗居。委屈您了，我的诗仙！不过，您虽曾有过金銮宝殿上高力士脱靴、杨贵妃磨墨的辉煌荣耀，亦曾有过流放夜郎的失魂落魄。而今，您当找到归宿之所了。

　　时至而今，这一套《李太白全集》仍珍藏于我的书橱之中，我想，书的原主得知，在愧悔之余，亦当为之而欣喜的吧！

石尚竹

阿姐啊阿姐

天高。云淡。水碧。一条缀满野山菊花的小径引我向故乡金色的田野。

风儿带着故乡的柔情向我吹来,送来阵阵稻谷的清香,举目四望:田野里,起伏着稻谷的金浪,欢歌笑语在金灿灿的稻海中飞扬;山坡上,红殷殷的果子缀满枝头,一棵棵秆粗穗壮的苞谷淡绿里泛着金黄,一垂垂沉甸甸的谷穗笑弯着腰……

嗬!真没想到,大旱之年家乡仍能迎来这般动人的景象。难怪阿妮在托人写给我的信中写道:"金凤凰展开了金翅膀,如今咱水家人的日子呀,富足得像那刚出土的八月笋,饱满得像钩头的八月糯,叶妹子呀,你有空回家来走一走,要叫你亮开金嗓子放声唱哩。"阿妮真爱开玩笑。不过,说真的,面对着家乡五谷丰登的金秋,我也真想亮开嗓子唱一曲悠悠的山歌调。

顺手在路边摘了一片竹叶儿刚要吹响,随着飘来的一串山歌,山梁上飞下来一群小姑娘,团团地把我围住了。

"阿叶姐,金铜鼓又要敲响?我们可要听金凤凰的吟唱哦!"

"阿叶姐,金芦笙吹起来的时候,我们可要听百灵鸟唱歌哪!"

……

嗬呀!一个个叽叽喳喳的真像一只只快乐的小春鸟。阿梅大嫂家的小阿依扬起手中的一簇花儿:

"叶姐姐，送给你，香着呢！"

啊，一簇野山菊花。许是刚摘下来不久，还吐着浓郁的芬芳，水灵灵的开得正艳。

我注意到，小姑娘们的脖颈、手腕上，佩戴着的银光闪亮的项圈手镯间，都缠绕着一串串红珍珠似的珠链，别有一番风味。

我正凝神，小姑娘们嘻嘻哈哈地笑着扑进野菊花丛中去了，留下一串欢歌在微风中荡漾：

红刺果，遍山长，

一颗一颗红珍珠，

一串一串红玛瑙。

串成金珠银项链，

送给阿姐做新娘。

什么？"红刺果？""穿成金珠银项链，送给阿姐做新娘！"一瞬间，我的心弦就像是兀地被谁拨动了一下。红刺果，一种故乡的小小的野果儿，把我带回到那逝去的岁月，忆起了我的亲阿姐……

阿姐啊，如今你在哪儿？

我深深地记得，不知多少个春光明媚的早晨，阿姐带着我迎着朝霞，踩着露珠儿到寨子后坡那片青青的翠竹林里拔春笋。我跟着阿姐在密密的竹丛中钻来钻去，一会儿尖尖的小笋子便冒出了篮子，整个竹林里都荡漾着我们爽心的欢笑和阿姐那悠扬动听的山歌：

> 春风吹开了满山的映山花啊，
>
> 春雨催绿了出土笋芽；
>
> 映山花，
>
> 长在春天阳光下……

我还记得，夏日雨后的黄昏，我赤脚露肘地跟着收工归来的阿姐到寨子对面的松林子中捡蘑菇。我采了一大抱五颜六色的野花儿，还淘气地在阿姐的发结上插上最漂亮的一朵。瑰丽的晚霞映照在阿姐红扑扑的脸上，阿姐美极了！

真的，阿姐长得真美。用寨上乡亲们的话来说："天上最美的是彩霞，山上最美的是映山花。咱们寨子呀，最美的纳缅是阿雅！"乡亲们这样讲，不仅是因为阿姐长得好，还因为她心灵手巧，挑得一手好刺绣，织得一手好布，唱得一口好山歌。"天上最亮的是金轮子似的月亮，树上最动听的是画眉鸟优美的歌声。我们的阿雅纳缅的歌声呀，赛过林中的画眉鸟，美如那金凤凰的花羽毛！"……寨上的任劳们都这样夸阿姐。

记得有几次，在月朗风清的夜晚，我悄悄追着阿姐到花坡场上，听阿姐领着寨上的纳缅们和那些纳伴唱那些我似懂非懂的山歌。什么"金枝玉叶我不爱，只爱妹的好歌喉"，什么"唱歌要唱歌答歌，织布要织梭连梭，织布不给梭线断，花歌要找人来和"……与我阿姐对歌的纳伴最多！

过不多久，听人传说，阿姐和山那边排寨的一个纳伴相好上了。那纳伴嘛，人品好，劳动好，还吹得一手好芦笙竹笛。只是家里阿辅去世早，他阿妮拖扯着他们几个兄妹，他是头仔，日子有些难哩。唉，金桥银桥她不走，偏要去坐独木舟。人们显然对阿姐这门亲事有些不理解。阿妮，本着母亲一颗淳朴善良的心和对阿姐的疼爱，沉思了一番后说："现在是新社会了。只要人勤快，日子会好起来的！"末了，还细声细气地哼了一首山歌"韭菜开花细绒绒，有心有意莫怕穷；只要二人情意好哎，冷水泡茶慢慢浓"给阿姐听。

阿姐偎依进阿妮怀里，撒娇地说："阿妮，您真好！"

正当阿辅阿妮满怀信心张罗着阿姐的喜事的时候，家乡遇到了大旱灾，加上一些人为的瞎折腾，日子一下变得艰难了。

阿姐的婚事自然拖了下来。寨上的纳缅和纳伴们也不再到花坡场上玩花、唱歌。每当月亮圆圆的晚上，我总看见阿姐静静地坐在木楼上，凝望着天边的圆月出神。我想：她一定是在思念山那边的竹岩哥了。竹岩哥家日子本来就艰难，如今，他们家怎样熬得下去呢？据说他阿妮尽吃红刺果儿粑粑和野菜，全身都肿了。阿姐过山去看过几回，回来后还躲在我们家后边的竹林里哭了很久。是啊，要不是这变得比苦笋还要苦的日子，阿姐不是早做了新娘，日子如蜂蜜浸过般的甜了吗？

更不幸的消息又传来：竹岩哥家阿妮死了，留下了一堆大大细细的娃仔。阿妮到后山竹岩哥家料理后事回来，伤心落泪了好几天。鸟无头不飞，家无尼缅不安。把雅妹子嫁过去吧，好好歹歹，竹若伢子做事也好有个人商量，听了后山人的话，阿妮再一次以母亲淳朴善良的心，做出了决定，因为按照我们水家的风俗，家里死了人要等三年才能接亲嫁女。可阿妮说："这年月，还顾得上这么多吗？"

我看见阿妮一颗一颗地把她亲手采摘下来的红刺果儿淘洗干净，放到石碓中舂碎，然后和上已经很久都没有吃过的苞谷面（我知道那是阿妮卖了她结婚手镯换来的），揉成了两个圆圆的、大大的粑粑儿，还很细心地、一笔一画地在两个粑粑上描了红红绿绿的茶朵。我突然发现：阿妮在哭！

大颗大颗的泪珠顺着她满是皱纹的脸流下来，一滴一滴地落在她正在描花的粑粑儿上。

两个圆圆的、大大的粑粑蒸好了，发出一股诱人的香味。阿妮小心地、郑重地把它们放到一个花碟子里："小阿叶，别动哟，这是做给阿雅姐和岩哥的和气粑哪！"

一支支芦笙系上了红绸，一面面铜鼓也擦净灰尘拿出来了，要知道，这是送全寨最好的纳缅、最好的歌手出嫁呀！要在往常：铜鼓会欢快地敲起来，芦笙会快乐地吹起来，纳伴们的心儿会荡起来，纳缅们的绣花彩裙会飘起来。可如今，谁能把铜鼓敲得欢快？谁能把芦笙吹得响亮呢？大伙的眼里都闪着亮晶晶的泪花。

终于，寨子里的老歌手岩波阿拱敲响了第一声铜鼓："不要悲伤呀，我的纳缅纳伴；不要难过呀，我的乡亲！我们的画眉鸟儿要飞了呀，让我们唱支歌儿来送她……"

在老歌手的歌声中，只见阿妮双手捧起了那用花碟子装着的红刺果儿和苞谷面揉成的"和气粑"（事后我才知道在丰收的年景，这和气粑是用雪白的糯米做的），接着老歌手的歌唱下去：

喜庆的日子要唱支喜庆的歌呀，
可我的歌却是一朵带泪的花。
竹岩和阿雅，我的孩子们呀，
请接受阿辅的祝贺呀，
请接受阿妮的祝福吧——
天上的暴雨不会永远不住啊，
山上的浓雾不会永远不散！

和和气气、相亲相爱，

　　苦笋般的日子会到头，

　　春天会来到哟鲜花会盛开。

　　……

　　我听着阿妮一字一句地唱着这支古老的祝福歌，我看着阿姐和竹岩哥虔诚地从阿妮手中接过那带着神秘色彩的"和气粑"，啊，真的，愿这和气粑给阿姐带来好日子吧！吉祥如意的"和气粑"哟！

　　然而，这吉祥如意的和气粑，没有给阿姐带来如意吉祥……那是在我作为伴娘送亲从竹岩哥家回来的时候，在竹岩哥家寨头的古榕树下，阿姐将端在怀里的那描着花儿的和气粑塞进我怀里："阿叶，几十里山路哩，揣上它，路上吃。"

　　带着阿姐体温的和气粑，散发着喷香的苞谷味儿诱惑得我心儿痒痒的，嘴儿馋馋的。两年多了，我们天天吃蕨菜粑粑、红刺果儿窝头、棉花菜粑儿，很久没尝到粮食的味道了，没到半道，我就忍不住掏出啃了起来。然而，刚啃了几口，我想到了阿妮，想到了她饿昏在石碓旁的情景，我把和气粑闻了又闻，最后用梧桐叶儿包了起来。

　　然而，当我饿着肚子精疲力竭地回到家里，把啃了几口的和气粑送到阿妮面前时，阿妮惊慌的神色把我惊呆了。

　　"阿叶，你……你啃的吗？"阿妮慌得有些口吃起来。当她从我的眼神中得到回答时，脸色蓦地变得灰白。她颤抖着接过我双手捧着的粑粑，紧贴在胸口，她颤抖抖地跪倒在还燃着香火的祖牌灵位前。

　　"菩萨！大慈大悲的菩萨！保佑我的阿雅吧！"

　　从阿妮揪心断肠的哭诉中，我才知道，我们水家祖辈沿袭下来的古老风俗，新婚的和气粑粑，只能让新娘新郎两人同吃。我动了阿姐他们的和气粑，用阿妮的话来说，便破了他们的姻缘，会给他们家带来灾难！

整整一夜，阿妮没睡。半夜里我从噩梦中醒来，看见在微弱的油灯光中，阿妮还跪在祖牌前，混浊的眼泪，顺着她布满皱纹的脸往下淌着。我的心儿缩紧了。啊，我闯下大祸了！难道阿姐家的日子真的会遭难吗？菩萨，请保佑我的好阿姐吧！

然而，不管阿妮怎样祈求菩萨，不管我怎样深深地忏悔，菩萨都没有大发慈悲……

嫁到后山去的阿姐，拉扯着竹岩哥家几兄妹，日子过得一天比一天艰难，阿姐拼命上山摘红刺果、讨野菜，省下少得可怜的红苞谷给妹仔伢子们吃，因为劳累，圆圆的脸变得尖瘦蜡黄。我最后一次见到她的时候，她已经奄奄一息地躺在床上了，据说是昏倒在挖蕨根的坡上被人抬回来的。

阿姐的脸肿得亮亮的，用暗淡无光的眼睛望着阿妮和我，又望望竹岩哥和围在床前的弟妹，流着泪离开了我们。阿妮哭得死去活来，一夜间头发全白了，竹岩哥哑了似的，怔怔地坐着，我好悔啊！阿姐啊阿姐，我不该贪嘴呀！阿姐啊阿姐，你不怪我，你不怨我，可我好恨啊，是我害了你呀！我哭啊哭啊，昏倒在阿姐的坟前……

几度芳草青青，几度野花盛开。阿姐坟上的野草青了又黄，黄了又青；坟上的野花儿开了又谢，谢了又开，那无穷无尽的悔恨啊，却永远压在我的心头……

然而，随着年岁的增长，这种悔恨不安慢慢变成了困惑。我长大后，走出了山寨，离开了埋着阿姐的青竹林，走到了大山外面，读了书，长了知识，见了世面，懂得了很多原来不懂的事情，这种困惑才得到了答案。啊，我的山寨！我的故乡！

我的阿妮！我的阿姐！

如今，又是漫山红刺果儿红遍的时节。阿姐，我回来了，回到了你的身边，但不是像过去那样，跪在你的坟前，诉说我的痛悔，诉说我的不安，而是来告慰于你的。你若能起来看一眼多好啊，咱们的山寨咱们水家人已如青青翠竹拔节在阳光里，再没有了贫穷，没有了痛苦！

红刺果，遍山长，

　　一颗一颗红珍珠，

　　一串一串红玛瑙。

　　串成金珠银项链，

　　送给阿姐做新娘。

在小姑娘们欢快的歌声中，我把一串用绿茵茵的茅草叶儿缀连成的红刺果儿珠串，轻轻地放在了阿姐开满鲜花的坟前，也把小姑娘们的那支歌，轻轻地、轻轻地唱给阿姐……

风儿轻轻，歌儿轻轻。阿姐啊阿组，你能听到这支歌吗？

石尚竹

端节美酒

> 水家的糯米酒哟，
> 是掺着歌声酿成……
>
> ——引自一位水家阿妮的歌

一年一度的端节——水族人民的喜庆佳节又来临了！

早在两个月前，我就不断接到雪杉寨乡亲们的盛情邀请信。花妮姑娘的信写道："……金芦笙系上了红绸，金铜鼓擦得锃亮，酿好的糯米酒满寨飘香……姑娘小伙的心儿荡起来了！阿竹姐，我们等着你来和我们跳铜鼓舞呢！"

隔壁的王老伯知道了我要去水寨过端节，笑嘻嘻地把我叫去，交给我一个酒壶，再三叮咛说："竹妹子，你可得给我捎一壶糯米酒回来啊！可别笑我老头子好酒贪杯哟，实在是那水家的糯米酒香甜可口，惹人心醉哪！只要是尝过那美酒的人，谁不馋哟！"的确，这位老伯是喝过水家的糯米酒的。他是四川人，家乡正是产"五粮液"的地方。还是20世纪50年代，他曾下乡去帮助水家人民搞互助合作运动，因此，他不仅知道水家的糯米酒营养丰富，其味醇正微甘，香气馥郁，沁人心脾，喝后舒筋活血，健骨强身，助兴提神，而且他还告诉我说："竹妹子，毛泽东主席他老人家都品尝过水家的糯米酒，还伸出大拇指称赞呢！"记得在这之前，这位爱喝酒的老伯就曾经不止一次地赞叹说水家的糯米酒简直可以和他家乡的"五粮液"媲美，并且还常常问道："姑娘，你说，为何水家的糯米酒如此香醇，让人越喝越想喝呢？"我没有品尝过水家的糯米酒，自然无从回答。不过，老伯的问话却勾我想到了美丽的水家寨那青青的山、碧碧的水。

汽车向着节日的水寨奔驰，秀丽的水乡景色不断扑入眼帘。群山连绵起伏，林海莽莽苍苍。路边不时闪过一座座村寨，只见那一个个的山坡上，从山脚到山顶，木楼层层叠叠，一幢幢别致美观的水家吊脚楼掩映在果树竹林中，石板小路点缀其间；寨外溪水环绕，寨内鱼塘漾波；山前山后，梯田层层，美如图画。

一阵欢快的铜鼓声送入耳际，盛装的雪杉寨出现在眼前。果然不出所料，还没进寨，一股浓烈馥郁的酒香扑鼻而来。刚跨进寨子，一群姑娘小伙拥了上来。调皮的花妮姑娘嚷得最欢："今天早晨岛黛瓦鸟儿一声接一声地叫。火笼里的火也哧哧地笑，我们就知道一只百灵鸟儿要飞进寨来了。"她指着周围一个个乐得眉飞色舞的姑娘小伙："岩波阿伯家盖起了新楼房，大伙等你一块儿去贺新房唱酒歌呢。"

啊，这倒是我没有意料到的事。那些年，他家是全寨最典型的困难户啊！木楼年久失修坍塌了，只好在岩脚搭了个四壁透风的草棚。而今天，他家盖起了新楼房。阿梅姑娘用唱歌一样的声调说："快走吧，阿姐！端节里敲得最响的鼓是金铜鼓,寨子上最美的房子是岩波阿伯家的新木楼;这木楼里住着全寨子最勤劳的人,这木楼里有最香醇诱人的糯米酒。"哎呀,又是酒!于是,我也迫不及待地跟着姑娘小伙们快步走去。

让过一群佩铃叮当、彩裙飘舞的小姑娘,闪过一帮手拿彩球、欢蹦乱跳的小男孩,我们兴高采烈地走着。忽然,前边一幢翠竹掩映的新木楼里,传来了一阵阵的欢呼声。岩波阿伯家的木楼确实是"全寨子最美的木楼"了。这座吊脚楼,背靠青山,面临溪水,全是用杉、松木建成的。最引人注目的是正房前侧的吊脚厢房,支撑挑檐,美观大方,颇具独特风貌。厢房外的凉楼,木栏杆上雕刻着的花鸟虫鱼,栩栩如生,又别具民族特色。凉楼下一方开满野葫芦花的鱼塘,游着草鱼。鱼跃花香,使这座新木楼更添妩媚。

岩波阿伯热情地把我们迎进了还散发着松木清香的新楼房,里面宾客满座,酒香扑鼻。客人中有汉族老伯,有苗家阿嫂,还有布依小伙。正在招呼客人的多依阿妮看见了我,连忙迎了上来,高兴得不知说什么好了。水家人的好客我是知道的,特别是喜庆佳节,客人来得越多越好,要是再有几个外来客人,他们更觉分外光彩,难怪阿伯阿妮乐得喜滋滋的了。

酒席开始了,在一阵"哟!哟!哟!"的欢呼声中,岩波阿伯虔诚地举起了用红绸托着的银酒碗,唱起一曲敬酒歌,情意真挚,感人肺腑。我随着周围的客人们一起,高举酒杯,领受了岩波阿伯的一腔深情。

多依阿妮笑了,皱纹密布的脸上绽开了一朵金色的菊花。她对我说:"如今的政策真好,咱水家的日子像那漫坡漫岭的青青翠竹节节拔高。咱们寨子的新楼房一幢接一幢盖起来了。就说你阿伯和我吧,队里也替我们想得周到极了。大家说我们年纪大了,干不了重活,你阿伯是养草鱼的能手,就把队里的鱼塘包给了我们。若不,我们两个孤寡老人,能起这样好的新楼房吗?"她捧起了那漾满米酒、飘着酒香的银酒杯,送到了我的面前:"托劳动的福,今天,酒,才这样甜;菜,才这样鲜。竹妹子,喝吧,喜酒不醉人哪!"盛情难却,我只得又接过杯子,将这杯喜酒喝下去。

欢声、笑声、歌声以及清脆的碰杯声交织在一起，使得木楼里的气氛更为热烈。我突然想到了我一直没能回答隔壁王老伯的那个问题，忙走到了多依阿妮和岩波阿伯的身边。一问，阿妮和阿伯都笑了。"姑娘，你问我们水家的糯米酒为何如此香醇？你看那遍山的清泉水，碧透明澈，乳润得我们水乡，像朵花儿一样。这样的水，酿出来的酒会不甜、会不香？"岩波阿伯的话音未落，多依阿妮呢，抢着唱起山歌：

飞来飞去的岛黛瓦鸟儿哟，

美在哪？

——美在唱来了春天的风光和彩霞。

水家酿的糯米酒哟，

香在哪？

——香在那漫遍水乡的三色草和七色花……

"什么？三色草和七色花？"我问。阿妮笑着说："竹妹子，三色草和七色花，是打比方的呀！"于是她告诉我，水家糯米酒的香醇，关键是在自制的酒曲上。这酒曲可不容易制呢，要采集水乡上百种草木本药物才能制成。那吊在悬岩峭壁的糯香藤呀，那长在深山幽谷里的一支箭呀，那开在竹林丛中的金银花呀，那漫在溪旁沟畔的铺地香呀……

这香醇的米酒里确实融进了水乡青青的山、碧碧的水哩！可岩波阿伯最后的回答才更富于浪漫色彩呢。他说："竹妹子呀，告诉你吧，咱山寨吹来了吉祥的风耶。这风儿吹到草木上，草木会开出最鲜艳的花朵；吹到花朵上，花朵会结出最丰硕的果实；吹到果实上，果实会酿出最甜的美酒；吹到人身上呢，人就会得到最大的幸福！"

多依阿妮捧起酒杯送到我的面前，那酒香又将我的心儿熏醉了，眼前出现一幅幅美幻迷离的景色：潺潺流淌的山泉，长满翠竹银杉的青山；秆壮穗粗的荷谷地，金浪滚滚的稻田；一幢幢玲珑的吊脚楼，一根根银光闪耀的电视天线，咚，擂响的金铜鼓，呜呜呜奏着的金芦笙，还有在笙鼓欢歌中翩翩起舞的水家姑娘和小伙，笑容可掬的水家阿妮和阿伯……

我双手接过阿妮手中盛得满满的杯子，一口气将酒饮下去。这香醇的佳酿啊，是水家新生活流淌出来的蜜汁，饱含着水乡泥土的温馨、花朵的芬芳、草叶的清香、山泉水的甘甜！

我取出王老伯的酒壶，递给阿妮。她一边灌酒一边埋怨我说："竹妹子呀，你咋不请这位王老伯一起来过端节，看看我们水家的新生活呢？"

当我提着满满一壶酒踏上归途的时候，我的心盛满了甜蜜，盛满了欢乐。

舒 乙

三都闲笔

我应老朋友周明的邀请，千里迢迢访问了三都，一个远在黔南的小县——水族自治县，却意外地发现了一个活标本：一个人数不多的少数民族是怎样演示着一部人类文明的发展史。

民族，是个综合体，它的指标很多很多，一下子不容易讲清楚，常常因为指标不明显，竟区别不开，到底这个族和那个族有什么不同。

到了三都，这个谜不存在了。

它的指标很清楚，难得难得。

而且，在这里，在三都，很容易归纳，大体是四大指标：

一、服饰；二、文字；三、歌舞；四、节日习俗。

服饰是最先进入眼帘的，不用刻意寻找，会自动送上门来；而且，现代化和全球化最先摧毁的也是服饰，它最脆弱。君不见，在当今绝大部分民族舞蹈中，草鞋、绣花鞋已经不见了，几乎通通变成了塑料底的黑布鞋，女的还有半高跟。本来，服饰是最能体现民族个性的东西。三都水族的服饰民族传统保留得非常好。难能可贵的是，男人的服饰也没有改变。在许多少数民族的服饰里，一般来说，女人的服饰保留得比较完好，男人的不行，和汉族的一样了。在三都水族这儿，不一样，男人的服饰也是水族自身的，没有"汉化"，了不起！水族服装容易识别，黑色，清一色的黑色。由头到脚：头巾，上衣，下裤，鞋，全部黑色；而且，至今，由种棉开始，纺线，织布，染色，制衣，全过程，通通自己动手，不求外人，不用"洋货"，典型的农耕经济，自给自足，自成体系，从而确保了自己的传统特色。由贵阳到三都要坐四个小时的汽车，一路颠簸，中途经过都匀市。坐惯了高速公路的平坦大道，猛一下，还真不适应，觉得很辛苦，因为路况不好。到了三都，恍然大悟，恰好是因为交通不便、交流不易，所谓的现代文明，进入不了，方有了这么完好的原生态的保存和保留，成全了三都水族的相对完整完美，独树一帜，包括他们的服饰。

亏得这一路颠簸！不仅成全了一个现实，也生出一个道理，一个大道理。

还接着说服饰。我到三都时，正好赶上过卯节，在卯山上有对歌相亲。这是个大节日。所谓大节，就是全县出动，全部云集在一座小山上。山很小很小，却是人山人海。这一天三都水族妇女不得了，居然换上了鲜艳的新衣裳，个个如花似锦，个个！包括老太太。而且衣服的质地很高级，绸缎鞋也漂亮，手工的绣花鞋，令人眼花缭乱，还暗示着生活水平不低呢。

最抢眼的是个个腰里那根腰带，争奇斗艳，个个精彩，通通是手工绣。

这就引出了"马尾绣"。

何谓马尾绣?

这是水族的骄傲，也是水族的一个重要标志。它是独一无二的，只有水族有，别无分号，和著名的苏绣、湘绣、川绣迥然不同。顾名思义，马尾绣是用马尾做主要原料。把三五根马尾捋在一起，形成一根芯材，然后用白色的丝线缠绕在马尾束上，再将它们按设计图案精心地缀在布上或缎上，组成千变万化的绣画轮廓框架，再用五颜六色的丝线进行针绣，填满整个画面。

腰条约一寸宽，相当长，用它将围裙系在腰间，耀眼，漂亮。

如有小孩，则绣一件背篓，再用腰带把小孩捆在背上。背篓的图案一般都很复杂，据说，这么一件背篓要精心绣许多月，颇为费工。

马尾绣作品都相当沉，有不少分量，因为里面有马尾。

马尾绣立体感很强，因为马尾线是有一定厚度的，整个画面摸起来并不平，有凹凸感。

关键是那些图案很有奥妙，代代相传，有的像八卦，有的像星座，有的像人形，有的像神秘符号。如果仔细研究的话，或许可以破解一部人类文明发展史的雏形。

总之马尾绣看似一种精致的女红，并被界定为一种珍贵的非物质文化遗产，实际它是早期人类社会生活的折射，是一门大学问的载体。

万万不可小看这奇妙的马尾绣，它属于三都水族，它的发明者制作者拥有者恰恰是水族普普通通的妇女，那里的小姑娘们、小媳妇们和老太太们。

少数民族中有文字的并不在少数。水族也有文字，不仅有文字，其代表性的文字文献叫《水书》，还光荣列入第一批国家档案文献名录，一共四十二种，《水书》名列第十一位，属于顶级文献国宝。

水族文字为什么有如此重要的地位？

原因有三：

首先，水族文字非常古老，是最早的象形文字之一，有的简直就是图画。"鱼"字真像一条鱼，"马"字真像一匹马，太直观，太一目了然，不用会意，不用猜测，更不用联想，一眼就念出来。有的有一点符号性，但也好认，似乎刚由象形文字那儿进化出来，叫做半象形字。有的有点甲骨文的意思，似乎走得稍微远了一些，但亦属于文字进化的初级阶段，大概刚由毛毛虫变成蛹，离蝴蝶还远着呢。总之，这种文字就是老，相当老。

其次，这种古老文字居然还在用，不光还在用，如今，在大街上、店铺门口、机关门口，每一块标牌匾额上居然都用这种文字，这太神奇了。意思是说，这种古老的文字居然很青春！发展得慢，却甚顽强，锲而不舍，不光在大地上牢牢地站住了脚，而且堂而皇之地站在最前排，充当了21世纪的广告和招牌，教人大呼"奇迹奇迹"。

最后，水族文字和中原的早期文字有着同根，据考证河南商丘睢县出土的早期文字和水族象形文字有着非常大的相似之处。这个考证帮助水族找到了自己民族的来源，"水"字是"睢"字的谐音字。水族祖先在古代被迫迁至江南，又由江南迁来贵州，扎根黔南，这里由于交通闭塞，受外界干扰较少，一直保留着由中原带来的文化信息，甚至种族的ＤＮＡ，成了日后的水族。其实，文字才是文明的主要指标，水族的文字说明了水族文明的源远流长。

我在三都有机会看过两场水族歌舞，归纳起来，发现水族歌舞也有与众不同的特点，它们是：

器乐非常的响亮，声大，震耳欲聋，闹得慌，很不习惯，心想，在剧场里用不着这么大声呀，那分贝明明是超标的。坐在我身旁的叶辛说：嗯，就是这么声大，不大不叫水族。

为什么呀？

答：因为平常太安静。

这个理由令我惊讶。

他接着说，在这里，在农村，从前插队时，晚上一片漆黑，安静得出奇，没有任何动响。剩一个人待着的时候，甚感可怕，宛如在坟场里一般。

这话说得我脊背发凉。我体会到了此话的分量和真实。

所以，每隔一段时间，要点火把，要光亮，要大喊大叫，要宣泄一番，要拼命地敲锣打鼓，要震耳欲聋，要反其道而行之，要一百八十度的大逆转。

水族歌舞另一特点是没有演员，没有道具，全都是真人，全部是实物，全部是真实的过程。敬神就是敬神，结婚就是结婚，不是表演，不是"走过程"，唱的跳的就是过程本身。锣鼓一敲，哗哗，走上来一大群成年男女，有扛着纺车的，有扛着织布机的，有扛着箩筐的，有牵着真马的，有抬着嫁妆的，生活就是这样，只不过多了我们这些外来的看客而已。在人家那里，生活即艺术，艺术即生活，没有界限，没有区别，难怪并不照顾你的耳膜。

这样就带来了水族舞蹈的第三个特点：全民性。歌舞一开始，全村人一起上阵，包括老大妈、老爷子、大嫂子、大爷们儿、小媳妇、大姑娘、大小伙子、小娃子，一个不落，全站在歌舞队伍中。丑的俊的，胖的瘦的，不管。所以，队伍很长很长，蔚为壮观。要唱就一起动嘴，个个出声，真正的全民齐唱。至此，终于彻底明白了，什么叫艺术来自民间。

在三都，有幸亲历了两个水族节日，一个叫敬嘉节，即妇女种稻节，另一个则是卯节。

卯节，如前所述，是水族男女相亲节。走近细细观察下来，发现这个节日十分好，有许多合理的因素，非但不落后，简直就是非常非常先进的。首先，这种相亲形式和想象中的非常不同，打破了传统中的私密性和单挑式，完全成了"公开、公平、公正"的挑战，煞是好玩。

先来看看，究竟是怎么进行的。

三四个少女组成一个小团伙，席地而坐，倒都是盛装，面对的是一个由七八个人组成的男青年相亲组合，也席地而坐，彼此离得很近，组成一个小圆圈，各自的脸几乎就相隔半米吧。少女们嘀嘀咕咕半天，大概首先推出一名主打队员，由她来挑战，高唱一首歌，实际就一句词，把"球"踢过去。小伙子们立刻开始集体讨论，估计是判断一下，是其中哪一位男士对这位姑娘有了初步好感，再集体讨论出一句什么词来回应，由这位男士出来对歌，还是用那个通用的曲调，拖着长腔开始，"嗨——"，把"球"踢回去。姑娘们这边立刻开始讨论要怎么对付，甚至掏出手机来，询问后方的后援团的意见，研究该怎么办，包括对这位男士有何初步印象，合不合适，还要继续刺探什么情报，继续出什么难题，发什么难，这么一来，就停了好半天。双方都利用这个空当，低声地交头接耳，私下热烈讨论，并用眼睛仔细观察对方。好不容易，又由女方唱出下一句，进入第二回合。

依此类推，时间就快快地消耗过去。太阳当空照，温度越来越热，估计，姑娘们和小伙们的心气也越来越高，纷纷掏出各色的花伞来顶在头上，这时候，围观的外人的视线就被伞挡住了，只听得见下面伞中发出的咯咯笑声、手机喊叫声。最后，经过N次回合，有情人也许可能手拉着手走出人群，去做最后的双人谈判了；当然，也可能一事无成，白费劲，一哄而散。

看，多么现代，缘于公开，缘于集体智慧，缘于对应变能力的考核，大概可以避免不少盲目和误判。

这就是水族人的智慧。

而智慧来源于传统。

传统形成了民族的性格。

于是，一个民族——水族——便以其独特的多项指标，屹立在中华大地上，独领风骚，独树一帜，独据一方。

真好！

孙重贵

三都跳舞草与香港爱情故事

这是一个浪漫感人的爱情故事,这个爱情故事居然和三都的跳舞草有着一段奇缘。拨开尘封的岁月,我沉浸到甜蜜的回忆中去。

20世纪90年代中期的一天,我作为一位浪迹天涯的香港旅行家,兴致勃勃地奔赴云贵高原采风。机缘巧合,刚到贵阳磊庄机场落机,就听说省博物馆正在举办贵州旅游风情展,喜出望外的我马不停蹄地赶到展场参观。

多彩贵州的和谐自然人文景观令我倾倒,令我迷恋。当我踏进黔南展厅,一幅展板的内容强烈吸引了我的眼球,"重金悬赏破译黔南六大谜"。经我了解,原来是在黔南流传着一些古文化和不可知的世界之谜,其中包括"岩石生蛋的奇观、情感植物跳舞草、奇怪的冷暖洞、一首千年古歌的预言、天外来客出没地、惊人相似的图腾柱"这六大谜。

我是个天生好奇心重的人,也是一位勇于探索的行者,决定实地踏勘寻访并试图破解黔南六大迷。

坐言起行,在时任黔南州旅游局长刘世杰的鼓励下,我立即转车去了黔南州府都匀市,并在黔南州旅游局副局长覃祖林的陪同下,驾车首先前往三都。

三都是全国唯一的水族自治县,被誉为"像凤凰羽毛一样美丽的地方",神奇而又充满魅力,黔南六大谜中就有"产蛋崖、跳舞草、冷暖洞"三大谜出现在三都。

那是一个炎夏,当我们风尘仆仆地赶到三都时,已是夜幕垂空,繁星闪烁。晚餐时,县旅游局副局长韦刚热情地拿出一瓶九阡酒给宾主各斟上一杯说:"九阡酒是我们水族千年历史的迎宾酒,内含近百种中草药,保健健身,回味无穷。我们特地敬远方的香港同胞一杯!"大家喊了一声"哟",一饮而尽。

趁着酒兴,我询问韦刚道:"这里真有会跳舞的草吗?"他举着酒杯说:"当然有,明天你就会看到。"

我又追问:"这跳舞草是怎么来的?"

这位年轻的副局长眉飞色舞地回答:"跳舞草又叫情人草,也叫风流草,传说当年是大唐王朝皇宫御花园里的珍稀植物,唐玄宗和杨贵妃经常在园中观赏此草,每当国色天香的杨贵妃脉脉含情地对着唐玄宗唱起情歌时,跳舞草便会叶片晃动,翩翩起舞,故成为杨贵妃的宠爱之物,后来发生了安史之乱,唐玄宗和杨贵妃匆匆西逃时,也不忘带上此草,杨贵妃被逼死在马嵬坡,跳舞草也神秘地失踪了。

"也许是爱情的力量太伟大了吧,上苍没有让见证这段浪漫感人的爱情故事的跳舞草灭绝,而是被一个逃亡的宫女带到了雷公山腹地、都柳江上游。宫女见这儿山清水秀景色如画,便把跳舞草移植此处,跳舞草找到了理想家园,从此一代又一代传承下来。"

第二天,我在县旅游局的庭院里,终于见到了神秘的跳舞草。这是一种长年生长的草本植物,大约六十厘米高,枝杈繁多,偶数羽状复叶,呈青绿色。

我一时兴起,对着跳舞草猛唱劲歌,没想到跳舞草一动不动,毫无反应。韦刚哈哈大笑:"跳舞草是情感植物,可不是随便什么人唱什么歌就会跳舞的,它要听的是动人的情歌嘞!"此际,两位身着盛装的美丽水族姑娘款款走来,她们头项银凤冠,颈挂银项圈,手戴银手镯,身穿马尾绣精美图案装饰的衣裙,对着跳舞草露出甜蜜的微笑,情意绵绵地唱起了婉转动听的水族情歌。

奇迹果然出现了，随着歌声徐徐传来之际，跳舞草的叶子缓缓分开，轻轻摆动，翩翩起舞。当歌声激情高昂时，每对叶片竟然合拢，仿佛恋人相互拥抱。当歌声停止时，它的枝叶慢慢舒展，恢复常态。

这太神奇了，我震惊了，激动地把这一景象用摄像机拍摄下来，回到香港后，我把录像交给香港翡翠电视台，该台在晚间黄金时段播放了我第一个拍摄的包括跳舞草在内的"黔南六大谜"，在香港和海内外引起了轰动。

同时，我还带回一棵跳舞草，在我的精心料理下，居然成活了，每当我对它播放美妙的情歌时，它便会闻歌起舞，给我带来莫大的乐趣。

有一天，一个年轻朋友来做客，他是业余歌手，对着这神奇的跳舞草，他一遍又一遍唱起情歌，跳舞草也一次又一次闻歌起舞，他兴奋极了，要求我把跳舞草送给他。他说会在情人节送给他的女友做最好的礼物，并借机正式向女友求婚。

我为了成人之美，唯有忍痛割爱。望着他远去的背影，默默祝福跳舞草会给他带来好运。

不久，我果然收到了朋友婚礼的请柬，他顺利地步入了婚姻的殿堂。朋友喜形于色地告诉我，促成这段婚姻良缘，跳舞草确确实实帮了大忙。原来，朋友和女友已恋爱了七年，女友不知何故，一直未答应和他结婚成家。这一年的情人节前夕，女友告诉他，如果能在情人节送她一件与众不同而又终生难忘的礼物，她就决定嫁给他，否则，她就和他彻底bye-bye！

情人节那天黄昏，朋友用个精致的纸箱把跳舞草包装起来，然后开车接女友去浅水湾海滩。那是一个温馨而又浪漫的黄昏，夕阳的光辉把沙滩染成一片金黄。朋友郑重地当着女友的面，把纸箱打开，一盆跳舞草显露出来。

女友扁扁嘴嘲讽道："我还以为是什么与众不同的特别礼物？不过是一棵普普通通的草，这会让我终生难忘吗？你太令我失望了，我们就此分手！"说完气愤地扭头就走。

朋友微笑着拦着她说："这可不是一棵普普通通的草，它叫跳舞草，也叫情人草，是懂得感情的植物。我现在就为你唱一首情歌，如果我是诚心诚意爱你的，就会感动上苍，上苍就会让这棵草闻歌起舞，如果它跳舞了，你就一定要答应做我的新娘！"

女友皱着眉头回答："OK！如果你唱的情歌真能让这棵草跳舞，我就嫁给你，决不后悔！"

于是，朋友温柔地把女友拉到跳舞草旁边，对着跳舞草一片深情地唱起情歌，他的女友板着脸孔，准备看他出最后一次洋相，然而，奇迹出现了，也许是爱情的力量，朋友的情歌当时唱得特别动听，特别美妙。在娓娓情歌的感召下，跳舞草的对对小叶自行交叉转动，翩翩起舞。他的女友目不转睛地看着这不可思议的一幕，情不自禁泪流满面，紧紧地和朋友拥抱在一起。她极度感动地说："世上有句老话，精诚所至，金石为开。你对我的爱情是百分之百的忠诚，感动上苍让草也跳舞。你这份礼物令我终生难忘，我非你不嫁！"

听完朋友的讲述后，我又一次感动了，想不到三都的跳舞草竟会成就一桩香港婚姻良缘，多么浪漫，多么感人，神秘的跳舞草果真拥有神奇的爱情魅力。

十多年过去了，星移斗转，人事变迁，跳舞草跳舞之谜还是没有完全破解，而我这位幸运的朋友也移民澳洲。但是我相信，无论走到天涯海角，只要有跳舞草的地方，就一定会有浪漫感人的爱情故事。

王巨才

在水一方

真是大千世界，无奇不有！

听说过可以预知天气变化的"晴雨石"么？听说过夜晚放光的"月亮树"么？听说过闻歌起舞的"风流草"么？听说过半凉半热的"冷暖洞"么？

可惜，由于通往尧人山的公路正改建施工，车辆无法通行，我们只能与这些奇异的景观缘悭一面、失之交臂了。这是在黔南的三都水族自治县。厚道的主人觉察出大家的失落，又特地安排我们到一个叫"产蛋崖"的地方去参观。

正是秋高气爽、稻谷成熟的收获季节。湛蓝的晴空下，翠绿的山谷间，收割过后的稻田裸露着齐刷刷的谷茬，像金黄色地毯晾晒在阳光里，看去分外醒目。而那大大小小的草垛，又分明在突显着收成的丰饶和年景的和顺，让人心里备感温馨、踏实。这时候，如果走下车，在路边眺望这锦绣田野，便会有谷草与炊烟混合的香味扑鼻而来，沁人心脾，让人在亲切与沉醉的感觉中，意识到周围空气的透明、纯净。

山脚下，地畔上，翠绿和金黄相接处，便是一簇簇新新旧旧高高低低的木楼连成的村庄。木楼的门窗敞开着，偶尔有一两家的老人和小孩挤在一起，好奇地指点着大路上的车辆；但门前昂然挺胸的鸡和懒懒卧着的犬们，却是趾高气扬或心不在焉地打量着远处的来人，一副于己无关的样子。

木楼的廊檐下，成辫成串地挂满红艳艳的辣椒和金灿灿的苞谷；院子里，刚染出的土布湿漉漉地搭在晾衣绳上，在微风吹拂下摆来摆去。这情景，又让你想到生活的适意和岁月的舒心，想到"清江一曲抱村流，长夏江村事事幽。自去自来堂上燕，相亲相近水中鸥"的意境，甚至会因联想到城市生活的逼仄紧张而怅然若失，又为能回到自然，"偷得浮生半日闲"而暗自庆幸。

从县城到产蛋崖所在地姑鲁坡只有一个小时车程。从村东头下车，沿一条高处流来的小溪逆向而行，拐过弯去，便到一处自成格局的山坳，踏着石阶登上人工修筑的开阔平台，见四周摆放着一个个铁饼般浑圆扁平的石头，便是我们要看的石蛋了。石蛋呈青黑色，摸起来冰凉光滑，如漆过一般，大小不一，分量都很重，小的比排球小，掇起来相当吃力，稍大些的，都在上百公斤左右，一个人根本无法搬动，石质的坚硬可想而知。这石蛋绝非假造，但它究竟如何生成，又自何时何地而来？正反复抚摸寻思间，听得导游一声响亮的提示："请大家抬起头来，朝我右手所指的方向朝上看，答案全在上边！"

循声望去，便见山坡的树林背后，一列列平整的岩壁上，果然排列有序地镶嵌着许多大大小小这样的石蛋。嵌入的深浅不同。较深的，看去好像刚刚露头；较浅的，大半已突出岩壁，像随时都会滚落下来的样子。

导游说，大家放心，这石蛋六十年才能孕育成熟，"分娩"都是在狂风暴雨、闪电雷鸣的夜晚，很少有人亲眼见到。见到的，都是有福之人，行好向善，德高望重，才能有这样的幸运。导游名叫陈敏，21岁，毕业于西安旅游外事学院，交谈中听出我的老陕口音，便有一种如遇故人的亲近，一路颇多关照。我问她为什么不留在西安，她说不习惯，太干燥，太紧张太闹，无论哪方面都不如三都好。母亲也不放心，就一个女儿，不愿让到离家太远的地方去，反复来电话，说三都现在也是旅游热点区，照样可以大有作为。这样便毫不犹豫地回来了。问到她现在的工作和心境，她说在回答老师同学来信中同样的提问时，她曾写了这样16个字：鸟儿归林，得其所哉；报效水乡，不亦乐乎！

说话间来到山坳左侧另一处台地，见迎面立有一块柱形巨石，上端系有红布红绸，前边方桌上摆放着各种生熟供品。香烟缭绕，气氛肃穆。小陈介绍说，这是水族群众祭祀神灵、求平安、卜筮消灾的地方。水族人自古崇尚自然，尊重生命，认为万物都有灵魂，有知觉，有情感，都对人类有恩，故对一花一草、一虫一鸟、一树一石、一山一水，都应虔敬呵护、友好相处，绝不可随便亵渎毁伤，否则便会招灾惹祸，受到惩戒报应。他们特别崇拜岩石和树木，因此在水族地区，每一村寨的路口或近旁，都会竖立略似人形的石块，周围供奉香烛纸钱；倘有古老大树，情形也都如此。到这样的地方，游客一定不可诳言乱语轻薄调笑，以免冒犯神，引起乡人的不快。

多淳朴的风尚，多动人的情愫，听了介绍，你对在三都这样的以农牧为主的地区，千百年来能始终保持如此优越的自然生态，能有尧人山这样的国家级森林公园，都柳江这样秀美的风景名胜区，便都毫不奇怪了。

说起水族人的岩石崇拜，不能不提到"祭霞节"。霞，在水族语言里意为水神。祭霞，祭拜的偶像却是石头。这与中原地区古时"立石为社"的习俗近似。时间多在农历五六月，正是庄稼拔节抽穗、需要浇水灌浆的时候。祭霞时各村寨各支族的人会敲锣打鼓，载歌载舞，抬着牲畜牲酒从四面八方赶来。仪式开始时先要把霞神请到地头，而后由各寨寨老用水瓢舀酒向"霞神"身上轮番浇灌，直至地下的泥土松软沉陷，霞石在众人欢呼声中颓然"醉倒"，仪式方算完满。这又与中原地区天旱时人们抬龙王楼子祷告祈雨的活动相仿，只是礼仪更隆重，场面更宏大、热烈。

不只如此。据省内文化学者考证，水族的先祖，最早便是居住在河南睢河边上的睢人，属殷商贵族。后因兵燹战乱，一部分中原睢人带着原有的语言文字、天文历法、风俗习惯等传统文化一路南迁，成为岭南"百越"的一支。因"睢""水"语音相近，遂辗转误读，称"睢"为"水"。秦始皇统一六国后，发兵50万南征百越，此时已在岭南生活近千年的水人族群只得继续迁徙，最后在黔、桂一带大山深处的都柳江流域定居下来，与当地的布依、苗、汉同胞一道，胼手胝足，披荆斩棘，共同开发了这块沉睡的土地，营造了快乐和谐的美好家园。

最能说明水族文化与中原文化这种渊源关系的，是被称做中国象形文字活化石的"水书"。其象形、会意、谐音、假借等造字方法，与汉字完全一致，不少的字，如春、夏、秋、冬等在造型和字义方面，都与甲骨文如出一辙。现在，"水书"与水族独有的节庆活动"端节"及织绣品种"马尾绣"一起，已被公布为国家非物质文化遗产，是水族同胞对中华文明的重要贡献。此外，在保留至今的水族古歌中尚有"古父老住在睢雅"和"吃睢河水成睢人"的唱词，也是有说服力的佐证。

关于水族人这种悠久的人文历史及百折不挠、开拓进取的奋发精神，三都县委县政府已组织强大阵容，创作了一台名为《远古走来的贵族》的大型歌舞剧，节目气象恢宏，意蕴深厚，颇具感染力和震撼力。据说最近到上海演出，反响相当热烈，引起不小的轰动。由此我曾想到，"礼失求诸野"，既然每年的春节电视文艺晚会已经无法跳出老形式老节目老面孔的陈旧套路，又何不屈尊纡贵，索性把各地集中优势兵力创作的这类让人耳目一新、喜闻乐见的优秀节目直接搬上荧屏。这样，既契合观众求新求美求变的心理，又减少来自各方面的责难和压力，一念之劳，何乐不为！

当地的一位官员是我的熟人，以前曾有过接触，会后她悄声问我，刚才是不是说过头话了，让你们见笑？我脱口回答：绝不，对三都的美好未来，我们和你一样，充满信心，不会有半点怀疑。是啊，在这样一个日新月异、奋发有为、处处溢漾创造激情的年代里，有各族儿女的杰出智慧和坚强团结，什么样的梦想不可成真，什么样的奇迹不会出现！

想起毛泽东同志的著名诗句：红雨随心翻作浪，青山着意化为桥。

想起一个古老的预言：五百年后看，云贵胜江南。

——从以人为本、和谐发展的角度看，谁又能说不是这样呢？

王泽芝

父爱深深

2016年12月25日，父亲因病离世，读大一的我，精神支柱瞬间崩塌，我记得很小的时候，母亲便离家出走了，从此父亲扛起抚养我们的重担，面对可敬可亲的父亲的远去，无以回报，谨以此篇纪念父亲，愿在天堂的他，一切安好。

总是这样，拥有的时候不懂得特别的珍惜，总是等到永远地失去，才会觉得，原来拥有的才是最珍贵的美好，感谢您出现在我的生命里，作为父亲的角色和形象一直默默地守护着，并且深深地充实着我的心灵，我真的已经很知足。

其实应该很早就为您写一些东西，我知道在生活中我们已经对白了很多次。您知道吗？这么久以来，我故作坚强，强颜欢笑的背后是多么的难受，我心疼，我心痛，痛到了极致，痛到了无法呼吸，情一动心就痛，我害怕再心痛我就没有了知觉，所以，我在缓冲，我在适应，因为我无法再成为一个孩子那般随心所欲地表达自己的情绪，因为我要顾及很多人，比如，我的手足，我不能比他们柔弱，我要停住任性，选择坚强。

小的时候不理解您，不懂您，曾经埋怨过您。长大后，才慢慢体会到生活的不易，终于慢慢学会了与您的沟通，学会了倾听，学会了理解，学会了感恩，学会了奋斗，还学会了接受现实。永远记得我们一起走过的点点滴滴和风风雨雨。这些年，能陪伴在您的身边虽然知足，但时光没有快速走动，导致我无法快速长大，无法给你安慰和呵护。看到您的最后一眼在寒风刺骨的冬天，那天早晨，看着你瘦骨嶙峋的身体躺在冰冷的棺材中，你脸上依然写满不安和痛苦。您临终前，很想睁开眼睛却怎么也睁不开，最后一眼，真的到了诀别的时候了，您我是多么多么的无以言说。

父女之间总是心有灵犀，自从上了大学，咱俩的关系变得那么那么的好，几乎一天一个电话，电话里有我亲切的问候："爸，爸，您感觉身体怎么样？"电话中，每一次您总是说："还可以的，你吃饭了吗？"我知道我们的话题并不多，但是每一次，我总会和您说，我还有一段时间就回家了，我知道您一直在期待着我回来，因为您一个人太孤单。

您一直在等我，想到我，您会忘记一些病痛。您去世的前一个星期，我突然很想回家，不知道为什么，或许这是您潜在的呼唤，心神不宁的我请假回家，踏进家门，第一声就是叫："爸爸，爸爸！"因为只要你还在，我就安心了。爸爸，对不起，我一直立志要做您的骄傲，但最终我还是没有守护好您。

原想长大后要给您很多很多，但是我也知道你并不期待这些东西，简单的陪伴就很幸福，我不是一个合格的女儿，这些年，我无法陪伴您，父亲，我所做的一切，您还满意吗？要是我有什么做得让您不满意，您就托梦来告诉我吧！我都改掉，因为我不想让您不高兴，每次回家，我最大的快乐就是看到您的微笑，无论我们生活怎么样，您的微笑比什么都强，好恨自己，没有变得强大，让您有一个好的安全感和归宿地。

你一生艰难、坎坷，没有一天好的日子过，为什么上天会如此地对您？我们经历了很多，我们姐弟和你一起与病魔抗争，心疼您，只享受到短短的四十七个春夏秋冬，您这年龄应该是很多人美好的奋斗年华，而你却命途多舛，曾经您像个小孩子一样很无奈地和我倾诉您的委屈，在都匀、凯里、贵阳的时候，我们过马路，我担心地看着来来往往的车辆，牵着您温暖的手小心翼翼地走过马路，那时候，我真的体会到，长大以后我就成了你，我真的成了你的牵挂和依靠，只是我目前的肩膀太小了，给不了你足够的安全。

我不停地告诉自己，每个人都有自己的归宿，或许您太累了，就先休息着，您走后，无论什么时候，我们都感到您还在，还感觉到你的气息，想到您心中那么温暖、那么安全。您在的时候，一副很强势的样子，那么凶，没有任何人能在您眼前欺负到我们，无论是谁都代替不了你的位置，爸爸，人的一生永远只有一个，那是一种神圣不可侵犯的称谓，那种血浓于水的感情绵绵不断。我将永远铭记，我是你的血脉的延伸，我们是你留在这个世界的一切，放不下孤单的思念，忘不掉远方的牵挂。以后的以后，谁来陪伴我？谁才是我们姐弟的港湾？

未来的路还很长，充满未知的困难，哭过之后剩下的是坚强，我知道你一直都在，只因为去的路上太远，你是如此的不舍，如此的频频回顾，那么请您走得慢一些。现在的您被安顿在这绵绵的青山中，在大地的怀抱里，愿你不安的魂灵得到栖息。清明雨上，我会折菊寄到你身旁，愿你在天堂护佑你的子女。

我会记住您的话，不轻言放弃，因为努力，并不是要感动谁，也不是做给哪个人看，而是要让自己随时有能力跳出自己厌恶的圈子，拥有选择的权利，并且用自己喜欢的方式过完这一生。

我很幸运，您走后，还留弟弟和妹妹陪伴着我。我们会记住你的话，做一个心思纯良的人，我们不会孤单，我们会手牵手走完你留下的路，我也会比以前更加成熟，你的爱引导着我带着弟弟妹妹乐观地前行。一曲游子梦缓缓流过心田，温暖中布满清冽：

孤独的心，在黑夜中嘶吼，到底为谁眷恋？
深沉的爱，再难以说出口，满怀为谁守候？
往事如烟，花谢的瞬间，曾经的幸福搁浅！
尘世遥远，恍惚是梦一遍，冷落了谁的思念？

我知道人间生命，百般轮回，自然规律，无可抗拒。但在梦里我依然变成一只孤独无助的小羔羊，它独自流浪在无边无际的草原上，那里很美，可它不知道哪里才是归宿，醒来的某个时候，我听见自己内心嘀嗒的声音。

韦丽娟

姑婆的梦

在都柳江上游我的故乡,有好多好多杉树,杉树纵横交错的根总是埋在泥土里,茂密青翠的枝叶铺展开来,伸向天空,伸向白云。那不是很美丽的吗?而我的姑婆年轻时,却偏要把杉树倒着栽,将枝叶埋在土里,让那些又丑又细的根须裸露在外面。那多难看啊!

姑婆太苦了。

记得小时候,大约是从我打着光脚丫学走路时开始吧,每年的三月间,奶奶总是牵着我的手说:"走,阿娟,去看你姑婆种的倒栽杉活了没有?"于是我便跟着奶奶穿过窄窄的田埂和弯弯曲曲的小路,来到姑婆家。

姑婆家茅屋背后是一片青山,山下有一块草坪,是姑婆的后院。每年开春,姑婆就从山上拔下几株杉树苗,削光枝叶,倒插在后院的空地上,然后就不断地浇水、施肥、看护。可那倒插的杉树偏偏不如人愿,三五天后渐渐由青转黄,接着就枯死了。

姑婆先是对着那枯死的倒栽杉悄悄地哭泣。第二年,她又如法炮制,倒栽几株杉树。就这样年复一年地种下,枯死,再种下,再枯死……从我记事起,姑婆已四十来岁了,据说她是从年轻时就开始栽的。我总不明白她何以这样执着、这样不近人理。我问奶奶,问妈妈,她们的回答也总是那句话:"阿娟,你还小,不懂。"

后来我长大了,小学快毕业那年,经不住我的纠缠,奶奶终于告诉我姑婆为什么要种活一棵倒栽杉。

这实在是一个很浪漫，也很痛苦的爱情故事，就像罗密欧与朱丽叶、梁山伯和祝英台的故事那样美，也那样惨。据说人的不幸大都是从爱情和婚姻开始的，姑婆的不幸也是这样。

姑婆年轻时，不仅相貌出众，而且是远近闻名的巧手。经她手绣出的围腰、背带，构图精致，色彩细丽。那些花呀鸟呀简直栩栩如生；她还织得一手好布。这使周围寨子上的姑娘们都望尘莫及。做姑娘时，姑婆最喜欢唱歌，百灵鸟似的嗓音，吸引着很多英俊的后生。也就是这美妙的歌声，使她在那次"卯坡"上对歌时，结识一个叫潘群的小伙子，在相爱中他们私订终身，发誓永生永世不分离。

潘群回家要母亲请人去提亲，他母亲不免忧心忡忡。潘群的父亲早逝，只留下体弱多病的母亲和三个幼小的弟妹，家境十分贫寒。哪来钱去提亲呢？

姑婆把同潘群相爱并私定婚姻之事向家里公布后，惨遭一顿责打，并被看管起来。父亲还冷酷、专横地说："要想同潘群成亲，除非你也能种活一棵倒栽杉！"

奶奶又告诉了我一个故事：传说很久以前，有一对水族青年男女生死相爱，寨老知道后，说他们违反了水族的婚姻传统，要将他们活活拆散，否则，就要丢下深潭喂鱼。那一对青年好可怜啊，他们爱得那样深，那样难分难舍，他们向寨老苦苦哀求。寨老最后刁难说，如果他俩在五年内能种活一株倒栽杉，就允许他们成亲。

两个年轻人怀着这一线希望，一年，二年，三年，四年……他们忠贞不渝的爱情终于感动了土地菩萨。在土地菩萨的帮助下，第五年春天，当万物复苏的时候，他们种下的倒栽杉成活了，两个年轻人也终于结成夫妻，白头偕老。

传说毕竟是传说。可姑婆的父母却沿用这古老的传说来刁难女儿，而且只给她一年时间，如果到第二年她种不活一棵倒栽杉，就按照水族"姑舅表婚"的传统风俗，把她嫁给舅舅家的大表兄。那年，姑婆真的种了几棵倒栽杉。她种下的不仅仅是几棵树苗，而是对爱情的忠贞、对未来的憧憬、对恋人的一片赤诚。

那棵倒栽杉没有成活。第二年腊月，姑婆被送到舅父家，嫁给了好吃懒做、不务正业的大表兄。近亲开亲，姑婆接连生下两个畸形弱智的儿女。

姑婆是个很要强的人，她始终默默承受着生活的艰难、命运的不济，毫不懈怠气馁。她仍旧每天天不亮就起床舂米磨面，然后到厨房做早饭，侍候完丈夫儿女的早饭，又开始忙地里的农活。从放水泡田、犁田插秧到庄稼收割都是姑婆一人承担。每当夜深人静、家家入睡时，姑婆还在纺织纱布，唯有一盏浑浊的油灯和嗡嗡的纺花声，陪伴着她度过许多漫长而凄凉的夜。

尽管命运如此作弄，试图种活倒栽杉的愿望始终未能在姑婆心中泯灭。

与潘群的爱情被活活拆散了。人可以被分离，但心却不会死。婚后，姑婆老是无法忘记倒栽杉那决定命运的树。是为了赌气，或是为了对命运的一种抗议，她从婚后第二年起就接连不断地种倒栽杉，姑婆从山林挖回杉树幼苗，在草地上刨一个大大的坑，把杉树幼苗栽进去时，她仿佛种下了一棵新的生命。这是她的梦想，她的希望，她失去而不再复得的青春……

每晚，当月亮的银辉浸润着恬静的大地，姑婆也像传说中那样，提一桶米汤来浇淋白天所种下的一株株幼杉。尽管姑婆看着栽下的杉苗都先后一棵棵死去，心里不免痛苦与失望，但又不甘心，总是把希望寄托在下一株幼杉上。

一个月黑风高之夜，喝得酩酊大醉的丈夫不慎坠入山谷。丈夫死了，给她留下的是沉重的债务和两个畸形的儿女……

姑婆没有因生活的艰难而失去她执着的追求和希望。她常对我说："阿娟，我要栽活一棵倒栽杉，但每次栽的都死了，我已栽了二十年，可还是要栽下去！"

我没有等到看见姑婆种活的倒栽杉。小学毕业后，便随父亲进了城。念高中时我只有几次机会回老家，也去看望过姑婆。姑婆家后院变了，她已不再种倒栽杉，农忙和家务之余，盘弄些花花草草，搞花木嫁接、果树栽培。我最后一次去时，正值盛夏，那与昔日大大不同的草坪，被一蓬蓬翠竹环绕成了院子。整个院内栽满了各式各样的花卉。有蓬勃兴旺的扶桑，玲珑碧透的米兰，苍翠嫣红的石榴，娇艳的杜鹃，清香的茶花……院子的一头，密密麻麻放满几十盆盆景。有苍劲的古柏，有盘根错节的榕树，有碧绿温柔的万年青，错落横斜，清新淡雅。或鹅黄，或淡紫，或艳红，或墨绿，构成了一个色彩缤纷的花的世界。

我惊讶地问："姑婆，不种倒栽杉了？养了这么多的花？"

姑婆语气惆怅地说："那倒栽杉成活要靠天意啊。"接着她又激动地说："活不算多，我没经验，怕侍弄不好，就没敢多种。"姑婆的脸上漾出笑意，我分明看到已经有一种坚定的信念充注在老人的心底。

前不久，家乡来人说姑婆现在成了一位颇有名气的民间园艺师。她栽培的花卉在市场上销路极广，城里的花商都老远跑来向她订货，家也砌成砖瓦房。

如今姑婆用她的毅力、心血和智慧，充实着新的生活，补偿她失去的青春和爱情。这一切绝非神灵所能帮助，也不是种活倒栽杉所能改变的。

韦仕敏

纪念我的伯祖父

　　转眼间，伯祖父离开我们已有六年多了，可关于他的点点滴滴依然在眼前清晰地浮现。

　　我小时候，伯祖父住在村口那间低矮的茅草屋里，那是我们寨子最破旧的房子了。房子四周透风，屋顶还经常漏雨。可是那里却有很多关于温暖的回忆！自从我能记事起，伯祖父就是一个人居住，印象中伯祖父很高，背有点驼，人很勤劳，田间地里，里里外外全是他一个人打理。虽是起早贪黑、劳碌奔波，但是在自然条件极其艰苦的情况下，伯祖父的生活依然很艰辛。但他穿着很整洁，逢年过节或是赶集的日子，他总穿一件深色的土布长衫，包着头巾一路走去。

　　大概我是长孙，又比较听话的缘故，伯祖父特别喜欢我，虽然我们不住在一起，但每每赶集回来他都会买糖果给我。有时候，他上山打到猎物或做了好吃的都少不了叫我一起分享。至今我的脑海一直回味下面这一个场景：冬天的黄昏，我和伯祖父坐在他家的火塘边，锅里焖的是野味和黄豆，他打来一壶老酒，我们边吃边聊，可能是菜太辣或是酒劲上来了，不一会儿伯祖父就大汗淋漓的，他一边抹汗一边跟我讲述他那些开心的往事。

　　有一年冬天，伯祖父发了高烧，全身都刮了痧、喝了姜水接着又盖了几层棉被，大汗把被子都打湿了，可高烧就是没退。他一生气，想以毒攻毒，冒着严寒下河去洗了一澡。一下到河里差点冻僵在里面。还好拼完最后一口气爬了上来，令人惊奇的是第二天烧就退了。

他接着喝了口酒说：那次差点死了，要是我死了，可怜我那养了十多年的老黄牛就没人照顾咯。那时我不懂，只是觉得好笑。伯祖父又喝了一大口酒，火塘的火映红了他脸。他接着说："前两年我牙痛，想了一切办法就是拔不动。晚上睡觉时我找了一根麻线，一头绑在牙上，另一头绑在大秤砣上。我拼命地把秤砣往外面扔。痛得我从床上滚了下来，可牙还是没掉。"伯祖父说完笑得像个孩子似的，我也跟着为他的顽皮和勇敢笑了起来……

后来我离开家乡到省城读书，接着又南下广州。这样，好几年才能见到伯祖父一次了。伯祖父每次见到我都非常高兴，一定要我到他家喝酒，因为我们之间有永远聊不完的话题。岁月流逝，伯祖父身体渐渐不如从前了，他已经不能干重活了，我父亲倒是一直拿粮食给他吃。但伯祖父性格好强，就是不想给别人拖累，有一年他没有告诉任何人就离家出走了。我父亲叫上乡亲们找了几天几夜都没找到，所有的人都以为他不在人世了。后来听人说在邻县看到过伯祖父，父亲就到处去找他，终于找到伯祖父了。不管父亲如何劝，他都不肯回家。我听说后立即从广州回来，到老家的邻县去接伯祖父回家，我清楚地记得伯祖父见到我的第一面，他不相信我会去接他，眼神里兴奋中夹杂着少许的窘迫。我们到外面去吃饭还喝了一点酒，伯祖父语重心长地跟我说："你来看我，我很高兴，就像我已回到家了一样。等我把事情处理好了就一定回去。"我知道再坚持也没什么效果了。最后，我付餐费，他却死活不肯，一定要自己付。临分别了，我看到步履蹒跚的伯祖父走在狭窄的弄堂里，驼起的身上，透着辛酸和落寞。我的眼泪，再也控制不住……

又过了几年，伯祖父终于回来了，他大概知道他即将离去，所以想落叶归根吧！我最后一次见到伯祖父是2006年。那时候，我回家，看到他在门口晒太阳，我想不到他一下子，就那么苍老。我们仍然像以前一样喝酒、聊天。伯祖父非常高兴地说我给他买的保健品很有效果，吃了全身很轻松！不知道他是安慰我还是什么，我抬头时，突然发现伯祖父的眼神中带着一种快乐和不舍的神情……

伯祖父走了，去了最遥远的地方，我在外地没能送他最后一程，深深遗憾，但我相信他老人家在天之灵，应该也知道我是永远牵挂他的一个人。

韦廷懂

伟大的母亲

小时候穿着补丁的裤子在田野上奔腾，有时躺在那小草上对天空渴望！突然天空就降起了倾盆大雨，好像要跟我开玩笑似的，我便跑进那装满杂草的小屋，我不回家，我不哭泣是因为我知道我再等等，就会有一把伞出现在我的面前。

六月天空说变就变，教室里书声琅琅，突然外面是闪电雷鸣！放学时间到了，暴雨狂风向我们恐吓。很多同学哭着喊着，我不惊不慌，因为我知道会有人来背我回家。

转眼间九年义务教育期过去了。我由于贪玩成绩不好，只能在县一中就读高中，在靠着一亩三分地生活的农村人谈到上千块钱时，那往往是家庭一笔头疼的开支。在乡下，我母亲时常空腹两头黑地往山里转，她想采集天然蘑菇、花椒等一些特产换取一点小钱；在镇上母亲不顾别人的眼神弯腰捡起别人遗弃的废品，后来我还听说她赤脚搅拌过水泥浆。

2010年，由于成绩跟不上别人，我放弃了高考，一个人下江南打工，由于经验问题，时常碰壁。最后只拿着工商保险发给的几千元误工费回家，后来我经过县团委介绍带着6000元钱到贵阳学习汽车维修。半年培训过去后，我又身无分文了，面对年龄的递增，我母亲几次托人给我说媒，对生活的压力使我发寒，我骗了母亲，说我有心上人了，接着又一次下江南。

在生活的压力下，使我不知所措，钱没存到几个，2013年转眼间，又过去了，我向家里老人问好，我母亲只说她很健康，2013年12月31日早上，我爸爸打电话给我，说我妈妈身体不适，问我过年是否能回家，我当天就跟厂长辞职，2014年元月1日我启程回家的时候，我又通知小姨先把我妈送往县医院看病。

经过半个月的检查与化疗结果发现她得了绝症，身边的亲人都劝我放弃治疗。可能是生活中母爱的力量，让我难以取舍，我又送老人往州医院化疗，结果医生的劝说跟县里的医生一样，我只好骗着母亲，带着她回家了。

为了让母亲能开心地度过最后的日子，我把春节办成跟像往常她持家的时候一样。可是转眼想到这个家庭将要失去一个我最爱的人，我的眼泪就不停地往下掉，不知道是我怯懦还是人伤心到极点，就自然地掉下眼泪，我想办法尽量让眼泪避开妈妈的视野。

正月十五刚过，妈妈咳嗽得非常厉害。我又一次把她送往县医院，医生拒绝给她办理住院手术，叫我把母亲往州医院送去，他们的话直觉告诉我，母亲时日不多了。我只好哀求医生给我妈妈输葡萄糖和一些简单的化疗药物，也许是我的心情感化了医生，他们同意让母亲住院治疗了。

所谓同病相怜吧，在医院都是病人的家属，有些阿姨就拉拉家常，她们见我一个大男孩照顾这么病危的一个母亲，就向我询问家庭情况，得知我没成家没立业，她们都劝我放弃治疗算了。每天都接到同样内容的话。可能是母子情深的缘故吧，我想哪怕只有一线希望，我也要想尽办法救下我的母亲。

后来我家人给我做了很多思想工作，谈到农村的习俗，老人过世一定要把灵魂牵回家，在她活的时候，回归家里，2月19号晚上我含着眼泪把我母亲背回家，20号早上，我给母亲喂了半碗汤，就去县医院办理出院手续了，我想拿到报销的那一点钱，用来支撑接下来的开支。就在2月21凌晨2点30分，我母亲便永远地离开了我们，她到另外一个世界去了。

2月21日晚上9点，我以水族的礼仪把我的母亲葬于估梦，22日晚上，我给母亲以水族老人过世的葬礼表示对母亲的哀悼。母亲生于1960年9月13日，一生乐于助人，善待世人，勤俭持家，不畏艰险。她，这个水族农村女人，享年54岁，她留在人世间的子女有四人——韦廷奖、韦廷懂、韦金会、韦幺妹。

在陪母亲的这些日子里，她只说过一句让我振奋又心酸的话，母亲说，就算她死了，可唯一担心的还是我那年幼的妹妹。母亲的话让我知道作为兄长的责任和"世上只有妈妈好"这首歌的真实含意。

母亲在世时，思家是一种母爱的温暖。现在思家多是一种作为兄长的责任。很多时候，我只好让香烟抚慰着我那寂寞的灵魂，因为前路依旧需要我跋涉前行。

韦章炳

神奇的水族民间工艺

千百年来,多雨多雾的中亚热带季风湿润气候滋润着云贵高原以南的龙江、都柳江畔的广袤土地。断层多、熔岩多、暗河多的喀斯特地貌是这里的地理特征,泥盆纪、石炭纪的古海洋底地质更令人称奇,山是那么苍翠险奇,水是那么清幽碧绿。天公是那么宽宏大量,把友人称之为"凤凰羽毛"的"桃花源"赐给了水族人民的子子孙孙,他们在这里生息,在这里繁衍。看,那古色古香的青瓦木屋依山傍水,错落有致。夕阳西下,远方送来一地彩霞,山换了装,水换了装,人也换了装。那袅袅的炊烟,弯弯的小道,"牛马背上牧童高歌,松竹枝头燕雀争鸣","参天野树迎门,溪水曲桥映户"的景致叫人如痴如醉。这里是水族人民世世代代居住的家园,这里是一轴有声有色的三维画卷。大自然赋予人类的美,在这里得到了延续,得到了升华。

每当农闲季节,清纯而美丽的水族姑娘们便三五成群地聚在一起,或在茂林修竹间,或在木栏晒楼上,一面哼着古歌,一面精心地刺绣着自己的马尾绣背带,通过一条条丝线、一根根马尾丝,一针一针地绣出了姑娘们的智慧和对未来的向往,绣出了她们的博大情怀和对大自然的爱。

水族背带共分四大类。一是"歹吉"。这种背带的制作和选料十分复杂、讲究。制作时,先用白丝线缠绕在马尾上,使之类似于琴弦,然后来回盘绕在背带底块的适当位置上,形成无数条流动曲线,组成各种各样的花纹图案，并用同色丝线扣于底面上，再用红、绿、蓝等各色丝线填绣于纹样的间隙处，绣法多是"回旋钉扣法"，即把马尾丝线绕成"a"形的纹样后，钉在背带底块上，一个接一个，直至密密麻麻地布满整个花纹图案。

  这样绣出来的背带正面，远看似一层层浪花，近看像一片片浮萍，加之再缀上一块一块金光闪闪的亮片，纹饰线条畅流其间，如银龙飞舞，像金珠落玉盘，满目生辉，铿锵有声的艺术效果，实在是美不胜收。水族姑娘用这种手法绣出来的花纹图案具有极强的浮雕美。其特征是以流动曲线组成对称图案，似花非花，似蔓非蔓，既像波光粼粼，又像浪花滚滚，如行云，似流水，叫人神往。多看一会儿，便仿佛觉得自己置身于一个完全抽象的空间里，超脱现实而进入神奇而远古的世界。带尾约宽四十厘米，长五十五厘米，呈长方形，中间绣个太阳，太阳中又绣上一朵大红花，太阳外沿绣有小花、草蔓等图案，四角绣只奋飞的小蝙蝠，太阳的上方是一只跃跃欲飞的大蝴蝶。据水族老人说，这种图案结构并非凭空杜撰，而是跟这样一个水族人民中流传甚广的故事相关。远古时候，天上共有九个太阳，晒得河干了，树枯了，一天，一位辛勤的水族妇女背着自己心爱的"阿奴"（儿子）去找水，太阳晒得母子俩几乎昏死过去，幸亏有只大蝴蝶飞到母子头顶上空，展开大翅膀遮住烤人的阳光，母子俩得救了，从此水族人民便在背带上绣上了蝴蝶，一是希望蝴蝶保佑儿子平安，二是告诉子孙后辈不要忘记昔日蝴蝶救祖先的一命之恩。

第二种背带是"歹古"。这种背带仍以马尾丝为底样花案，与"歹吉"不同的是，这种背带以花、藤、果、鸟、蝶为主要图样，先剪好纸样贴在背带上（或用笔勾好轮廓），再用缠好丝线的马尾丝绕其边沿并扣紧，在花纹的间隙处又用各色丝线以"绕针绣法"加以填绣。大体结构是：中心绣一朵花或一只蝴蝶，四周由长方形、梯形、三角形等十二块底料串缀而成，这些不同形状的块面上分别绣上小蝴蝶、花朵、石榴、瓜果和虫鸟等，这些纹案周围均绣上线条，带尾仍绣长方形，内中绣上花或石榴。

第三种是"歹格"。"歹格"又分三种，一是水族祖传的平绣花背带。制作过程是事先将纸剪成花、草、鸟、鱼等纹样贴在背带的适当位置上，然后用红、黄、绿、蓝等各色丝线以"平绣手法"加以填绣。这样绣出来的花纹色质分明、花叶易辨，较逼真，看上去有明秀、真实之感。大体构思是由一个正方形、四个梯形和两个变异三角形缀成。整个背带面的结构以及绣法均已打破了传统习惯的束缚，缩小了纹样的局限性，拓宽了自由性、奔放性，绣法也较前两种省工省料。图案中或有金鸡翘尾、或有鸳鸯回首、花藤草蔓，已不十分注重对称性和流动性，而是力求逼真。带尾的长宽与前两种背带相同，但已不再绣花纹图案，给人以朴实之感。另一种是从其他民族传过来的插花背带——"歹依"（布依背带之意）。这种背带的特征是：立体感特强，花少而粗，色泽柔和逼真。绣法是"插绣"（亦叫抛绣），即先将各色丝线按需要插绣在背带绒上，留一厘米长左右，然后用小剪刀来回穿插修剪，再用黄亮亮的"牛皮金"沿轮廓扣锁。这种背带纹案光彩夺目，富于韵味。用各种彩色布料剪成粗犷的花、草、鸟、鱼等纹样贴在背带面上，并用与布同色的丝线扣锁。这种背带讲究的是大块色彩的搭配，以拼凑成五颜六色的典雅朴质的纹样。也许是为了剪裁方便，这种纹样藤蔓较少，挺拔锋利的叶条花瓣较多，整个带面给人的感觉是粗犷、美观、刚健。也有用青色布料裁成"万字格"、"古币纹"或"三角形"等几何纹样贴于背面，并用青色丝线扣锁而成，格调简朴、庄重。

水族背带沿袭远古的制作工艺和手法，以对称、流动线条为主体，以抽象、夸张为基本手法，其独到之处，堪称一绝。从这一传统的民族背带中不仅可以看出水族民间工艺的多姿多彩，而且还可以窥视出水族古文化的精神内涵和与其他兄弟民族文化的交融与借鉴，水族地区的山美、水美、人美，水族民间的古典文化底蕴更加美妙和博大精深。

韦志汉

冬夜短章
——致你

1

冬夜，灯光是被寒风洗涤过的。

街道，喧嚣之后的思绪，遍地狼藉。

我独自行走。背影，凝固成思念。落寞，抖落一地。

有三两颗星，点缀夜的冰冷。灯下，我守候你的归期！

——有琴声？漾起一池心波！花香伴着私语，雀跃而来。

我陶醉了！将来世的相约，变成今生的守候。

2

冬之韵，半醉半醒。

灯下。身影被梳洗成诗意，渴望徐徐伸展，仿佛已将春天拥抱。

——那就将春天采摘了吧！红花，绿叶；蓝天，白云。将所有的颜色都放在江南的雨季里发酵，我的爱从此在戴望舒的雨巷里生根，在油纸伞下发芽。

我把一生的眷恋诉成永恒的守望。千里之外，笙歌起伏，心事起伏！

你，可在倾听？冬夜，茫茫无边。几声虫吟。一地相思。

试问：暖暖的手，可牵？静静的脸，可抚？柔柔的情，可诉？

——夜。寒风，冷月。独倚栏杆！

3

今夜，寒风伴着灯光流淌。

对你的爱无处不在，无时不在。我用千年不变的守望，温暖整个岁月。

想你了！爱不变，你不变——如三春之柳，柔美且坚韧！

我用炽热的情燃烧这寒冷的夜？

我用温柔的唇诉说不老的情话？

我等你！来路铺就，用音乐，用鲜花。待你款款而来……

心房，有你的船划过。可停留？可回眸？

今夜，我渴望是灯光，被你的爱幸福地淹没……

韦志汉

黑夜中拾起寂寞的短章

> 我的世界，有你；我的爱和眷恋与寂寞相随！
>
> ——题记

喧闹过后，夜走向寂静。

夜的清香在风中流连。赞美，锋芒毕露！

此刻，寂寞在我的世界驻足。

寂寞是生命中的独醉，憔悴了一地落花。如果时光可以倒流，我愿意寂寞是一朵花，静静地伫立在窗前，为你绽放每一个黎明。

这样的夜晚，我的爱没有方向。漂泊经年，总是靠不近，也走不远。——譬如今夜：你杳无音信，我如何安放自己的灵魂？

夜，深沉。

无边的暗夜里，我的爱恋感受到丝丝寒冷。风中的思绪，凌乱如枝头的枯叶。

无法靠岸的相思在寒夜里燃烧，将昔日的容颜和曾有的青春埋葬！

夜色无边！你不在，我的爱和寂寞相随，不离不弃！

韦志汉

回眸，云淡风轻……

时光，把仅有的记忆剪成碎片，忧伤的风景里是数不清的落叶和枯萎的花瓣。泡一杯茶，如烟的薄雾把目光沉淀得含蓄而忧郁，我说我的梦中洒满珍珠般的泪以及如诗如幻的缠绵！你相信吗？那么，你呢？

八月如火的骄阳膨胀了我的思绪。我总幻想把思念种在你寂寞的怀里，在柔情泛滥的时刻被你装饰得郁郁葱葱，一如饱含心事的水仙花在春天里灿然开放！然而，凋落的心事却总深藏在你温润的眼里随风滴落。也许这一生，无论选择哪条路，我们都不会重逢不会走着相同的轨迹；也许这一生，我们本来应该相逢却已在来时的路上错过。

想你了！在岁月斑驳了清瘦的华年、风干了青春与激情之后；在无言的惆怅肢解了深情的目光与期盼之后，真的想你了！——此刻，思念已被浸泡成杯中盈盈的绿叶，总是欲走还留地在我的唇齿间流连，让我在将醉未醉的时刻抚着你的纯真与柔情沉沉入睡！

其实，我想你，是想在漫天雪花覆盖窗前海棠的时候，将你通红的手握住，紧紧握住，犹如握住生命和爱情的纤索；而夏天呢？轻抚你的秀发，闭上眼，想象着晚风拂过脸颊时那温馨柔美的意象，幸福的韵味如春潮在心中荡漾！——我用所有的文字做深情表述，可是，我灿烂的诗篇却无人诵读！

其实，想你，就是想让你知道我想你了！想你的时候能说出来，想你的时候能写一些这样的文字,我不是拥有了更多的生活内涵和生存的动力吗?是的,当季节变换心胸开阔心情开朗之后,在爱与被爱之后,一切都那么坦然,那么轻松!这一刻,回眸——

云淡风轻!

韦志汉

今生，待你如兰
——致你及我们逝去的青春

温暖的夜，是兰花开放的时刻。我在等你！等你如兰花开放般姗姗而来。

夜色很好。花香直透明月，饱满了我的等待。岁月的钟声响起，沉沉的梦已经苏醒。

泡一杯茶，端坐窗前，将一腔情怀释放，温婉如那盏中的嫩叶徐徐伸展，伸展如绵绵不绝的思念！

——思念那头的你，还好吗？

早春二月，只问时光要一隅安放我的心。而我的兰，则在纷繁的尘世间期待和你有一场惊艳的相遇！

今夜品读我的文字。我在静默中彷徨，在渴望兰花的盛开，醉了风月，醉了心事，醉了自己！

春意正浓，我待你如兰！其实，我只是想告诉你：我等你，就是想和你一起携手在这春天里……

韦志汉

今夜，明月倾城
——随意致你

今夜，满城明月。

柔情，如绕城而过的河。碧水千顷，似幕！

遮不住绵绵情思，幽幽絮语；诉不尽满腹衷肠，无尽念想。

爱，永无止境！思念，永不停息！

芳容，倩影。是那倾城一笑，是那倾心回眸。任天荒地老也无始终！

携一世痴情，吻过你的脸，吻过你的眼。容颜灿烂如花，洁净、馨香若雨后绽放之兰，弥漫着我的季节和天空。

我想，流逝的河里淌过的是不是三生情泪？

我想，依依垂柳是不是你素净多情的衣袖？

你，不语！记得是那相聚相逢、相知相约，无尽。

——心海，柔情泛滥！你，踏着涛声从心尖走过！

明月倾城的夜。河柳，轻摆着你的娇柔。

多少流连？多少神往？多少迷醉？

你的沉默，我与断肠不期而遇。天涯芳草，独恋明月一轮。梦想，总在彼岸！

你的回眸，恰似遗失千年的风韵，徘徊于今夜的长亭短亭。我的痴情共守望相约，千年不变！

又是今夜，满城明月。

我的所有都沉浸在月光里。告诉你：

其实，我夜夜在月下等你……

韦志汉

四月,花开如你……
——致你

四月,是花开的季节,你如花一样灿烂!

我执一枝桃花,在樱花树下穿行,与你相遇在盛开的梨花丛中。来时的路已经被阳光铺满;风诉说着梦和希冀的含义!我,无法将心事表述。而你,也如春花般艳丽!

——这样的缘分是季节赐予的!每一个这样的季节只能孕育一段缘分!

记忆,在流逝的时光中渐渐变暖;无法诉说的心事在心河中泛起圈圈涟漪。目光透过每一个日子,仿佛的柔情依稀可辨——不能忘却,不想忘却,我的彷徨你的娇羞;我们曾经拥有却没有珍惜的岁月!

四月,思念是可以随风飞舞的!

所有的梦想和企盼都如不绝的歌谣,在你我的心里如痴如醉地弹唱。每一个节拍都如我们未竟的青春在生命的航道上起伏,每一个音符都在我们的天空里激荡!

我的梦、我的爱也属于四月!

四月的天空里,每一个独恋的日子都会让空寂的心从迷茫中惊醒。四季流转,青春不再,你的容颜你的心音却从未改变。时光轻轻掠过,风吹过树梢一样不留痕迹,但回忆的甜蜜却在我的柔情里不悔地复活着你的倩影!——目光,瞬间定格思绪;心,无法从容!

四月，柔软且温暖！

你的青春留在我的生命里，你的一切都留在我的生命里。想你的每一刻都溢满欢笑，都萦绕着温润且饱含醉意的歌声；想你的时候，每一朵花的开放都在编织梦的辉煌和爱的绚丽！

四月，爱像小草一样疯长。花开满树，生存的美丽将生命装饰得如诗如幻——这样的季节，爱盛开如桃花、樱花、梨花！爱温馨芳香如这人间四月天！时光可以老，岁月可以老。而你，不老！你的所有于我都正当华年；你与我的聚遇都永如初见！

——柔情、眷恋与爱，关于你我的一切，永远是描不尽的风景写不完的童话！永远珍藏于我的心灵深处温暖着我的岁月！

记忆中的四月，永远是激情与忧愁相伴的。温情无限，春情无限，风情无限！四月的风景红了我的脸，迷了我的心，饱满了我的思绪和深情！那么，你呢？

四月，掬一捧江南烟雨，送你一把油纸伞，待你于安谧的雨巷。四月，在风中雨中陪着你慢慢走，直到将未来的路走成每一季春天。

四月，永远诉不尽的柔情！

四月，永远是我如烟如梦的四月！

……

韦志汉

想你，就这样想你……

想你爱你，守候今生的每一刻，将寂寞和忧伤在今夜埋葬！

——题记

如果思念可以穿透黑夜，我必定等待你于毫光斑驳的月下；如果眷恋可以走过季节，我必定追随你于冷暖起伏的季节之上。我把你珍藏在心底，任时间流逝，你不变，我依旧！

站在岁月的肩上，独自呆呆想你。诉不尽的寂寥与无奈，渴望一阵风带来你的讯息，哪怕一丝一毫，尽量让它温暖我的孤单。我愿意在千帆过尽的码头，等候你将要离去、却抑不住留恋的回首！

又是一季风雨飘摇；又是一季山花烂漫！每当走进这片风景，你的容颜你的表情、你的欢歌你的笑意清晰如昨！一声叮咛，一声呼唤，都如琴键上流淌的乐符，绵绵不绝地弹奏着我的心音。

行走在四季的花园里，修剪着心事的起起落落，不见你！待你不来，沮丧与无奈瞬间来袭，心情低落无法收拾。

这样的时候，我在路的这头，你在那头。斑斓的夜色将思念淹没了，纵然我万般努力，却始终无法将你拉近。——风吹过，我冷颤骤起！是夏初，我为何感觉到冬的寒意？抖落一路风尘，端杯微凉的酒，和着心事将相思和泪水一饮而尽……

季节，总在思念的时候停滞不前！已记不清多少次将你走的路望断，也记不清多少次从黑夜盼到天明。江南烟雨散尽，四季花落无声，你不出现，我只能就着惆怅将失落悄悄收藏。

　　等你的时间有多久？思念的路有多远？我不知道！我费心思量，极尽生命的内涵守候！这样的坚持也许你不懂，但于我，却是今生存在的全部意义！我不回头，因为我知道我的爱已经在你将要走过的路上伴着山花为你开放！你的名字，你的心语，已坚实地嵌入我的心原！我所有的诗都是为你写的；我所有的歌都是为你唱的；我所有的文字只为谱写你的绝代风华！我日思夜想，只为将我的爱恋在你的心里尽情绽放……

　　因为爱你，我曾经强迫自己变得从容，但面对你，我却始终无法掩饰自己的慌乱；因为爱你，我曾经幻想岁月之刀可以削掉一些思念，但红尘深处，思念却在疯长，浓厚如这夜幕，斩不断，理更乱！

　　因为爱你，我曾经试着用文字排遣凄凉，但排遣了诸多情怀，却无法消除半分忧伤；因为爱你，我曾经沉醉于梦中不想清醒，但我的梦中却有挥之不去的愁绪——梦里梦外都是你啊！你的笑容你的声音，你淡淡的烦愁里满满都是我的担忧我的爱，我浓浓的忧郁里满满都是你柔柔的情怀。我知道你爱着四季，所以我不放过每一个季节，我会在每一个黄昏或黎明等你，静静倾听你的心语——闭上眼，静静地想你！再一次静静地想你！

今生有你，我于黑夜见到一丝光亮；今生有你，我于寒冬感受阵阵暖阳。你与我一起呼吸，携手同游；你与我举杯共饮，你与我激情欢歌！你与我以同一种方式诉说执着的情怀，诉说同一种期待！

今生有你，等待也是一种幸福。执手不相忘，思念不分离；相思无尽，眷恋无穷！四季流转，花开花落。红尘中有你的爱伴着我，任流年飞逝，你我岁月静好。

想你了！亲爱的。我仿佛看到你乘风踏月，身着白衫，怀抱素琴徐徐而来。长袖飘飞，柔情款款，一如初见！

想你了！亲爱的。因为你，我爱上了与你有关的一切。若可以，请让我守候你的风景，倾一世痴情守候你在某一刻的回眸和不期而至！

又起风了。托付飞舞的风将我的思念我的爱带给你吧！每一个日子的每一份爱都深沉厚重，都承载着沉甸甸的期望和梦想；每一个日子的每一份爱都浓情如诗洁静如诗；每一份爱都伴着我温暖着我未来的岁月！

想你了，亲爱的。就这样想你！

……

韦志汉

因为爱你，所以珍惜
——随意致你

  如果，我把思念放飞，历经千山和万水，在天涯或者海角与你相聚，向你倾诉；如果，我把心事束紧，无论严寒或酷暑，在眼际或者鬓边伴你栖息，随你入梦。那么，你是否仍会将我放在季节的边缘、让我枯守绿叶凋零的意韵？

  如果，深夜的孤寂伴我在沉醉之后依旧难眠，那么，你的目光是否在飘忽之后眷顾我哪怕一瞬？你是否能将渐微的炽热温暖我彻夜的孤单？如果，你在我的关注中渐觉疲惫，那么，你是否可以将我的目光置之脑后、让双眸从我的唇边抖落你繁星般的彷徨？

  ——你不说，你始终伫立云霄之外，如女神般圣洁高贵！那么，我如何才能感悟你的心事、读懂你疼痛的流年？

  我常常认为，今生与你的相逢于我已是最美的际遇，我能奢求更多？执手，凝视，那是需要千百年修好的缘分，这不是你我短短一晤就可以拴住的情怀！我只祈愿，我不是你生命中的匆匆过客，即使你不曾记住，我也不想如风如烟般散去了无痕！——谈不上忘却，也许你从来没有记住！但我却要把你深深印在心底！因为，因为有你，因为为你，我从不言累，我时时刻刻且生气勃勃向你奔去，一如那年那月、秋风中和你的初遇！

  ——尘世间，放不下你！尘世间，爱上你！一生中，能遇上一个放不下且爱上了的人不也是一种难得的幸福？

——尘世间,放不下你!尘世间,爱上你!你要知道,因为爱你,所以铭记,所以珍惜!

韦志汉

致母亲

——写给我的母亲

放下梦想，放下追寻，我在思考树叶枯萎的缘由。

在生命的终点，母亲我们会再相逢？你还会给我开启幸福的密码以及开启人生的钥匙？

我不知道来生是否重逢，所以我从不期待来生。

母亲，我只想从一开始就握紧您的手，哪怕粗糙，哪怕满是老茧和裂口；即使三九寒冬，您的拥抱，也会让我全身温暖，拥有比春天更温暖的享受。

走过半生，关于您的一切清晰如阳光下的印迹。

母亲，您呵护关怀的细节永远镌刻于我厚重的记忆！每一步迈出，都会铭记您的艰辛您的付出您浓浓的爱意。

时光的河流里，母亲，您就是一颗坚实细小且平凡无奇的沙粒，任浪潮冲击，任岁月磨砺。但我的心中，母亲，您永远是太阳、烛火、明灯，温暖我、指引我，直到生命的最后一息……

三十年了，母亲，您在天堂还好吗？我渴望再一次向您撒娇，我渴望再一次偎依您的怀抱。

三十年了，母亲，您在天堂还好吗？也许您已经是一株小草，我也有如您一样苍老的容颜如雪的白发。但每一个清晨和黄昏，我依然渴望您的唠叨，眷恋您双手轻抚我的双颊。

站在季节的肩上，我恣意沐浴春风夏雨秋霜冬雪。

母亲，带着您的祝福我奋力前行。我透过世态炎凉看人间冷暖，将您的爱嵌入生命的心愿！

母亲，带着您的期盼我一路向东，走过生活中的每一季苍茫，无论怎么样的苦难也泯灭不了您对我的期望！

母亲，我的母亲！无论世事怎么变幻，儿子的心中，山川与河流都已经辉煌成了您的模样！

……

韦　忠

有幸曾做斗篷山下人

偶尔有几位同学相聚，举杯畅饮，我就想起在师专的班主任丁润生老师送别我们时对我说的话："回去之后，别忘了有空带一两斤你们三都的土特产——九阡酒来给我品尝品尝。"当时我答应了他，可回到三都后，至今已近八年的时间了，我却没能履行诺言，心中一直感到愧疚。

其实，我知道，老师盼的不单单是那醇香的九阡酒，而重要的是希望我再回母校看看，与老师叙叙那一份永远也品不够的甘甜浓郁的师专情结。

1989年10月4日傍晚，满怀希望的我不顾一路风尘，在平桥车站一下车，就高兴地背上行李，踏入了黔南师专的校门。我和其他新生一样，在指定的报名处认真报到注册。我分到了407宿舍的钥匙，在管理员的带领下，我拿着行李到男生宿舍407号房铺了床。我想，我的师专生活将从现在开始了。

我们班中文系1989级有43名同学。第一堂课，学校领导、系领导及我们班今后的科任教师都来到黑板前坐成一排。班主任丁润生老师首先满面笑容地做了自我介绍，然后向我们认真介绍了在座的领导和老师。其间，有部分老师还根据相貌及其他特点，相互打趣，语言诙谐幽默，赢得全班阵阵掌声，教室里顿时充满了快活的气氛。

来到新的学习环境，首要的任务，就是在课余的时候，找熟悉学校的老生，我们一起在校园转一转，看一看。学校以广播室的房子（一栋20世纪五六十年代建筑的两层砖木结构的瓦房）为中心，东西两头紧挨的是一栋五层教学楼（面镶碎方解石）和一栋实验楼（面贴瓷砖）。这三栋楼连成一线，远看像一个大大的"凹"字，将学校分成南北两大部分。教学楼南面是一个小花园。花园中不太规则地栽着一些花草树木，如四季青、夹竹桃、串串红、美人蕉等，其中也生着很多杂草。花园虽算不上很美丽，但在学习之余，也是一个难得的休闲地方。通过花园中间的一条小路，往南走约30米，就来到了老图书馆。在这里，同学们课余时常成群结队地来借阅书籍，贪婪地吮吸着人类优秀的精神食粮。从老图书馆往西走，踏上石级，就来到了实验楼南面。与实验楼一路之隔的是两栋低矮的瓦房，东为医务室，西为室内体育活动室。从实验楼南面路上往西走，就到了学楼的西门。西门南侧就是我们男生宿舍楼。出西门穿过一条街道，不远处还有女生宿舍楼。"凹"字的北面是个大操场。大操场的东北角是大礼堂和食堂，西北角是学校的正门，门边悬挂着"贵州省黔南民族师范专科学校"的牌子。门内侧还有个收发室，平日我们会在那里等要信件或汇款单。学校的这一切，虽然平凡，但在我的三年师专生活中，却留下了深刻又美好的印象。

  在师专的学习生活，可以说既紧张充实又活泼有趣。我们的课程安排并不是很紧。上午一般都安排四节正课，下午有时一两节正课之外大部分是自习课了。自习课时，我们主要是做作业和看小说。比如，《安娜·卡列尼娜》（繁体字、竖排版本）、《战争与和平》《复活》《浮士德》《十日谈》等名著，我都是在那时读的。上课时，不管是年纪大的教授还是年纪轻的讲师，虽然在教学上各有千秋，但总体上都表现出讲授认真、十分投入的特点。我们听来如临文中之境。像讲授古汉语的王圣强老师，在讲授宋玉《风赋》的时候，随着他的讲授，好像股股云风不时从遥远的地方吹来，我们时而如坐春风，时而闻风而栗。有时老师怕我们笔记不全，在口头讲述之后又进行板书。我们感到老师讲的内容特别重要但又非常多，不得不加快笔记速度，在本子上龙飞凤舞起来。下课后除了对照别人的笔记补正之外，有些临时用简单符号代替的字句，自己也还颇费推敲才能理顺的。要是遇到几科作业和临近考试同时紧锣密鼓的时候，我们就忙得不亦乐乎，翻资料的翻资料，啃小说的啃小说，在教室和图书馆之间跑来跑去。有时熄灯后还在被窝里打电筒加夜班。但当发现自己的笔记全面、作业获优、考试合格之后，心里就感到无比的充实和高兴。有时甚至哼起小调来。我在师专三年，虽没有什么突出成绩，但刻苦之下打上的根基，为今后的学习和工作保证了坚实的基础。

学校的教学活动是丰富多彩的。除上正课之外，我们还参加业余党校学习、听讲座、开演讲会、举行体育运动会、搞歌咏比赛。记得1997年五四青年节的时候，学校举行全校性的歌咏比赛，我们中文系参赛的歌曲是《亚洲雄风》和《英雄战胜大渡河》。为了我们系在比赛中能获好成绩，邓仁老师带病亲任指挥，组织排练。每次排练下来，邓老师总是腰酸臂痛，声沙气喘，汗流浃背。我们看了非常感动，因此也唱得特别起劲，似乎唱不好就对不起邓老师似的。演出前，舒永衡老师还亲自为我们每个人化装。比赛时，我们的歌声随邓老师的指挥棒飘扬开来，时而鸦雀无声，时而平地起声雷，显得波澜起伏，跌宕摇曳。一时间，台上和台下每一个人的每一根神经都好像在邓老师的指挥下逐步活跃起来，大家都沉浸在优美的歌声中，流连忘返。比赛结束，功夫不负有心人，我们系果然力克群雄，拿了个冠军。在此基础上，我们系又组织了80人合唱队（因该队身着红白灰绿黑相间竖条衬衫，又有人幽默地称之为斑马队），参加了州里举办的纪念建党70周年文艺活动，比赛又荣获第一名，为我们学校争了光，使我们中文系人备感自豪。

学校很重视理论联系实际，注重社会实践。为了让我们扩大视野，在社会生活中获得更多的知识，学校组织了各种社会实践活动。不但安排我们参加军训、参观军营，还组织我们参观黔南日报社、访问黔南电视台、与黔东南师专联谊、游镇远、逛重庆、跨乌江等，使我们的视野得到了开阔，学到了很多书本上根本学不到的东西。

三年同窗，班上同学之间难免有不少悲伤和痛苦，可脑海中浮现更多的是关爱。班上消化优良的兄弟们常常得到姊妹们无私的粮食补贴，能歌善舞的姐妹们也常常得到兄弟们的邀约。大家共风雨，同欢乐。有时在星期六，我们也三个一伙、五个一群到郊外听听风，淋淋雨，看看山，戏戏水。特别是斗篷山那如梦如幻的雾景，勾起了我们无限的遐思。每年我翻开《同学录》，看到付显梅同学写的留言，不禁感慨万千，其云："韦忠：那是一个迷蒙的细雨天，我们曾提着桶，哼着小曲走进深山包粽子。记得吗？下雨了，你和田茂中、石光坤为我们搭了简易的棚子，还淋湿了你们的衣服，这是我心中最为永远最为浪漫的雨中景致……"抚今追昔，如今的我对当时的情景仿佛还依然历历在目，同学的欢声笑语犹在耳边响起。同学一句"这是我心中最为永远最为浪漫的雨中景致……"也道出了我的心声。

细细想来，三年的师专生活，师专给了我很多，一时说不尽也道不完。今生有幸，有幸曾做斗篷山下人。有机会我会履行诺言，再与老师和同学慢慢地理顺师专的种种情结。永远不会忘记师长的恩情，永远不会忘记同窗的友爱；师专老师们严谨治学、爱岗敬业的精神，同学们刻苦钻研、拼搏进取的学风；将永远激励着我，使我前进，让我终身不断地受益。

吴功登

祭父文

维：

公元二〇〇八年十二月二十八日岁次戊子年十二月初二，子于江城闻父已重恙辞尘，时悲痛欲绝而不能自已，心如刀绞而不知所措。离千山又隔万水，子二日后方至家中，唯抚棺柩而莫睹家父音容。魂归渺渺，唯余桑梓。儿女撕心裂肺，痛心疾首，一腔悲情，两行酸泪，一时多少言语，竟不知如何诉说。

呜呼！时序之代谢，生物之始终，古今一理，何足悲哉，悲者，父年尚健而齿未衰，抚儿育女，一生艰辛而未品甘甜，竟轰然辞尘而去。

父为人忠厚而常谦让知足，默默寡语而常助人以为乐，邻里有口皆碑。父常披星而戴月，栉风更沐雨，勤勤恳恳以建家室，兢兢业业而育子女，不辞劳苦，常犯小疾而不为歇息，不舍就医根除，而今矣，突染沉疴，扁鹊无功，竟烈尘寰。

母言曰："某日，尔父告余曰，儿女皆成婚嫁，我去亦无挂念，然幺儿年尚幼而学业未竣，使我心所不忍，去难安也！"父将去日，长盼而问，幺儿知否？可回否？而不孝小子远漂江城，日以平静，竟不知此。距此前一月，父已膏肓入院，儿常念念，有电话则言："无碍也，小子莫念父，心安方能知书矣！"而不予家人与我通报其身体行将崩溃，直至末日矣。

正去年仲夏，余入大学，父喜甚。筹酒策席宴请亲友以庆贺，酒意浓时，告余曰："吾祖上数辈少有读书者，今父与尔为傲也！"而未满半载，时腊月寒冬，父竟匆匆驾鹤西归，不待子尽微孝也。况儿竟不能守父终老，使父体寒又心冷，是枉读圣贤书矣。往昔常戒己曰："吾所奋斗，大则先父母以乐，小才儿所幸福。"而今，此言何托？呜呼哀哉，树欲静而风不止，子欲养而亲不待，甚是哀怜。

羊有跪乳之恩，鸦有反哺之情，何况人乎？儿不孝，未能在床侧，朝夕以侍候，更不可使父乐享天伦，而今欲喊父而父不闻，欲见父而父不在。父恩如山，父恩似海，父恩当何以报？父临终，呼儿乳名，而小儿何未归？呜呼！为人子伤伤，黄天不晓，身为后者怆怆，西庭难知，一腔悲情，何日尽谴？诉青山而泪眼婆娑，临江河而怅恨绵绵。空余愧恨！今矣，莫睹家父音容，念想仅含目追思。纸薄情厚，笔拙意远，一片赤心，又能报吾父滴水之恩？万千泪水，岂可报吾父养育之情？胸闷难耐，思情难排，寥寥数语，权泄悲恻之苦，且谴追思之郁。逝者已矣，托体山阿，生者追思，寄语薄纸，想必家父在天之灵，能谅子之不孝。

父之遗训，犹昨日之东风，耳熟能详，小儿有父所嘱，遵从父意，勤恳好学，则学业有所成，夙夜匪懈，而事业有所为，以不负严父之厚望。孝顺母亲、颐养天年，携手姊兄、昌繁家业，与人为善、感恩知足，受父遗志、承父精神。

父去二月有余，心有所宽，然每吾静而思，父之影飘飘乎隐显，父之音渺渺乎隐闻，泪悄盈眶，不可释怀，不敢忘怀。追思与悲伤之余，作此篇以念先父。

呜呼哀哉！

农历二〇〇九年二月二十一日夜，记于湖北武汉

吴 梨

怀念我的祖母

祖母生于1942年，祖母来自地寨，她很小的时候，外曾祖母就过世了，过后不久外曾祖父又过世，留下祖母一个人讨生活，其处境十分艰难。

我小时候，父母出去打工，那时候祖父已经过世了，祖母就带我们姐妹在老家过日子，天还没亮她就起床去地里薅苞谷了，走之前还预先给我和大妹磨好镰刀，等天亮我们起床，就可以直接拿镰刀去割草了。

开学的时候，已是秋季，祖母把苞谷收回家，然后剥好晒干，等到赶场天，再用袋子装好苞谷粒，挑到集上卖，得到的钱，用来帮我们姐弟交学费，从老家到集上，路途遥远，山路崎岖不平，奶奶为了我们吃了很多苦，都无法说得清楚的。

我大学毕业后，祖母希望我早点上班，但我又考上了研究生，奶奶知道我再一次远离家乡到外地读书，就担忧地说："你现在已二十多岁，再去读书，出来老了怎么嫁人！"祖母的观念非常传统素朴，她认为一个女孩，当你二十多岁了，首要考虑的是婚姻，而不是读书；祖母的观念或许不完全正确，但她的言行的出发点却一直都在为孙女的幸福而考虑。

父母回到县城后，我们家贷款买了一套房子，每一次我离开家的时候，就对祖母说："奶奶，我要去学校了！"祖母也就说："嗯，去吧，快去快回！"然后就问我什么时候回来，还没离开家，祖母就问我的归期了。每一次，当我出门时，爸爸妈妈就起来送我，奶奶没有出来送我，却转身去阳台上的椅子坐着。这样的次数多了,我也就习惯了,觉得祖母没有到门口送我,可能是她年龄大了,行动不便吧!也没想到其他。有一次我再次出门,祖母又转身去阳台,我就随口对送我的父亲说,你看奶奶,我一出门,她又到阳台上坐着。父亲低声告诉我:"每一次你出门,奶奶都去那里坐,因为坐在那里,可以看到你离去。"我哑然失声,顿时明白了祖母的用意。我们家住在六楼,祖母坐在阳台上刚好正对着我回家或离家的路,坐在那里可以看到我离家时,沿着路往下面街道走去的那么几分钟,如果祖母送我到门口,只要我一转身,她就很难看到我了。

近些年来,祖母老是发病,体质越来越弱,隔一段时间,就要送去医院一回,我总是担心她熬不过寒冷的冬天,但奶奶还是顺利度过了生命的严寒。

今年四月,我从西安回家,祖母的病情恶化了,我陪她去医院看病,住院期间守护着她,就像祖母当年守护我们一样,待她病情好转,办好退院手续,我就带她回家了,陪了她一段时间后,我又去学校考试,临出门,奶奶依然没有送我,依然去阳台那里坐,她再一次看我离去的背影,谁曾想这一次目送,竟然是她对长孙女的最后一次祝福。

刚到学校不久,祖母旧病复发,身体又变得虚弱不堪了,我用视频和她对话。看到祖母那憔悴的样子,我心里很难过,祖母却安慰我说:"英,你好好考试吧!我会等你回来的!"我相信了她的话,才过了三天,也就是6月19日下午,父亲给我打来电话说祖母已经离世。我心里空空的,脑子一片茫然,赶忙买好机票,赶回贵州,为祖母最后一次送行。

回到家,和亲人们聚在一起,在谈起祖母过世前的一些事情时,父亲说:"过世前,老人老是在自己枕头边摸索来摸索去,像要找东西的样子,我帮她揭开枕头,原来那里有她的钱包,钱包里有六百元,那是国家给农村老人发放的低保金,奶奶艰难地说,这钱不作他用,要集起来,给英买一床马尾绣背带……"

闻听此话,我的泪水悄然滑落。

祖母！您苞谷地里的辛勤、阳台上的目送、临终前欲送的背带，都将划破时空，永远留在我记忆的深处！

吴支煦

祝中国抗战胜利文

浩浩乎，破空霹雳，惊动中外，龙翔凤翥，士女欢呼，祥和之声，弥漫世界。余雨窗兀坐，观中日抗战报告，而跃然以呼曰："壮哉，中国胜利，日本投降矣。"友人愕然，问故，余曰："不见夫报纸上大书特书胜利欣喜，中华民国三十四年九月三日，日本正式向我宣布投降乎？日本天皇自兹以往服从盟邦命令，永息战端，日军解除武装分途遣散，盟军得以接受降书乎？东北失地为我收复台湾亦已归我建制乎？"

友曰："何为其然也？"方日本之侵略我国也，养精蓄锐，摩拳擦掌，野心勃勃，杀气腾腾，呈其磨牙吮血之故智，航空利器之淫威，思一举而灭我国如反掌也。而讵知天相吾华，正义克伸，全国士民，满腔热血悲愤，十四年抗战，亲上死长，忠肝义胆，奉以周旋，不畏强暴，不顾身家，葬河边骨，捐塞上元，流血成河，积尸填壑，淞沪血战，缅甸扫尘，长沙饮泣，桂林增援，广州喋血，湘赣沉舟，衮衮忠魂，固已名留竹帛，绩著旂常矣。而日本凶锋所及，城镇毁灭，山河震撼，猿鹤朝啼，虫沙夜泣，衰翁痛子，嫠妇哭夫，又复遍野哀鸿，游离转徙，强暴之行，实神人所同疾，天地所不容焉。兹幸盟邦翼助，披发缨冠，并肩破虏，声势煊赫，妖魔胆丧，上表成行，天诱其衷，以悔其祸，环海士民，劫后余生，喁喁望治，亦云幸哉！溯战祸之相延，黄帝子孙，坚贞不屈，大刚中华，赋有天真，克强胜敌，非偶然也。

他年战史编成，亦自光芒万丈矣。所望来者，刿目怵心。惩战祸之凶残，悯生灵之涂炭。野无青草，十室九空。内蹉外跎，毋相斗阋。永销兵革，长戢野心。弭萧墙觊觎之争，息海南鲸鲵之浪。祥和永保，衽席同登，人寿年丰，四民康乐，岂不懿欤？岂不懿欤？

谢义鹏

爱一个民族，从一座书屋开始

喜欢一个人，从一本书开始。

2017年3月底，南京先锋书屋创始人钱小华先生到三都调研水族民宿文化，我有幸陪同。短短两天的时间，一路游走、一路观看、一路聆听、一路感悟。钱先生喜欢拍照，而且只照人像，"我喜欢与人交流"，他说道。他是一个很有哲学思维和人性思考的艺术家，善于从不同的角度，琢磨每一张喜怒哀乐的面孔，并尝试进入他们的内心世界，每张照片，钱先生都设置成黑白模式发表出来，他喜欢黑白的生活方式，黑白可透视每个人内心深处的那一份柔软，以及那一份柔软背后的关于人生的哲学思考，直击原始和自我，呈现本真和传统。

这次来黔，是钱先生有生以来的第一次，自然也是第一次来三都了。经过交流，钱先生知道我喜欢文字，喜欢书法以及与之相关的谈吐，而且在闲暇之余还坚持自己喜欢的东西，言欢之后，高兴之余，钱先生就赠送由他主编的《先锋书店》一书和《大地上的异乡者——先锋指南》宣传画册给我，画册封面上的几行字一下子映入眼帘——"大地上的异乡者，都市精神之驿站""开放、独立、自由、人文的经营理念""建筑元素、宗教情结、人文关怀、诗意之美的阅读体验"等等，我喜欢这样的文字表达，然后莫名其妙地就一下子喜欢眼前这个带着黑框眼镜、梳着边分头，不高不矮、不肥不瘦，思想活跃、语言不断、思维跳跃很快的年轻的"小老头"。

钱先生喜欢三都，或许源于对水族人民的原始自我和水族文化的传统本真的喜爱。

水族，被称为"远古走来的贵族"。三都孕育着神秘独特的水族文化、斑斓多彩的民族风情，文字、历法、习俗、信仰是水族文化的四大瑰宝。逐渐被外界所熟悉、所喜爱的水书、水族端节、水族马尾绣，在2006年被列为国家非物质文化遗产名录。2017年，水族端节又被世界纪录认证机构认证为"世界最长的民族节日"和"世界最长的民族传统节日"。

水族，说她远古，是因为水族先民源于殷商，后融入百越；说她是贵族，是因为水族有自己独特的语言和文字，其文字古典优雅、苍劲雄厚，有甲骨文的气骨、有汉字的魂灵，再加上水性的柔美，这样的文字，书写起来，自然就很洒脱飘逸，关键是一直使用至今，活用于水族人民的点滴生活，在这喧嚣的当下，就显得更加有骨有肉有魂了，和书在一起生活的民族，一定是唯美和深度、一定是隽永和宽宏的民族。有书、爱书的民族，一定是受人尊重的民族。

钱先生喜欢有文字的民族，他决定将先锋书屋以及先锋书屋的经营理念厚植于三都，他喜欢将心爱的东西留在心爱的地方。就算最终进入坟墓，他也要谈一场轰轰烈烈、垂青史册的爱恋。

这是缘分，幽静数千年的水乡大地，用她幽灵般的原始生态和神秘的民族文化，羞涩地揭开面纱，引来蜂蝶。世界高端与三都神秘有机融合，先锋理念与水族传统优雅碰撞，将会产生怎样的连锁效应？颠覆多少人的思维定式？答案，或许就在山顶上，在树林旁，在悬崖边，在朝雾里，在晚霞中，或者在每个人的心底。这样的书屋，谓之高端，可连云端、冲云海，这样的书屋也谓之朴素，置于乡土、置于残墙。早晨，在云雾间，带上你爱的人，沏一壶热茶，闻尽满屋书香，享遍一世逍遥。

逆潮流、逆时尚，是钱小华的风格。而三都，这个拥有生态环境优美、民族文化独特的一片处女之地，钱先生一见钟情，初次见面后，四月初，短短半个月之内，钱先生不辞辛劳，从遥远的南京，迫不及待地第二次踏入"神秘水乡、秀秀三都"，一腔热血将他心爱的书屋尽快落地，将他那逆潮流的传统、逆时尚的理念尽快镶在他热爱的地方，并祈祷它尽快生根、开花、结果，以施爱于世人，以引爆三都旅游。从这里，可以看出，钱先生非常有野心，而且野心很大，不可理喻的是，他的野心经常性地实现！南京先锋书屋生于1996年，钱先生及他的团队一路呵护，一路思索，一路在改革中坚持、在寻找中锁定，短短几年的时间，钱先生的书屋成了读书人聚会的中心和人文学者频繁拜访的圣地，这些人文学者中，不乏看到：院士冯端，作家叶兆言、苏童，藏书家薛冰，学者许钧、周晓红、周宪、张一兵，画家管策、毛焰、金峰，诗人朱朱、郑愁予、韩东、楚尘、洛夫，导演王小帅、贾樟柯等，文人墨客、社会名流喜爱的书屋，品位自然不低。2013年，南京先锋书屋被美国有线电视台称为"中国最美书店"，2014年被英国广播公司评为"全球十佳最美书店"，2015年被《英国卫报》评为"全球十二佳最美书店"，2016年被美国《国家地理》评为"全球十佳书店"……这些头衔，本身就非常"野性十足"。

我喜欢有野心的人。你可以想象，在一座绿荫环绕、高耸入云的水族圣山之巅，在一座错落有致、萧条传统的村落里，镶上一座高端的现代书屋，那将是什么样的一种人文景致，什么样的一种生活情调，什么样的一种思维逻辑？

全球最美书屋，就在三都，你爱或不爱，她依然丰盈妖娆，你来或不来，她依旧美丽绽放。

爱一个民族，从一座书屋开始。

谢义鹏

七月,仰望、膜拜及其他

一个人的时候,喜欢往窗外眺望,白色的云、蔚蓝的天和若隐若现、连绵不绝的、伸向天底云端的山峦。最喜欢窗外时而浓烈的大雨,那是我最安静的时候。

这夏天,没有爽过,虽然三都离"爽爽的贵阳"很近,但并没有沾"爽爽"的边,倒是很热烈、很激情。我喜欢热烈的气氛,就像我喜欢激情的七月,如若我逝去的澎湃的青春。

这季节,变幻莫测,时而乌云密布,风起云涌,时而晴空万里,阳光明媚。所有想到的和想不到的都有可能在一瞬间发生变化,而让人措手不及、眼花缭乱。什么都不想,饭后,铺开纸张,拿出笔墨,洋洋洒洒乱涂鸦,或轻或淡、或浓或舒、或快或慢,那心情,何能仅"痛快"二字所能表达。只有在平凡中寻找生活真谛,或者在平庸中膜拜生命安详。

蝉鸣的时候,我想到了家,那是妈妈烈日下劳作的时候。我喜欢那弯弯扭扭的、绿绿葱葱的、一排排的玉米秆,它们像是听话的孩子,像是忠诚的士兵,在成长中慢慢学会守护关于生活的尊严。我想除了它们,没有谁教我学会了勇敢和感恩。

面对远方,莫名感伤得离谱,感觉天地好远,世界好大,人——好渺小好卑微。天穹之下,漫漫人间,唯有心灵的静怡才争得一时慰藉。我喜欢读别人的诗句,特别是那些看不懂的诗句,那些乱糟糟的文字组合,很神奇，很曼妙，给我多少淡定舒坦。有时候，我喜欢看一颗路边很不起眼的石头，眼睛盯着它，内心无比愉悦，那情景，像极了在茫茫人海中突然偶遇失散多年的儿童玩伴，若是旁边没有人，我一定会狠狠地抱着它，甚至带它回家，置放于我的阳台，我将给它洗净，抹去一世尘埃，给它人性温暖。

我家30平米的露天阳台很粗犷，很狂野，很豪情。甚至比我写的字还要狂野、还要任性，因为凌乱的它总是想把所有的星空揽下来，占为己有。我瘦小的身躯总是有狂妄的内心世界，或许是那阳台给了我力量和灵感吧。我的很多天马行空的想法总是在阳台上成就起来，我的很多人生哲理也是在阳台上成熟起来。两年前，我习惯俯视这山间小县城，因为我住的楼层全县最高，如今，我便学会了仰望星辰，因为旁边高楼大夏星云密布、雨后春笋般地冒出来，远远高过我的楼房。顿悟：三十年河东，三十年河西，谁都不能有苟且的权利。人总是在岁月轮回中领悟一些道理。楼台遮住是被遮住了些，但是天空依然繁星点点，云卷云舒，我并不寂寞，也不失落。

中午下班后，喜欢穿过马路到单位对面的一家7元快餐店午餐，10来个平米的小空间内，横躺两张长长的木桌，十几个身上还裹着沙土泥水的刚从工地上歇工就餐的农民工一会儿抬头畅饮冰啤酒，一会儿对着相对比较廉价但味道也很不错的饭菜狼吞虎咽，那吃相，我看着看着就嘴馋，那感觉，我发自内心地喜欢。一台破旧的小小的电风扇面对他们身上湿透的衣服显得无能为力，越吹汗水越多，他们身上的汗水印痕，勾勒出一幅幅美丽的山水画，就那样毫无保留地呈现在我眼前，我尽情享受，尽情思考。我就跟着他们这样一起吃，每次都吃得饱饱的，一张10元面钞递过去，老板还找回3元钱，心满意足，门外马路上依旧车水马龙，谁也不认识谁。

早上醒来的时候，阳光已贴近窗前，几朵白云飘过，像是她的飘飘长发，原来昨夜的梦，居然是相对无言，多少有些哀伤。

静下心来，想出去走走。喜欢某一个人的生活方式，开着车带着家人，随便走走停停，忘记框框本本，大树下、小桥边，洋房或者农家客栈，到处可以落脚，到处可以生活。我不是生活的歌者，但是我学会了倾听一些美妙的声音，最喜欢火车与铁轨碰撞的声响，那是一个漂泊者听到的最安静的歌谣。

七月，属于葡萄的季节，决定抽时间去看望奶奶。晶莹剔透的水晶葡萄，像奶奶犀利的双眸，被岁月洗礼过的人和物，奶奶总说不完的那些过往，听着听着，我就回到了童年，回到了田野。

徐柏林

三都行

2010年，参加了"神秘水族""魅力三都"大型摄影采风开镜仪式后，汽车就载着我们一行来自全国各地的三十一位作家在好像玉带一般的柏油道上一直向南边奔去。玉带两旁的行道树，行道树两旁的秧田与苞谷林，田地两旁的沃野，沃野两旁的起伏连绵的山脉；啊，这一切都充满了浓绿。我们也就仿佛在绿色的海洋里游弋。

特别是那条由南向北逶迤而来的山脉，时而高耸入云，时而匍匐卧地。时而古木参天，绿荫覆盖，时而岩石嶙峋，悬崖峭壁，仿佛波峰雪浪，汹涌连天。山势紧随我们一面，我们的车开到哪儿，它就跟随在哪儿，无弃无离，无徐无疾，伴随在我们的身旁，流连于我们的眼帘。车是它的参照物的时候，车就仿佛游艇。它是车的参照物时，它就是波峰与浪谷。这到底是一条啥名目的山脉呢！看它气势非凡，总有些来头……

"岭南！"

车中一位同行告诉我。

啊，岭南！一个充满神秘色彩令我十分神往的地方。在我的头脑里它就仿佛一幅国画，一幅万绿丛中点点红，缥缥缈缈影无踪的朦胧泼墨山水写意画。

我在地理书上和它初交过。它是一条跨越两广的偌大绵长的山脉。

我在唐诗中对它神往过："日啖荔枝三百颗，不辞长作岭南人"。它是产荔枝的好地方啊！当年杨贵妃吃的荔枝莫非就是从它这里出发，然后，"一骑红尘飞马到，无人知是荔枝来"吗！

　　昨夜，我们在三都县政府大会堂观看了水族史诗歌舞《远古走来的贵族》，这贵族就与它血肉相连。岭南是百越群族栖身繁衍的发祥之地，其中也是水族休养生息之所。

　　历史学家考证：三都水族原系中原灉河一带的远古部落，殷商分封的一个诸侯小国，拥有自己的文字和历法。商纣无道，酒池肉山，周文王代天伐纣。那位早年"推锅豆腐遇着锅漏，担挑面粉遇到旋风"的时已八十岁才在渭水河边幸遇周文王的姜子牙，拜为军师后指挥大军一举将殷纣灭掉，进而对水族兴师问罪。水族头人为避灭族之灾，携《水书》《水历》《数易》这些只有贵族才有的古老文化率领全族历尽千辛，辗转千里来到岭南，融入百越群族和睦共处，同流而无异化。历经千年之后，秦统一天下，征服百越，又只好举族沿岭南往北翻山越岭，千里流徙，终于到达贵州黔南三都，扎根繁衍发展至今。岭南就是这支从远古走来的贵族的中转地啊！水族对它当然是有深厚感情的。而我呢？也对它更加神往了。而今它就这样与我们比肩而行。

　　汽车往前飞奔，岭南便往后退。到了三都境内已剩它的余脉。在这余脉的大山深处竟又有奇观出现，每隔三十年断崖间便生产一个数百斤重的石蛋。而今石蛋已堆积如山，真个大哉神秘！

　　汽车终于拐了个九十度的大弯，径直朝着三都水族自治县九阡镇水各寨民族风情园开了进去。岭南留在了我们的背后。

　　前面远远传来了优美的水歌声：

　　　　山飘云来水飞歌，好山好水人烟多。

　　　　好田好地祖宗开，好男好女脚跟脚。

歌声吸引着我加紧步伐向前。在这里著名的九阡酒与九阡李正等着我们去品尝，水族的东方情人节——卯节将在这里的卯坡等着我们去探秘，中国散文学会暨三都水族自治县委、县政府联合举办的全国散文大赛颁奖仪式将在这儿隆重举行。我们三十一位获奖作家将在奖台亮相。然后再进一步走进绿色大调的"神秘水族""魅力三都"的深处，更多精彩等着我们呢！

杨承广

老家院子里的那棵梨树

大侄今年已经是三十五岁的人了,在农村人看来三十几岁还没有结婚的人肯定是有什么问题了,人们认为这种情况要么就是人差找不到对象,要么就是心理有什么障碍不敢去成亲。可是大侄在我心里一直都是很阳光健康的人,他为人处世待人接物也特别的好,尊老爱幼做得都非常的出色。他还是我交高费托关系进城读书的孩子,他懂事,知道刻苦,所以学业成绩一直很优异,后来又是二哥出资把他送进西安的一所中专学校继续深造,大侄也算是有一定文化的人,可是为什么迟迟不结婚呢?很多闲聊着他的话自然不断地传到我的耳朵里:"是不是又读死书了?""是不是书呆子不会谈恋爱?"……不一而足。我也只是笑笑不做回答。90年代中后期中专中师毕业生工作国家不再分配,所以很多中专中师毕业生都出去打工了,打工一年之后,他们才有参加考试的资格,然后按成绩决定是否能够上岗,有点类似于过去知识青年上山下乡那种活动,只不过方向反了而已,过去是城里的青年往乡下走,如今是知识青年进城务工去,于是大侄踏上了南下广东的列车,后来,他又颠沛流离地到了上海。从此以后,大侄再也没有考虑过回家竞争上岗的事情了,一去就是十多年,他一路不断地奔走,离我们是越来越远了。我心里暗想,他心里一定有说不出的重重苦衷吧,一个当年中考全县第三名的人,居然会沦落到背井离乡劳苦奔波的境地。大侄一直在努力挣钱供自己的弟妹读书,无暇顾及自己的婚姻大事了,也许是缘分还没有到,但我多年来一直在想,上帝总会眷顾每个善良的人。

可我的大哥，他每次来县城到我这里时，都向我唠叨大侄婚姻的事情，渐渐地，我耳朵也听得起老茧了……

今年国庆前夕大哥突然打来电话，说大侄儿决定要从上海回老家农村完婚，十月二日就要去吃酒接亲，希望我能联系一下车子一同前往迎亲，我觉得消息来得有点突然，但心里也还是觉得美滋滋的，大哥和我为大侄担心的婚姻的大事像悬在心里的一块大石头，现在，它总算是落地了。

大侄完婚的吉日适逢堂兄也在嫁女，真是喜事双来，正好也在单位国庆节放假的七天之中，我于是就有机会再回到故乡，一起感受到儿辈带来喜庆的快乐，心里别提有多高兴了，回到老屋的门前，不经意地抬头时，我又看见院子里的那棵梨树了。

一脚踏进院子，就见那棵梨树，它挂满了很多果子，压弯了枝丫……触景生情，我童年的记忆又一次被唤醒了：我家兄弟姊妹多，共七人，三男四女，我排行老六，父母在世时候曾经对我说，我的大伯也是大龄青年，一直没有结婚，为了接济我家他把分到的仅有的一点粮食送给我们家，让我的兄弟姐妹幸免于难，而他自己却缺少食物，直接饿死了。我的父亲在荔波上过几天学，算是见过一点点的世面，他在世的时候，曾跟我讲那个时候饿死很多人，也不光是我家大伯。此后"粮食关""三年自然灾害""大集体""文化大革命"这些概念在我脑海里不断地涌现。

我老家院子里的那一棵梨树,大概是我大伯和我父亲,还有我的小叔他们三兄弟年轻的时候一起种下的,我小的时候,这棵树已经长得很高了,但是它一直都没有结果,于是我的父亲叫来我的小叔,兄弟俩嘀咕了一阵,随后他们便拿着斧头砍掉了梨树的枝丫,看见光溜溜的半截树干,我整整哭了一个多小时,我心里想的是,自己再也没有机会爬到这棵梨树上面进行玩耍了。当时我认为大人或许是因为担心我们爬树时掉下来摔坏脑袋,于是干脆砍掉,以防万一的吧!但我转念想想,也不对,因为如果是为了预防小孩摔,那他们为什么又没有从根部进行砍伐!我当时一点也想不通,不知道过了好久,我看到父亲从别处砍来了新的梨树枝,还带来一堆泥土,我的父亲变戏法似的和小叔一起用杉树皮包着带来的枝丫在原来的树枝上进行嫁接,我不知道父辈们从什么地方学来这种技术,不知道过了多久,梨树重新焕发出了生命的光彩,枝丫分出了很多,然后茂盛起来,几年之后梨树居然挂果了,在我童年的心中,感觉这是一个神奇的发现,梨树果汁滋养着我的童年,给我带来了无限的快乐,一年,又一年。

大伯、父亲、小叔都已经永远地离开了我了,可那棵梨树却伴随着我不断地成长,我也到了小叔当年嫁接梨树时的年龄,每当看到这棵果实累累、布满枝丫的梨树,我便产生无限的怀念和遐想。

去接亲的时间是十月二日上午八时,我们的车子准时出发,要到几十里开外的村寨去接大侄的新娘子,颠簸两个多小时之后我们胜利地进入了新娘的村寨,迎亲的车子缓缓地进入村中,大家费尽很多力气才把所有的车子停靠完毕,关好车门,我抬头就看见另外一棵梨树,一棵表意秋收的梨树,一样的枝丫,一样地挂满了黄澄澄的果子,和我家院子里的那棵梨几乎一模一样,两棵梨树,在不同的地方结果,却有相同的美丽。天下还真有这样奇巧的事情,我参加过很多次迎亲仪式,还真没有遇到过新郎新娘双方院子都有同一棵果实金黄的梨树啊,也许这就是婚姻里所说的机缘吧,那缘分真是冥冥之中的一种注定。我赶忙拍下这棵挂满了果子的梨树,为了这两棵树,这一天我破例喝了很多酒,医生反复交代不要喝酒的事情,被我抛到到九霄云外了，由于精神好，尽管喝了不少，但我不觉得醉，很多往事闪过眼前，越来越清晰，越来越明朗了。

大侄婚礼的仪式很简单，他没有收取亲朋好友的财物和礼金，或许这也算是婚姻的先行改革吧。亲朋好友大部分散去后，我也要赶回单位了，离开之前我在老家院子中徘徊了好一会儿，我在梨树下面，做了一次又一次关于童年的美好怀想，我再一次接受到童年时期亲人给我带来的守护和祈望，我轻轻地爬到树上，然后摘下几个果子，再把它们放到裤兜里，我要带回城里的家中，用果实来延缓我逐渐淡退和衰老的记忆。

树，懂得春华秋实；人也应该是树，学会春播秋收，我的父辈如此，沿着父辈期待的路，我希望侄儿他们这一代，无论生活在何方，只要懂得跟树学习，就无悔于自己的生命旅程。临走之前，我再一次回首，我要用心灵和脑海将这棵挂满果子的梨树存记下来，让它长在我的心中，使我不会忘记我的过往，也不迷失我前方的脚步。离开老家的路上我倦怠了，但一想起那棵挂满果子的梨树，我浑身上下的倦怠又跑得无影无踪了。

杨承广

三洞印象

朋友给我留言，说很想来三都水族自治县过端节。我心里暗想，三都水族人口占全县人口的65%以上，只有少数水族人民没有过端，我老家刚好也不在过端之列，于是我首先想到要带朋友们去的地方就是三洞。如果朋友要问我，三洞是个什么样子？我还真的回答不出来，和我成为同事和广义上的朋友的或同学的三洞籍的人不下一百位吧，如果加上我的三洞籍学生，那就更多了。过去去三洞过端的有很多次，每次都是醉酒回来，也没有什么印象，每次回老家也路过三洞，但在心里也没有什么过深的痕迹，在我心里，三洞也不过是旅程中的一个站点而已。

可能是因为三洞位置处于水族地区的中心地带，且我认识那里的人特别多，算是爱屋及乌吧。我是一个做教育的人，从我所接触到的感受，一直觉得三洞考学外出的人才颇多，所以每次朋友来大多时候就推荐三洞让他们去，去年带广州朋友去中和的石校长家，之后我们也去过三洞。

朋友来到都匀，突然遇到一些急事，不能来三都过端了。这虽然很遗憾，但我和同事还是经受不住米酒和鱼包韭菜的诱惑，加上校长的热情邀请，也是盛情难却的好事。10月6日，我们一行八人驱车前往中和过端去，中午在中和镇校长家遇到一位朋友，我于是就多贪几杯，微醉了。用完午饭之后，我们一行驱车向水族腹地三洞乡方向进发。

中和和三洞距离近，车子很快就进入三洞地界，开始漫无边际地碾压在这些山路上，虽然是山路，但地势还是很平坦，从车窗外看去似乎是一片辽阔的草原。车子摩擦地面扬起的飞尘也带有端节米酒的质朴和馨香。随意拨打几个同事的电话要么就是忙音，要不就是无法接通，偶尔拨通电话也没有应答，大概他们忙于招呼客人或者忙于张罗节日的饭菜无暇顾及地看电话了。这些并不妨碍我们要去过端节的热情，因为在水族地区，过端节就是希望满屋子的四海来客，不管你熟悉不熟悉，只要随意登进一户人家的大门，你不想喝几杯米酒吃几筷鱼包韭菜，你就别想出来，酒足饭饱抬起脚就走，不用开钱，如果你还觉得不过瘾，那么就去村寨里面逛逛，就会被好客的水族村民拉进家里继续喝个够。

　　水族人民的淳朴善良加上热情宽厚待人的性格在端节这个节日中获得了充分的体现。

　　我的朋友，那远方的客人正是因为这样，才想远道而来吧！他一直说要感受水乡那原生态的快乐之旅！

　　我去过很多大城市，如果没有贴心的朋友绝对不会享受过这样的待遇。不说大城市了，前几年我去过云南的西双版纳和麻栗坡、四川的汶川和九寨沟、湖南的张家界和凤凰城、贵州的西江和草海……曾参加过这些地区少数民族节日的庆典仪式，喝过他们的酒吃过他们的菜饭，离开时，总是要付很多钱，印象深刻的则是去阿坝藏族羌族自治州汶川县映秀镇的途中，我们饿得发慌，停车下来到路旁一家餐馆吃饭，一桌几百元的菜被大家三下五除二一扫而光，这些年我的胃不是很好，我碗中还剩下半碗硬米饭，桌上连一口汤也没有了，我便问店主能否给我一碗汤泡饭吃，店主叫我付费之后才给我泡一碗汤，更让我吃惊的是吃完饭我问店主卫生间在哪里，店主指着旁边的厕所，进去交一元钱方能解个小手，心里有一种怪异的感觉，后来我慢慢回想这个地区灾后重建生活比较困难，我当年募捐的款也才几百，调动学生募捐的力度还不够，此次汶川之旅开销之大权且也当做对灾区人民的支持吧，来到九寨沟喝着那圣洁的水心里隐隐约约闻到一口商业的气味，从此我便懂得什么叫市场经济，什么叫旅游开发。所谓的旅游开发就是以经济为主导，它可以远离人文，甚至抛弃质朴和互助。

想着想着，我们的车子就停在一户人家门口了，我们上楼之后，我向同事打听，主人姓潘，名文杰。"文杰"不就是我高中时候的同学吗？同事接着介绍这是他兄弟家，原来是这样，我料想今天肯定一醉方休啦。一桌丰盛的菜摆上来了，我的同学文杰接到紧急电话要赶回县城去了，我心里暗想我又可以少喝几杯酒了。正暗自庆幸之时，韦友寿来了。韦友寿是三洞水东人，他家过的端节我多年来由于种种原因一直没有机会去，今天在这里相遇，难免要喝几杯的。我和友寿相识已久，他为人谦和，才华横溢，跟他在一起总会获得进步。喝酒也是如此，我不胜酒力，加上中午在中和已经有底子，几杯酒下肚就飘飘欲仙，我只好借故上卫生间下楼观景去了。

水根、板南、达便、良村、水东、板劳、寨罗、善哄、定城、下街、达善等一连串名字不断在我脑海里显现，一个个同学和朋友的名字从这些寨子里突发，在我的心里激活起来了，迫使我不得不去感受下这里的土地。

今天的天气特别的好，阳光照在这一片天地的每一个角落，让我看见这里青山的每一寸肌肤，大地隆起的众山是母亲鼓足她丰满的乳房，滋养着这里的水家儿女，众山从四面簇拥而来此后，都驻足不前，留下这么宽阔的坝子，这是上天赐予三洞水族人民的福气，在云贵高原居然还腾出一块这么开阔的空地留给三洞水家人，我不得不佩服水族先民在南迁的过程中做出明智的抉择，他们逃离了被截杀的命运，寻找到这块风水宝地，这一方水土保存了先民即将远去的记忆，或者这一片土地更像草原，能追忆得起骑马的民族血战疆场的影子。明天才是端坡赛马活动，我想象应该能再现那些远古南征北战的场面的，可是我没有时间去现场亲临那样的感受了。

我漫步走在板南的村头，看见一条古道延伸到远方消失在杂草树木里，依稀看得见日本鬼子跑去的方向。村头有一大堆青石，被村民坐得油光可鉴，我仿佛看见一代代村民们层层叠叠地坐在上面屁股的印记，看见很多顽皮的孩子跌倒在这堆乱石上留下的血迹，击碎了很多少年的梦想。乱石堆里面长着三棵参天大树，我的手机无法装满它们的高大形象，它们仰望着蓝天触摸着白云，我不知道为什么在这乱石堆的夹击下它们还能存活几百年，且永葆生命的活力。

村头走来一个孩子，我问他，潘一志的老家在哪里？他摇着头说，不认识这个人。于是我赶忙改口问梅山村在哪里？他带着我走了几十步的大路然后用手指头指着说："在那里。"我遥望着梅山村，晚清秀才潘文秀，潘文秀之子潘树勋，潘树勋之子潘一志……一串名字在我心中跳动起来。原来我朝思暮想要去看看的梅山学馆就这样近在咫尺。可惜同事们催促着我去用晚餐了，亲临梅山学馆的事情只好留给下一次了。我再一次遥望着梅山，耳畔回响着"人之初，性本善，性相近，习相远""子不教，父之过，教不严，师之惰""幼儿学，壮而行，上致君，下泽民"的琅琅读书声，我感觉得出这些清脆的声音一定淹没了一村又一村的鸡鸣狗吠，震落着一山又一山的金秋红叶。

潘一志正是梅山学馆里一个孩子，是三洞这片土地孕育出来的一棵参天大树，是水族人民接受汉学教育的成功典范。

晚饭过后，我们就要返程了，很多同事家都来不及去了，想象着他们一定会沉浸在节日的欢乐中。途中有一同事问我，潘鹤家住哪里？我说就在这一带吧，他的村寨叫达善，很好听的名字。多年以前的一个端节，他来三都接我们去三洞过端,一路上我们被"劫持"了,一家挨着一家去喝酒,品味端节的美味佳肴,喝得醉眼蒙眬,来到他家时已经是第二天凌晨,他母亲渴望儿子归家过节的眼神照亮了那个漆黑之夜。当时驱车来他家一路颠簸的情景至今仍历历在目,如今他去四川一所大学教书了,教学繁忙,加上路途遥远,他没有回家过端节,我们心里祝福他在端节的时光中也能感受到端节带来的快乐。

夜幕降临,家家户户张灯结彩,车窗外"哟——哟——哟——"的敬酒声音此起彼伏,热闹了这一片大地,铜鼓的声音也响起来了,我们可以预见明天的端坡一定会游人如织,热闹非凡。

返回县城的路上,同行的同事都已经酩酊大醉,在车里鼾声如雷。可是我的酒气,早就开始渐渐地散去了,没有人陪我聊天,我摆弄下手机,看了看手机,拍摄下的山水,在这时候变得异常鲜活起来,于是,我打开了网络空间,用心写下了这四个字:三洞印象。

杨启刚

抵达都柳江畔的灵魂

马尾绣

我不知道,一匹马的速度有多快?是不是在电光火石之间,它就完成了一次遥迢的穿越?

生活在城市的我们,已经很多年很多年,没有看到一匹真实的马,长啸着飞越我们的梦想。

终于,在这个炎热的盛夏,我却与一匹白马的马尾相遇。

在贵州三都,在这个全国唯一的水族自治县,在那天晚上,在一场名为《远古走来的贵族》的大型史诗演出中,一匹匹真实的马,在灯火辉煌的舞台上,昂首穿过剧场,它们带来的震撼,令我痴迷其中。

马蹄声声,在我的耳畔渐行渐远……

而留下的,则是它们的尾,那长长的甩动如风的尾巴,最后却凝固成一幅幅精致的马尾绣作品,凝固成 2006 年被列入中国首批非物质文化遗产名录的"中国刺绣活化石"。

一匹匹骏马穿越岁月,一根根马尾却在这块神奇的土地上,张扬地宣泄着它奔腾豪放的个性。

在漫漫的历史长河中,心灵手巧的水族妇女,却用五十二道工序,用一根根马尾和着五颜六色的丝线,一针一线地勾勒出了各种精美的图案,就像勾勒幸福生活绚丽的画面……

水书

这样隽永而抵达灵魂的文字,已经传承了千年。

那些灵动、象形的文字,引领着我走进了远古的洪荒。

此刻,我的书桌上,就静静地卧着两册。

这种水族古老的文字,这种被汉译为水文或水书的文字,它的深奥,它的古远,它的神秘,让我在一个又一个夜晚失眠。

闭上双眼,双手合十,殷商时期的青铜声呼啸而来;盘腿打坐,默念祷词,我看见水书、甲骨文、金文一并穿行在莽莽的森林,它用数千年坚持不懈的行踪与执着,终于走进了2006年国家非物质文化遗产的殿堂。

目前,我们虽然还无法破译它所有的文字,就像我们还无法探秘整个世界。但每当我一个人在深夜,静静地面对这些泛黄的、传承了无数代的书页,我清楚地知道,水书——这是一部独特的弥足珍贵的文化瑰宝。

在我的书桌的左边,这是水语称之为"白书"的"普通水书",用于丧葬、嫁娶、出行、占卜等;而我右边的这一本,则是水语称之为"黑书"的"秘籍水书",但传世极少,能破译之人更是凤毛麟角。

那就让我们用一代人,甚至几代人的智慧去破解它吧。

在清澈见底的都柳江畔,让我们手捧这部古老的文化典籍,举过爬满历史皱纹的高高的额头,在星星挂满苍穹的夜晚,为我们的水族同胞喝彩吧。

当夜幕完全笼罩白昼的时候,在星星挂满苍穹的夜晚,我们心中还有一部神奇的古老水书,那便是我们前行的光明之箭。

端节

2006年的初夏五月，又是水族同胞吹起九十九支长号的喜庆日子，已经被岁月咀嚼得彤红的端节——被列入国家级首批非物质文化遗产名录。

这样至高无上的荣誉，和着秋收后沉甸甸的稻谷，黄澄澄地进入我广阔的视野。

人类的节日，只是一天，两天，或者三天；而我们的水族同胞，大开大合，一个节日一过，就是近两个月——这是世界上过节时间最长的少数民族年节啊，这是水族同胞最隆重的传统年节。

九十九面铜鼓声"咚咚咚"地响彻在都柳江两岸，九十九坛九阡美酒醇香的气息弥漫在村村寨寨，悠扬的歌声和芦笙欢快的调子从早到晚，像一丝丝凉爽滑润的风，回荡在翠竹掩映的水家木楼……祭祀台上，神情肃穆的寨老正把喷香的"鱼包韭菜"端上高台；赛马场上，年幼的少年，正策马飞奔，身后是一串串扬起的笑声……

又是一年风调雨顺……

又是一年五谷丰登……就这样啊，时光瞬息之间，就穿越了千年……

在幽绿的山谷深处，仍然有铜鼓之声隐隐传来……

狂欢而幸福的民族，又用香甜的米酒，等候下一个节日的到来……

卯节

这是爱情的季节。 这是爱情的卯坡。

不会唱歌哟，就不要上卯坡；到了卯坡，只听一片情歌……

灼热的骄阳，赶不走我们远道而来，寻找情人的一朵朵花伞。

七月流火，我们的心房，被爱的誓言燃烧得浑身滚烫。

每一年，我们就是要选择这样的季节，来大胆地袒露我们包裹已久的爱情，大胆地唱响我们心中深藏已久的情歌……

火辣辣的太阳，高高地悬挂在卯坡；而我们怦怦跳动的心，只为心中钟情的她，悄然绽放；炽烈的情歌，只为心上人独唱……

在这个被水书称为"绿色生命最旺盛的时节"，九乡十八寨成千上万的水族青年男女啊，都身着节日盛装，汇聚在这个公开的爱情驿站，汇集在这个爱情的海洋，他们以歌传情，互诉衷肠，红豆树下，丛林之中，到处是含情脉脉的眸子，到处是情歌悠扬的回荡……

这是爱情最真实的表达，这是爱情最张扬的释放，这是古老的东方情人节，正在隆重上演：爱在美丽而神秘的水乡……

水寨

这样狂欢的时节，就让我做一次穿越之旅吧。

炎热的风，吹不走绮丽的山，吹不走灵动的水，更吹不走奔流的江……

在这个热浪逼人的季节里，我逃离城市的钢筋、水泥，逃离城市的喧嚣与肮脏，孑身一人独行于一条条野花遍地的乡间小道……

我要在碧绿的林海深处，寻找我心灵的栖息之地……

我要在被水书和马尾绣拥抱起来的寨子里，寻找那些散落在山野的明珠……

怎雷、巴茅、水各、板告、排烧……这些寨子的名字，散发出泥土古老的芳香，但你能从中领悟它的寓意吗？

我的浅显与阅历，使我无法用水语与这些原生态的水族村寨交谈！

但我能够从她们散发着浓郁的古朴神韵的木楼里，品味出那些前尘往事、风雨烟云；从她们厚道仁慈的眼神里，看出未被污染的心灵和双手；

从她们苍凉沙哑的歌声里，读出那些美丽忧伤的谣曲……

如果这个世界上还有一片净土，这将是我最后的栖生之地。

如果这个季节还有一份真挚的回忆，这就是七月里，我走进了三都这个"凤凰羽毛一样美丽的地方"，这将是我一生收藏的、最美好深刻的记忆……

杨胜超

独具远古风情的苗寨

童年时期，寨上每逢老人去世，总是有人从远远的地方请来了"妙排招"（水语：排招芦笙队），他们不仅芦笙吹奏得清脆悦耳，而且这个队的苗族姑娘跳舞特别整齐，齐刷刷的步韵中配上一身由她们亲手绣制的、图案新颖的苗族大花衣以及头顶上戴的、形若牛角的银饰，随着芦笙曲的变换，身材窈窕的姑娘们翩翩起舞，看得旁人如痴如醉。从此，在我幼小的心灵里，深深地埋藏着对排招的向往之情。

排招，系三都水族自治县三合镇的一个贫困村，地处苗岭山脉南麓、都柳江上游。这里修竹掩映，绿树成荫，尤其是寨子东面那里几棵千年红豆杉，在一幢幢极富特色的吊脚楼点缀下，更显得苍劲挺拔。寨子中间始立于民国三十六年（1947年），由时任三都县县长王仲三亲笔题写的"寿期颐"的积善碑，上面刻满了杨、李、莫、张、吴等姓氏的人物姓名，使人联想起古代苗族同胞团结一心、战天斗地、建设家园的决心和信心。特别是那历经千年风吹日晒，如今依然傲立在斗牛塘边的一根丈余高、中柱般粗的扁担石，上面刻满难以辨证的奇纹怪图，极富神奇的色彩。

据当地老百姓说，古时候，这里的百姓不仅居住的条件差，而且用水更为困难，老祖公保（人名）看在眼里、急在心头，他每天都用这根石扁担到深壑峡谷中去抬柴挑水，来回要花半天的工夫。一天，老祖公抬着一大挑水来到斗牛塘边，不料桶底脱落，辛辛苦苦从深山里抬来的一担水全部泼洒在地,老祖公气得火冒三丈,抡起石扁担狠狠地往地下一插!突然地下马上冒出一股清清的泉水来,不到吸完一袋烟的工夫,水已满了整个斗牛塘,老祖公乐得心花怒放。从此,高山上的苗家人有了水喝。

往事越千年,如今的排招村苗族同胞每当"乞新节",过大年或几十年一次的"古藏节"等,全村上下,家家户户摆上丰盛宴席,招待客人,并选送最好的酒菜、红糯饭等,拿到石扁担边井井有条地摆开,由德高望重的寨老化纸焚香,口中默念咒语,青年男子吹奏芦笙,漂亮的苗族姑娘们穿上节日的盛装翩翩起舞,举行隆重的祭祖仪式,以纪念这位造福苗寨的老祖公,祭式结束后,各家各户的青壮年牵来剽悍的大水牯,在塘里开展一次别开生面的斗牛比赛活动,把全寨上下激得热气腾腾,男女老少喜笑颜开。

排招不仅风情独秀,而且苗族民居也别具一格,全村二百户,一百七十余幢吊脚楼紧紧围着十亩见方的斗牛塘和二十余亩水田的周围修建。伫立池塘边,举目四顾,一幢幢青瓦的吊脚楼犹如一层层接天的云梯向上延伸,偶尔从楼里飘出的芦笙声,给人以一种"此曲只应天上有,人间难得一回闻"之感。

杨先艾

温故

重新翻阅日记本，持续了十来天的热情，似乎随日子的飞逝而深陷冰窟，还未细细体味这里的文化，离开的日子就横在前头，古文明下的人，肮脏谈不上，倒颇有几分颓废，来来回回穿行于闹市之中，工作的压力使他们的眼睛透不进丝毫阳光，压力源于庞大的人口，人口的压力使本应发展迅猛的河南不堪重负。

河南给我留下最深的印象是它的气候，干燥而温暖，尤其值得一说的就是中原那日出日落了。广袤的田野酝酿了一天的开始，慢慢地，空洞的天边钻出一抹无瑕的红太阳，此时就如同一位摇滚艺人踩着鼓点般有节奏地爬升，透过枯萎的枝条，它被拆得四分五裂，分合不过十来分钟的工夫，此时的它，无人能挡，大地在它的抚摸下安详宁静，大海在它的怀抱中温柔沉睡，我的思维瞬间超越了这蓝色的星球，遥远的太空中，或许存在与这样和谐安适的环境，其文明程度绝不逊于人类文明发展的巅峰，人类文明走向极端完美的那一天，希望可以被"外星人"察觉。

平静的我一天天迎着日出，踏上求知的征途目送日落，感受一天的得失，家乡绝对没有如此气势的日出，那里只有征服一座座险山的畅快感觉，一年的过渡使我比别人更成熟，"民族的振兴"让我感觉到了少许从未有过的使命感，多多少少把原来空喊的口号演化成现实一点，哪怕一点点也好。

从踏进黄科大的那一刻起，我感觉自己的心灵深处潜藏的灵魂就会昭然若揭，原来不曾被我察觉的似乎早就有了答案，内心深处对人和事的态度早就在很久以前埋下了伏笔，灰原式的思维，冷静吗？不，还有一丝信念，热情吗？这个词不属于我，我可以毫不掩饰我的"冷"，但"冷"到极致反而是一种无法抗拒的热，让我留恋着世界的方式，鱼和熊掌二者不可兼得，舍鱼而取熊掌？众里寻她千百度，蓦然回首，那人却在灯火阑珊处？

平淡的岁月不知不觉横跨了时间的长廊，2007 的第一声音符按响了我梦中的希冀。越来越羡慕青梅竹马的爱情，彼此深埋于心中的了解与信任构建了和谐的爱情，这种一次又一次的爱情彻底地飘移出我的视野，命运之神哦！我就要离开了，新的挑战，新的环境，我厌倦适应一座新城市了，这次，我借飞机的翅膀逃亡。

杨秀韵

爱到深处似粽子

翻开桌上的台历，正值农历的五月初五，映入眼帘的是标注为红色字体的"端午节"。是的，在悠悠的光阴里，端午节又如期地来到了我的岁月。

印象中每一年的端午节都是有雨的，母亲说那些雨水是用来清洗粽叶和小孩子裹泥巴的手的。这么多年了，我一直坚信母亲说的是真的。大雨是从凌晨开始下的，其间已经停了一会儿，而后又瓢泼了起来。打开朋友圈到处都在晒粽子，有生的也有煮熟了的，有的是坐在母亲的身边被手把手教着刚刚学会的，而有些却是手法已经非常娴熟了的，包得小巧玲珑，精致极了。

粽子很轻，轻得连三岁的小孩都可以把一窝的"小猪"挂在胸前，粽子也很重，重得正如母亲对我深深的爱。

水族的端午节并没有与汉族的端午节同步，按着自己的历法也是分为几批来过的，我们的端午总是比法定的端午节提前十天半个月的样子。记得童年时候的端午节我总是被遣去放牛，纵使有千万个不情愿终究还是难逃使命的。而这一天，家里的那几头黄牛应该是最无辜的吧，总是太阳没有落山就被我赶了回来，牛根本就没有吃饱，而我却还给自己的无赖找了个冠冕堂皇的理由，说是今天端午节早点回家吃粽子，而如此淘气的做法那一天也总是能够逃过母亲的责骂。但是因为回家太早，往往都会遇到母亲才开始选粽叶的情景，更别说吃了，这时候总会委屈了大半天，似乎比那几头黄牛还要难过，而这时做家务也会弄得炸天的声响，以此来表达心中的不满，可似乎也没什么效果，这样的事情延续在整个童年时期。

由于家里的端午没有在统一的法定节日上，所以这个节日从小学毕业了就没有在家里过了，可是端午节休假的时候回了家母亲总会给我补上的。基本上都是还在路上母亲就把粽叶选好、泡水等我回家一起包了，而我却总是很笨拙，怎么都学不会，只能在一旁看看母亲的那双满是老茧的手在忙忙碌碌。母亲不识字，也不善于表达，母亲总是默默地用她的行动在诉说着心中的疼爱，而这些我认为是胜过千千万万言语和文字的。每每这时，平时严厉的父亲总是扔下这样一句话："这姑娘这么讨厌，弄了又吃不了多少，又喜欢折腾。"但是他并没有制止，母亲没有说话，而我总是在他转身之后以一个鬼脸来回应他。

这些年我们兄妹几个都在外边，包括母亲。前段时间，家里要吃粽子了，父亲在挂断哥哥的电话之后又打给了我，而我们的答案却是出奇的统一，都是回不去。电话那头的父亲说："我就是问问，若是你们回来我就备多一点菜，你们都忙就算了吧，粽子也懒得包了，你妈不在家我也不会，我一个人随便点得了！"我沉吟了一会儿，说了几句宽慰父亲的话，就挂断了，我心里很明白我的那些话在"亲情"这份沉甸甸的爱面前是多么的苍白无力，我能够理解父亲的心境，尽管这些年的节日比以前的气氛淡了很多，但是长年积累的孤独总会在节日的那天爆发得一览无遗。这么多年来，尽管父亲平时苛刻严厉，但是每一个节日都会亲自打电话给我们，这让总是沉默的父爱平添了我们无法估摸的重量。

昨夜里母亲打电话来，她跟我说她不清楚到底哪天是端午节，只是听说放假了，问我有没有放假，还问我有没有粽子吃，她还知道我不喜欢吃有红豆粒的粽子，叫我去买一些带肉馅的，等等。年近五十的母亲只身在外，每逢佳节倍思亲，我无法琢磨母亲的心在那一刻会是怎样的一种千丝万缕，母亲把一切我想和她说的话全都急切地对我说了个遍。我只是和她说了一句："我明天得值班，没能回家去，我已经给爸爸打过电话了。"

我对母亲的记忆正如母亲记得我的性情口味一般，因为这一些嗜好母亲毫无保留地遗传给了我，我记得母亲不喜欢吃白粽子，也不喜欢吃红豆粽子，不喜欢吃五谷杂粮，不馋嘴一切的零碎杂食，吃饱饭一切就太平了，正如我。而这一年我们天各一方，把所有对彼此的记忆捡拾起来，通过那个冷冰冰的电话相互寒暄。窗外还是淅淅沥沥地下着小雨，我多想问一问对面的青山，在没有见到母亲逐渐浑浊的眼睛，也没有见到母亲日渐苍白的头发的光阴里，她对我的爱丝毫未减，那么，岁月是否也会爱她多一分呢？

杨秀韵

端午情

　　写这些文字，也就是瞬间所决定的。世俗百态，我想用一方文字来填补那懒散的时光。

　　这些年的端午节，来得悄然也去得悄然，远离家乡的端午节闻不到小牛犊舔艾叶的味道，也闻不到妈妈用水浸泡粽叶的清香。只有当手机收到一条条节日祝福的短信时才恍然发现，又到端午节啦！

　　我对端午节的印象，大多滞留在幼时的家乡，能牵起我乡愁的有很多。这种记忆幽远而深沉，平淡而厚重。因此有人如是说，温暖而又美丽的记忆譬如一棵无言静默的梧桐，开着繁多的花，雀鸦归去时，夕阳把树影拉的细长；譬如一个年过耄耋的老人，蹲坐在门口的石凳上，嘴里紧叼着旱烟，烟气袅袅，而老人宛如一座岁月雕成的石像，同你道一声安好；譬如一条羊肠小道，荒草萋萋，岁岁枯荣，其中偶然会有几朵随风摇曳的野菊花，小道脚印寥落，不知通向何处；又譬如一阵风，春深时嚣张地奔来，掺杂着沙石，打的你脸生疼生疼，待它平息后，无论是房檐、窗棂，还是发间、衣襟，都坠满了桃花。

　　童年的节日，无论多么简单朴素，依然能够欣喜无比。印象中，端午节的前一两天都会下或大或小的雨，母亲说，那些雨是下来洗粽叶的，可我至今，依旧没能理解那些说法在老一代观念里真正的寓意。那些年，家乡的粽子也许是现今最简陋贫穷的了，两张粽叶，一捧白糯米，一绺稻谷草就成了三角形状的粽子了。而现如今，总是免不了会添加了如花生、板栗、腊肉等各种各样的作料，掺杂的物质多了，味道自然也复杂多了，所以我称童年时光的粽子是最简陋贫穷的粽子，也是味道最纯的粽子了，现在大抵是找不到了。

端午时节，正是山河满目苍翠的季节，稻田里的禾苗、枝头上的知了都在马不停蹄地努力着岁月的使命，毫不懈怠。五月的阳光始终还不是那么的毒辣，从松树的枝头上泻下来，闪亮着一条条松针，柔软了儿时的梦。童年的岁月，大多是与牛群紧密相连，小牛犊的角冒出了尖，足以让我们美上十天半个月。平时无论多么喜爱牛群，但只要到端午那天，粽子的地位总是比牛儿明显提高了许多。那天，我们早早地就把牛赶回家，还在离家有十几米远的时候就大声地叫问母亲，粽子煮好了没有，连牛都不赶到圈里关好，然而往往这时母亲都还只是开始包粽子，还没有放到水里浸泡，更不用说煮熟了。这样总会免不了被母亲说骂一顿，尽管这样，还是每年都是如此。

现在想来，那时的岁月总比现在要热闹许多。常年在外，对于母亲的粽子我已是许久没有吃了，但是母亲包粽子的情景在脑海里已经根深蒂固，这一生怕是难以忘怀。

许久都没有回家过节了，即使现在能回家过个节日我想也是没有以前的那种惬意了吧，村子里的人大多都出去了，冷冷清清，没有年轻人的村庄也就缺少了活力，自然也会少了节日的味道。这也是颇为遗憾的一件事了。

但愿，生命温和从容，岁月静好，已是满足。

杨秀韵

妈妈的手不怕烫

小时候，我知道妈妈的手不怕烫，但是不知道，妈妈的手为什么不怕烫。二十年过去了，我终于明白那是因为妈妈的手长满老茧，那层老茧和艰辛的岁月一样深厚。

在我五岁那年的记忆里，妈妈好似身怀绝技，具有特异功能，我总能在屋里屋外看到她忙碌的身影，我觉得我妈有分身之术。而且妈妈的手从来都不怕烫，这是当时最让我崇拜的地方，家里用老铁锅煮饭菜，烧的都是柴禾，正常情况下老铁锅手柄都被熊熊火焰烧得滚烫，可妈妈从来都是赤手从灶上直接端锅。我跃跃欲试，也想像我妈一样赤手端烫铁锅，可我那双小手好似摸到了地雷般瞬间狠狠地扔掉整锅热饭，避之唯恐不及。那时起，我深信妈妈与别人不同，她的双手不怕烫，家里的确没有一个人能够比得上她。

一直以来，家里的重活难活可以说都是我妈一人揽了起来，在那穷苦的年月里，她和其他农村妇女无异，甚至更耐苦一些，用她的话讲，"这大概就是命"。因为我是家里最小的，出农活时一般不带我，所以我就负责家务事，但家务事也干不利索，煮饭时要不就是火大煮焦了，要不就是水多煮稀了，再有就是水放少了火候又不足饭还夹生……反正总是状况百出，每次妈妈都忙完农活又来收拾家里，这样总是免不了被训斥一通，我那时也太不机灵了，还义正词严地犟嘴顶嘴，这样一来，挨打是必然的。因为这，我总认为我妈是凶悍的，那时也实在是少不更事，她的眼神里我看不出来疲劳、无奈和顽强，我只看到了对我的责怪与不满。直到现在，二十几年了，我才发现她无比脆弱，她曾在我面前流下艰辛无奈的泪水，但是，每天鸡鸣时分，她又能够开始一天的早出晚归，我误以为，她是天生顽强。

其实任何一颗坚不可摧的内心，尤其是女人的心都不是与生俱来的，而是经历过生活的苦难磨洗过后留下来的那份傲骨，年积月累，那种东西就紧紧镶嵌在人的骨骼里，融入血液，化为生命的硬度。

时间长了，我对我妈有一种心疼，说不出来那个滋味，但那种疼却真真切切地感觉就扎在五脏六腑。

说到苦难，家里妈妈当数头一个，从小生在穷苦家庭，家中姊妹众多，常常食不果腹，外公也不是个慈善的主，对她们姊妹总是苛刻多于仁爱，大概那时候也是穷得没法了吧。后来，打我记事起，她也总是忙里忙外，凡事总是替别人着想。

她不善言辞，从不埋怨，默默地活得像村口的那棵老树。

村口那棵树的皮又厚了一圈，翻出一片一片来，如同妈妈手上的老茧，树干上那些不规则纹路就像是妈妈的掌纹，还布满绿苔，我妈逐渐老去了。

如今，妈妈的手依旧不怕烫，还能赤手端滚烫的老铁锅。但是，就是她那双不怕烫的手，就是那层厚厚的老茧焐暖了我们姊妹几个的人生历程，无论何时，她手心里的温度总能跟随着我们的岁月在行走。

前些天我回了趟家里，临走的时候，妈妈给我装了一罐她制的糟辣，还有一袋糯米和一些腊肉，接过来时，我被她手上的老茧刮得生疼……

孟学祥

卯坡铜鼓恋歌

七月阳光明媚的日子，我跟着一群穿着花花绿绿的青年男女前往卯坡，还没有接近卯坡，卯坡的情愫就已经被热烈的情歌荡漾到了我的感受中，这个时候我才感觉到，卯坡的魅力并不是来自它的古老传说，而是来自那一阵又一阵的铜鼓声和行自四面八方的人流。不绝于耳的古老曲调被谱上新词的情歌，一把又一把被害羞的姑娘们用来遮挡面庞，同时也是用来吸引俊男才郎注意的小花伞，一阵又一阵悠扬悦耳而又荡漾着绵绵乐音的铜鼓声总是澎湃着激动的胸腔。特别是铜鼓那不绝于耳的回声，一阵又一阵悠扬着穿透卯坡的热闹响彻在四乡八寨。在三都卯坡，铜鼓是古老传说的余音，是青年男女谈情说爱的集结号，在铜鼓声的召唤下，卯坡一点一点地汇集着四乡八寨的人流，漫延成人的海洋、花的海洋、歌声的海洋。走上卯坡，只闻歌声在人流中传动，悄悄话在花伞下低语，只见一对又一对俊男靓女打着花伞在人流的海洋里漂移，头挨着头，心对着心，唧唧哝哝地诉说着远古走来的情话。

被誉为东方情人节的三都卯节，既是水族祭祀祖先、渴求希望与幸福的日子，同时也是水族男女青年走上卯坡对歌择偶的日子。传说在远古的时候，水族的一个祖先拱恒公率领子孙来到龙江上游的九阡、廷牌、水各一带，撵走野兽，开山造田，种上庄稼，建设家园，开辟男耕女织的田园生活。七月间，当南瓜爬藤、水稻封林的时候，姑娘和小伙子们上山采花椒，下田拾田螺，他们一边劳动一边唱山歌，用山歌传唱劳动的感受和丰收的欢乐，同时也用山歌传送着男女之间的爱慕之情。在互唱山歌的男女当中，要数拱恒公的第九个姑娘水仙花长得最漂亮，嗓音最亮，歌唱得最好，也是小伙子们仰慕和追逐最多的对象。但是作为族长的拱恒公却认为唱山歌是伤风败俗的行为，特别是青年男女互唱情歌更是有伤大雅，他绝不允许这样的事在自己的儿女身上发生。为了不让水仙花和小伙子们对歌，拱恒公把水仙花关在屋里，不准她出门，更不准她唱歌。被关在家中的水仙花歌不能唱，伙伴们也见不着，不久就生起了病，拱恒公找了许多医生都没有把水仙花的病看好，水仙花的身体一天天地垮了下去。正在拱恒公为水仙花的病一筹莫展时，屋漏偏逢连阴雨，正在成长的庄稼也被成群结队飞来的蝗虫吃了。这时候拱恒公也顾不得水仙花了，他天天带着人到庄稼地里去驱赶蝗虫，可是蝗虫越来越多，怎么赶都赶不完。水仙花看到父亲整天吃不下饭，睡不好觉，自己又是病怏怏的样子，一点忙也帮不上，伙伴们也见不着，心里十分忧伤，就坐在家中唱起了苦歌。水仙花的歌声传到天上，感动了天帝，天帝就派天神六鸭道人来到人间，叫拱恒公打扫房屋，把打扫下来的灰尘撒进田里杀死蝗虫，免除瘟疫。六鸭道人告诉拱恒公，蝗虫灾害是因为拱恒公不准青年男女们唱歌遭来的，蝗虫因为听不到青年男女们的歌声，以为这里人气不旺了，就飞来抢夺这里的庄稼。六鸭道人对拱恒公说："你要把孩子们叫来唱歌，要让他们充分展示欢乐，让他们以歌传情，自己寻找意中人，这样才会旺盛人气。要让蝗虫感觉到你们这里人丁很旺，下次它们就不敢过来了。"听了六鸭道人的话，拱恒公把水仙花从家放出来，让水仙花到卯坡上去敲响铜鼓，把青年男女们都召集起来到卯坡上唱歌传情。到卯坡自由自在地唱歌，水仙花的病就彻底好了，还通过歌声找到了自己的意中人。后来，人们为了纪念六鸭道人，每年七月辛卯这天，九阡、廷牌、水各一带的水族，家家户户把房前屋后打扫得干干净净，用酒肉祭天敬祖。青年男女们就穿着节日衣服，打着花伞，带着花帕和扇子到卯坡上去对歌，寻找意中人。

水族是一个崇尚铜鼓的民族，铜鼓在水族人民的心目中，既象征着勤劳，也象征着永恒的太阳和红红火火的生活。在水族山寨，几乎每一个寨子都有一面铜鼓，特别是在九阡、廷牌、水各一带，许多人家都有鼓，女孩子也从小就学会了打鼓，因此在婚丧嫁娶等重大节日里，常会看到击着大鼓、拴着英雄带、舞着狮子大开口表演各种高难动作的女子舞狮队。水族女子铜鼓队，是每年三都卯节上最亮丽的一道风景线，她们击打的铜鼓仿佛是一种生命的象征，也仿佛是一种力量的源泉，一二十个人站成两排，鼓点齐刷刷地同起同落，听不到一丁点杂音，槌落下去发出来的声音，在槌收起来时仍有不绝于耳的共鸣声在空气中回荡，雄浑响亮，撼山震石。水族儿女认为卯坡上集会唱歌是基于水仙花敲响铜鼓的召唤，所以在卯坡上的各种活动拉开序幕前，都会看见一队甚至几队女子站成一排，在卯节活动开始前敲着铜鼓，召唤着四乡八寨的青年男女们到卯坡上来对歌，

对歌是卯坡活动的高潮，到卯坡上来的青年男女，每一个都是歌唱家。在卯坡上对歌，不仅要显示出自己的智慧，还要显示出自己的才华和品德，这样才能赢得更多的关注与青睐。在铜鼓声的伴奏下，熙熙攘攘的卯坡上，年轻的姑娘与后生，身着节日的盛装，三五成群地聚在一起，自由对歌，自由追逐，一旦唱到情浓时，就会双双对对相依相伴，共撑一把花伞，走出人群，走向原野，共同去编织美好未来的生活。卯坡上对歌，既对的是智慧，也对的是感情，在这里，男女青年间只要对上歌，就无形中牵上了一条让两颗心相连的红线，就不再需要任何父母之命、媒妁之言，更不需要去遵守任何清规戒律。在这里，青年男女从相识相爱直至情投意合，靠的就是歌声的牵线，歌声就是桥梁，眼睛就是尺度，情投意合就是唯一的选择标准。

按照卯坡上的规矩，只要是没有结婚的姑娘，任何一个没有结婚的小伙子都可以用歌声去挑逗，去追求，去大胆示爱，如果你的歌声能打动对方，对方就会毫不犹豫地撑开花伞，罩在你的头上。在当地工作的一位朋友告诉我，这里的夫妻，大都是通过卯坡对歌相恋然后成家的，而且婚姻

关系都比较稳定。难道这种通过对歌来择偶的方式就没有闹过矛盾吗？这位朋友对我说参与对歌的男男女女心中都有一杆秤，谁轻谁重他们都称得出。大家都在对大家都在唱，其实大家都是在摸对方的底，来这里逢场作戏的人三两首歌一唱就会露出真面目。特别是到卯坡上来的青年女子，通过对歌，她们就能够知道哪种人是她们可以信赖、可以托付终身的人，这或许才是卯坡的真正魅力所在。

　　从卯坡上回来，回荡在心中的歌声和鼓声还砰砰跳动不已。以至于只要有人提到三都，提到那片像凤凰羽毛一样美丽的地方，心中就不由自主地想到卯节，想到卯节的卯坡上那自由对歌择偶的宏大场景；就会想到卯节开始前的那一阵阵铜鼓，想到那群击鼓的女子，想到她们的鼓槌下落时铜鼓发出的那种不绝于耳的震撼声。

张华北

卯坡听歌

七月的三都，是被绿色染透了的世界。山路起起伏伏，把那些叠翠的山麓、苍黛的陡崖、宽宽窄窄平展的梯田、隐隐现现古朴的木楼变幻成一幅幅流动的图画。小溪在石桥下忽然一现，两侧延伸出不规则的弯转，把婆娑的竹影浸泡进溪水里，映现出雉尾般灵秀。路几乎是沿着溪流蜿蜒，许是山林的绿映衬了溪流，抑或雨水洗掉了草木浓郁的绿，溪流那绿更像一湾翡翠、一条绿绸。溪边草坪散漫的两头水牛，乌黑的肤色闪着光与水交融的亮点，恰是山坳里那千丛万叶澄绿稻田间的点缀。

摇曳的竹垄、参天的古树把九阡水各的山寨装点得美曼，身着青黑布衫的水族汉子们高举猎枪一齐鸣响，以最虔诚古朴的仪式迎接远方的客人。长号斜伸蓝天、竹号低垂应地、芦笙摇摇起舞。同是青黑圆领立襟盛装的姑娘们拦在了木牌楼下，歌声响起："远方的客人，请喝下我的这杯米酒，欢迎你来到我们水族山寨。"那悠扬的和音如溪水的畅涣，与那微黄的九阡米酒的清香一齐扑面而来，让你又怎能不陶醉其中。

午后的卯山如群山环揽中浑圆的一尊元宝，突兀在丽山秀水里。阳光由蒸腾的云雾里过滤下来，热烈的光焰把人们的情怀激荡得火热，沿石板路走进卯山，绿柳含烟、漫坡摇翠。盛装的姑娘小伙，三三两两从山下各条婉转的小路拥来。数不清的伞如盛开的夏花，红、蓝、银、紫，黄白、花条、麻格、粉红，艳艳地开满坡上坡下，在绿丛中生动地缓缓游移。身边走过几个穿大襟无领蓝布衫、戴黑头帕的俊男，蓝伞下的脸已沁出几多羞涩的汗珠；三五浅蓝、浅绿花伞移来，伞下四个青黑宽袖短衣的女子，穿长裤扎布围腰，青布鞋上绣有小花朵朵。那服装应是九阡青布做成，黑中透蓝、蓝中透出神奇的幽亮。相跟而来的几个女子服装别致，浅蓝底色绸缎对襟长裙，短衣短袖，浅红领袖。胸佩绣花长围裙，青白布长条巾包在头上，露一副姣好面容。颈带一只耀眼的银项圈和一只精雕小银环串，腕戴银手镯，素雅文静，娉娉婷婷。花背袋四人四异，浅红、浅绿、藏蓝、深黄。几个少年郎穿戴普通，问怎么不去对歌？一个显得稚嫩的青年把手搭在同伴肩上一笑："唱不好呢。"几年后，他们肯定是对歌的高手无疑。

卯坡下依田坎搭成了一个祭祀板台，红绿纸伞、彩旗插在左右，红蓝绿紫纸扎彩棍沿田边插满。木长廊里、田边台阶上、田坎上挤满或坐或立的男男女女。一场千名妇女祭稻田的仪式开始，长老摆开祭品点燃长香，口念水语祭词，水族女子们手拿芭茅草围在了田边，一齐唱起水歌祈福，踏脚挥草轰打秧田，飞虫轰然飞起。祭祀台上几十只白鸭被扔进稻田，嘎嘎地叫着悠然地游动。一头黑色的肥母猪被松开捆绑，不情愿地被两人架起扔进稻田。鸭群惊慌失措四散扑飞，十几条汉子裸着上身跳下秧田，与猪鸭戏水，一时泥水飞溅、人欢畜乱，转眼间肥猪、肥鸭又被擒获。每年，水族乡民在这里祭祀稻田，企盼风调雨顺、畜肥粮丰。他们把一年的希望浓缩进这虔诚的时刻。

上坡的石板路已被五彩的花伞覆盖，那些轻盈的黛黑的青布鞋、摇动着艳丽鲜花的绣花鞋、结实的旅游鞋、斑斓的坡跟鞋一起拥挤着、相跟着。路旁地摊上净化水、冰糕、九阡酒、九阡李、水晶葡萄、甜茶、辣酸、糖果、点心、山货，还有阳伞、蜡染布、马尾绣、首饰、玉佩，以及各色各式小物件。九阡诸多的特产，凝聚了水族人精明和智慧，引诱得你真想——买下。山路知趣地折了几折，把放歌的男女散漫地扔在了翠绿的山腰、扔在黝黑的山石旁、扔在如伞似盖的小树下、扔在如丝如垫的柔草上。卯山对歌来源于水族古代男女求偶，每年水历十月，即农历五、六月中的卯日，九阡周边的未婚男女穿上最好的服装，心中带上最美好的歌词，聚会卯坡。心仪的男男女女以歌相会、以歌表心、以歌为媒。一对对姑娘小伙登上卯坡，一双双相爱男女成为眷属。水族人从远古走来，英勇顽强地在崇山峻岭中繁衍，创造出至精至美的文化。水族人的爱也坦坦荡荡，情歌悠悠、情歌长长，延绵起民族生生不息的希望。

一柱奇丽的石碑竖立在围了石栏的平整的山顶，上刻有铜鼓和镂雕卯字，下连圆柱镌刻红漆艳艳的水书和汉字"卯坡"。和风带着暑热轻轻抚摸着那些五彩的伞、那些斑斓的裙。又像扯不断的丝带拭擦小伙们额头的汗，拭擦姑娘们衣袂上一星尘土、一枚草叶。山茶花树在山坡上伸出枝干，绿叶展开了一片阴凉。树下蓝格、淡红、浅绿的三柄阳伞连在了一排，三个小伙和三个姑娘坐在了伞下。男声怯怯，亮出悠长的歌喉；女声轻轻，回应婉曲的流韵。男声一曲方歇，女声缠绵又起。那男连连数段，那女依依相和。女蓦然掀开伞角，向后看看好奇的游人，露一张秀气含羞的脸庞，嘴如一芽上弯的新月。伞角倏地合上，歌声又飘上伞顶，如扯不断的银丝，绕上那红的、蓝的、绿的伞，飘在树叶间、飘在草丛里、飘在耳畔。左边的歌声悠然传过来，像灵鸽嘤嘤在飞。一棵盈把的红豆树下，几个浅蓝、蓝衣姑娘身后的银白、紫花格、白顶红边的彩伞仰得高高。女子歌声也罩过了右边的低婉、盖过周边欢声喧笑和窃窃私语，相跟的男声骤然洪亮了许多。男女身旁簇拥着他们的姐妹抑或弟兄。听到入迷处，我索性坐在一棵小树旁。人们的脚步在山坡上凌乱地弹跳着，抚摸过丛丛青草、抚摸着片片乌石，青草会意地弹起，献一个舞姿的倩影。那对蝴蝶是何时飞来的，赭色的翅上炫耀着金黄的斑点；那些蜻蜓又是何处飞来的，红的、绿的，随心所欲地时飞时停。是歌声把它们引来，还是五彩的卯坡让它们流连？问起歌词，身旁一个清秀的女孩愿为我翻译。"哎——好朵仙花生卯岩，花高手短够没来。几时得花到哥手，口含仙水润花台喔——喂。""哎——千年祖先立卯坡，同心台上实话说。如敢真心定情爱，石神面前把誓约喔——喂。""哎——送妹送到尧人山，舍不得妹鼻子酸。远远望妹悠悠去，好比拿刀割心肝喔——喂。""哎——太阳落坡怕分离，提起分离眼泪滴。不是妹要分离你，爹妈在家等消息喔——喂。"深情婉婉、愁绪连连。情歌韵律婉曲平和，歌词却在他们心中，像珍珠随时吐出一颗颗、一串串。

艳阳的投影把浓郁的远山勾勒成起伏灵动的形态，右边情人谷里、如意潭边、山麓的树神台下穿行着往来的彩衣。山后一条小河澄澹透迤伸进远山的褶皱里，一段小溪与那小河相会，丛丛的凤尾竹给小河织上蓬蓬茸茸的边。如果说小河是山的银带，竹则是它的彩羽。三三两两的孩子跳进河里，隐在竹丛、隐进水波。多想去追赶他们，融进碧水、融进清凉。

歌声从山下木廊旁蓝色的大棚里传出，男声怨怨、女声绻绻。"哎——葫芦有把话有根，钥匙配锁锁配门。心头只有妹一个，又怕妹去想别人喔——喂。""哎——借猸坡上妹劝哥，劝哥莫要疑心多。尧人山配都柳水，你缠我绕打没脱喔——喂。"一唱一和，如比翼鸟的盘旋。那悱恻中的哀怨、那忧伤里的思恋，无不是相思里的浓情。天上的白云飘逸地分又凝滞地合，是歌声留住了它们；林间的山雀飞去又飞回，有情的歌能学得几声不？那轮太阳在云中左瞧右看，白云变着纱巾左抹右擦，人间的痴情怎不感动着天上。

问山：人间什么歌最动听？山说：是卯坡的歌。问水：人间哪里的歌最美？水答：卯坡的歌。从五彩山上走下坡，路边的竹枝拉着衣襟，田边的稻秧挂着裤腿。那歌声的音符闪着晶莹的光，身前身后碰撞着、跳荡着。歌声伴着山路、伴着秀水，送我远远。

◎ 卯坡，位于贵州三都水族自治县水各村，水历九、十月（阴历五、六月）卯日为卯节，水族男女青年在卯坡上以情歌寻找伴侣，古老的卯节被誉为东方情人节。

张　劲

适彼乐土，在水一方

情系都江镇

21世纪的皮鞋叩击在18世纪的石板路上，踏响的并非都是历史的回声。这得看历史对于现实的启迪，以及来访者对于历史的兴趣。

我们在贵州省三都县有名的都江镇上徜徉。

装饰一新的音响店里，正播放着爱死爱活的流行歌曲；五颜六色的时装铺前，正叫卖着绿肥红瘦的女裙男衫；延伸出去的街道上，正喧嚷着汽车、拖拉机和摩托留下的足音……古镇把它按捺不住的兴奋尽情地挥洒在时尚之中。

当时尚在历史上面趾高气扬的时候，历史索性埋下头去，视若无人地闭目养起神来。

穿过古旧的城门洞，步入老城的上江街，我们才听到了历史在足下的短叹长吟。眼前的街身已多数凹陷，一如老人瘪皱的脸，五官歪斜。但鳞次栉比的木房、砖房仍顽强而艰难地撑持着，关闭了近三个世纪的嘴巴，默守着心中的苦辣酸甜。

清雍正九年（1731年），实行"改土归流"的清政府，曾在这里设立都江厅，建筑城垣，驻扎绿营兵镇守。厅城初为土城，为防止苗民造反，两年后改为石城。石城周长三里七分，设城门、城楼各四，炮台八座，城内诸般官廨齐备。都江厅所辖地界"广七十里,袤一百八十里"。至乾隆年间,城内再建文昌阁、关帝庙、城隍庙、万寿宫等,其时"商旅出于途,汉苗杂于市",厅城已成为都柳江上游一带的军事重镇和商贸重镇。

如今,280多年光阴过去,古镇只剩下东西南北四座城门和一小段低矮的城墙遗址了。

立于城楼之上远眺,四顾苍茫。迎接我们这些隔世目光的,除了山坡下的都柳江水、周遭的层峦叠嶂,剩下的便是秋阳秋风了。秋阳下的断墙残垣,像一截干枯的蛇蜕,蜷伏在丛莽之中,任凭着野草、荆棘的肆意宰割与庄稼、果树林等无须签订合同的承包。浩荡秋风,频频入怀,它在向来宾表示礼节性的问候,同时也在反反复复地叙说着一个主题——战争与和平的故事。

清咸丰五年(1855年),本地苗族首领罗光明等人在太平天国运动影响下,曾组织"斋教"义军,反抗清政府的暴虐统治,其根据地便设在附近大坪山上。义军数次攻克都江厅城及周边州、县,拉锯战持续了十六年之久,至同治十年(1871年)方告失败。

我们脚下,便是当年的古战场。古战场的腥风血雨、剑影刀光,已被岁月的大网裹挟而去。昔日帐前嘶战马,今朝城下泣秋虫。那些纷纭杀气、淋漓血泪,早都交与流云逝水了。留下来的诸般沧桑之感、哀痛之思,只被年复一年的林间鸣蝉,吞吞吐吐地挑将起来了,又给吐吐吞吞地收回去了。

据《三都县志》等资料记载,咸丰、同治年间,上江城内常住人口1800余户,6000余人,有地方官吏、绿营兵士及其家属,也有经商、务农和从事手工业生产的市民。绿营兵士、商贩,多为江西、湖广等外籍汉人,家属和普通市民则多为本地汉人和世居的少数民族同胞。战乱结束后,只见"田地荒芜,人烟萧索,枯骨枕野,惨不堪言",于是便有了后继官员的治理,有了"城乡义冢"即"万人坟"的诞生。

"万人坟"是战争创伤结的痂。它不甚高大，却很有名。圆形土丘像一个立起来的句号，掩映在松柏丛中，成为南门外的一道特别风景。

坟墓为同治十二年（1873年）地方官吏配合当地士绅所建。据碑文显示，当时"城厢内外，尸骸遍野"，十余年无人拾捡，墓内所葬，乃四处搜集来的"枯骨数十担"。引起我特别注意的是，这数十担枯骨，既有阵亡的绿营兵官军，也有无辜市民，还有不少起义军将士，墓碑上不问青红皂白，皆以"万古流芳"颂之，以"祭扫维新""体魄长存"悼之。

这种不分敌我、不问民族、不管阶级、不计尊卑贵贱，无论生前怎样，死后都被定格在同一座坟墓里的做法，是因为白骨缠野，确实难以区分辨识所致，还是因为本就不想区分，一律皆视之为大清子民，将其同墓合葬，以显示掌权者的大度和仁心呢？这就只好交给历史学家去研究考证了。

"万人坟"不远的冈峦上，有民族学校一所。学校就建在当年都江厅通判衙门的旧址上。它以三重石阶引路，一对石狮把门，面对碧水青山，凭险踞高而立，气势仍颇为雄武。

学校前身原为厅城义学，开办于清雍正十年（1732年）。当时贵州巡抚奏准朝廷办"苗疆义学"，计划吸收苗、水等少数民族子弟入学，意在除武力征服外，再施以文治教化。但义学所收，实际只为城内绿营官兵子弟和外籍商贩子弟，与原来的设想大相径庭。

到咸丰五年，罗光明义军反清战事起后，义学也就停办了。至战乱结束，"万人坟"修建之时，恰也就是义学恢复之日。因此，前者就恰似一部旧课本的"后记"，而后者，则似一册新教材的"前言"。

此时义学的学生，有厅城官兵的子弟，有商贾市民的子弟，也有附近村寨的少数民族子弟……直到后来，义学再被新式小学一茬茬取代，学校历史，也与都江古镇一样地悠久绵长。

我们去学校参观时，适逢学生中午放学，响亮的下课钟声，把平静祥和的空气敲出了层层涟漪。涟漪里有阵阵桂香浮动，男女学生都正是花季少年，他们叽叽喳喳，蹦蹦跳跳，一个个好像喜鹊出巢、鲤鱼跃水般活泼可爱。

他们谁是外来绿营官兵的子孙，谁是本地少数民族的后裔，谁家爷爷的爷爷来自赣、湘、蜀、桂、粤，谁家奶奶的奶奶来自水、苗、瑶、侗、布依，不但我们弄不清楚，就连他们自己也不很明白。

时代的发展，民族的融合，已如山脚下的都柳江水，只见到它奔腾不息，而无法确知其沿途经历了多少坎坎坷坷，接纳过多少山溪流泉了。

寻幽瑶人山

刚在三都县城一家宾馆住下，就收到了夜风投递到窗前的两张请柬。一张银白，一张黛黑。银白的是都柳江上如水的月光。黛黑的是城边杉树林的影子。月光下的杉树林深邃、神秘，链接为一个诱人的梦。

关于杉林，古时颇多异闻。梁代任昉《述异记》以及清人陈坤所辑《岭海异闻录》等古籍中载，闽浙赣一带的深山杉林中有一种木怪，名"山都"。山都又分三类：居树顶，能说话，人首鸟身者为"鸟都"；体如小人，雌雄自相配偶，居树中者为"人都"；状如猪形，居树下者为"猪都"。三"都"皆善隐形变化，与人类相戏谑，此类故事在民间流传甚广。

贵州三都虽是著名林区，且以杉树驰誉黔省，却无三"都"传闻，自然也就没有鸟都、人都、猪都之说。三都虽也有一"都"——都江，但那是一处古镇，而非木怪。三都县之名乃是由原来的三合县与都江县合并而来的。

尽管如此，收到请柬的我们，仍幻想环城哪一片杉林会有一"都"乘月飞来，与我等或品酒赏茶，或谈诗说文，或"聊斋"一回生态，或"卡拉OK"一次环保，把我们引领进那片幽幽绿梦……

真正涉足这片绿梦，是在阳光响晴的次日。白日寻梦，似乎更显得浪漫。

都柳江两岸纵向 50 余公里、横向 15 公里的地带，全是人工种植的杉树林，那绵延起伏的 2400 多座山头，不仅到处是峰峦叠翠、黛色参天，而且，把一条都柳江也染得漫江碧透，宛如流动的绿玉。拉揽林场旁的瑶人山——总面积达 5400 多公顷的国家级森林公园，更是绿梦的中心，这里原始植被保护完好，有杉、松、柏、榕等木本植物 430 多种，还有大量奇花异草、名贵药材、飞禽走兽，林林总总，莽莽苍苍，蔚然构成为一大动植物王国。

王国里的世居显族仍是杉，一株株伟岸挺直，颀长秀拔。虽无什么隐形的"人都"，但树们都是人类亲密的朋友。只见男杉凭崖危峙，揽云披风，自动地戍边守土；女杉则当坡而立，播烟种霞，自动地护雏看家。其他杂木，或清奇高古，或虬劲盘曲，或摩肩接踵，或攀藤附葛……每一个生命都争取到了自己的一方时空。

虽也遇不上什么"鸟都"，却听得见鸟鸣。隔着重重雾岚，听鸟与树的对话，含糊如梦呓，声音似乎都裹上了一层灰白。在山径上行走，偶尔也有另外的沙沙声传来，那是顽皮的风逗弄着繁枝密叶和野草闲花，制造出来的闲言碎语。也能见到一些枯木断株，有的主干伏地，旁生枝节，有的跨溪而卧，形成天然树桥，让人踏出些惊惊险险、仄仄平平，为我们的旅程再增添些野趣。

树以外，另一个世居望族是山间溪流。溪水时而在涧底漫步，时而在岩石上奔跑，时而在树根下徘徊，时而在草丛中潜行，由于遮遮掩掩藏藏，因而虽是一篇篇长长的腹稿，发表出来却往往很短。

最能引起我们兴味的是原始森林中的瀑布。据资料介绍，瑶人山发表了 17 个颇具观赏价值的瀑布文本，我们见到的只是其中 4 个。

朝寨瀑布，高高瘦瘦，从长势看，它原本可以胖一回的，但被嶙峋的山岩挤得减了肥，只能长吟一首苗条的诗。

来楼瀑布同样清瘦，似素衣女子月下登楼吹箫，那白色的裙裾，素而淡，曲曲折折的箫声，凉而远，我们以手掬水，如触一握冰清玉洁的心事。

排笛瀑布，身量不高，但能摆阔，锐石将其裁割成几股，每一股都如短笛无腔，信口而吹，其音甚薄；但若干支短笛齐奏，那曲调就厚实而激越了。

最有名的是龙塘瀑布。龙塘瀑布高蹈凌空，步履雄健，据说水丰时，高可达 80 余米，宽可达 40 余米，如今水量虽略小些，但那一股雄辩滔滔的气势犹在。所以其下面的岩石早被冲击成一个天然大石桶，桶壁光滑深圆，吞吐着千年豪笑，翻滚着亘古的旷达与自由。

我们走着读着，读着走着，只觉得千木万树，宛如诸子百家，书叠青山，文思泉涌，我们仿佛是在读一部"水书"。

三都是全国唯一的水族自治县，水族有着自己古老的文字——形状类似甲骨文和金文的水书。我们这里读的是另一类"水书"，树为笔，水为墨，写在水边山地上的"草木大书"。树的可读性，在于它的半云半雾、半晦半明。水的可读性，在于它的半露半藏、半推半就。是碧树、清溪、翠谷，成就了瑶人山这部巨著。

我们与树木密密接触，与溪水匆匆聚散。溪水向外走去，汇入都柳江，汇入珠江，将自己的生命翻译成另一种版本延续下去。我们从山外走来，来亲近森林，亲近溪流，将自己的情感转换成另一种叙事扩展开来。

山溪水胸无城府，从绿树青山走向灯红酒绿。

人从城府深处走来，从灯红酒绿走向绿树青山。

这世界，就那么有意思。

草动识风流

  风流草或生于山野，或长于园林。餐朝露夕岚，饮明月清风，虽风流可爱，却不是什么名士雅客。

——题记

早就听说贵州三都水族自治县,有草名"风流",能随游人情歌翩翩起舞。初以为不过就是含羞草,人说不然,那是别一种奇观。于是,心仪之下,每每欲亲往一验。

那年秋天,我与一批文友去三都瑶人山国家级森林公园旅行采风,才有幸将耳闻变成了目睹。

第一次见到风流草,是在瑶人山路边石坡上。其植株高约60厘米,枝丫繁多,纤柔如柳,每一条枝丫都纷披着叶片,叶翠绿,细长,羽状复生,三片一组,一大两小,又有些像竹,但叶端稍椭圆,又不似竹叶尖狭。说实话,我不但觉得其毫无任何惊人之处,而且还以为远不如竹、柳那般风流潇洒,如果不是导游小妹特意介绍,我们只会视若无睹、与其擦肩而过的。再细观其体貌形态,也当属灌木一类,不知为何归入"草"族。导游打开随身所带手机,以欢快的音乐相试,初无反应,待靠近些,簇生的嫩叶开始微动,如梦初醒;继则音乐节奏加快,叶片也就越分越开,或前后移位,或左展右合,或上下起伏转动……待乐声停止,嫩叶又便慢慢恢复原状如初。嫩叶转动分合时,旁边老叶则充耳不闻,无动于衷,好似老姐大嫂,且任少年小辈风流快活去,自己已不再受什么音乐撩拨。

第二次见到风流草,是在拉揽林场度假村。度假村亭阁水榭,曲径回廊,一色的杉木建筑,民族特色十分浓郁。风流草被特意种植在院内醒目处。这株风流草,高约90厘米,比起瑶人山路边的那株,枝叶更加繁茂,体态也益发风流妩媚。开头我们以情歌试之,其嫩叶俯仰缠绵;继以革命进行曲试之,其嫩叶仍然点头舒腰;再以诵诗声、对话声,甚至欢笑声试之,其嫩叶皆会分合转动。闻情歌而起舞之说,固然是一种浪漫宣传,但对外来之声波振动,独有此敏感反应者,确也不能不说是一桩奇事。

后来得知,该类植物,国际学名为 Codariocalyx motorius,中国人常称之为跳舞草、情人草、求偶草,等等,属多年生的木本植物。它盆栽高约70～100厘米,地栽可达1.5～2米,当气温达25℃以上并在70分贝声音刺激下,枝上两枚小叶围绕中间大叶便自行起舞,颇似闪动双翅的蝴蝶。

它喜阳光，又耐旱，常生于丘陵旷野和灌木丛中，是一种濒临绝迹的珍稀植物，主要分布在中国、印度、尼泊尔、不丹、斯里兰卡等地。

贵州三都不乏此类植物，当地民众一直称之为"风流草"，大概因为这个名字更通俗，更有趣。

"风流"是个多义词，常与风度、风采、风韵、风雅有关，多用于赞美那些才华横溢而又不拘陈礼旧法之士，文治武功杰出而又超拔洒脱之人。因而便有"风流偶傥""风流蕴藉""风流才子""风流人物""风流千古"等明显带褒义的成语。也便有李白"吾爱孟夫子，风流天下闻"的对于孟浩然的称颂，有杜甫的"风流儒雅亦吾师"的对于宋玉的景仰，有苏东坡的"大江东去，浪淘尽，千古风流人物"的感慨，有杨万里的"传派传宗我替羞，作家各自一风流"的提倡……

然而不知什么时候起，"风流"一词又有了贬义色彩，诸如"风流债""风流病""风流案件""风流罪过"等。这大概与男女情爱有关。尤其在"存天理，灭人欲"的理学思想主宰着社会风气的时候，"风流"更往往被等同于轻佻、放荡一类了。所以《红楼梦》中的晴雯，"风流灵巧招人怨"，而被诽谤、被中伤、被折磨，终至含恨夭折，和林黛玉一样，"一抔净土掩风流"去了。不过历来也有敢于公开反抗封建礼教的慷慨激越之声。韦庄词中的那位女子，便大胆表白了"陌上谁家年少，足风流，妾拟将身嫁与，一生休"的追求自由幸福的热烈愿望；民间歌谣中的那位男子，也便勇敢地喊出了"宁为花下死，做鬼也风流"的果决宣言……即便是三都"风流草"名的来源，也与当地一串美丽动人的爱情故事相关。

如今，"风流"一语多见于慷慨、潇洒、清奇、放达处。伟人毛泽东有"俱往矣，数风流人物，还看今朝"的豪情胜慨。当代诗人纪宇还洋洋洒洒地写有抒情长诗《风流歌》。即便指男女情爱的"风流韵事"，也应区分语境，慎辨词义，不能一竿子都扫进丑事、脏事之中。至于那些借"风流"之名行下流之实者，是与"风流韵事"的本义不相干的。

那天中午在拉揽度假村休息时，人们纷纷与风流草携手并肩，合影留念，引为快事。过了一会儿，突有巡山骤雨将至，耳畔传来风吼雷鸣。看那尤物，虽然被通身摇撼得簌簌作响，但其细枝嫩叶却绝无闻声起舞的意思。我由此发现，要让这风流草舞将起来，且舞得好看，既不能声音太小，也不能声音太大。宋人黄升词中所言"风流不在谈锋胜，袖手无言味最长"，放在这里不适用，风流草喜的是健谈活泼之人、倜傥潇洒之士，而不喜欢袖手无言、故作清高的假道学和伪名士。至于司空图的"不著一字，尽得风流"，放在这里就更行不通了，你"不著一字"，不出一声，它凭什么要"风流"给你看！但声音太大了也不行，众声喧哗，震耳欲聋，压抑了它，也吓坏了它，它惧之怯之，又岂能翩然而舞？

其次，所谓"真名士自风流"，安在这里也不太相称。风流草或生于山野，或长于园林，餐朝露夕岚，饮明月清风，虽风流可爱，却不是什么名士雅客。它更像扎着小辫、光着脚丫子的村姑，美丽而又本色，开朗而又自然。硬要将其捆绑入室，囚于花钵，养尊处优，这就阻断了它的天然灵气，扼杀了它的自由心性。

因此，当别人千方百计掘之、购之、缚之、包扎之，急欲变其乡土身份为城市移民时，我却放手不管，听之任之，宁愿让其留居于山野之中。

记得孔夫子谈"诗教"时，曾有"多识于鸟兽草木之名"的说法，颇耐人寻味。窃以为，识得之后，并非要人去改变物性。又想起了卡尔·荣格的话："有这么多东西溢满了我的内心：草木、鸟兽、云彩、白昼与黑夜，还有人的内心的永恒。我越对自己感到不确信，即越有一种想跟万物亲近的感觉。"人，毕竟只是大自然万物中的一分子。

或许，减少些个人占有欲，提高些公众的审美能力和护美程度，不让风流草成为少数人家藏的私奴，而让其尽可能保持宽阔的自然本位和健旺的生命真相，这样，人们自己庶几倒有两分"真名士自风流"的味儿吧！

唐人张九龄，不是早就说过"草木有本心，何求美人折"么？他的这一声长叹，已穿越时空千年，而且还会传之很久。

张毅恒

山勤，瑰丽的河谷风光

在三都水族自治县大河镇西北部五公里处，有一泓清溪汇入浩浩荡荡的都柳江，夹岸风光瑰丽，景致不俗，顺河而上，但见奇峰兀立，古木参天，河谷深深，山花枯藤，流泉飞瀑，境界清幽独绝，了无纤尘。在一段地势开阔、水流平缓、肥田沃土的地方，稀稀疏疏，远远近近，有几百户人家散落沿河两岸，茅舍竹林掩映其间，鸡犬相闻，炊烟互望，看去好一派田舍风光。

这就是山勤河，又名打箭河，因流经山勤村而得名。

山勤河自独山境内流来，源远流长，因峡谷幽深，穿行艰难，很难有人穷尽其源。只见她一路穿峡谷，凿顽石，纳百川，汇成滔滔激浪，处处险滩。其水清，游鱼可察；其水凉，令人足下生寒。夹岸崇山峻岭，原始丛林，终年常绿，是天然的水库，还有名贵土产、珍禽异兽。

山勤河，从山勤寨上去风光尤为独特，几乎是一峰一壑，一壑一瀑，一瀑一景，一景一奇。从山勤寨出发溯流而上约二里，先到青鱼滩。青鱼滩呈月牙形，长约三十米，宽约十米，一面水深，靠悬崖；一面是浅水滩，河水自石槽上冲击而下，泻入滩中，水深不见底，绿茵茵泛着泡沫和浪花。崖高十余丈，崖间老树盘旋，枯藤倒挂。崖顶几束小瀑或飞流直下，如丝如缕；或如吊珍珠，滴滴答答。站立滩边，飞瀑湿衣，即使炎夏酷暑，也凉风习习。青鱼滩浅水岸边一眼甘泉，每到春夏之交，泉水涨了，青鱼自滩中游上岸边浅水处繁殖产卵。站在青鱼滩头向上游望去，河床时宽时窄，崖间修竹隐隐，树木森森，将绿意一齐倒入河中。

轿子山矗立于激流转弯处，高耸挺拔，绿树婆娑，酷似一顶绿呢大轿。山顶终年云缠雾绕，只在清秋晴朗天气偶露峥嵘。山上盛产松、杉、柞、桦等珍贵木材，还有灵芝、香菇、木耳等特产，更有野枣、山梨、猕猴桃任猴儿们饱餐。轿子山一侧形成一湾，山深林密，瀑声如雷，溪水清甜甘凉，沁人心脾，是绝好的天然饮料。

轿子山临江，两岸悬崖，刀削斧劈，如两排金刚，怒目对峙，互不相让，仅留十余米狭缝任溪水奔腾。那水似被逼急的困兽，要挣脱大山峡谷的囚笼，翻腾着，挣扎着，狂泻在狭窄的河床上。笔立的悬崖高数十丈，竞相往高处蹿似的，遮天蔽日，只能见阳光一线，仰视崖顶，令人颈酸帽落。悬崖间山花点染，绿苔缀景，偶见青猴挂树，满耳百鸟啁啾，流泉飞瀑，或高或低，或大或细，飘飘滴滴，尽入河中。

最有气魄的当数汪乌一段三四里长的景色，悬崖高百余丈，两岸崖顶距离之近，仿佛可跳跃，人在对岸可话家常，面目清晰可辨。两岸苍松翠柏，虬枝盘旋，几乎相连，遮去了阳光，谷中更显幽暗。崖头俯视，河身如线，人影如豆，峡谷就这么无穷无尽地延伸着，越往上走，生态越古老，有如滑进时空的隧道回到远古洪荒。

山勤河，一条永远让人眷恋的河。

张稚丹

水绿三都

这里是云贵高原的东南边缘，属丘陵地带。在如纱般的薄雾笼罩下，秀美山头连绵不断，你还没欣赏完头一座的曲线之妙、林草之美，后一座已接踵而至。喃喃地念着李白的那句"若非群玉山头见"，好像忽然明白了什么叫山如群玉，领略到了仙女飘然将至前的情境。

古老的干栏式木楼，被多年风雨染成黑色，它们巧妙地点缀在大树下、池塘旁、山拐角，与山水融为一体。载着女孩的摩托、田间摘下斗笠的农人、水边悠然甩尾的黑马，所有这些，交织成一幅自然而又清新的风景。

三都水族自治县属贵州省黔南布依族苗族自治州，是中国唯一的水族自治县，境内20万水族人，占全县人口的60%，占全国水族总人口的50%。一般认为，水族先祖是岭南"百越"之——一骆越人的一支，秦朝统一岭南后，水族先民向北往黔桂边境迁移。"水族"之称，最早见于明代史籍，清代多称其为"水苗家""水家"等。新中国成立后，水族被正式定名。水族人自己认为，他们是殷商贵族的后代，当年先祖因逃避武王伐纣的战争，一路南下，终于在金凤凰的引领下来到这个"像凤凰羽毛一样美丽的地方"。

7月16日，适逢九阡、荔波一带水族的卯节（相当于汉族的春节），我们来到九阡镇的水各村。水书称水历十月（农历五、六月）为"绿色生命最旺盛的时节"，辛卯日被称为"最顺遂的日子"。未进寨子，只见身着黑衣的水族汉子沿路而立，手中的火铳、唢呐高高指向天空。一群穿黑衣、戴银项圈的水家女子，笑意盈盈地将寨门密密挡住，只有在她们的歌声中喝下九阡酒方可入寨。

这九阡酒，据说是九阡镇的水族百姓用二三十种草药制成酒曲，选用优质糯米酿制的，色如琥珀，平和滋补，是当地最负盛名的酒。这里的男人不喝白酒红酒啤酒，只喝九阡酒。而女子更有产后即喝的习俗，经过调理，不几天就可下地干活。传说过去要用120种药材入酒，遗憾的是现在很多药材已经绝种，目前九阡酒主要依靠家庭酒坊生产。

村民聚会议事的竹楼是一个四合式建筑，中间围了一块空地。族中长老肃然而坐，前面有四对青年男子击鼓为乐。前面的男子右手执槌击打鼓面，左手执鞭击打鼓腰；后一人躬身，执平口木桶按鼓点起落来回向鼓腹抽动，嗡嗡的泛音共鸣，使铜鼓的高亢清脆和皮鼓的粗犷低沉变得悠远神秘，恍若回到远古。长老在长长的吟诵之后，环场而行，以柳枝蘸水挥洒，为众人祈福。

水族受封建礼教束缚较深，青年男女即便私下里有了相爱的对象，也不能自由往来。而在卯节这一天，就可以自由选择心爱的人去对歌。只要两人唱得合心合意，事后由男方家带着猪肉、酒、糯米等礼品前去认亲，选好了婚期便可成婚。水各村旁的卯坡，就是水族历代青年男女每逢卯节以歌传情择偶的地方，卯节也因此被称为"古老的东方情人节"。今年的卯节增加了新内容——由中国散文学会、三都县委县政府、影响力人物杂志社联合主办的中国最浪漫感人的爱情故事征文颁奖仪式，在水各村举行。中国作家协会副主席叶辛、中国作协原书记处书记张胜友、著名作家舒乙，以及中国散文学会副主席周明等和县委书记唐官莹、县长张家春一同出席并颁奖，其中一篇获奖征文的题目就是《卯坡铜鼓恋歌》。

午饭是农家乐。走进木楼，只见屋里摆着几张离地两拳高的小桌，说是桌子，其实只是一圈用来摆菜和碗筷的木框，中间是一个坐着火锅的炭火炉。坐在小板凳上，吃着味道很纯的炒鸡蛋、炖猪肉和白切鸡，端起九阡酒，一声比一声高地喊着"哟！哟！哟！"，只觉趣味横生。

水族传统饮食中鲜有炒菜，一年四季都吃"火锅"，一大锅酸汤加蘸水几乎就是每日不变的菜肴。酸汤有辣酸、毛辣酸（西红柿制成）、鱼酸（鱼虾制成）、臭酸（猪、牛骨熬制而成）等多种，以辣酸最为常见——将新鲜红辣椒淘洗干净，加水磨成浆，加入大量甜酒（或糯米稀饭），放入泡菜坛中密封发酵。食用时，把青菜、豆腐、鱼肉放入辣酸汤中煮熟即可。好的辣酸，酸辣合度，每一口喝下去，都觉鲜香刺激。最妙的是，无论什么青菜，只要放入酸辣汤中煮一阵，吃起来都像最好的渍酸菜，滋味不尽。如若发掘出来批量生产，想来会比酸菜鱼料更为畅销吧。

烈日当空，寨里已不断有人流涌向卯坡。先要进行的，是千名妇女祭稻田。无数黑衣水族女子手持稻秧，围田而立。当族中长老念诵完毕，一群头戴斗笠、赤裸上身的小伙子要把一头猪赶进稻田，那大黑猪颇精明，坚立不动，僵持许久，小伙子们连拉带拽总算把猪弄下水去。黑猪在稻田中耍了一会儿后，小伙子们又把猪拖上来。接着，几笼鹅鸭被丢进稻田，小伙子们又扑下去抓，有衣冠整齐的大人和孩子也跟着火急火燎地跳下去，泥水飞溅，坡上、树上、廊亭里围观的百姓笑声一片。原来，这鹅鸭谁抓到属于谁。

我们所在的廊亭，前面栏杆上坐一排，后面栏杆上站一排，中间参差站着三四排人，真是风吹不进，但到底躲过了烈日的毒晒。也奇怪了，大家记忆中的卯节，每年都是晴天，像是冥冥中安排好的。

祭田结束就意味着开坡了。歌声从山脚下响起，越来越大，向坡顶蔓延。只见山路之上，蜿蜒着各色花伞，整个卯坡，充满了喜乐。花伞下，丛林中，青年男女成群结队，扭怩推搡出代表对起了情歌，其他人笑着轻轻唱和，眉目传情，全不在意天气的炎热。

下山途中，我们巧遇两位穿粉红色衣服的水族姑娘，她们来自都匀，那里古时比较繁华，不似三都战乱较多，所以女子服色比较鲜艳。问她们是否要在这里找朋友，她们笑着说不："因为我们读书了嘛，不太相信靠唱唱歌就能找对人。"衣服是她们自己做的，上面有传统的马尾绣装饰。

水族有养马赛马习俗，马尾绣应运而生。具体工艺是，用白色丝线将三四根马尾紧紧缠绕在一起，将它固定在刺绣花纹的轮廓线上，其余部分按通常的平绣、挑花、乱针、跳针等刺绣工艺进行。马尾质地较硬，被装饰的衣件显得挺秀漂亮。最有代表性的马尾绣是背带，那是一块刺绣华丽的"T"形"帘子"，上端两边有带，刚好可以包住幼儿。水族妹子出嫁后生育第一个孩子时，外婆（或舅母）会送来马尾绣背带及马尾绣银佛童帽，祝福自家女儿婚姻稳固、家庭幸福。

出村的窄路上，对面小面包、摩托车被堵了长长一溜儿，车流间人头攒动。人们穿着漂亮衣服，脸上带着热望，络绎不绝地向水各拥来。

我不禁想到，水，透明、清澈，是生命的源头。起了这么好名字的一个民族，拥有如此多彩的文化和习俗，住在这么一个山清水秀的地方，是多么美好的一件事儿啊。

郑能新

凤凰的歌吟

在这个浮躁的时代，许多美好的事物似乎都退避三舍了。人们看到的听到的总是消极的东西居多，而且消极的极易传播，就像瘟疫流行一样。相反，在张狂浮躁的人类面前，美好往往容易被遮挡被忽略，能够用心体味美好的人们似乎变得越来越少了！

其实，有些大美的东西确实能够改变人的性情，能够减缓人的工作和生活压力，让人返璞归真、回归自然。譬如，听听凤凰的歌吟！

凤凰的歌吟？可能立马有人大摇其头：鬼话，哪来的凤凰？

走进贵州三都水寨，你立马就觉察到了凤凰的存在，这个全国唯一的水族人聚居的县份，到处都炫示着凤凰一样无与伦比的美丽！

三都的外形就是一只展翅欲飞的凤凰。群峰跌宕起伏，颇似凤凰羽毛比肩重叠；珠江源头的都柳江贯穿境内，风情万种，就像美丽迷人的凤尾；姑鲁产蛋崖每30年产下一枚石蛋，至今谜底无人能破，集千古之谜于一身的石蛋亦有"凤凰蛋"之称。如果这些还不足以让你完全着迷，那么，真正使你心生震颤的一定是凤凰的歌吟。

在水寨，年轻漂亮的姑娘小伙有如"水凤凰"，他们人人都是歌手，随心所欲，张口就来。且歌声轻扬婉转，回环交织，似涌泉流水，自由变幻，亦如凤鸣九天，婉转入云。那歌声真的能让你如醉如痴，癫狂着迷！假如你能入定，就会随着歌声入云。此时，你就会感觉"千烦万恼尽，缥缈一身轻"，人也就飘飘欲仙了。

水族卯节，是水族最具特色的传统节日，水族青年男女选择"吉卯"这天"以歌传情，唱歌示爱，以歌择侣"，千百年来传承不衰。所以，卯节也被称为"东方古老的情人节"。在这个盛大的节日里，我们应邀走进了三都，参加中国作家协会、民族文学三都创作基地挂牌仪式暨全国多民族作家走进三都采风等大型活动，有幸见证了这一富有浪漫情调的盛大节会。

卯节集会的中心地点是在卯坡，坡虽不高，却有"一坡源万古，情爱唱千秋"之美誉。七月十五这天，从四面八方赶来的人们一律节日盛装，五颜六色的雨伞像一簇簇花团在涌动。卯坡上到处都是未婚的青年男女，他们一个个打扮得花蝴蝶一般。"朱唇轻启凤眼飞，二八簪头样样媚。""眉清目秀好书生，黑瘦少年亦有神。"真正是男有神女有样。不管是相识不相识，只要见到称心如意的对象，便可尽情地与之歌唱，没有羞涩，毫无顾忌。当然，这种大胆的直白并不是挑逗，而是一种纯真和率性的表露。一旦两情相悦，就彼此靠近，或三三两两围坐一起，继续以歌示爱，加深印象，增进感情。不过，此时的歌声趋向和缓，有如轻风拂杨柳、流水过清泉，相识的喜悦、爱慕的深情，尽在优美的歌声中表露无遗，直到情定终身，两人走到一起。

有人说，卯坡是中国最浪漫的情场。是的，在这样一种被浓密的爱情营造的气场里，即使是坐怀不乱的柳下惠，怕是也会"老夫聊发少年狂"，张开嗓子，把所会的情歌尽兴地吼它几遍。

卯坡上的歌吟是自然的，也是原始的，她承载着这个民族的历史文化本源。或许就是因为以天地为舞台的自然歌唱，才使得她吸天地之精华，纳万物之灵气，把这个像凤凰一样精灵的民族唱得举世闻名，让各种不同肤色的人为之倾倒！

不过，随着卯坡的声名与日俱增，随着世界各地人们的不断拥入，过去水族青年男女那种纯粹的谈情说爱的宁静和浪漫，恐怕再也找不到了，也许我们这些入侵的外人给他们带去一些新奇的同时，也给他们带去了更多的无奈！

与卯坡上那种自然朴质的歌吟遥相呼应的还有三都人民精心打造的大型原生态水族歌舞史诗——《远古走来的贵族》，这也是三都人民的迎宾歌舞。她从民族文化入手，将水族原生态歌舞、水族文字、祭祖仪式、传统节日等水族元素巧妙地融合在"远古追忆""多彩凤之羽""凤舞水乡"三个篇章之中，运用现代声光电技术，多角度地、艺术地再现了多姿多彩的水族历史文化，任何看过这场演出的人都会由衷感叹她的艺术震撼力，可以说，丝毫不逊色于大导演张艺谋的《云南印象》，整场演出犹如凤舞龙吟，让人有一种享受仙舞仙乐般奇妙感受，于陶醉之中读完了这个民族文化简史，更让人对这个世外桃源般的小小地方拥有如此现代的气息而刮目相看！

看完演出，乘着浓浓兴致，三五友人相邀去都柳江赏景。夜色阑珊，清风微拂，淡淡水汽蒸腾，洁净的三都小城氤氲在一片薄雾轻云之中，海市蜃楼一般，让人疑为仙境。都柳江两岸更是一片辉煌，"水映灯光月照影，疑似天河落凡尘"。人在画中走，诗随江水流。那份浪漫、那份雅致到哪儿去寻找啊！

正想品尝小城美食，就有阵阵香气扑来。夜市的烧烤丰富多彩，鱼是都柳江的鲫鱼，味道鲜嫩无比。酒是水乡"九阡酒"，糯米酿造，天然醇正，回味悠长。谈诗论文，畅叙感受，推杯换盏，不经意间人就带了醉意。朦胧之中，又有水家妹子的歌声从远处传来，如珠落玉盘，如凤吟九天……

歌助兴，酒壮胆，一行人也拍桌打椅跟着号了起来，扰得三都的夜也跟着摇晃了。

周　明

凤凰羽毛一样美丽的地方

去年九月间,一个天高云淡的日子,我们一行人踏上黔南"像凤凰羽毛一样美丽的地方"——贵州三都水族自治县。

三都系声名远播的云贵高原东南斜坡地带的鱼米花果之乡,境内山岭连绵起伏,溪流交错流淌。人们常说的"九山半水半分田",说的就是三都的地理特征。而"凤羽水乡"的美誉,则赞美的是三都山水的多彩风姿和神韵。

我们到达三都的时候,正值水族水历的年头岁尾,水族人要欢庆他们最为隆重的传统节日——端节。这是世界上持续时间最长的一个节日,从头至尾要度过两个月的时间。水族人"端节过端,非同一般"。据当地老者介绍,传统的端节是非常讲究的。

端节的第一个清晨,水族乡民在族长的指挥下敲起神圣的铜鼓,族人聚集在铜鼓周围互祝人寿年丰,之后族人跟随铜鼓挨家挨户去恭贺新年,吃年饭,喝年酒。每到一家,族人们一定按辈分依次入座,互挽手臂,在"哟!哟!哟!"的欢呼声中干杯。吃年酒必须家家都去,若遗漏了哪家庄户,这户人家一定很委屈,备感受到了族人的冷落。过端节的重中之重和高潮活动是赛马。赛马的地点叫"端坡"或"年坡"。赛马之前的祭典是必不可少的,族人们在赛马道中央设一供席,上摆各种各样的祭品,寄托对祖先的怀念和祷告上苍保佑平安。祭典完毕,寨主跃身上马在跑道上象征性地跑一个来回，宣告赛马开始。一时间，赛手扬鞭策马，群情振奋，只见马蹄翻飞，宛若离弦之箭，各赛手在山谷间互相冲撞，挤出一条缝隙向坡顶冲去，谁先到达坡顶，谁就是胜者。夜幕降临，水乡山寨星光点点，族人们仍然击鼓欢庆，彻夜不眠。这时，相识相爱的未婚男女青年成双成对漫步在低矮的丛林中，抑或静坐在池塘边互诉衷肠，倾吐爱意。

据说，当地的卯坡——实际上是个丘陵，乃方圆几十里地水族青年对歌，并以歌表达爱情的地方。节日期间，几乎有上万人聚集在卯坡，欢歌笑语，谈情说爱。如若相中对方，便双双跑到卯坡附近的情人谷开心畅谈，决定终身。因此当地朋友戏称卯坡是"东方情人节圣地"。我们爬上了坡，走进了情人谷，身临其境，仿佛看到满山遍野的人群，熙熙攘攘，摩肩接踵，欢度自己盛大的节日。

水族是一个热情好客的民族。在三都水族自治县采风的几天里，我们深深感受到水族人特有的热忱和淳朴，25日下午采风团一行来到九阡镇水各寨寨门，好客的水家人身着民族盛装，吹着长号，敲着铜鼓，以最为隆重的习俗欢迎我们。但是"拦门酒"不喝是不行的，否则进不了村寨。当然酒的度数不是很高，也不会斟上满满一大碗。被水家人的热情感染，我们也就入乡随俗一饮而尽了。如果你还略有不足，眼尖的姑娘小伙们马上会再给你斟上满满一碗，一定会让你乘兴而去，尽兴而归。为了体验古朴神秘的水族文化风情，我们参与了水族原生态歌舞表演。此时，一位年轻貌美的水族姑娘，盛装华彩款款而来，一眼就相中了如意郎君——我们中间的诗人雷抒雁。在场的评论家何西来说："抒雁最合适，水家姑娘有眼光，他很活泼。"依照当地的习俗，"新郎"雷抒雁兴致勃勃地换上水族婚服，与漂亮的"新娘"拜天地，拜高堂，夫妻对拜，携手走上阁楼而后进入"洞房"。之后，"新娘""新郎"互赠信物，"新娘"拿出了精心制作的马尾绣。"新郎"为"新娘"回赠了"情真意切"的一幅书法作品。水族人就是以这样特有的方式欢迎到访的客人。雷抒雁幸运地当了一回"水家新郎"，令在场的我们羡慕不已。

水族人对文化的守望和向往是超乎寻常的。全国水族人口40多万，算是少数民族中的少数。在中国56个少数民族中是有自己文字的17个少数民族之一。

水族还有自己民族的"水书"。"水书"是现今世界上仅存的象形文字，与"东巴文"齐名。水族的独立文字"水书"，是类似甲骨文和金文的一种古文字符号。目前，中外专家学者发现水书古文字约1400个。这些"水书"记载了水族古代天文、地理、宗教、民俗、伦理、哲学、美学、法学等文化信息，被誉为象形文字的"活化石"。有关专家认为，"水书"相当于汉族的《易经》，内容博大精深，是水族的百科全书，也是中华民族文化宝库不可多得的文化遗产。在三都的博物馆，我们仔细欣赏了"水书"，字形和笔画均很优美。

我在想：历史的长河大浪淘沙，有多少个发明和创造随风飘去，为什么"水书"流传至今，为什么水族历法、水族文化得以延续？我们假定水族在与以汉族为主体的中华民族融合与碰撞中放弃了自己的文字和文化，或许他们民族也一样会生生不息，繁衍后世，但是那样一定就失去了民族的个性，或者在被另外一个民族同化的过程中，失去了民族的称谓。

自公元前200多年水族先民被迫沿龙江逆流而上，经今广西河池、南丹等地向北迁徙，移居黔桂边境，从此开始自"骆越"的母体中分离，占领了都柳江畔的三都一带逐渐向独立民族发展，而至公元700多年，宋朝设立"抚水州"，水族人经过了近千年的文化认同和文化归属的引导，才赢得了一个民族雏形。

又一个千年走过，水族的社会形态、生存方式、道德信仰、文化传统都相对固定地形成了——1957年三都水族自治县正式成立。这是全国唯一的一个水族自治县，水族的名称在政府的文档里第一次有了准确的记载。这是一个多么杰出的民族啊！上上下下，两千多年的坚守啊！山一程，水一程，数万里迁徙之路啊！多少个电闪雷鸣、风雨交加的凄苦长夜，多少次占领争夺、你死我活的激烈火并，水族人可能丢失过很多的东西，他们的财富，他们的地盘，甚至于多少条热血男儿的鲜活生命，但是他们唯一不会丢下的是水族文化的血脉传承。

从水族先人自中原潍河流域迁徙至岭南百越之地，及至黔桂边境的都柳江畔，两千多年的信仰坚守和文化守望，一个积极的、昂扬的、乐观的、成熟的水族成为中华民族大家庭的一员。水族文化为我们探寻曾经失落的中原文明提供了许多有益的借鉴和思考。

到三都不能不去尧人山。

尧人山是水族人心目中的神圣所在，是水族人心中的英雄山。尧人山险象环生，扑朔迷离。从河谷坝子仰望，山势陡峭，险峻挺拔，云遮雾障，气势磅礴。清晨和下午，不能完全一睹尧人山的峰巅，而只有中午的时候，云雾散去，你才能领略峰岭绵延、幽谷叠翠的景致。尧人山山高谷深，悬崖壁立，山间清流或潺潺流淌，或急湍跳跃，其间龙塘瀑一处胜景，瀑高80多米，宽约40米，飞流直下，蔚为壮观，年复一年，涛声如歌。由于时代久远，流泻飞瀑把岩壁冲刷成一个大石槽，宛若人工开凿。尧人山的姑鲁寨还有一处奇特景观，那就是产蛋崖。产蛋崖共有两壁，位于溪边的那一壁有多个石蛋生出。石蛋圆而坚硬，直径40厘米不等，呈不规则状散布于岩壁上。当地水族老人说，石蛋30年间脱落一次。我们今天来，见到正有几个石蛋"半身"已突出山崖，看样子也许不久就会"生蛋"了。听说每次只"生"数枚。我们在附近村寨看到有些水家人门口竖着大石蛋,用以装点门脸,也蛮雅观呢。千百年来,这些神秘的石蛋就这样不停地孕育出生,出生又孕育,生生息息,源源不断。为什么山崖能下石蛋?为什么30年下一次?这真是一个谜,一个神秘的现象,恐怕只能有待于科学家去研究、去解密了。

跋

　　毫无疑问，三都，这是一片古老而神奇的土地。在这片古老的土地上，世代生息着一群古老的人民。她的人民有着辉煌的过去，也憧憬着美好的未来。对未来的希冀，这正体现在她的文化上。这文化，就包括她的文学。

　　然而，尽管这片土地上的人们曾经创造过了不起的文学，但因历史的种种原因，能以文字形式流传下来的作品，却并不算多。这是十分遗憾的。清代文学家龚自珍先生曾在其《古史钩沉沦二》中说道："灭人之国，必先去其史；隳人之枋，败人之纲纪，必先去其史；绝人之材，湮塞人之教，必先去其史；夷人之祖宗，必先去其史。"这足可看出，历史，它对一个国家或一个民族而言，是何其之重要！由此反推，我们认为，要让一个民族构建自己美好的未来，就必须关注她的历史，必须继承她的历史，必须书写她的历史。文学，就是一个民族历史的重要组成部分，也是书写历史的重要方式。我们编写的初衷，正是基于这个目的。

　　本书的征稿计划一经公布，就得到社会各方热心人士，尤其是喜欢文学的人士的关注与支持，这给了我们极大的鼓舞。在此，我们首先向关注三都并给予我们鼓励的各方朋友表示由衷的感谢。但因本书的原则，一是主要接收三都籍人士的稿件，二是接收非三都籍人士但书写三都的作品。因此，很多不符合上述条件的作品，我们都无法录用，故本书的作品来源显得比较狭窄。不得不说，这实在是一种遗憾。在此，我们也向我们的朋友表示歉意。

本书的各位作者，职业是各不相同的，年龄相差各异，说老实话，作品的质量，是有差异的。但这种差异，并不违背我们的初衷，反而正能体现我们的精神，即兼容并蓄。你试想想，我们每个人都不一样，职业不同，年龄不同，性格不同，兴趣不同，爱好不同，观点不同……那么，每个人对世界、对人生的看法肯定就会不一样。故我们不能以自己之所是而是他人之所非，亦不能以自己之所非而非他人之所是。对每个人的见解，我们都应予以尊重。因为，每个人都会在进步，都在变成更好的自己的路上。这就是宇宙的法则。

龚自珍先生的《乙亥杂诗》，其中有一首，诗曰："九州生气恃风雷，万马齐喑究可哀。我劝天公重抖擞，不拘一格降人才！"故在决定选录作品时，我们不在乎作者的身份与职业，而只看重作品的质量。若作品的质量很一般，那即便是上帝，选录他的作品，肯定也会被世人所不齿；如作品的质量非常不错，那即使是叫花子，选录他的作品，又何妨？

作为生在这片土地、长在这片土地的人，我们对这片土地怀着无限的热爱。将这份热爱，付诸笔端，化作文字，这就是本书的来由。但满腔的热爱并不等于能力。在选编本书时，我们已深深地感觉到自己能力的不足。因能力所限，本书存在很多不足，在此，我们恳请各位读者朋友见谅，同时，也恳请各位读者朋友提出意见和批评，以让我们能更加地完善它。汤之《盘铭》曰："苟日新，日日新，又日新！"这是我们对本书，也是我们对三都殷切的期冀。

是为跋。

编者

2017 年 5 月 13 日